ANABOLIZANTES

Evidências científicas: riscos e benefícios

ANABOLIZANTES

Evidências científicas: riscos e benefícios

EDITORES

Maria Janieire de Nazaré Nunes Alves

Marcelo Rodrigues dos Santos

manole

editora

Produção editorial: Cássia Pizani e Flávia Pereira
Diagramação: Lira Editorial
Capa: Ricardo Yoshiaki Nitta Rodrigues
Imagem de capa: Istockphoto
Ilustração: Eduardo Borges

CIP-BRASIL. CATALOGAÇÃO NA PUBLICAÇÃO
SINDICATO NACIONAL DOS EDITORES DE LIVROS, RJ

A55

Anabolizantes: evidências científicas: riscos e benefícios/editores Maria Janieire de Nazaré Nunes Alves, Marcelo Rodrigues dos Santos. – 1. ed. – Santana de Parnaíba [SP]: Manole, 2022.

Inclui índice
ISBN 9786555768794

1. Esteroides anabólicos. 2. Hormonioterapia. I. Alves, Maria Janieire de Nazaré Nunes. II. Santos, Marcelo Rodrigues dos.

22-79036
CDD: 615.36061
CDU: 615.357:577.17

Meri Gleice Rodrigues de Souza – Bibliotecária – CRB-7/6439

EDITORA MANOLE LTDA.
Alameda América, 876 – Tamboré
Santana de Parnaíba
06543-315 – SP – Brasil
Fone: (11) 4196-6000 | www.manole.com.br | https://atendimento.manole.com.br
Impresso no Brasil | *Printed in Brazil*

Editores

Maria Janieire de Nazaré Nunes Alves

Coordenadora responsável pelo Centro de Avaliação Metabólica do centro de pesquisa do Instituto do Coração do Hospital das Clínicas da Universidade de São Paulo (InCor/HC-FMUSP). Professora colaboradora do Departamento de Cardiopneumologia e Fisiopatologia experimental da Faculdade de Medicina da USP. Médica assistente e pesquisadora da Unidade de Reabilitação Cardiovascular e Fisiologia do Exercício do InCor/HC-FMUSP.

Marcelo Rodrigues dos Santos

Pós-doutorado no Brigham and Women's Hospital, Research Program in Men's Health: Aging and Metabolism, Harvard Medical School, Boston, EUA. Pós-doutorado pela Georg-August-Universität em Göttingen, Alemanha (Innovative Clinical Trials, Department of Cardiology and Pneumology). Doutor em Ciências, área de concentração: Cardiologia, pela Faculdade de Medicina da Universidade de São Paulo – Instituto do Coração (InCor/HC-FMUSP). Professor orientador de mestrado do programa de pós-graduação em Ciências Médicas da FMUSP (Distúrbios Genéticos de Desenvolvimento e Metabolismo). Pesquisador visitante do Hospital Israelita Albert Einstein e pesquisador colaborador da Unidade de Reabilitação Cardiovascular e Fisiologia do Exercício do InCor/HC-FMUSP . Possui graduação em Educação Física pela Universidade Bandeirante de São Paulo.

Autores

Adriana Kanarik Psanquevich

Acadêmica do 6º ano letivo do curso de Medicina da Faculdade de Medicina de Jundiaí. Foi participante do diretório acadêmico, projetos de extensão, ligas científicas e atividades comunitárias por meio de atividades acadêmicas. Exerceu a atividade de monitoria durante a faculdade. Participante de eventos científicos.

Aline Villa Nova Bacurau

Pós-doutora pela Escola de Educação Física e Esporte da Universidade de São Paulo (EEFE-USP). Doutora em Histologia e Biologia Celular e Molecular pela Università degli Studi di Roma La Sapienza. Docente do curso de Medicina da Universidade Nove de Julho.

Ana Luiza Freitas de Assis Linhares

Toxicologista. Mestre em Farmácia (Fisiopatologia e Toxicologia) pela Faculdade de Ciências Farmacêuticas da Universidade de São Paulo (FCF-USP). Biomédica pelo Centro Universitário de Belo Horizonte.

Antonio Carlos Pereira Barretto

Professor associado da Faculdade de Medicina da Universidade de São Paulo (FMUSP). Diretor do Serviço de Prevenção e Reabilitação do InCor. Supervisor da Cardiologia do Hospital Santa Marcelina.

Ben-Hur Ferraz Neto

Doutor em Cirurgia pela Universidade Estadual de Campinas (Unicamp) e pela University of Birmingham, Inglaterra. Mestre em Cirurgia pela Unicamp. Graduado em Medicina pela Pontifícia Universidade Católica de São Paulo (PUC-SP). Entre 2005-2012, atuou no Hospital Israelita Albert Einstein, sendo responsável pelo Programa de Transplante de Órgãos (2005-2010) e pelo Programa de Transplante Hepático (2010-2012), liderando nessa instituição a realização de mais de 800 transplantes hepáticos. Em 2013, fundou o Instituto do Fígado na Real e Benemérita Beneficência Portuguesa. Em 2018, cursou o Executive Program da Singularity University no Vale do Silício e, junto a suas atividades como cirurgião de fígado, pâncreas e vias biliares, vem se dedicando à tecnologia como uma nova forma de ajudar um maior número de pessoas a obter saúde.

Caio Novaes

Mestrando em Ciências Médicas pela Faculdade de Medicina da Universidade de São Paulo (FMUSP). Especialista em Reabilitação Cardiovascular pelo Instituto do Coração do Hospital das Clínicas da FMUSP (InCor/HC-FMUSP). Especialista em Fisiologia do Exercício pela Universidade Federal de São Paulo (Unifesp). Graduado em Educação Física pela Universidade Anhembi Morumbi (UAM).

Camila Jordão Paixão

Profissional de Educação Física da Unidade de Reabilitação Cardiovascular e Fisiologia do Exercício do Instituto do Coração (InCor/HC-FMUSP). Mestre em Ciências pela Escola de Educação Física e Esporte da Universidade de São Paulo (EEFE-USP). Doutora pelo programa de Ciências Médicas da Faculdade de Medicina da USP.

Carlos Eduardo Negrão

Professor titular do Departamento de Biodinâmica do Movimento do Corpo Humano da Escola de Educação Física e Esporte (EEFE) e professor titular vinculado ao Departamento de Cardiopneumologia da Faculdade de Medicina da Universidade de São Paulo (FMUSP). Diretor da Unidade de Reabilitação Cardiovascular e Fisiologia.

Daniela da Rosa Vieira

Mestre em Ciências da Saúde. Psicóloga Clínica e Hospitalar.

Edilamar Menezes de Oliveira

Professora associada do Departamento de Biodinâmica do Movimento do Corpo Humano da Escola de Educação Física e Esporte da Universidade de São Paulo (EEFE-USP).

Coordenadora do Laboratório de Bioquímica e Biologia Molecular do Exercício. Pós-doutorada no Keck Graduate Institute, Califórnia.

Francis Ribeiro de Souza

Doutor em Ciências pelo programa de Cardiologia do Instituto do Coração do Hospital das Clínicas da Faculdade de Medicina da Universidade de São Paulo (InCor/HC-FMUSP). Especialista em Reabilitação Cardiovascular (InCor/HC-FMUSP). Graduado em Educação Física, com licenciatura pela Fundação Municipal do Ensino Superior de Bragança Paulista (Fesb) e bacharelado pelo Centro Universitário Amparense (Unifia). Pesquisador do Centro de Avaliação Metabólica da Comissão Científica do Centro de Pesquisa Clínica Prof. Dr. Fúlvio Pileggi. Pesquisador colaborador do Laboratório de Reabilitação Cardiovascular e Fisiologia do Exercício do InCor/HC-FMUSP.

Gabriela de Paula Meirelles

Bacharelado em Biomedicina pela Faculdade Federal de Alfenas (Unifal) e mestranda em Toxicologia Analítica, pelo programa de pós-graduação em Fisiopatologia e Toxicologia da Faculdade de Ciências Farmacêuticas da Universidade de São Paulo (FCF-USP).

Glauce Lamoglie de Carvalho Sanches

Nutricionista da Reabilitação Cardiovascular e Fisiologia do Exercício do Instituto do Coração (InCor/HC-FMUSP). Mestre em Ciências pela Universidade Federal de São Paulo (Unifesp/EPM). Especialista em Atendimento Multidisciplinar a Adolescentes também pela Unifesp/EPM.

Graziela Amaro-Vicente

Doutoranda em Ciências e mestre em Ciências pela Escola de Educação Física e Esporte da Universidade de São Paulo (EEFE-USP). Especialista em Condicionamento Físico aplicado à prevenção cardiológica primária e secundária pelo Instituto do Coração do Hospital das Clínicas da Faculdade de Medicina da Universidade de São Paulo (InCor/HC-FMUSP).

Guilherme Wesley Peixoto da Fonseca

Doutor em Ciências pelo programa de Cardiologia da Faculdade de Medicina da Universidade de São Paulo (InCor/HC-FMUSP). Doutorado sanduíche no Departamento de Cardiologia e Pneumologia pela Georg-August-Universität – Göttingen, Alemanha. Pós-doutorado no Departamento de Educação Física e Ciências do Esporte da Universidade de Limerick – Limerick, Irlanda. Graduado em Educação Física pela Universidade

Cidade de São Paulo (UNICID). Pesquisador colaborador da Unidade de Reabilitação Cardiovascular e Fisiologia do Exercício do Instituto do Coração (InCor).

Jefferson Pereira e Silva

Doutor em Toxicologia e Análises Toxicológicas pela Universidade de São Paulo (USP).

José Jayme Galvão de Lima

Médico assistente da Unidade de Hipertensão do Instituto do Coração do Hospital das Clínicas da Faculdade de Medicina da Universidade de São Paulo (Incor/HC-FMUSP). Professor livre-docente pela FMUSP.

Juliana Vieira Meireles

Nutricionista, graduada em Nutrição pela Universidade Federal de São Paulo (Unifesp). Pós-graduada no cuidado ao paciente crítico pela Residência Multiprofissional do Hospital Sírio-Libanês, em Nutrição esportiva pela Fundação de Apoio à Pesquisa e Estudos na Área de Saúde – FAPES e em Fisiologia do Exercício aplicada à clínica pela Unifesp. Certificada em Cineantropometria nível 1 ISAK (International Society for the Advancement of Kinanthropometry) e em Nutrição esportiva pelo ACSM (American College of Sports Medicine). Nutricionista do ambulatório de cardiologia do exercício do Hospital Sírio-Libanês.

Kelly Thayane Souza Correia

Doutora em Ciências pelo programa de Cardiologia do Instituto do Coração do Hospital das Clínicas da Faculdade de Medicina da Universidade de São Paulo (InCor/HC-FMUSP). Graduada em Biomedicina pela Universidade Santo Amaro (Unisa), com habilitação em Patologia Clínica. Coordenadora de estudos da Comissão Científica do Centro de Pesquisa Clínica Prof. Dr. Fúlvio Pileggi. Pesquisadora colaboradora do Laboratório de Reabilitação Cardiovascular e Fisiologia do Exercício do InCor/HC-FMUSP.

Leonardo Azevedo Mobilia Alvares

Médico especialista em endocrinologia pela Sociedade Brasileira de Endocrinologia e Metabologia. Especialista em Educação em Saúde pela Faculdade de Medicina da Universidade de São Paulo (FMUSP). Docente do curso de medicina do Centro Universitário São Camilo. Pós-graduando do programa de doutorado em Ciências Médicas da FMUSP.

Letícia Horta Guimarães

Especialista em Cardiologia pela Sociedade Brasileira de Cardiologia. Especialista em Cardiologia do Exercício pelo Instituto do Coração (InCor/HC-FMUSP). Doutoranda em Ciências (Programa de Cardiologia) pela Faculdade de Medicina da Universidade de São Paulo (FMUSP).

Lívia Marcela dos Santos

Docente do curso de medicina do Centro Universitário São Camilo. Doutora em Endocrinologia e Metabologia pela Universidade Federal de São Paulo (Unifesp).

Luciana Dourado

Médica assistente da Unidade de Coronariopatias Crônicas do Instituto do Coração da Faculdade de Medicina da Universidade de São Paulo (InCor/HC-FMUSP). Doutora em Ciências pela Faculdade de Medicina da Universidade de São Paulo.

Ludhmila Abrahão Hajjar

Professora associada da Disciplina de Cardiologia da Faculdade de Medicina da Universidade de São Paulo (FMUSP). Chefe da Cardio-Oncologia da FMUSP. Diretora do Corpo Clínico do InCor-FMUSP.

Luis Henrique Wolff Gowdak

Professor livre-docente do Departamento de Cardiopneumologia da Faculdade de Medicina da Universidade de São Paulo (FMUSP). Médico assistente do Laboratório de Genética e Cardiologia Molecular e da Unidade Clínica de Coronariopatia Crônica do InCor/HC-FMUSP. Fellow da Sociedade Europeia de Cardiologia.

Luiz Aparecido Bortolotto

Diretor da Unidade de Hipertensão do Instituto do Coração do Hospital das Clínicas da Faculdade de Medicina da Universidade de São Paulo (HC-FMUSP). Coordenador técnico da Residência Multiprofissional Prevenção e Terapêutica Cardiovascular.
Professor livre-docente da disciplina de Cardiologia da FMUSP.

Marcel J. A. da Costa

Especialização em Cardiologia pelo Instituto do Coração (InCor) do Hospital das Clínicas da Faculdade de Medicina da Universidade de São Paulo (HC-FMUSP). Médico assistente da Unidade de Reabilitação Cardíaca e Fisiologia do Exercício do InCor/HC-FMUSP. Membro titular da Sociedade Brasileira de Cardiologia.

Marcelo Rodrigues dos Santos

Pós-doutorado no Brigham and Women's Hospital, Research Program in Men's Health: Aging and Metabolism, Harvard Medical School, Boston, EUA. Pós-doutorado pela Georg-August-Universität em Göttingen, Alemanha (Innovative Clinical Trials, Department of Cardiology and Pneumology). Doutor em Ciências, área de concentração: Cardiologia, pela Faculdade de Medicina da Universidade de São Paulo - Instituto do Coração (InCor/HC-FMUSP). Professor orientador de mestrado do programa de pós-graduação em Ciências Médicas da Faculdade de Medicina da USP (Distúrbios Genéticos de Desenvolvimento e Metabolismo). Pesquisador visitante do Hospital Israelita Albert Einstein e pesquisador colaborador da Unidade de Reabilitação Cardiovascular e Fisiologia do Exercício do InCor do Hospital das Clínicas da Faculdade de Medicina da USP. Possui graduação em Educação Física pela Universidade Bandeirante de São Paulo.

Maria Janieire de Nazaré Nunes Alves

Coordenadora responsável pelo Centro de Avaliação Metabólica do centro de pesquisa do Instituto do Coração do Hospital das Clínicas da Universidade de São Paulo (InCor/HC-FMUSP). Professora colaboradora do Departamento de Cardiopneumologia e Fisiopatologia experimental da Faculdade de Medicina da USP. Médica assistente e pesquisadora da Unidade de Reabilitação Cardiovascular e Fisiologia do Exercício do InCor/HC-FMUSP.

Maria Urbana Pinto Brandão Rondon

Professora doutora do Departamento de Biodinâmica do Movimento do Corpo Humano da Escola de Educação Física e Esporte da Universidade de São Paulo (EEFE-USP). Mestre e doutora em Educação Física pela EEFE-USP. Coordenadora do Laboratório de Controle Autonômico da Circulação da EEFE-USP.

Mariana Ortega Perez

Reumatologista pelo Hospital das Clínicas da Faculdade de Medicina da Universidade de São Paulo (HC-FMUSP). Doutora assistente da disciplina de Reumatologia da FMUSP.

Mauricio Yonamine

Farmacêutico-bioquímico pela Faculdade de Ciências Farmacêuticas da Universidade de São Paulo (FCF-USP). Doutor e mestre em Toxicologia e Análises Toxicológicas pela USP. Professor livre-docente do Departamento de Análises Clínicas e Toxicológicas da FCF-USP. Presidente do Laboratório Multiusuário de Espectrometria de Massas (LMEM-USPMulti). Foi vice-presidente da Sociedade Brasileira de Toxicologia, SBTox, (gestão 2016-2019).

Patricia Chakur Brum
Professora titular de Fisiologia da Atividade Motora da Escola de Educação Física e Esporte da Universidade de São Paulo (EEFE-USP). Coordenadora do Laboratório de Fisiologia Celular e Molecular do Exercício da EEFE-USP. Pós-doutora em Fisiologia Celular e Molecular pela Universidade de Stanford, Califórnia, EUA. Estágio sabático na Universidade Norueguesa de Ciência e Tecnologia, Trondheim, NO.

Paulo Kron Psanquevich
Gastroenterologista formado pela Faculdade de Medicina da Universidade de São Paulo (FMUSP), com residência médica no Hospital das Clínicas da FMUSP e estágio no Policlínico Santa Orsola Malpighi, Universita di Bologna, Itália. Especialização em Administração de Serviços de Saúde/Administração Hospitalar pela Faculdade de Medicina da Universidade de Santo Amaro (Unisa). É médico do corpo clínico do Hospital Sírio-Libanês e do Hospital Israelita Albert Einstein.

Reury Frank Pereira Bacurau
Licenciado em Educação Física. Bacharel em Nutrição. Mestre em Fisiologia Humana. Doutor em Ciências. Professor livre-docente no curso de Educação Física e Saúde da Escola de Artes, Ciências e Humanidades da Universidade de São Paulo (EACH-USP).

Roberto Kalil Filho
Professor titular no Departamento de Cardiopneumologia da Faculdade de Medicina na Universidade de São Paulo (FMUSP). Presidente do Conselho Diretor e Diretor da Divisão de Cardiologia Clínica do Instituto do Coração da Faculdade de Medicina na Universidade de São Paulo. Diretor-geral do Centro de Cardiologia do Hospital Sírio-Libanês.

Rosa Maria Rodrigues Pereira
Professora titular da disciplina de Reumatologia da Faculdade de Medicina da Universidade de São Paulo (FMUSP). Chefe do ambulatório de osteoporose e doenças osteometabólicas da disciplina de Reumatologia do Hospital das Clínicas da Faculdade de Medicina da Universidade de São Paulo (HC-FMUSP).

Sara Rodrigues
Mestra em Ciências - Fisiopatologia- pela Faculdade de Medicina da Universidade de São Paulo (HC-FMUSP). Doutoranda em Cardiologia pelo Instituto do Coração (InCor/HC-FMUSP).

Sorahia Domenice

Doutora em Endocrinologia pela Faculdade de Medicina da Universidade de São Paulo (FMUSP). Médica assistente da disciplina de Endocrinologia e Metabologia do Departamento de Clínica Médica do Hospital das Clínicas da Faculdade de Medicina da Universidade de São Paulo (HC-FMUSP).

Sumário

Prefácio

Este livro representa uma história científica de muita superação, foram anos dedicados ao aprofundamento de um tópico bastante negligenciado na literatura médica, porém, com a brilhante iniciativa da professora doutora Maria Janieire Alves, em meados de 2004, o assunto *esteroides androgênicos anabolizantes* deixou de ser um tema sem a merecida evidência científica aqui no Brasil. O que se iniciou como um pequeno projeto no início dos anos 2000, tornou-se uma grande linha de pesquisa, na qual eu tive a grande honra de participar

A partir dessa linha de pesquisa, doutora Janicire e eu desenvolvemos diversos estudos que abrangeram desde o uso dos esteroides androgênicos anabolizantes (EAA) no tratamento da sarcopenia em pacientes com insuficiência cardíaca, até o uso indiscriminado dessas substâncias em atletas e jovens praticantes de treinamento físico. Portanto, nesta obra, reunimos quase 20 anos de experiência e estudos científicos publicados com a temática do uso de EAA sobre o sistema cardiovascular e os aspectos metabólicos.

De maneira didática, prática e com base nas melhores evidências de pesquisas, o livro aborda os principais aspectos da indicação dos anabolizantes como tratamento de reposição hormonal (como em idosos e cardiopatas), até os efeitos adversos pelo uso indiscriminado por jovens atletas e frequentadores de academias com objetivos estéticos. Para deixar esta obra científica com maior abrangência, reunimos uma seleção dos maiores pesquisadores brasileiros sobre temas como o *doping* nos esportes, farmacocinética e farmacodinâmica, o uso do EAA como tratamento em pacientes cardiopatas e oncológicos, com destaque para a síndrome da caquexia. Este livro é pioneiro na abordagem do uso de EAA para a população de transgêneros e seus principais efeitos sobre a saúde cardiovascular e metabólica. Outros pontos importantes fazem parte do conteúdo deste livro, com destaque para as evidências da reposição hormonal em pacientes com osteoporose e o efeito sobre a capacidade física.

Além do sistema cardiovascular, buscamos incluir as melhores evidências científicas do impacto do uso indiscriminado de EAA sobre o sistema renal e hepático, bem como as alterações hematológicas e trombogênicas em jovens e atletas. Questões nutricionais, psicológicas e o uso adjuvante de outras substâncias, a chamada polifarmácia, também estão contemplados nesta obra inédita no Brasil.

Este é um livro que busca sanar um grande abismo no conhecimento de médicos, profissionais de educação física, nutricionistas, psicólogos e outros profissionais da saúde que lidam e tratam pacientes e atletas, cuja temática envolve o uso da terapia hormonal de testosterona (e seus derivados) e seu uso de forma inapropriada no esporte. O princípio norteador de todo o conteúdo desta obra é oferecer conhecimento prático-científico para que os profissionais de saúde possam compreender melhor sobre o tema e basear suas condutas dentro dos princípios éticos e com a melhor informação sobre a temática do EAA.

Professor doutor Marcelo Rodrigues dos Santos

Seção 1

Aspectos funcionais dos anabolizantes

1

O que são os esteroides androgênicos anabolizantes?

Marcelo Rodrigues dos Santos
Francis Ribeiro de Souza

INTRODUÇÃO

No ano de 1889, em Paris, Charles Edouard Brown-Séquard fez um experimento controverso. Ele preparou extratos testiculares de porquinhos da índia e de cães (que ficou conhecido como elixir de Brown-Séquard) e se autoadministrou injeções subcutâneas dessa substância. Em seguida, em um artigo, ele relatou as diversas melhoras significativas em seu desempenho físico, incluindo o aumento da força muscular[1]. Esse foi um dos primeiros relatos científicos mostrando a possível associação entre o efeito anabólico da testosterona e a melhora da capacidade funcional. Anos mais tarde, em 1935, Butenandt e Ruzicka foram os primeiros a sintetizar quimicamente a testosterona[2]. Butenandt e Ruzicka dividiram o Prêmio Nobel de Química em 1939 pelas descobertas sobre esse hormônio sexual.

A partir desse contexto histórico, foi possível avançar cientificamente. Novos estudos surgiram com o desenvolvimento de derivados da testosterona, o chamado esteroide androgênico anabolizante (EAA). O EAA é a forma sintética da testosterona e possui forte ligação com receptores androgênicos (RA). Ele é responsável também pelo desenvolvimento das características masculinizantes. Além disso, o termo anabolizante está relacionado à capacidade do hormônio testosterona de gerar respostas anabólicas, como o aumento da força e hipertrofia muscular.

O EAA possui uma fórmula química similar à da testosterona (Figura 1). A diferença é que modificações estruturais nos anéis A e B da testosterona aumentam a atividade anabólica do EAA. A substituição em C-17 confere atividade oral ou intramuscular (i.m.)[3]. As preparações parenterais (i.m.) não necessitam de um grupo 17α-alquilado, mas geralmente o grupo 17β-hidroxila é esterificado com uma porção ácida para prevenir a rápida absorção do veículo oleoso, em especial, óleo de amendoim e uma pequena quantidade de álcool benzílico[4].

Com essas modificações estruturais da molécula de testosterona, é possível aumentar o efeito anabólico do EAA. Entretanto, os efeitos androgênicos não são completamente inibidos na formulação hormonal. A dissociação dos efeitos anabólicos dos androgênicos pode ocorrer em nível celular, dependendo do metabolismo intracelular do EAA em diferentes tecidos. O EAA pode se ligar diretamente ao RA. Em tecidos alvo, onde as enzimas intracelulares estão presentes, a ação da testosterona é mediada pela enzima 5α-redutase que converte a testosterona em 5α-dihidrotestosterona (DHT), que se liga com maior afinidade ao RA. Por outro lado, a enzima aromatase é responsável por converter a testosterona em estradiol, o qual se liga ao receptor de estrogênio (RE)[5] (Figura 2). Essa última conversão da testosterona em estradiol é um dos efeitos ad-

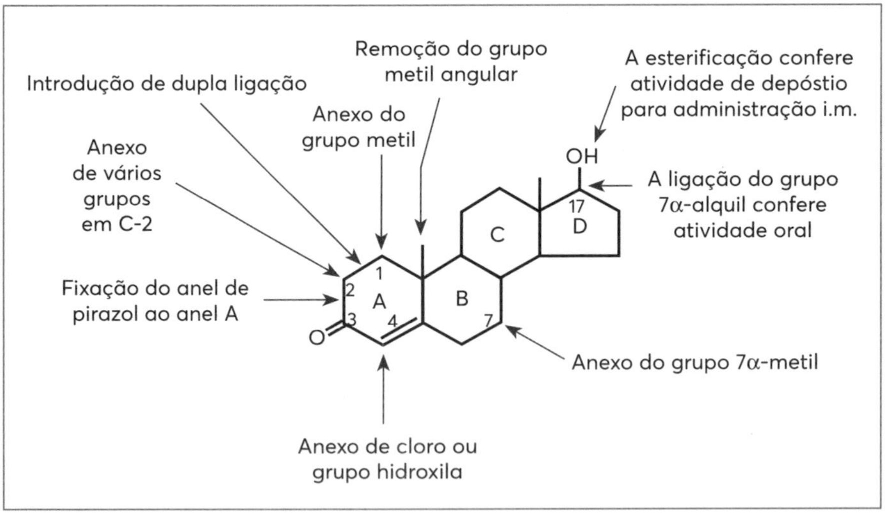

FIGURA 1 Modificações estruturais nos anéis A e B da testosterona aumentam a atividade anabólica; a substituição em C-17 confere atividade oral ou intramuscular.

Fonte: adaptado de: Kicman; Gower, 2003[3].

versos observados pelo uso de altas doses do EAA, em que pode ocorrer a indesejada ginecomastia por aromatização excessiva, além de ligação do estradiol em tecido mamário.

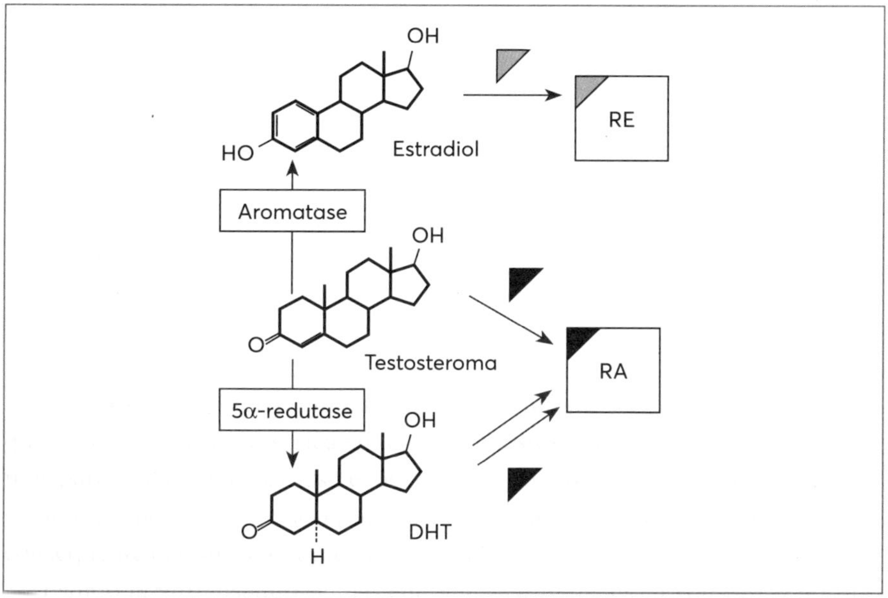

FIGURA 2 A testosterona pode se ligar diretamente ao receptor de andrógeno (RA). A testosterona é irreversivelmente convertida pela enzima 5α-redutase em 5α-dihidrotestosterona (DHT), que se liga com maior afinidade ao RA; ou pela aromatase que a converte em estradiol, o qual se liga ao receptor de estrogênio (RE).

Fonte: adaptado de Kicman, 2008[5].

ÉSTERES DE TESTOSTERONA

Primeiro, vamos definir quimicamente o que é esterificação e éster. A reação de esterificação é aquela que ocorre entre um ácido carboxílico e um álcool, dando origem à água e a um éster. O éster é uma função orgânica que pode ser identificada pela presença de um grupo R–COO-R', sendo R o radical orgânico. A estrutura de um éster é composta por dois oxigênios ligados a um mesmo carbono, um deles realiza dupla ligação e o outro se liga a um radical orgânico (Figura 3).

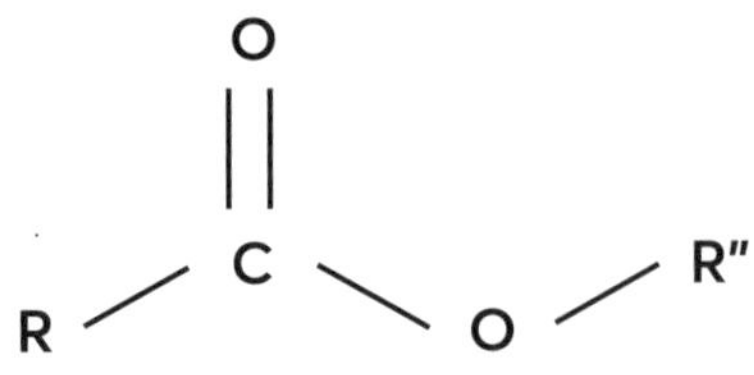

FIGURA 3 Estrutura de um éster composta por dois oxigênios ligados a um mesmo carbono.

Portanto, o termo hormônio esterificado está relacionado à manipulação da molécula original de testosterona para formulação de um EAA. A esterificação irá influenciar a farmacocinética e a biodisponibilidade do EAA, conferindo maior solubilidade lipídica e liberação mais lenta do hormônio para a circulação, prolongando, assim, sua meia vida[6]. Essa liberação lentificada e maior ação do EAA só são possíveis devido à quantidade de carbonos adicionados em um éster de testosterona. Por exemplo, o propionato de testosterona possui 3 carbonos e uma meia vida de aproximadamente 4,5 dias; enquanto o enantato de testosterona, com 7 carbonos, tem uma duração de ação mais longa, por volta de 14 dias. O undecanoato de testosterona, um éster de 11 carbonos, fornece uma duração de ação ainda maior, aproximadamente 12 semanas[7]. Portanto, a farmacocinética e a farmacodinâmica dos ésteres de testosterona são determinadas pelo comprimento da cadeia lateral do éster, pelo volume do veículo de óleo e pelo local de aplicação da injeção. Outros ésteres bem conhecidos são o decanoato de nandrolona, acetato de testosterona, cipionato de testosterona, decanoato de testosterona, isocaproato de testosterona e fenilpropionato de testosterona.

A Tabela 1 apresenta a comparação das atividades anabólicas e androgênicas de alguns EAAs. A relação anabólica/androgênica do EAA é definida pelo índice baseado no estudo de Hershberger[8]. Hershberger e colaboradores utilizaram o músculo elevador do ânus e a parte ventral da próstata de ratos gonadectomizados imaturos como uma medida das respostas anabólicas e androgênicas, respectivamente. Eles propuseram uma medida da atividade hormonal anabólica/androgênica usando a seguinte razão:

Razão do índice = (peso experimental do elevador do ânus – controle peso do elevador do ânus)/(peso experimental da próstata ventral – controle do peso da próstata ventral) = aumento do peso do elevador do ânus / aumento do peso da próstata ventral.

Como podemos notar na Tabela 1, nenhum EAA é completamente desassociado dos efeitos androgênicos e, portanto, a administração crônica de EAA, mesmo aqueles com alto valor de índice anabólico/androgênico, como encontrado na nandrolona, resultará em hirsutismo e virilização em mulheres e crianças[5].

TABELA 1 Comparação das atividades anabólicas e androgênicas de alguns EAAs

Esteroide	Administração	Atividade		Valor do índice
		Anabólica	Androgênica	
Estanozolol	Oral	2,0–3,7	0,33–0,52	6–10,6
Oximetolona	Oral	3,20	0,45	7,1
Oxandrolona	Injetável	3,22	0,24	13
Decanoato de nandrolona	Injetável	3,29–4,92	0,41–0,31	12,1–10,6

Fonte: adaptado de Kicman, 2008[5].

No Brasil, a prescrição e o uso de substâncias anabolizantes são regulados pela Agência Nacional de Vigilância Sanitária (Anvisa), a qual, em Resolução de Diretoria Colegiada (nº 473, de 24 de fevereiro de 2021), dispõe a conhecida Lista de Substâncias Anabolizantes (Lista C5):

Androstanolona, bolasterona, boldenona, cloroxomesterona, clostebol, deidroclormetiltestosterona, drostanolona, estanolona, estanozolol, etilestrenol, fluoximesterona ou fluoximetiltestosterona, formebolona, mesterolona, metandienona ou metandrostenolona, metandranona, metandriol, metenolona, metiltestosterona, mibolerona, nandrolona, noretandrolona, oxandrolona, oximesterona, oximetolona, prasterona, (deidroepiandrosterona - DHEA), somatropina (hormônio do crescimento humano), testosterona e trembolona.

Além disso, sais, éteres, ésteres e isômeros das substâncias citadas também seguem o controle da Anvisa. Boldenona e trembolona, por exemplo, são restritas ao uso veterinário, porém muitos atletas e fisiculturistas administram esses EAAs de forma indiscriminada.

DO USO CLÍNICO AO USO INDISCRIMINADO NO ESPORTE

Os EAAs foram desenvolvidos para fins terapêuticos, como o tratamento da deficiência endógena de produção de testosterona (hipogonadismo)[9] e caquexia muscular[10]. Além disso, também têm sido relatados benefícios da reposição hormonal para alguns tipos de doenças crônicas como HIV, câncer[9] e insuficiência cardíaca[11].

Por outro lado, o uso de EAA não se resumiu apenas ao tratamento de doenças crônicas e se disseminou rapidamente entre as modalidades esportivas que exigiam força muscular. O uso de substâncias com o intuito de melhorar o desempenho físico não é recente. Relatos demonstram que, na China, há mais de 2.700 anos a.C., lutadores e desportistas utilizavam uma planta local como estimulante para aumentar a agressividade nas disputas[12]. Além disso, alguns dados apontam que, nos Jogos Olímpicos da Grécia, os atletas também utilizavam meios artificiais em busca de melhora no desempenho físico e muscular[13].

Os EAAs, por sua vez, têm seu primeiro registro no meio esportivo em 1954, durante um campeonato de levantamento de peso realizado na cidade de Viena, capital da Áustria, em que alguns atletas russos apresentaram desempenho muito acima dos demais competidores. A partir dos anos 1960, os EAAs começaram a se difundir na República Democrática Alemã. Esse país era desprestigiado nas relações externas, e os políticos do país imaginavam que o sucesso no esporte seria uma forma rápida para que o país fosse reconhecido e recebesse prestígio internacional. Dessa maneira, grandes investimentos foram realizados para aprimorar o desempenho atlético, e um deles foi o uso indiscriminado de fármacos ilegais. A partir de 1972, a pequena República Democrática Alemã começou a se destacar e permanecer constantemente no topo do *ranking* de medalhas, juntamente com os Estados Unidos e a ex-União Soviética[6]. Nos anos seguintes, o uso de EAA difundiu-se também em outros países do mundo.

Como consequência, atletas amadores e praticantes de musculação conhecedores dos potentes efeitos dos EAAs na musculatura esquelética começaram a utilizá-los para acelerar o processo de desenvolvimento muscular, ganho de força e aumento do desempenho físico, além do uso para fins estéticos[14].

Embora em 1974 o uso de EAA tenha sido inserido na lista de *antidoping* pelo Comitê Olímpico Internacional (COI), durante as Olimpíadas de Seul, em 1988, o atleta velocista Ben Johnson foi suspenso da modalidade esportiva após detectada a presença de EAA em sua urina. Posteriormente, outros atletas também foram suspensos de competições em modalidades esportivas devido a *doping*, como no caso do ciclista Lance Armstrong.

REFERÊNCIAS BIBLIOGRÁFICAS

1. Brown-Séquard FRS. Note on the effects produced on man by subcutaneous injections of a liquid obtained from the testicles of animals. The Lancet. 1889 jul. 20;134;105-107.
2. Nieschlag E, Nieschlag S. Testosterone deficiency: a historical perspective. Asian J Androl. 2014;16:161-168.
3. Kicman AT, Gower DB. Anabolic steroids in sport: biochemical, clinical and analytical perspectives. Ann Clin Biochem. 2003;40:321-356.
4. van der Vies J. Pharmacokinetics of anabolic steroids. Wien Med Wochenschr. 1993;143:366-368.
5. Kicman AT. Pharmacology of anabolic steroids. Br J Pharmacol. 2008;154:502-521.
6. Cunha TS, Cunha NS, Moura MJCS, Marcondes F K. Esteroides anabólicos androgênicos e sua relação com a prática desportiva. Rev. Bras. Cienc. Farm. 2004;40:165–179.
7. Handelsman DJ. Androgen Physiology, Pharmacology, Use and Misuse. In: Feingold KR, Anawalt B, Boyce A, Chrousos G, de Herder WW, Dhatariya K, et al, editors. Endotext [Internet]. South Dartmouth (MA): MDText.com, Inc.; 2000.
8. Hershberger LG, Shipley EG, Meyer RK. Myotrophic activity of 19-nortestosterone and other steroids determined by modified levator ani muscle method. Proc Soc Exp Biol Med. 1953;83:175-180.
9. van Amsterdam J, Opperhuizen A, Hartgens F. Adverse health effects of anabolic-androgenic steroids. Regul Toxicol Pharmacol. 2010;57:117-123.
10. Filippatos G, Rauchhaus M, Anker SD. Decompensated heart failure and cachexia: Is it time to legalize anabolics? Int J Cardiol. 2006;111:185-186.
11. Dos Santos MR, Sayegh ALC, Bacurau AVN, Arap MA, Brum PC, Pereira RMR, et al. Effect of exercise training and testosterone replacement on skeletal muscle wasting in patients with heart failure with testosterone deficiency. Mayo Clin Proc. 2016 May;91(5):575-586.
12. Dirix A, Knuttgen HG, Tittel K, editors. The Olympic book of sports medicine. New Jersey: Blackwell Scientific Publications, 1991.
13. Fitch KD. Androgenic-anabolic steroids and the Olympic Games. Asian J Androl. 2008;10:384-390.
14. Forbes GB. The effect of anabolic steroids on lean body mass: the dose response curve. Metabolism. 1985;34:571-573.

2

Farmacocinética e farmacodinâmica dos esteroides androgênicos anabolizantes

Gabriela de Paula Meirelles
Mauricio Yonamine

INTRODUÇÃO

Esteroides androgênicos anabolizantes (EAAs) são compostos que precedem ou derivam da testosterona. Entre os andrógenos secretados, a testosterona é o mais importante, 95% dela é secretada pelas células de Leydig, localizadas nos testículos. As glândulas suprarrenais (em ambos os sexos) e os ovários produzem pequenas quantidades de testosterona, porém secretam andrógenos menos potentes, como a desidroepiandrosterona (e seu sulfo-conjugado) e a androstenediona, os quais apresentam importância fisiológica em mulheres, uma vez que podem sofrer conversão periférica para andrógenos mais potentes, por exemplo, testosterona e 5α-diidrotestosterona[1].

A testosterona e seus precursores estão relacionados com as atividades anabólica e androgênica. A atividade anabólica está associada à construção de proteínas no músculo esquelético e nos ossos, enquanto a androgênica está relacionada ao desenvolvimento de características secundárias (efeito masculinizante ou androgênico) e à maturação do esperma[2].

Em 1935, a testosterona foi isolada e caracterizada quimicamente, em seguida, passou a ser sintetizada. Durante a Segunda Guerra Mundial, os EAAs eram utilizados para restaurar o balanço positivo de nitrogênio em vítimas desnutridas, submetidas a jejum forçado. Também foi relatado que as tropas alemãs fizeram uso destas substâncias para aumentar a agressividade de seus soldados[1,2]. Há pelo menos cinco décadas, os EAAs são utilizados para fins terapêuticos nas seguintes condições: deficiência natural de andrógenos; recuperação de cirurgias; hipogonadismo; atrofias musculares; obesidade; osteoporose; câncer de mama; anemias; em tratamentos de pacientes com AIDS/HIV; em pacientes com histórico de câncer de próstata; e para feminização ou masculinização em transexuais, entre outras aplicações. Além disso, ao longo da história, os EAAs têm sido utilizados para melhoria de desempenho de atletas e por frequentadores de academias, principalmente os jovens adolescentes, para fins não-médicos (sobretudo, estéticos)[1,3].

Considerando todas as aplicações e a possibilidade de uso dos EAAs, fica clara a necessidade de conhecer melhor sua farmacocinética e farmacodinâmica. Apesar de estas substâncias trazerem benefícios ao nosso organismo em doses terapêuticas, também podem causar efeitos deletérios em diversos órgãos e sistemas quando usados indiscriminadamente ou em doses suprafisiológicas.

FARMACOCINÉTICA

EAAs sintéticos são fabricados para maximizar os efeitos anabólicos e minimizar os efeitos androgênicos, além de serem capazes de resistir à metabolização e atingir altos níveis de estado estacionário. As formulações de EAAs podem ser administradas por via oral, parenteral por injeção intramuscular e transdérmica por adesivo ou gel tópico. Modificações químicas da testosterona têm sido farmacologicamente úteis para alterar a potência anabólica-androgênica relativa, diminuir a taxa de inativação, alterar o padrão de metabolismo ou diminuir a aromatização para estradiol[2].

A atividade oral pode ser obtida pela substituição do 17-α (classe B) no núcleo esteroide por um grupo metil ou etil para produzir os esteroides anabolizantes 17α-alquilados, o que previne a desativação do esteroide pelo metabolismo de primeira passagem, retardando a metabolização hepática. Esses derivados têm boa absorção gástrica, sendo excretados rapidamente devido a sua meia-vida curta, são altamente potentes, porém mais hepatotóxicos do que os injetáveis. Outra forma de adquirir atividade oral é pela alteração do anel esteroide A, B ou C (classe C); tal modificação atinge uma série de objetivos, como metabolismo lento, atividade aumentada para receptores androgênicos (RAs), resistência à aromatização ao estradiol, entre outros. Já a esterificação do grupo 17-β-hidroxil (classe A) torna a molécula mais solúvel em veículos lipídicos usados para injeção e, portanto, retarda a liberação do esteroide injetado na circulação, o que representa menor toxicidade hepática que os orais, além de ter menor potência (os três grupos derivados são demonstrados na Figura 1)[2,4,5].

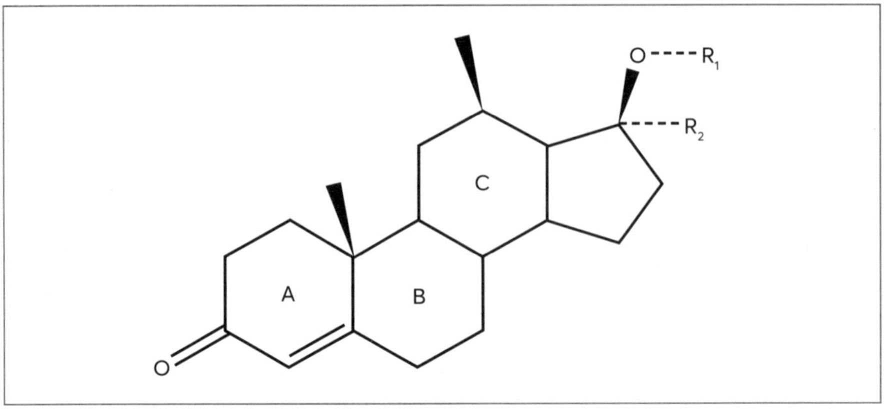

FIGURA 1 Estrutura esteroidal com a indicação das modificações dos três grupos de EAAs derivados.

Fonte: adaptada de Wilson JD, 1988[6].

Legenda: R_1: local de esterificação da classe A; R_2: local de substituição da classe B; e nos anéis A, B, C ocorrem as alterações da classe C.

A duração da ação dos ésteres depende da taxa de absorção do local de administração, que é dependente do tamanho da cadeia carbônica do éster. Dessa maneira, quanto maior a cadeia carbônica do éster, mais lipossolúvel se torna o esteroide e, consequentemente, sua ação é prolongada. Portanto, a testosterona natural precisa ser injetada múltiplas vezes na semana, enquanto os EAAs da classe A podem ser administrados uma vez a cada 2 a 12 semanas, de acordo com o ácido carboxílico adicionado[4]. As formulações transdérmicas são invariavelmente à base de testosterona, projetadas para terapia de reposição e incluem o *patch* e géis hidroalcóolicos, para serem aplicados diariamente. No entanto, essas formulações apresentam curta ação e são rapidamente eliminadas após a interrupção do tratamento[3].

Para compreender o metabolismo dos EAAs, é preciso conhecer a metabolização da testosterona. Sendo assim, a testosterona é biotransformada principalmente no fígado, podendo ser convertida em 5-α-diidrotestosterona (DHT) pela ação da enzima citoplasmática 5-α-redutase ou em estradiol pela enzima aromatase CYP19, dado que esses são os produtos ativos mais importantes no mecanismo de ação da testosterona. Em tecidos do sistema reprodutor, a DHT também é biotransformada em 3-α e 3-β androstenediol (Figura 2). O DHT é o principal produto ativo, pois apresenta uma afinidade maior pelos receptores do que a própria testosterona. O metabolismo dos EAAs sintéticos é semelhante ao dos esteroides endógenos, uma vez que também estão sujeitos à ação das enzimas citoplasmática 5-α-redutase e aromatase CYP19. No entanto, os EAAs podem apresentar uma dissociação anabólica-androgênica aumentada pela administração de um esteroide que tenha uma afinidade de ligação maior ao RA, mas, após a redução a um produto 5α, eles têm uma afinidade menor. Um exemplo é o decanoato de nandrolona, cuja forma 5α-reduzida de 19-nortestosterona (5α-dihidro-19-nortestosterona) tem uma afinidade de ligação menor do que seu esteroide parental 19-nortestosterona. Como a redução ocorre principalmente nos órgãos sexuais, onde há altas concentrações da enzima 5α-redutase, os efeitos androgênicos da nandrolona são menores do que os da testosterona. Já nos músculos esquelético e cardíaco essa conversão ocorre em menor quantidade devido a menor concentração enzimática. Sendo assim, nos músculos, a própria nandrolona interage com os RAs, produzindo respostas anabólicas relativamente maiores[7].

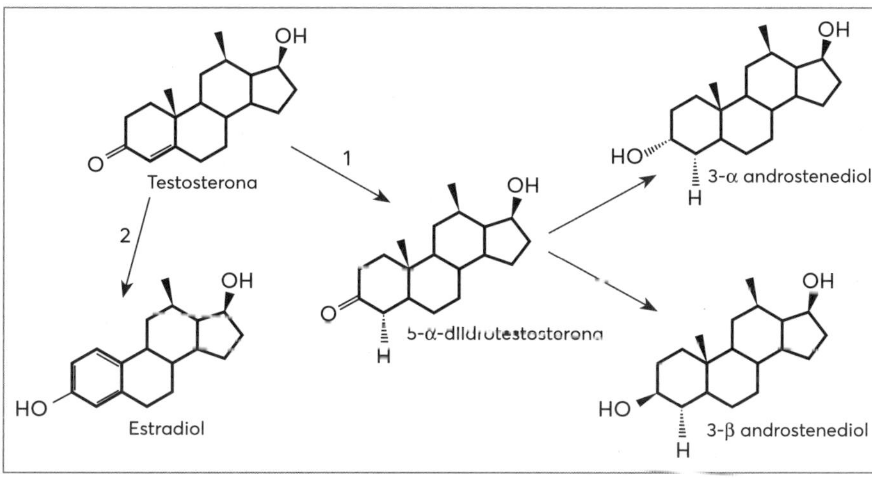

FIGURA 2 Metabolismo da testosterona

Fonte: elaborada pelo autor com base no artigo de Albano GD, Amico F, Cocimano G, Liberto A, Maglietta F, Esposito M, et al. 2021[7].

Legenda: 1: ação da enzima citoplasmática 5-α-redutase; 2: ação da enzima aromatase CYP19.

FARMACODINÂMICA

A testosterona exerce efeitos androgênicos e anabólicos em diversos tecidos-alvo do organismo, e o mesmo ocorre com os EAAs, pois, apesar de essas substâncias possuírem uma variação na relação entre as atividades anabólica e androgênica, atualmente, nenhum fármaco disponível é capaz de desencadear somente efeitos anabólicos. Os efeitos androgênicos são responsáveis pelo desenvolvimento das características sexuais secundárias e pelo crescimento do trato reprodutor masculino, enquanto os efeitos anabólicos estimulam a fixação do nitrogênio e aumentam a síntese proteica[8]. Os mecanismos de ação dos esteroides anabolizantes ainda são controversos, pois muitos não foram claramente explicados e necessitam de mais estudos para serem elucidados. Entre os mecanismos de ação dos EAAs responsáveis pelo desenvolvimento da massa/hipertrofia muscular, destacam-se: aumento da síntese proteica via RNA mensageiro (RNAm) e pela estimulação intramuscular da expressão do gene para o IGF-I (fator de crescimento semelhante à insulina I); balanço nitrogenado positivo; efeito anticatabólico; efeitos no sistema nervoso central e na junção neuromuscular; estímulo da formação óssea e estímulo da eritropoiese[2]. Vale ressaltar que os RAs estão amplamente distribuídos em tecidos e órgãos humanos, por esse motivo, além da hipertrofia muscular, podem causar diferentes efeitos adversos principalmente nos sistemas hepático, reprodutor e cardiovascular[8,10]. Outros mecanismos incluem a ação em vias não genômicas, bem como genômicas no SNC, resultando em alterações comportamentais[11]. Além disso, os EAAs podem exercer uma ação em hormônios[1,5,12], no metabolismo lipídico[9] e outros mecanismos que serão discutidos ao longo desta seção.

Efeitos diretos sobre o músculo esquelético

Como já mencionado anteriormente, os EAAs foram inicialmente desenvolvidos para fins terapêuticos. Porém, foi no esporte que estas drogas se destacaram, devido à busca pelo seu efeito anabólico mediado principalmente por RAs localizados no músculo esquelético. Neste contexto, assim como a testosterona, os EAAs presentes na circulação são capazes de entrar na célula quando estão em sua forma livre. Este processo gera maior produção de monofosfato cíclico de adenosina (AMPc), aumentando o metabolismo celular. Dentro do citoplasma celular, a molécula de esteroide ligada ao RA migra para o núcleo celular, onde inicia o processo de transcrição de genes alvo e, consequentemente, de síntese proteica, a qual modula as ações celulares dependentes de andrógeno (Figura 3)[8,13]. No entanto, estudos recentes demonstraram que os RAs podem ser regulados positivamente pela exposição ao EAA, e que o número de receptores é aumentado pelo treinamento de força. Isso sugere um possível mecanismo pelo qual doses suprafisiológicas de EAA combinadas com exercício podem se complementar. Alguns estudos demonstram que a hipertrofia muscular pode ocorrer pela ativação de células satélites, levando ao aumento no número de mionúcleos e no diâmetro da fibra, o que, consequentemente, levaria ao aumento do número de RAs, promovendo maior suscetibilidade do músculo aos EAAs[8].

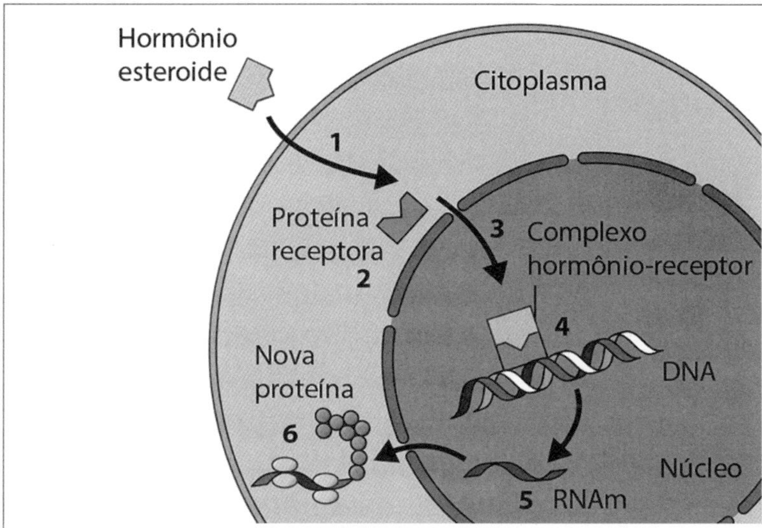

FIGURA 3 Mecanismo de ação de EAAs

Fonte: elaborada pelo autor com base no artigo de Cunha TS, Cunha NS, MJCS Moura, Marcondes FK. 2004[1].

Legenda: (**1**) Os EAAs livres ou desligados da proteína transportadora atravessam a bicamada lipídica da membrana plasmática da célula-alvo, devido à sua característica lipossolúvel. (**2**) No citoplasma, os EAAs interagem com um receptor específico, formando um complexo hormônio-receptor, que possui alta afinidade pelo núcleo celular. (**3**) O complexo hormônio-receptor atravessa a membrana nuclear (**4**) e liga-se aos sítios específicos do DNA. (**5**) Em seguida, ocorre a ativação da RNA polimerase, iniciando o processo de transcrição gênica, no qual uma fita de RNAm será formada a partir do DNA molde. (**6**) Por fim, no citoplasma, ocorre a síntese proteica através da participação do RNA transportador e do RNA ribossômico. As novas proteínas podem ser estruturais, enzimas ou ainda poderão ser secretadas para serem utilizadas por outras células.

Efeito anticatabólico

Em condições fisiológicas normais de testosterona, os RAs estão saturados e os efeitos dos EAAs podem ser uma consequência de outros mecanismos que não a ativação dos RAs. Um mecanismo possível seria o efeito antagonista no receptor de glicocorticoides em níveis suprafisiológicos, o que leva a um efeito anticatabólico. Os glicocorticoides influenciam a síntese de glicose e o catabolismo de proteínas. Portanto, a estimulação dos receptores de glicocorticoides por eles próprios leva ao aumento da quebra de proteínas no músculo. Altas doses de EAAs podem competir com os glicocorticoides do receptor de glicocorticoides e inibir a quebra de proteínas musculares, o que causa um efeito anabólico geral ou de construção muscular. Nessa competição, os esteroides anabolizantes preservam a massa muscular e aumentam a retenção de glicogênio[5,7].

Efeitos em hormônios

Também foi sugerido que os EAAs exercem algum efeito sobre o eixo do hormônio do crescimento (GH) – fator de crescimento semelhante à insulina I (IGF-I). Acredita-se que deve haver uma estimulação da secreção de GH induzida por andrógenos e uma estimulação direta da síntese hepática de IGF-1. Dessa maneira, o IGF-1 estimula a formação do músculo esquelético, e o GH exibe efeitos anabólicos. O uso crônico de EAAs, em homens, causa diminuição nas gonadotrofinas, no hormônio luteinizante (LH), que estimula a secreção de testosterona pelas células de Leydig, e diminuição do hormônio folículo-estimulante (FSH), que é secretado pela hipófise anterior e liga-se a receptores específicos que determinam o crescimento das células de Sertoli, as quais são responsáveis por secretar várias substâncias espermatogênicas e estimular a liberação de LH[1].

Além disso, o FSH também é conhecido como hormônio de estimulação de célula intersticial, uma vez que também promove a secreção de androgênios. Este mecanismo de ação dos anabolizantes ocorre devido ao sistema de *feedback* negativo do eixo hipotálamo-hipófise-gonadal e pode levar à diminuição da produção endógena de testosterona e ao hipogonadismo hipogonadotrófico associado à atrofia testicular[1].

Como as células da tireoide apresentam RAs, os EAAs também podem atuar diretamente em suas funções. Entre as influências já relatadas, observou-se redução no total de 3', 3, 5 - triiodotironina (T3), tiroxina (T4) e globulina de ligação ao hormônio tireoidiano; a resposta da hipófise, após estimulação com hormônio liberador de tireotropina (TRH), foi aumentada em fisiculturistas que faziam uso altas concentrações de EAAs. Um estudo com ratos tratados com decanoato de nandrolona também demonstrou que os animais tiveram uma redução significativa no T3 total sérico, T4 livre e hormônio tireoestimulante (TSH), sem alteração significativa no T4 total sérico[12,13]. Uma possível explicação sugerida pelo grupo de pesquisadores é de que a redução de T3 total e T4 livre seria causada por diminuição do TSH e aumento concomitante das proteínas séricas, uma vez que o T4 total sérico se manteve inalterado. Outra explicação para produção de T4 pela tireoide independentemente das reduções hormonais seria devido às alterações no metabolismo periférico de T4 pelas desiodases. Alguns estudos mostraram aumento da tireotropina e T4 livre, enquanto outros não mostram alteração em suas concentrações[12]. Em vista das divergências apresentadas, ainda são necessários mais estudos para entender melhor os mecanismos envolvidos, bem como elucidar seus efeitos clínicos.

Riscos cardiovasculares e consequências hematológicas

Embora estudos demonstrem que os esteroides anabolizantes podem melhorar o desempenho esportivo, diversas complicações cardiovasculares estão associadas ao seu uso, como insuficiência cardíaca, fibrilação ventricular, tromboses, doença isquêmica e infarto agudo do miocárdio[8,9]. Estudos demonstraram que o uso prolongado de EAAs pode aumentar a atividade da lipase triglicerídica hepática, o que induz a um distúrbio do metabolismo lipídico, o qual é a base patológica para o desenvolvimento de aterosclerose. Esse distúrbio é causado por diminuição dos níveis de lipoproteína de alta densidade (HDL) e aumento da lipoproteína de baixa densidade (LDL), o que pode potencializar a aterosclerose[9]. Um estudo realizado em ratos submetidos a treinamento físico anaeróbio e tratados com nandrolona demonstrou que o aumento das concentrações plasmáticas de LDL pode reduzir o relaxamento dependente do endotélio induzido por acetilcolina e o relaxamento independente do endotélio induzido por óxido nítrico, o qual diminui a ativação da guanilato ciclase, ocasionando, por sua vez, queda da produção de monofosfato cíclico de guanosina (GMPc)[14]. Esses efeitos são marcadores precoces de aterosclerose. Desse modo, o abuso dessas drogas também pode afetar diretamente o sistema de coagulação/fibrinólise, aumentando os riscos de embolia arterial e intracardíaca, além da incidência de trombose venosa profunda e embolia pulmonar. Portanto, os EAAs aumentam a geração e agregação de plaquetas, e promovem a geração de trombina e tromboxano A2 (TXA2), que inibem a produção de prostaciclina (inibidor da agregação plaquetária), o que resulta em hipercoagulabilidade[9].

Alguns experimentos detectaram a presença de hipertrofia cardíaca patológica em usuários de EAAs através de ecocardiograma, que demonstrou aumento na espessura do ventrículo esquerdo, e consequente redução na função sistólica[15]. Um trabalho descobriu que os níveis de expressão de 5α-redutase, aromatase e RA estavam significativamente elevados em corações hipertróficos em humanos e camundongos, assim, foi sugerido que o EAA aumentava a síntese proteica nas células miocárdicas pela ativação do RAs intracelulares[16]. Também já foi sugerido que a hipertensão pode ser induzida pelo aumento da capacidade de resposta às catecolaminas e incremento na produção de renina. Além disso, os esteroides podem estimular a produção de colágeno e o crescimento fibroblástico do miocárdio[9].

Adicionalmente, EAAs estão associados ao desenvolvimento de arritmias, uma vez que tais substâncias podem induzir distúrbio da atividade elétrica do coração em abusadores. Um estudo sugeriu que os esteroides sintéticos são capazes de induzir disfunção nervosa autônoma por afetar uma variedade de sistemas neurotransmissores, como o sistema dopaminérgico, o sistema 5-hidroxitriptofano e o sistema GABA. Outro trabalho ainda demonstrou que EAAs causavam remodelação morfológica em ventrículos bilaterais, bem como remodelação elétrica, especialmente no ventrículo esquerdo. O uso de esteroides sintéticos também está relacionado à parada cardíaca súbita, no entanto, o mecanismo ainda permanece desconhecido e provavelmente é multifatorial. Muitos dos eventos de morte súbita entre usuários foram devido à isquemia secundária à doença arterial coronariana; entretanto, existem diversos relatos de arritmia ventricular causados principalmente por hipertrofia ventricular esquerda e fibrose miocárdica[9].

Antes, os EAAs eram usados no tratamento de anemias, e isso porque possuem a capacidade de aumentar a síntese renal de eritropoietina. Eles também promovem a diferenciação de células-tronco eritropoiéticas, consequentemente, a hemoglobina e o hematócrito podem se tornar elevados, o que favorece a formação de trombos e aumenta os riscos de ocorrência de acidente vascular cerebral isquêmico[7].

Riscos hepáticos

A hepatotoxicidade nunca foi descrita com o uso parenteral de testosterona, enquanto as classes B e C são hepatotóxicas e podem causar elevação dos níveis de enzimas hepática, icterícia colestática, peliose hepática, adenomas hepáticos, necrose hepatocelular, hepatite, diminuição da capacidade hepática de metabolizar xenobióticos, além de várias outras lesões neoplásicas[10].

O risco de EAAs estarem associados a tumores hepáticos parece correlacionar-se com a dose e a potência do esteroide anabolizante usado. Um estudo avaliando os efeitos hepáticos de altas doses de estanozolol (EAAs oral) em ratos demonstrou que o tratamento diminuiu os níveis de citocromo P450 e citocromo b5, indicando capacidade reduzida de metabolizar xenobióticos. Os fígados dos animais exibiram lesões inflamatórias e degenerativas nos hepatócitos centrolobulares e houve aumento do percentual de células da fase S, revelando risco aumentado para câncer de fígado[10].

Vários estudos demonstraram disfunção hepática secundária à administração de doses excessivas de EAA, baseando-se em níveis elevados das transaminases séricas aspartato aminotransferase (AST/TGO) e alanina aminotransferase (ALT/TGP). Em contrapartida, estudos de aplicação muscular de doses excessivas de esteroides anabolizantes em ratos resultaram em uma modificação da capacidade hepática, porém sem afetar os níveis de AST/TGO e ALT/TGO[18]. Além disso, vale ressaltar que a prática de exercício físico de alta intensidade também pode aumentar as concentrações séricas dessas transaminases. Sendo assim, sugere-se que seja realizada também a dosagem gama-glutamiltranspeptidase (GGT) para diagnóstico específico de lesão hepática e a creatina-quinase (CK) para diagnóstico exclusivo de lesão muscular[1].

O EAA apresenta dois diferentes efeitos, dose-dependentes, em uma linhagem celular de células estreladas hepáticas, que são capazes de se transformar em células semelhantes a miofibroblastos para promover fibrose em resposta à lesão hepática ou inflamação crônica, levando à cirrose ou ao carcinoma hepatocelular. Neste contexto, os esteroides anabolizantes podem induzir a produção de colágeno em baixas doses e a morte celular por apoptose em concentrações mais altas, de forma dependente do estresse oxidativo[10]. O NF-kB (fator de transcrição que desempenha um papel importante na resposta celular à tradução de sinal por TNF-α e IL-6) também é ativado por esteroides de forma independente do estresse oxidativo, desempenhando um papel protetor no efeito pró-apoptótico dos esteroides. Um estudo experimental em células de fígado de rato demonstrou que os esteroides induzem a fragmentação do DNA, reparo do DNA e apoptose em hepatócitos primários[19].

Efeitos psicológicos e comportamentais

Diversos estudos já apontaram que durante o uso de EAAs é comum observar sintomas psiquiátricos, como irritabilidade, agressividade, alterações de humor, ansiedade, depressão, hipomania, mania, diminuição do controle dos impulsos e aumento da energia. Tais efeitos estão associados à ação dos esteroides anabolizantes sob o SNC, que pode ocorrer de duas maneiras: diretamente, modulando seus próprios receptores intracelulares; e indiretamente, influenciando o sítio de ligação localizado no receptor do neurotransmissor ou causando a liberação de neuropeptídios[11].

Os EAAS demonstraram provocar modulação alostérica dos receptores $GABA_A$: em algumas áreas do cérebro, essas substâncias diminuem a função do receptor GABA, enquanto em outras aumentam. Essas mudanças rápidas na função do GABA, teoricamente, poderiam contribuir para desinibição do comportamento e mudanças na excitação. Um estudo também demonstrou aumentos agudos na secreção de corticotropina e corticosterona. Essa descoberta indica que o EAA influencia pelo menos um sistema neuronal relacionado ao estresse e à excitação por meio de efeitos rápidos e genômicos. Estudos de exposição prolongada ao EAA em doses suprafisiológicas, em ratos machos, demonstraram aumento da liberação pré-sináptica de GABA mediada pelo receptor do hormônio liberador de corticotropina tipo 1 de amígdala central (CeA) para o núcleo do leito da estria terminal (BnST). Dessa maneira, GABA modula a atividade da conexão CeA-BnST por meio de uma via inibitória, e esse desequilíbrio leva a um comportamento semelhante à ansiedade. Também foi detectado um aumento da transcrição de RNAm de hormônio liberador de corticotropina em neurônios CeA após a administração crônica de esteroides anabolizantes[11].

Além disso, o uso crônico de EAAs pode causar diminuição na expressão do receptor 5-HT1A ($5\text{-}HT_{1A}$-R), assim como regulação positiva e aumento da atividade do $5\text{-}HT_{2A}$-R, nas mesmas regiões do hipotálamo látero-anterior. Tal mecanismo demonstra a contribuição dos EAAs no desenvolvimento patológico da agressão no hipotálamo, uma vez que baixos níveis de serotonina (5-HT) têm sido associados à agressão impulsiva em estudos humanos e animais. Também têm se observado que o consumo de EAAs durante a adolescência pode modificar a atividade fisiológica do sistema glutamatérgico no hipotálamo látero-anterior. Como demonstrado em um estudo, no qual o EAA induziu a fosforilação do receptor NMDA, levando a um aumento na neurotransmissão excitatória em roedores, o resultado é reforço da agressividade, impulsividade e irritabilidade em ratos adultos e adolescentes[11].

REFERÊNCIAS BIBLIOGRÁFICAS

1. Cunha TS, Cunha NS, MJCS Moura, Marcondes FK. Esteroides anabólicos androgênicos e sua relação com a prática desportiva. Revista Brasileira de Ciências Farmacêuticas. 2004;40(2):165-179.
2. Ferreira UMG, Ferreira ACD, Azevedo AMP, da Silva CAB. Esteroides anabólicos androgênicos. RbPS. 2007;(20)1:267-275.
3. Evans NA. Current concepts in anabolic-androgenic steroids. The American Journal of Sports Medicine. 2004;(32)2:534-542.
4. Hall RCW, Hall RCW. Abuse of supraphysiologic doses of anabolic steroids. Southern Medical Journal. 2005 May;98(5):550-5.
5. Kuhn CM. Anabolic steroids. Recent progress in hormone research. 2002;(57):411-434.
6. Wilson JD. Androgen Abuse by Athletes. Endocrine Reviews. [internet] [acesso em 22 jun 26]. 1988 Mai;9(2):181-99. Disponível em: https://academic.oup.com/edrv/article-abstract/9/2/181/2548884?redirectedFrom=fulltext
7. Albano GD, Amico F, Cocimano G, Liberto A, Maglietta F, Esposito M, et al. Adverse effects of anabolic-androgenic steroids: a literature review. Healthcare (Basel). 2021 Jan;9(1):97
8. Rocha FL, Roque FR, de Oliveira EM. Esteroides anabolizantes: mecanismos de ação e efeitos sobre o sistema cardiovascular. O mundo da Saúde. 2007;(31)4:470-477.
9. Liu JD, Wu YQ. Anabolic-androgenic steroids and cardiovascular risk. Chinese Medical Journal. 2019;132(18):2229-2236.
10. Neri M, Bello S, Bonsignore A, Cantatore S, Riezzo I, Turillazzi E, et al. Anabolic androgenic steroids abuse and liver toxicity. Mini Reviews in Medicinal Chemistry. 2011 May;11(5):430-437.
11. Bertozzi G, Sessa F, Albano GD, Sani G, Maglietta F, Roshan MHK, et al. The role of anabolic androgenic steroids in disruption of the physiological function in discrete areas of the central nervous system. Molecular Neurobiology. 2018 Jul;55(7):5548-5556.
12. Fortunato RS, Marassi MP, Chaves EA, Nascimento JHM, Rosenthal D, Carvalho DP. Chronic administration of anabolic androgenic steroid alters murine thyroid function. Medicine and Science in Sports and Exercise. 2006 Feb;(38)2:256-261.
13. Mazzeo F, Ascione A. Anabolic androgenic steroids and doping in sport. Medicina Sportiva: Journal of Romanian Sports Medicine Society. 2013 Jan.;(9)1:2009-2020.
14. Cunha TS, MJCS Moura, Bernardes CF, Tanno AP, Marcondes FK. Vascular sensitivity to phenylephrine in rats submitted to anaerobic training and nandrolone treatment. Hypertension. 2005;46(4):1010-1015.
15. Baggish AL, Weiner RB, Kanayama G, Hudson JI, Picard MH, Hutter AM, et al. Long-term anabolic androgenic steroid use is associated with left ventricular dysfunction. Circulation: Heart Failure. 2010 Jul;3(4):472–6. [Internet] [acesso em:2022 Jun 27]. Disponível em: https://www.ahajournals.org/doi/abs/10.1161/CIRCHEARTFAILURE.109.931063
16. Liu PY, Death AK, Handelsman DJ. Androgens and Cardiovascular Disease. Endocrine Reviews. 2003 Jun;1;24(3):313–40. [internet] [acesso em: 2022 Jun. 27]. Disponível em: https://academic.oup.com/edrv/article/24/3/313/2424279
17. Pertusi R, Dickerman R, McConathy W. Evaluation of aminotransferase elevations in a bodybuilder using anabolic steroids: hepatitis or rhabdomyolysis? Journal of Osteopathic Medicine. 2001 Jul 1;101(7):391–4. [internet] [acesso em: 2022 Jun. 26]. Disponível em: https://www.degruyter.com/document/doi/10.7556/jaoa.2001.101.7.391/html
18. Saborido A, Molano F, Megias A. Effect of training and anabolic-androgenic steroids on drug metabolism in rat liver. Medicine and Science in Sports and Exercise. 1993 Jul 1;25(7):815–22. [internet] [acesso em: 2022 Jun. 26]. Disponível em: https://europepmc.org/article/med/8350704
19. Mattioli F, Garbero C, Gosmar M, Manfredi V, Carrozzino R, Martelli A, et al. DNA fragmentation, DNA repair and apoptosis induced in primary rat hepatocytes by dienogest, dydrogesterone and 1,4,6-androstatriene-17β-ol-3-one acetate. Mutation Research/Genetic Toxicology and Environmental Mutagenesis. 2004 Nov 14;564(1):21–9.

3

Fisiologia do eixo hipotálamo-hipofisário-gonadal

Marcelo Rodrigues dos Santos
Maria Janieire de Nazaré Nunes Alves

INTRODUÇÃO

O equilíbrio do eixo hormonal é fundamental para que ocorra a produção endógena de testosterona. Isso só é possível devido a três glândulas que fazem parte dessa "orquestra": o hipotálamo, a hipófise (também chamada de pituitária – mais especificamente a parte anterior) e os testículos (ou gônadas). A Figura 1 mostra a organização anatômica das glândulas hipotálamo e hipófise localizadas na base do cérebro e na cavidade do osso esfenoide, respectivamente.

O hipotálamo é responsável pela produção e secreção do hormônio liberador de gonadotrofina (GnRH). O GnRH tem ação direta na hipófise anterior, a qual será estimulada a produzir e secretar dois hormônios, o folículo estimulante (FSH) e o luteinizante (LH). O FSH e o LH agem diretamente em células dos testículos: o FSH age nas células de Sertoli, estimulando a espermatogênese; enquanto o LH age nas células de Leydig, estimulando a produção de testosterona, hormônio responsável pelo desenvolvimento das características sexuais secundárias masculinas. Uma vez que a testosterona é produzida e secretada, ela também é responsável por realizar o chamado *feedback* negativo, inibindo a produção dos três hormônios dentro dessa cascata fisiológica: GnRH, FSH e LH (Figura 2).

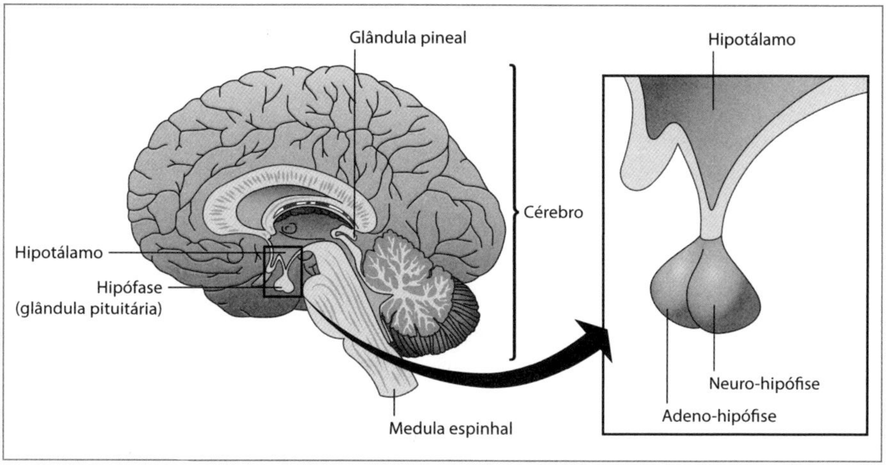

FIGURA 1 Localização das glândulas hipotálamo (base do cérebro) e hipófise (cavidade do osso esfenoide).

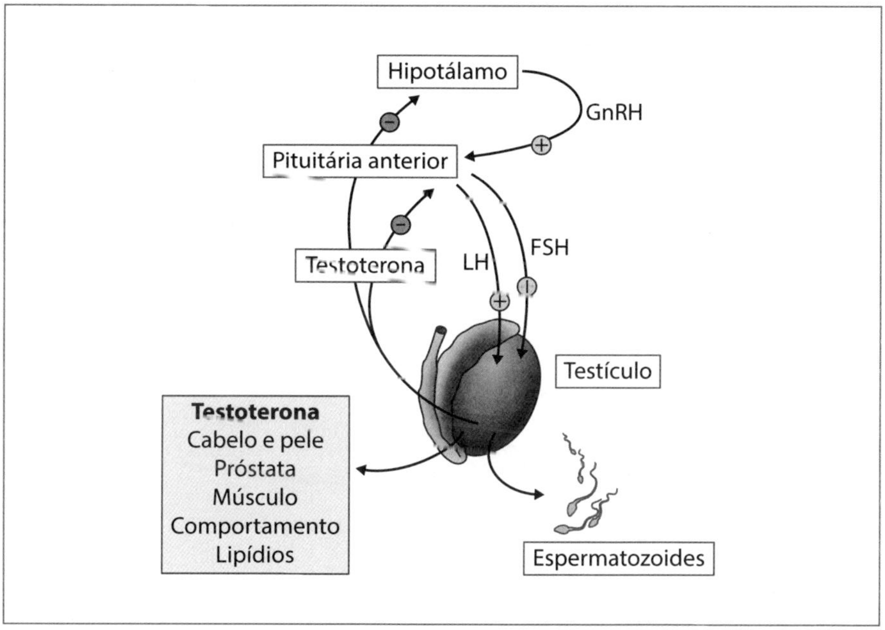

FIGURA 2 Eixo hipotálamo-hipofisário-gonadal masculino.

FSH: hormônio folículo estimulante; GnRH: hormônio liberador de gonadotrofina; LH: hormônio luteinizante; +: efeito estimulante; –: efeito inibitório.
Fonte: adaptada de Bagatell; Bremner[1].

A produção de testosterona, assim como de outros hormônios esteroides, é derivada do colesterol. O primeiro passo na biossíntese envolve a clivagem oxidativa da cadeia lateral do colesterol pela enzima P450scc. Além disso, a enzima citocromo P450 oxidase mitocondrial é responsável pela transformação da pregnenolona devido à perda de seis átomos de carbono. Posteriormente, essa enzima remove dois átomos de carbono adicionais no retículo endoplasmático para produzir uma variedade de esteroides C19. A androstenediona é formada após o grupo 3p-hidroxila ser oxidado pela 3β-hidroxiesteroide desidrogenase. Finalmente, o grupo C17 ceto androstenediona é reduzido pela 17β-hidroxiesteroide desidrogenase para produzir testosterona (Figura 3).

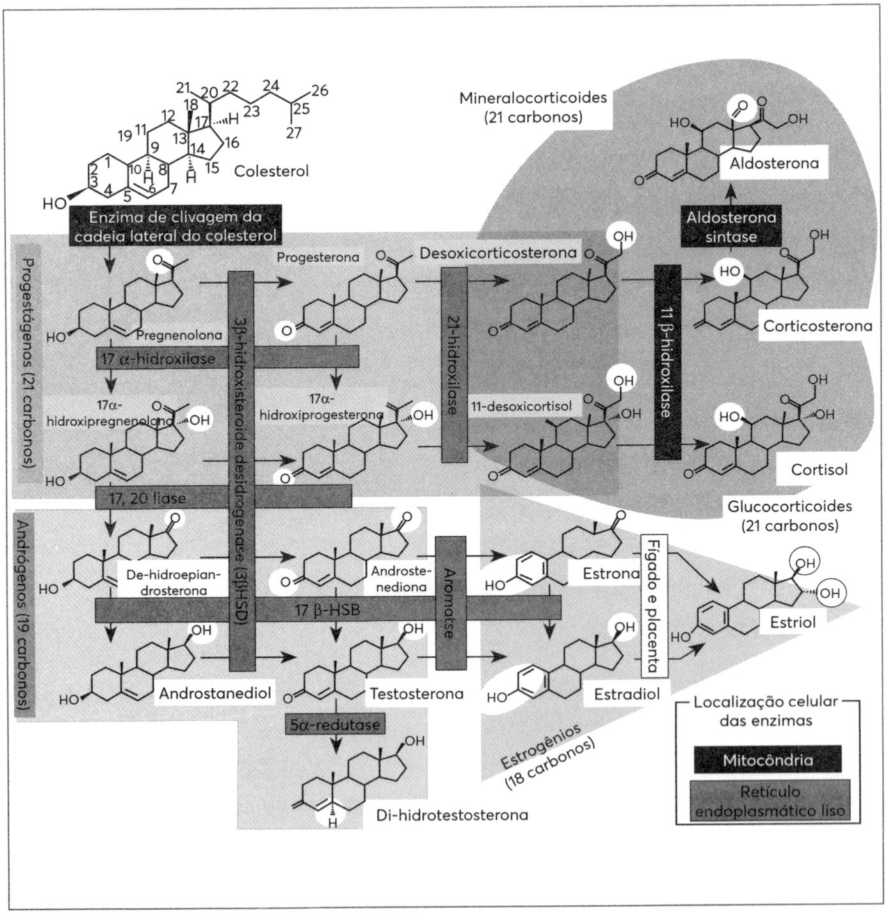

FIGURA 3 Síntese e formação da testosterona a partir do colesterol.

Por ser um hormônio lipossolúvel e altamente permeável à membrana celular, a testosterona é transportada no plasma ligada a proteínas. Cerca de 98% da testosterona plasmática está ligada à globulina ligadora de hormônio sexual (SHBG) e à albumina. Os 2% restantes encontram-se livres no plasma (testosterona livre), sendo, por isso, capazes de atravessar a membrana plasmática por difusão simples (Figura 4). Importante destacar que a mensuração da concentração sérica da testosterona livre apresenta limitações. A fórmula proposta por Vermeulen e colaboradores[2] (um algoritmo para calcular a testosterona livre a partir das concentrações de testosterona total, SHBG e albumina) mostra menor acurácia quando comparada com medidas mais precisas com diálise de equilíbrio[3]. Portanto, é preciso cuidado na interpretação da mensuração da testosterona livre. Para melhor compreensão dos métodos, sugerimos a leitura de Zakharov e colaboradores[3].

No citoplasma das células, a testosterona pode sofrer a ação da enzima 5α-redutase e ser convertida em dihidrotestosterona (DHT), hormônio que possui uma afinidade 30 a 50 vezes maior com o receptor androgênico. A testostero-

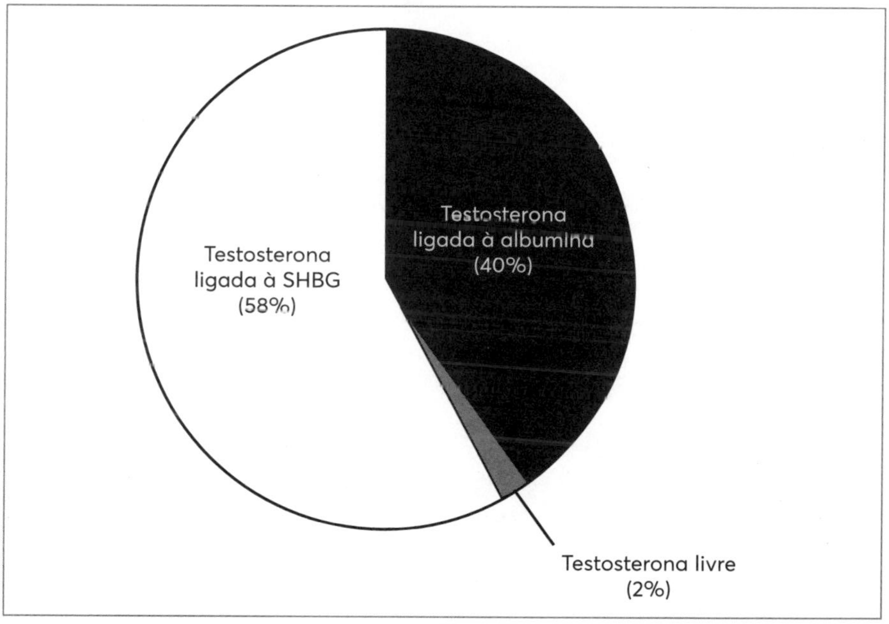

FIGURA 4 A testosterona total está ligada a suas proteínas carreadoras, globulina ligadora de hormônio sexual (SHBG) e albumina. Aproximadamente apenas 2% são considerados testosterona livre.

na e a DHT interagem com o receptor androgênico, formando um complexo hormônio-receptor com alta afinidade pelo DNA celular. Esse complexo ativa a RNA polimerase e inicia o processo de transcrição gênica com a produção de RNA mensageiro. No citosol celular, o RNA mensageiro é utilizado para expressar, por meio dos ribossomos localizados no retículo endoplasmático rugoso, proteínas estruturais e enzimáticas, as quais são utilizadas no processo de melhora do reaproveitamento da energia mitocondrial[4]. Dessa forma, os hormônios androgênicos são capazes de influenciar o fenótipo das células-alvo (Figura 5). Vale salientar que uma pequena quantidade da testosterona produzida também sofre o processo de aromatização na parede vascular e é convertida em estradiol pela enzima aromatase[5]. Essa conversão a um hormônio estrogênico leva à ligação com receptores específicos (os receptores de estrógeno).

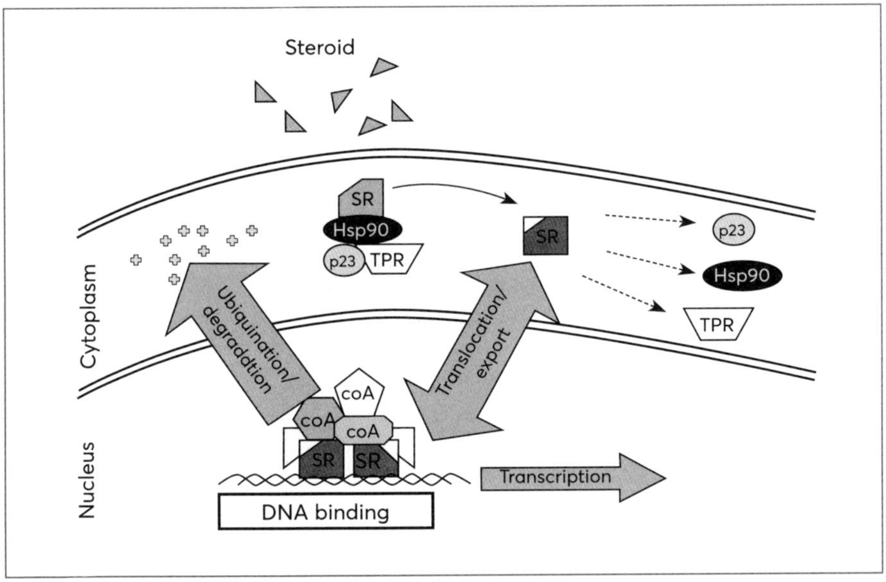

FIGURA 5 Na ausência de hormônio, o receptor de esteroide existe como um complexo inativo (Hsp90, p23 e TPR). Após a ligação do hormônio, o complexo receptor-Hsp90 se dissocia e o receptor ativado é translocado para o núcleo. Os receptores ativados interagem com o elemento de resposta esteroide na cromatina, desencadeando a formação de um complexo de transcrição, um conjunto de correguladores, que, por sua vez, resulta na ativação e transcrição do gene, tradução da proteína e uma alteração resultante na função, diferenciação celular ou no crescimento.

Fonte: adaptado de Kicman, 2008[4].

Nos homens, a taxa de produção diária de testosterona é de aproximadamente 147 (±31) μg/h (ou 3,7 [± 2,2] mg/dia)[6]. O intervalo de referência para concentração sanguínea de testosterona em jovens saudáveis e não obesos (19 a 39 anos) é de 264 a 916 ng/dL (9,2 a 31,8 nmol/L) usando o 2,5° e 97,5° percentil; e 303 a 852 ng/dL (10,5 a 29,5 nmol/L) usando o 5° e 95° percentil[7]. Acompanhe na sequência os valores de referência para mulheres.

PRODUÇÃO E FUNÇÃO DA TESTOSTERONA EM MULHERES

Enquanto nos homens a produção de testosterona ocorre principalmente nos testículos (e em uma pequena parte pela zona reticulada do córtex da glândula suprarrenal), nas mulheres a produção desse hormônio esteroide ocorre nos ovários e na glândula suprarrenal. Os andrógenos suprarrenais, normalmente secretados pela zona adrenal fetal e pela zona reticular do córtex da suprarrenal, são hormônios esteroides com atividade androgênica fraca. Eles incluem a desidroepiandrosterona (DHEA), sulfato de desidroepiandrosterona (DHEAS), androstenediona (A4), androstenediol (A5) e 11β-hidroxiandrostenediona (11βOHA4). DHEA e DHEAS são secretados em maiores quantidades do que os outros andrógenos suprarrenais. Embora esses esteroides tenham pouca atividade androgênica, eles fornecem precursores circulantes para a conversão periférica em andrógenos mais potentes, como, por exemplo, a testosterona[8].

A glândula suprarrenal e o estroma do ovário são responsáveis por produzir 50% (25% para cada um) da testosterona nas mulheres. Os outros 50% restantes são produzidos a partir dos andrógenos circulantes. A taxa de produção diária de testosterona nas mulheres é de 1,8 (±0,6) μg/h (ou 0,4 [± 0,1] mg/dia)[6] com níveis circulantes na faixa de 20–70 ng/dL (0,6–2,5 nmol/L). No início da fase folicular do ciclo menstrual, a testosterona apresenta a menor concentração sanguínea. A sua concentração aumenta substancialmente no meio do ciclo menstrual e na fase lútea. A testosterona, tanto em homens quanto em mulheres, apresenta variação circadiana, sendo os níveis de pico observados nas primeiras horas da manhã[9].

Enquanto a função da testosterona nos homens parece ser mais bem elucidada na literatura, nas mulheres a testosterona apresenta função um pouco diferente. Em ambos os sexos, a testosterona tem função importante na composição corporal (maior massa muscular e menor quantidade de gordura) e na função cognitiva[10]. Por outro lado, alguns estudos sugerem que a testosterona em mulheres tem pouca influência na disfunção sexual e está diretamente relacionada com o declínio da densidade mineral óssea. Além disso, em concentrações fisiológicas, a testosterona em mulheres tem efeitos favoráveis no tônus vasomotor, função endotelial e resistência vascular periférica por meio de efeitos diretos na parede dos vasos sanguíneos[10].

REFERÊNCIAS BIBLIOGRÁFICAS

1. Bagatell CJ, Bremner WJ. Androgens in men-uses and abuses. N Engl J Med. 1996 Mar 14;334(11):707–714.
2. Vermeulen A, Verdonck L, Kaufman JM. A critical evaluation of simple methods for the estimation of free testosterone in serum. J Clin Endocrinol Metab. 1999 Oct;84(10):3666–3672.
3. Zakharov MN, Bhasin S, Travison TG, Xue R, Ulloor J, Vasan RS, et al. A multi-step, dynamic allosteric model of testosterone's binding to sex hormone binding globulin. Mol Cell Endocrinol. 2015 Jan 5;399:190-200.
4. Kicman AT. Pharmacology of anabolic steroids. Br J Pharmacol. 2008 Jun;154(3):502-21.
5. Gebara CE, Vieira NW, Meyer JW, Calich ALG, Tai EJ, Pierri H, et al. Efeitos Cardiovasculares da Testosterona. Arq. Bras. Cardiol. 2002 Dic;79(6):644-649.
6. Vierhapper H, Nowotny P, Waldhäusl W. Determination of testosterone production rates in men and women using stable isotope/dilution and mass spectrometry. J Clin Endocrinol Metab. 1997 May;82(5):1492-6.
7. Bhasin S, Brito JP, Cunningham GR, Hayes FJ, Hodis HN, Matsumoto AM, et al. Testosterone Therapy in men with hypogonadism: an endocrine society clinical practice guideline. J Clin Endocrinol Metab. 2018 May 1;103(5):1715-1744.
8. Antoniou-Tsigkos A, Zapanti E, Ghizzoni L, Mastorakos G, Feingold KR, Anawalt B, et al, editors. Adrenal androgens. In: Endotext [Internet]. South Dartmouth (MA): MDText.com, Inc.; 2000.
9. Burger HG. Androgen production in women. Fertil Steril. 2002 Apr;77 Suppl 4:S3-5.
10. Davis SR, Wahlin-Jacobse S. Testosterone in women--the clinical significance. Lancet Diabetes Endocrinol. 2015 Dec;3(12):980-92.

4

Vias biomoleculares da ação de esteroides androgênicos anabolizantes na hipertrofia muscular

Aline V. N. Bacurau
Edilamar Menezes de Oliveira
Patricia Chakur Brum
Reury Frank Pereira Bacurau

INTRODUÇÃO

A competição esportiva apresenta inúmeras particularidades a depender da modalidade considerada, pois ela varia quanto ao tempo, podendo durar de segundos a semanas; quanto ao ambiente físico no qual é realizado; quanto às regras; ou quanto aos critérios, que determinam seu sucesso[1]. De qualquer forma, um denominador comum a todas as competições esportivas é a necessidade de sustentar os mais altos índices de execução de uma dada tarefa ou de velocidade com proficiência técnica e tática durante toda continuidade do evento[1].

Nesse contexto, para algumas modalidades, a limitação em produzir força e potência (seja por limitação do sistema nervoso central e/ou questões periféricas) representa o insucesso[1]. Considerando que a força e a potência musculares dependem de fatores neurais e da área de secção transversa da musculatura recrutada, o treinamento de força para desenvolvimento da hipertrofia muscular é uma estratégia utilizada para aumento do desempenho esportivo[2].

Especificamente, o treinamento de força, popularmente chamado musculação, ao manipular determinadas variáveis agudas (ordem dos exercícios, carga de treino e repetições, volume e intervalos entre séries)[3], é utilizado por atletas para alcançar aumento de força e massa musculares; de fato, esta forma de treinamento é considerada a que fornece o melhor estímulo para tais fins. Entretanto, é preciso destacar que a adaptação de um atleta depende de seu nível de aptidão física ao iniciar o programa de treinamento de força e de seu potencial genético[4]. Uma vez que nesses indivíduos os mecanismos fisiológicos que determinam a adaptação, isto é, aumento de força e hipertrofia, já estão muito desenvolvidos, isso implica que novas adaptações tendem a ocorrer numa taxa cada vez mais lenta, conforme descrito entre os princípios do treinamento[5].

Portanto, intuitivamente, é fácil entender o porquê de atletas buscarem formas de potencializar ganhos de força e massa (hipertrofia) musculares que teriam somente por meio de treinamento físico e de nutrição adequados. Nesse sentido, o uso de esteroides anabolizantes androgênicos (EAAs) são introduzidos nesse contexto (ganhos de massa corporal e massa corporal magra entre 5% e 20% tem sido relatados)[6].

EAAs são química e farmacologicamente relacionados à testosterona para promover o crescimento muscular; ainda de acordo com esta definição do Colégio Americano de Medicina Esportiva, os EAAs não são estrogênios, progestinas ou corticosteroides. Por androgênico, deve-se entender um esteroide natural ou sintético que promove características sexuais masculinas (primárias e secundárias), enquanto o anabólico descreve um hormônio ou substância que aumenta o crescimento do músculo esquelético; na verdade, de qualquer tecido somático[7].

Infelizmente, justificar o uso de EAAs com o argumento de que "quanto mais treinado, menos treinável" falha miseravelmente quando se percebe que, embora nos anos de 1970 os atletas fossem os principais usuários dessas substâncias, isto deixou de ser verdade a partir dos anos 1980[7]. De fato, neste período, usuários de clubes, academias e outros indivíduos do público em geral, passaram a ser os principais tipos de consumidores de EAAs, em detrimento dos atletas competitivos[7]. Destaca-se, nesse sentido, o uso para fins estéticos e o tratamento de homens com problemas no eixo hipotálamo-hipófise-gônadas. De fato, esse tipo de tratamento médico se tornou uma área de uso indiscriminado dos EAAs[8].

MECANISMOS PROMOTORES DE HIPERTROFIA MUSCULAR EM RESPOSTA AO TREINAMENTO FÍSICO

O tecido muscular esquelético é responsável por cerca de 40-45% da massa corporal total[9]. Na fase adulta, a massa muscular e o tamanho da fibra do músculo esquelético são mantidos por meio do *turnover* proteico, ou seja, pelo equilíbrio dinâmico entre os mecanismos que regulam o anabolismo e o catabolismo proteicos. O *turnover* proteico pode ser alterado em resposta a mudanças na sobrecarga, prática de atividade física, pela idade ou presença de doenças sistêmicas[10]. Atualmente existe um grande esforço dos pesquisadores em encontrar estratégias para mitigar a perda de massa muscular, pois ela está associada ao aumento da morbidade e mortalidade nessas diferentes condições[11]. Dentre as diferentes intervenções, a atividade contrátil, induzida por meio do treinamento de força, continua sendo o estímulo mais eficaz em promover aumento da massa muscular[12].

Sabe-se que uma sessão de exercício de força promove o aumento da síntese proteica (anabolismo proteico) tanto por sinais mecânicos (mecanotransdução) quanto pelo aumento significativo nas concentrações de hormônios anabólicos – testosterona, o hormônio de crescimento (GH) e o fator de crescimento semelhante à insulina (IGF-I) –, sendo a combinação desses mecanismos, associados à hipertrofia muscular esquelética, induzida pelo treinamento de força[9].

As variáveis de treinamento se relacionam com as respostas e adaptações hormonais ao exercício de força, incluindo: seleção e ordem dos exercícios, tipo de ação muscular, intensidade, volume, velocidade de execução do movimento, intervalo entre as séries, frequência e grupos musculares treinados[13]. O aumento das concentrações hormonais também pode ser resultantes da combinação de diferentes fatores, como: aumento da secreção, redução da depuração hepática, redução do volume plasmático e das taxas de degradação. Dessa forma, a maior interação desses hormônios com células do tecido-alvo, juntamente à sinalização mecânica, inicia uma sequência de eventos moleculares associados a diferentes respostas celulares, observadas pelo aumento da síntese proteica e/ou diminuição da degradação proteica[13].

O principal andrógeno, a testosterona, é um hormônio esteroide anabólico androgênico que é sintetizado a partir do colesterol, produzido principalmente nas células de Leydig nos testículos. Outros tecidos, como o córtex adrenal, também produzem menores quantidades do hormônio e, além disso, há conversão periférica a partir da androstenediona[14]. A testosterona sistêmica tem sua ação na fibra muscular por meio da ligação a receptores de andrógenos (RA) que estimulam sinalizações intracelulares que podem alterar a expressão de milhares de genes, muitos dos quais estão envolvidos na regulação da estrutura do músculo esquelético, no tipo de fibra, no metabolismo muscular e na regulação transcricional[15].

A testosterona também afeta o desenvolvimento do tecido ósseo, conjuntivo e neural[16], levando ao aumento da força muscular, potência, resistência e hipertrofia de maneira dose-dependente[17]. Foi demonstrado que a administração exógena potencializa ganhos de força muscular e massa muscular. A administração de testosterona em doses suprafisiológicas por 10 semanas resultou em um aumento significativo da força e da área de secção transversa do músculo quadríceps, tanto em indivíduos treinados como destreinados[18]. Além do estímulo sobre a síntese e inibição da degradação proteica muscular, a testosterona exerce ação na proliferação das células satélites[19]. Levantadores de peso que fazem uso de esteroides anabólicos por longo prazo apresentam acentuada hipertrofia muscular, com aumento da área de seção transversa das fibras musculares e maior número de mionúcleos quando comparados aos atletas que não fazem uso da droga[20]. Por outro lado, análogos ao hormônio liberador de gonadotrofina (GnRH) que inibem a liberação endógena de testosterona previnem ganhos de força muscular e atenuam ganhos de massa muscular[21]. Antagonistas de RA, que inibem a ligação da testosterona endógena ao RA, previnem a hipertrofia muscular em modelo experimental[22]. Portanto, esses achados sugerem que a testosterona possui um papel significativo na regulação do crescimento muscular adulto em resposta ao estímulo mecânico observado pelo treinamento de força. É importante ressaltar que o treinamento de força promove aumento agudo na concentração total de testosterona em homens[23,24] e mulheres[25], no entanto, o efeito do treinamento sobre as concentrações de repouso do hormônio ainda é inconclusivo[26, 27,2].

Logo após o treinamento de força, os efeitos anabólicos induzidos pelo aumento na concentração de testosterona e na densidade de RA, ocorrem por mecanismos genômicos (aumento da capacidade transcricional) e não genômicos (aumento da eficiência translacional)[15]. O estímulo do treinamento de força e do aumento das concentrações de andrógenos leva ao aumento na densidade RA muscular por diferentes mecanismos. O treinamento de força aumenta a transcrição de mRNA para os RA via sinalização RhoA (pequenas GTPases que ativam fatores de transcrição). Por outro lado, a testosterona aumenta a densidade de RA, aumentando em 100% a meia-vida desses receptores de ~3,1 para 6,6h[28]. Devido a esses distintos mecanismos de ação, ambos estímulos, quando somados, apresentam efeito potencializador no crescimento muscular.

Quando a testosterona se liga ao RA, este dimeriza e transloca para o núcleo, ligando-se aos elementos de resposta a esteroides no DNA (ERDs). A ativação desses ERDs estimula a transcrição de genes de proteínas associadas a sistemas anabólicos, como a produção local de IGF-1, um importante fator de crescimento envolvido na hipertrofia muscular, conforme será mencionado logo a seguir[29, 30]. Além da sinalização genômica, acredita-se que a testosterona ative independentemente a cascata de sinalização Akt/mTOR/S6K1, que representa uma etapa integrada na resposta hipertrófica, principalmente pelo aumento da eficiência translacional[31].

O IGF-I é um importante regulador na homeostase muscular por meio dos processos de sobrevivência, proliferação, diferenciação e crescimento celular. A produção local de IGF-1 é controlada principalmente pelo GH; sugerindo que o efeito do GH no crescimento pode ser mediado em parte pelo aumento da produção e/ou ação local de IGF-1. Os níveis sistêmicos de IGF-1 são rapidamente aumentados em humanos em resposta a uma sessão de treinamento de força (de ~45 nM durante o repouso, para 65 nM imediatamente após o treinamento de força) e retornam aos níveis basais apenas ~30 min após uma sessão de treinamento de força, o que pode impactar a hipertrofia induzida pelo exercício, no aumento dos níveis de força muscular, em parte pelo aumento na proliferação de células satélites e melhor eficiência translacional[17].

Depois de ligado ao receptor, o IGF-I promove a autofosforilação do mesmo, resultando na fosforilação do substrato do receptor de insulina (IRS-1). Este ativa a translocação da PI3K (*phosphatidylinositol-3 kinase*) para a membrana, resultando na ativação da cascata de sinalização Akt/mTOR e, consequentemente, no aumento nas taxas de síntese proteica.

Foi demonstrado que 12 semanas de treinamento de força a 80% de 1RM promove aumento da expressão de IGF-1 no músculo esquelético em 500%[32]. Além disso, as concentrações circulantes de IGF-1 foram aumentadas por até 48 horas após uma sessão de treinamento de força[29]. Tendo em vista o efeito do exercício no aumento da síntese e secreção de IGF-1 e seu papel na ativação da síntese proteica, concluiu-se que tal aumento transiente apresentou importante contribuição para a hipertrofia muscular.

Em resumo, a Figura 1 apresenta os principais mecanismos deflagrados durante treinamento de força, ou seja, efeitos combinados da liberação de testosterona e do aumento da densidade de RA, que regulam parte do crescimento muscular por vias de sinalização genômicas e não genômicas, culminando em aumento significativo no anabolismo proteico.

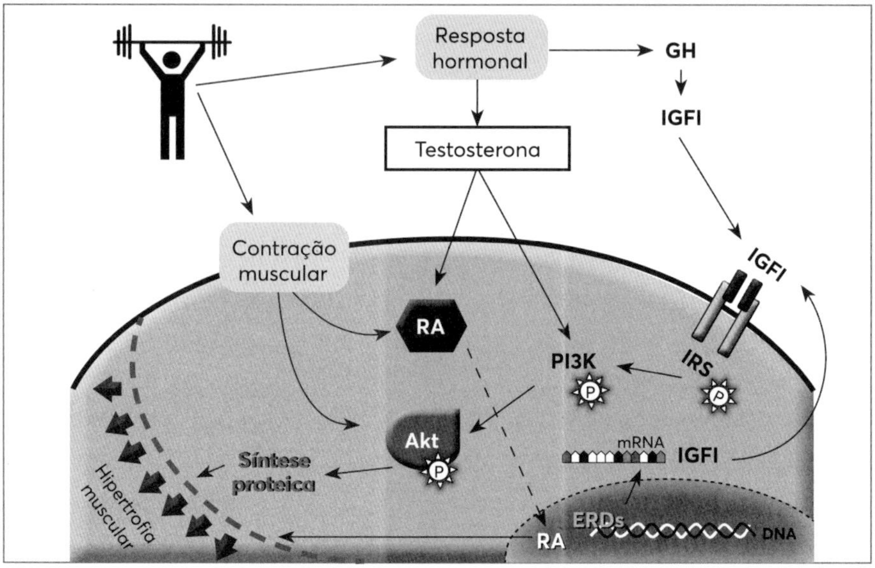

FIGURA 1 Vias de sinalização reguladas pelo treinamento de força.

O aumento nas concentrações da testosterona, do hormônio do crescimento (GH) e do fator de crescimento semelhante à insulina 1 (IGF-1) ativa vias de sinalização que induzem aumentos na síntese de proteína muscular, que resultam em um aumento na massa muscular. RA, receptor de andrógenos; IRS, substrato do receptor de insulina; ERDs, elementos de resposta a esteroides no DNA.

EAAS E SESSÕES DE TREINO DE FORÇA

Os aumentos crônicos de força e hipertrofia (adaptações) são dependentes das exigências físicas impostas ao sistema neuromuscular e aos sistemas fisiológicos essenciais à realização de cada sessão aguda de treinamento de força[4].

As contrações musculares de baixa e alta carga que ocorrem durante treinos de força dependem primariamente da glicólise (quebra anaeróbia da glicose, uma vez que não se pode depender puramente do sistema aeróbio para fornecer energia nesse contexto)[33]. Portanto, a depleção dos estoques de glicogênio muscular pode limitar o desempenho do treinamento de força. Deve ser considerado o fato de uma depleção geral localizada, já que essa reserva se distribui dentro das miofibrilas, entre a miofibrilas e sob a sarcolema, ou ambas. Dessa maneira, embora não seja costume considerar a depleção de glicogênio diretamente prejudicial ao anabolismo, adaptações em força e hipertrofia podem ser indiretamente comprometidas com a prática do treinamento de força, uma vez que tal depleção pode reduzir o volume de treino e as cargas manipuladas[34,35].

Dada a natureza anabólica da testosterona, o efeito de um treino de força sobre o aumento plasmático (seja durante ou imediatamente após) deste hormônio tem sido investigado para que seja possível avaliar o quanto tais mudanças ocorrem ao longo de semanas. Por essa perspectiva, o que se considera é o efeito somatório da testosterona a cada treino, promovendo, por fim, adaptações.

Porém, o aumento agudo de testosterona pode exercer efeitos de curto prazo potencialmente capazes de influenciar o quão um treino de força é capaz de estimular a musculatura esquelética. Dentre esses efeitos estariam aqueles celulares (a modulação de segundos-mensageiros, alterações em cascatas de sinalização e a ativação neural) e os sistêmicos (modificações do metabolismo energético, alterações do comportamento e cognição, alterações na função do sistema motor, alterações da eletrofisiologia do tecido muscular e de suas propriedades contráteis)[36]. Nesse sentido, foi reportado que atletas de rúgbi altamente treinados apresentaram aumento na testosterona salivar após assistirem a vídeos com conteúdo erótico, humorístico, agressivo e de treinamento (assistindo treinamento de outro indivíduo)[37]. Ao serem submetidos a um teste de 3 repetições máximas (3 RM) no agachamento, os atletas apresentaram aumento nas cargas com as quais agacharam 3 vezes em comparação à condição controle (3 RM sem vídeo).

Uma vez que os ganhos maiores em usuários de EAAs estão relacionados aos efeitos das doses suprafisiológicas destes compostos em comparação às concentrações endógenas de testosterona, é possível especular que parte da adaptação obtida por usuários de EAAs possa ser devido ao "estímulo mais intenso" que essas substâncias permitem por meio de seus efeitos de curto prazo. Isto é, treinar de forma que se permita um maior estímulo pode resultar em maior adaptação. Tais questionamentos precisam ser investigados em futuros estudos.

EFEITOS ADVERSOS DOS EAAS E NOVAS ROTINAS ENTRE FISICULTURISTAS

O uso de testosterona e EAAs se iniciou por volta dos anos 1940 e 1950 entre os homens, e por volta do final dos anos 1950 e começo dos 1960 pelas mulheres de provas de campo[38].

Desde então, os efeitos adversos destas substâncias foram sendo gradualmente reconhecidos e identificados como reversíveis e irreversíveis. Dentre os efeitos adversos mais comuns está a secreção aumentada de óleo pelas glândulas sebáceas (causando doenças dermatológicas como acne *vulgaris*, alopecia androgênica e hipertricose)[39]. Também se observam problemas sexuais com o uso crônico, citam-se a atrofia testicular, impotência, azoospermia e infertilidade em homens enquanto nas mulheres podem ocorrer mudança na voz, amenorreia, atrofia do útero e alargamento do clitóris.

O sistema musculoesquelético também está sujeito aos efeitos colaterais dos EAAs uma vez que os usuários apresentam um risco significantemente aumentado de rupturas nos tendões[39]. Além disso, efeitos comportamentais, especialmente agressão, são bem documentados[40], assim como dores de cabeça, irritabilidade, depressão e dependência também são reportados. De fato, um saldo bastante negativo dessas desordens psicocomportamentais é a possibilidade de violência e até de suicídio[40]. Considerando que fígado e rins são responsáveis pela metabolização dos EAAs, tais órgãos não estão isentos de risco.

Contudo, relatos não comprovados advertem que são os efeitos cardiovasculares adversos dos EAAs, como calcificação vascular, hipertensão, tromboembolismo, espasmo coronariano, apoptose de cardiomiócitos, cardiomiopatia dilatada, arritmia, hipertrofia cardíaca, infarto agudo do miocárdio, que têm causado uma mudança na "aparência" da rotina de treino de atletas de força, mais especificamente de fisiculturistas. De fato, há poucos anos, a quantidade de treino aeróbio que essa categoria de atletas realizava era mínima. Por outro lado, a crescente percepção entre esses atletas sobre os efeitos negativos dos EAAs no sistema cardiovascular tem feito com que eles aumentem os exercícios aeróbios (em comparação ao que era feito há alguns anos) como forma de proteger o sistema cardiovascular.

Outro potencial benefício da prática de exercícios aeróbios e que está em consonância com os objetivos traçados pelos fisiculturistas é a melhoria da composição corporal, já que esses exercícios juntos à alimentação e ao próprio treinamento de força ajudariam na imposição de um déficit calórico. Em teoria, a prática de exercícios aeróbios seria benéfica nas duas fases principais do treinamento de fisiculturistas. Por exemplo, na chamada fase de "*bulking*" no início da preparação, a qual se estende por aproximadamente 12-16 semanas antes da competição. Aqui, a ideia é consumir mais calorias, principalmente oriundas de carboidratos e proteínas. Ainda que nessa fase o objetivo seja "crescer", a prática de exercícios aeróbios ajudaria a ganhar mais massa magra e menos gordura, pois contribui para um melhor ajuste entre gasto e ingestão de energia. Já na fase de "*cutting*", iniciada aproximadamente nos últimos 2 meses da competição, normalmente os atletas procuram reduzir a gordura corporal e maximizar a massa magra; aqui, o benefício do maior gasto calórico devido a um aumento dos exercícios aeróbios salta aos olhos.

Evidentemente, mais modificações nas rotinas de atletas que visam consumir EAAs podem protegê-los e têm sido relatadas de modo não comprovado cientificamente. Outra modificação que parece estar sendo realizada por atletas "no mundo real" e que aos poucos vai sendo conhecida pela comunidade científica é a redução nas quantidades absolutas de EAAs consumidas por semana. Reporta-se na literatura diferentes estratégias e abordagens para o uso de EAAs. O "*stacking*" é definido como o uso de um ou mais EAAs simultaneamente visando aumentar a hipertrofia. É fato que tanto a testosterona quanto os EAAs apresentam diferentes afinidades pelos receptores de andrógenos. Dessa forma, a afinidade da Nandrolona e Metenolona por tais receptores é maior que aquela da testosterona. O contrário é verdadeiro para o Estanozolol, Metandienona e Fluoximesterona. Daí, a resposta de quanto o *stacking* é eficiente em relação às doses e estratégias utilizadas pelos usuários que os consomem precisa ser investigada.

Também há a "estratégia da pirâmide" (não confundir com o sistema pirâmide de treino e seus assemelhados), na qual a concentração utilizada de um EAAs vai aumentando progressivamente ao longo do ciclo, atingindo um platô para em seguida ser reduzida ou retirada enquanto durar o ciclo.

É preciso notar que diversos usuários têm relatado menor uso das doses semanais de EAAs, não apenas pela preocupação com a saúde, mas também pela suposta existência de um limiar, a partir do qual o consumo de doses crescentes de EAAs não se traduzem em benefícios tão evidentes. Aliás, poder-se-ia dizer que, quando colocados em uma balança, os riscos passam a "pesar mais" em comparação aos benefícios.

REFERÊNCIAS BIBLIOGRÁFICAS

1. Burke LM. Nutritional approaches to counter performance constraints in high level sports competition. Experimental Physiology. 2021;106:2304-2323.
2. Hooper DR, Kraemer WJ, Volek JS, DuPont WH, Caldwell LK, et al. Endocrinological roles for testosterone in resistance exercise responses and adaptations. Sports Med. 2017,47:1709-1720. doi: 10.1007/s40279-017-0698-y.

3. Baechle, TR, Earle RW, Wathen D. (2000). Resistance training. In Essentials of strength training and conditioning, 3rd. ed., editado por T.R. Baechle e R.W. Earle. Champaign, Il: Human Kinetics, 401.
4. Fleck SJ, Kraemer WJ. (2017). Adaptações fisiológicas ao treinamento resistido. In Fundamentos do treinamento de força muscular. Editora Artmed, Porto Alegre.
5. Kasper K. Sports training principles. Curr Sports Med Rep. 2019 Apr 18;(4):95-96.
6. Lippi G, Banfi G. Doping and thrombosis in sports. Semin Thromb Hemost. 2011;37:918-928. doi: 10.1055/s-0031-1297371.
7. Bhasin SD; Hatfield DL; Hoffman JR; Kraemer WJ; Labotz M; Phillips SM; Ratames NA. Anabolic-androgenic steroid use in sport, health and society. Med Sci Sport Exerc. 2021 Aug 53;(8): 1778-1794.
8. O'Connor T. (2017). America on Steroids: A Time to Heal. 177 p.
9. Romagnoli C; Zonefrati R; Sharma P, Innocenti M, Clanferotti L; Brandi ML. Characterization of skeletal muscle endocrine control in an in vitro model of myogenesis. Calcified Tissue Int. 2020;107:18-30. doi: 10.1007/s00223-020-00678-3.
10. Stitt TN, Dujan D, Clarke BA, Panaro F, Timofeyva Y, Kline WO, Gonzalez M, Yancopoulos GD, Glass DJ. The IGF-1/PI3K/Akt pathway prevents expression of muscle atrophy-induced ubiquitin ligases by inhibiting FOXO transcription factors. Molecular Cell. 2004;14:395-403.
11. Argiles JM, Moore-Carrasco R, Fuster G, Busquets S, Lopez-Soriano FJ. Cancer cachexia: the molecular mechanisms. International Journal of Biochemistry and Cell Biology. 2003;35:405-9.
12. Sepulveda PV; Bush ED; Baar K. Pharmacology of manipulating lean body mass. Clin Exp. Pharmacol. Physiol. 2015;42:1-13. doi: 10.1111/1440-1681.12320.
13. Kraemer, WJ, and Ratamess, N. A. Hormonal responses and adaptations to resistance exercise and training. Sports Med. 2005;35:339-361. doi: 10.2165/00007256-200535040-00004
14. Burger, HG. Androgen production in women. Fertility Sterility. 2002;77:3-5. doi: 10.1016/S0015-0282(02)02985-0
15. Kraemer, WJ, Ratamess, NA, Hymer, WC, Nindl, BC, Fragala, MS. (2020). Growth Hormone (s), testosterone, insulin-like growth factors, and cortisol: roles and integration for cellular development and growth with exercise. Front. Endocrinol. 11:33. doi: 10.3389/fendo.2020.00033
16. Hoffman JR; Kraemer WJ; Bhasin S; Storer T; Ratamess NA; Haff GG. et al. (2009). Position stand on androgen and human growth hormone use. J. Strength Conditioning Res.23, 1-59. DOI: 10.1519/JSC.0b013e31819df2e6.
17. Kraemer, WJ, Ratamess, NA, Nindl, BC. Recovery responses of testosterone, growth hormone, and IGF-1 after resistance exercise. J. Appl. Physiol. 2017;122:549-558. doi: 10.1152/japplphysiol.00599.2016
18. Bhasin S, Storer TW, Berman N, Callegari C, Clevenger B, Phillips J, Bunnell TJ, Tricker R, Shirazi A, Casaburi R. The effects of supraphysiologic doses of testosterone on muscle size and strength in normal men. New England Journal of Medicine. 1996;335(1):1-7.
19. Sinha-Hikim I, Roth SM, Lee MI, Bhasin S. Testosterone-induced muscle hypertrophy is associated with an increase in satellite cell number in healthy, young men. Am J Physiol Endocrinol Metab. 2003 Jul;285(1):E197-205.
20. Kadi F, Eriksson A, Holmner S, Butler-Browne GS, Thornell LE. Cellular adaptation of the trapezius muscle in strength-trained athletes. Histochemistry and Cell Biology 1999;111:189-195.
21. Kvorning T, Andersen M, Brixen K, Schjerling P, Suetta C, Madsen K. Suppression of testosterone does not blunt mRNA expression of myoD, myogenin, IGF, myostatin or androgen receptor post strength training in humans. J. Physiol. 2007;578:579-593. doi: 10.1113/jphysiol.2006. 122671
22. Inoue K, Yamasaki S, Fushiki T, et al. Androgen receptor antagonist suppresses exercise-induced hypertrophy of skeletal muscle. Eur J Appl Physiol Occup Physiol. 1994 Jan 1;69(1):88-91.
23. Kraemer WJ, Häkkinen K, Newton RU, McCormick M, Nindl BC, Volek JS, et al. Acute hormonal responses to heavy resistance exercise in younger and older men. Eur. J. Appl. Physiol. Occupat. Physiol. 1998;77:206-211. Doi: 10.1007/s004210050323

24. Kraemer WJ, Häkkinen K, Newton RU, Nindl BC, Volek JS, McCormick M, et al. Effects of heavy--resistance training on hormonal response patterns in younger vs. older men. J. Appl. Physiol. 1999;87:982-992. doi: 10.1152/jappl.1999.87.3.982
25. Nindl BC; Kraemer WJ; Gotshak LA; Marx JO; Volek JS; Bush FA; Hakkinen K; Newton RU; Fleck SJ. Testosterone responses after resistance exercise in women: influence of regional fat distribution. Int J Sport Nutr Exerc Metab. 2001 Dec.;11(4):451-65. doi: 10.1123/ijsnem.11.4.451.
26. Alen, M., Pakarinen, A., Häkkinen, K., and Komi, P.B. 1988. Res- ponses of serum androgenic-a-nabolic and catabolic hormones to prolonged strength training. International Journal of Sports Medcine 9: 229-233.
27. Häkkinen, K., and Pakarinen, A. (1995). Acute hormonal responses to heavy resistance exercise in men and women at different ages. Int. J. Sports Med. 16, 507–513. doi: 10.1055/s-2007-973045
28. Syms A; Norris J; Panko W; Smith R. (1995). Mechanism of androgen-receptor augmentation. Aanly-sis of receptor synthesis and degradation by the density-shift technique. J. Biol. Chem. 260, 455-461.
29. Bamman, M. M., Shipp, J. R., Jiang, J., Gower, B. A., Hunter, G. R., Goodman, A., et al. (2001). Mechanical load increases muscle IGF-I and androgen receptor mRNA concentrations in humans. Am. J. Physiol. Endocrinol. Metabolism 280, 383–390. doi: 10.1152/ajpendo.2001.280.3.E383
30. West DW; Burd NA; Tang JE; Moore DR; Staples AW; Holwerda AM. et l. (2010). Elevations in ostensibly anabolic hormones with resistance exercise enhance neither training-induced muscle hypertrophy nor strength of the elbow flexors. J. Appl. Physiol. 108, 60-67. DOI: 10.1152/japplphy-siol.01147.2009.
31. Basualto-Alarcón C, Jorquera G, Altamirano F, Jaimovich E, Estrada M. Testosterone signals through mTOR and androgen receptor to induce muscle hypertrophy. Med. Sci. Sports Exercise 2013;45:1712–1720. doi: 10.1249/MSS.0b013e31828cf5f3
32. Singh MA, Ding W, Manfredi TJ, Solares GS, O'neill EF, Clements KM, Ryan ND, Kehayias JJ, Fielding RA, Evans WJ. Insulin-like growth factor in skeletal muscle after weight-lifiting exercise in frail elders. American Journal of Physiology. 1999;277:E135-E143.
33. Helselmans et al., 2022
34. Jacobs, I.; Kaiser, P.; Tesch, P. Muscle strength and fatigue after selective glycogen depletion in human skeletal muscle fibers. Eur. J. Appl. Physiol. Occup. Physiol. 1981, 46, 47–53.
35. Leveritt, M.; Abernethy, P.J. Effects of Carbohydrate Restriction on Strength Performance J Strength Cond. Res. 1999, 13, 52–57.
36. Crewther BT; Cook C; Cardinale M; Weatherby RP, Lowe T. Two emerging concepts for elite athletes. The short-term effects of testosterone and cortisol on the neuromuscular system and the dose--response training role of these endogenous hormones. Sports Med. 2011;41(2):103-123.
37. Cook C, Crewther BT. Changes in salivary testosterone concentrations and subsequent voluntary squat performance following the presentation of short video clips. Horm Behar. 2012 Jan;61(1):17-22.
38. Yesalis CE. (2000) Anabolic Steroids in Sports and Exercise. Second Edition. Human Kinetics, Champaign, IL.
39. Liu JD, Wu YQ. Anabolic-androgenic steroids and cardiovascular risk. Chinese Medical Journal. 2019;132(18).
40. Scarth M, Bjørnebekk A. Androgen abuse one the brain. Curr Opin Endocrinol Diabetes Obes 2021;28:604-614.
41. Dubois, V., Laurent, M. R., Sinnesael, M., Cielen, N., Helsen, C., Clinckemalie, L., et al. A satellite cell-specific knockout of the androgen receptor reveals myostatin as a direct androgen target in skeletal muscle. FASEB J. 2014;28:2979-2994. doi: 10.1096/fj.14-249748
42. Häkkinen, K., and Pakarinen, A. Acute hormonal responses to heavy resistance exercise in men and women at different ages. Int. J. Sports Med. 1995;16:507-513. doi: 10.1055/s-2007-973045
43. Inoue K; Yamasaki S; Fushiki T; Sugimoto E. Androgen receptor antagonist suppresses exercise-induced hypertrophy of skeletal muscle. Eur. J. Appl. Physiol. Occupational Physiol. 1994;69:88-91. doi: 10.1007/BF00867933.

44. MacLean, H. E., Chiu, W. M., Notini, A. J., Axell, A.-M., Davey, R. A., McManus, J. F., et al. Impaired skeletal muscle development and function in male, but not female, genomic androgen receptor knockout mice. FASEB J. 2008;22:2676-2689. doi: 10.1096/fj.08-105726
45. Nindl BC; Kraemer WJ; Gotshak LA; Marx JO; Volek JS; Bush FA; Hakkinen K; Newton RU; Fleck SJ. Testosterone responses after resistance exercise in women: influence of regional fat distribution. Int J Sport Nutr Exerc Metab. 2001Dec;11(4):451-65. doi: 10.1123/ijsnem.11.4.451.
46. Sinha-Hikim I; Cornford M; Gaytan H; Lee ML; Bhasin S. Effects of testosterone supplementation on skeletal muscle fiber hypertrophy and satellite cells in community-dwelling older men. J. Clin. Endocrinol. Metabol. 2006;91:3024-3033. doi: 10.1210/jc.2006-0357
47. Virgren JL; Kraemer WJ; Ratamess NA; Anderson JM; Volek JS; Maresh CM. Testosterone physiology in resistance exercise and training. Sports Med. 2010;40:1037-1053. doi: 10.2165/11536910-000000000-00000.
48. White JP; Gao S; Puppa MJ; Sato S; Welle SL; Carson JA. Testosterone regulation of Akt/mTORC1/Fox03a signaling in skeletal muscle. Mol. Cell. Endocrinol. 2013;365:174-186. doi: 10.1016/j,mce-2012.10.019.

5

Controle *antidoping* de esteroides androgênicos anabolizantes no esporte

Ana Luiza Freitas de Assis Linhares
Jefferson Pereira e Silva
Mauricio Yonamine

HISTÓRICO DAS ANÁLISES *ANTIDOPING* NO ESPORTE

O *doping* como forma de melhorar o desempenho de atletas em competições foi documentado pela primeira vez em uma pintura do imperador chinês Shen-Nung de 2737 a.C. Nele, era utilizado um extrato denominado Ma Huang, rico em efedrina e obtido da planta *Ephedra*. Porém, a possível correlação da testosterona como substância ergogênica foi evidenciada em 300 a.C., relata-se que os hunos, povos nômades oriundos da Mongólia, comiam testículos antes de batalhas com o intuito de aumentar a virilidade. Também foi documentado o uso de testosterona por gladiadores durante o Império Romano. Entretanto, a utilização de substâncias ergogênicas e fármacos estimulantes era proibida na antiguidade, sendo aplicadas penas de morte a quem violasse essa regra[11,14,15,20,27, 31,39,48].

Em 1928, a International Athletic Federation (IAAF) proibiu o uso de estimulantes, porém somente em 1974 foram realizados os primeiros testes para detecção de esteroides androgênicos anabolizantes (EAA). Após o surgimento da técnica de imunoensaio em 1976, os EAAs entraram para a lista de substâncias proibidas dentro das competições do International Olympic Committee (IOC). O monitoramento do *doping* fora das competições iniciou-se em 1988, após a descoberta de esquemas de atletas para driblar os exames, que interromperam o uso dessas substâncias cerca de duas semanas antes das Olimpíadas de Seul[6,10,13,14,27].

A World Anti-Doping Agency (WADA) foi criada em novembro de 1999, com o intuito de padronizar as regras *antidoping* e suprir as demandas por novos métodos analíticos e da promoção de atividades internacionais contra o *doping* no esporte. Em 2003, foi estabelecido o *World Anti-Doping Code* (WADC), para zelar pela saúde dos atletas e por seu desempenho natural, bem como pela proteção do espírito esportivo. O *doping* pode ser definido como a ocorrência de uma ou mais violações das regras dos artigos 2.1 ao 2.11 do WADC, os quais estabelecem, entre outras, as seguintes violações: a presença de uma substância proibida, de seus produtos de biotransformação ou de marcadores na amostra; tentativa de uso; uso por um atleta de uma substância proibida ou um método proibido; evitar, recusar ou não se submeter à coleta de amostra; falhas de localização, adulteração ou tentativa de adulteração de qualquer parte do controle de dopagem; posse de substância proibida ou método proibido; tráfico ou tentativa de tráfico de qualquer substância proibida ou método proibido; administração ou tentativa de administração a qualquer atleta em competição de qualquer substância proibida ou método proibido; administração ou tentativa de administração a qualquer atleta fora de competição de qualquer substância proibida ou qualquer método proibido que seja proibido fora de competição; cumplicidade, associação proibida e atos para desencorajar ou retaliar relatos às autoridades[9,33,47].

Alguns EAAs endógenos são administrados pelos atletas para aumentar a massa muscular e melhorar o desempenho. Como não há diferenças marcantes nas análises *antidoping* das administrações de forma exógena de EAAs endógenos, a WADA elaborou as diretrizes do Passaporte Biológico do Atleta em 2009, no qual constam os resultados da quantificação de EAA endógeno do competidor no intuito de detectar a administração de substâncias proibidas com maior acurácia[1,36,37].

No Brasil, a Autoridade Brasileira de Controle de Dopagem (ABCD) foi criada em 2011 para atender à exigência da WADA, no âmbito da realização dos Jogos Olímpicos e Paralímpicos de 2016, no Rio de Janeiro[26].

A Figura 1 mostra uma linha do tempo dos principais eventos relacionados à utilização de EAAs no esporte.

Os EAAs, assim como hormônios, agonistas beta-2, agentes com atividade antiestrogênica, diuréticos, estimulantes, narcóticos, canabinoides e glicocorticosteroides, fazem parte da lista de substâncias proibidas pela WADA dentro e fora das competições. Além disso, a WADA proíbe a utilização, dentro e fora

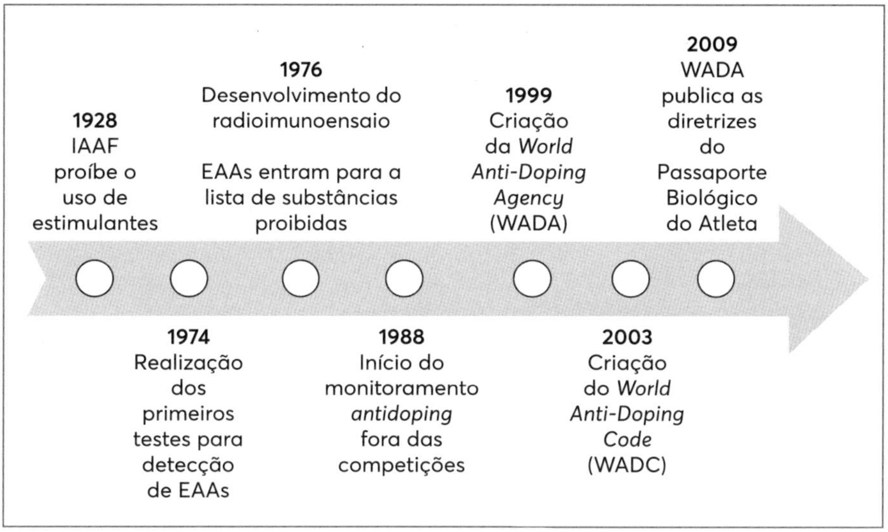

FIGURA 1 Histórico das medidas *antidoping* no esporte.

das competições, de EAAs exógenos e endógenos administrados exogenamente e outros agentes anabólicos (Tabela 1)[44].

O controle *antidoping* também se baseia na realização de testes fora da competição, que podem ser feitos aleatoriamente a qualquer momento durante treinamentos, na casa do atleta ou próximo a um evento, e durante as competições. A WADA preconiza que testes realizados durante as competições devem ser feitos imediatamente após o início do evento e engloba todos os métodos e substâncias listados como proibidos durante o período olímpico. Essas análises são realizadas em matrizes biológicas como sangue e urina[47].

DETERMINAÇÃO DE ESTEROIDES ANDROGÊNICOS ANABOLIZANTES NO ESPORTE

O rastreamento do uso de drogas proibidas em competições é de extrema importância para a detecção de EAAs em atletas com o objetivo de alcançar vantagem competitiva por aumento do desempenho e ganho de massa muscular. Os primeiros testes *antidoping* foram realizados em 1976, durante os Jogos Olímpicos de Montreal, a partir da implementação do radioimunoensaio. Esta

TABELA 1 Lista de EAAs proibidos pela WADA dentro e fora das competições

EAAs exógenos	EAAs endógenos	Outros agentes anabólicos
1-Androstenediol	19-Norandrostenediol	Clenbuterol
1-Androstenedione	19-Norandrostenedione	Tibolone
1-Androsterona	4-Androstenediol	Zeranol
1-Testosterona	4-Hidroxitestosterone	Zilpaterol
Bolasterona	5-Androstenediona	Modulador seletivo de receptor de androgênio (SARMs)
Calusterona	7α-hidroxi-DHEA	
Clostebol	7β-hidroxi-DHEA	
Danazol	Androstanolona	
Deidroclormetiltestosterona	Androstenediol	
Desoximetiltestosterona	Androstenediona	
Drostanolona	Boldenona	
Etilestrenol	Boldiona	
Fluoximesterona	Epiandrosterona	
Formebolona	Epi-diidrotestosterona	
Furazabol	7-ceto-DHEA	
Gestrinona	Epitestosterona	
Mestanolona	Nandrolona	
Mesterolona	Prasterona	
Metandienona	Testosterona	
Metenolona		
Metandriol		
Metasterona		
Metil-1-testosterona		
Metildienolona		
Metilnortestosterona		
Metiltestosterona		
Metribolona		
Mibolerona		
Norboletona		
Norclostebol		
Noretandrolone		
Oxabolona		
Oxandrolona		
Oximesterona		
Oximetolona		
Prostanozol		
Quinbolone		
Estanozolol		
Estenbolona		
Tetraidrogestrinona		
Trembolona		

técnica consiste em ensaios de competição antígeno-anticorpo marcados isotopicamente. Com o desenvolvimento de técnicas mais sensíveis, outros métodos, como a cromatografia gasosa acoplada à espectrometria de massas (GC-MS) e, posteriormente, a cromatografia líquida acoplada à espectrometria de massas (LC-MS) foram adotados[1,4].

A identificação, detecção e quantificação de EAAs e seus produtos de biotransformação em matrizes biológicas podem ser feitas em baixas concentrações. O fluxo de trabalho analítico para confirmação do *doping* em atletas se divide em preparo da amostra, extração ou *clean-up* dos analitos de interesse e a análise instrumental[11,28] (Figura 2). Nesse contexto, as análises toxicológicas são de extrema importância para a investigação do uso de EAA no esporte.

A WADA preconiza a utilização de urina como matriz biológica para a detecção de EAAs devido à facilidade de obtenção, por ser uma coleta não-invasiva, além de maior disponibilidade de volume de amostra, larga janela de detecção dos analitos de interesse e por apresentar maiores concentrações de EAA e seus respectivos produtos de biotransformação[16,18,19].

A coleta de urina dos competidores é assistida para impedir tentativas de adulteração. Podem ser realizados alguns testes para verificar pH, temperatura, dosagem de creatinina e gravidade específica da urina, que permitem determinar a possível manipulação da amostra a partir de diferenças na sua densidade, por exemplo, em caso de tentativa de diluição[34].

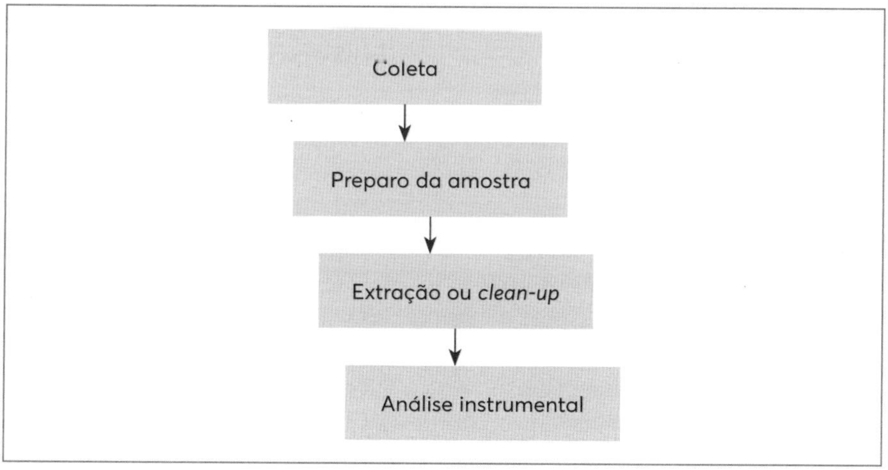

FIGURA 2 Fluxo analítico para análise *antidoping* de esteroides androgênicos anabolizantes.

A WADA segue rigorosos padrões de monitorização das amostras e alíquotas encaminhadas para testes e armazenamento em longo prazo. Cada amostra coletada pode ser rastreada pela cadeia de custódia desde o momento da coleta até o armazenamento, para garantir que não haja nenhum tipo de erro ou troca, garantindo a validade dos resultados[42,47].

O processo se inicia com a seleção e notificação dos atletas após escolha aleatória ou direcionada, eles devem ser acompanhados por um oficial do controle *antidoping* ou um acompanhante até a Estação de Controle de Dopagem. O atleta inicia a reidratação com líquidos lacrados oferecidos no local. São coletadas duas amostras: A e B, que serão a prova e a contraprova, respectivamente. Após análise da amostra A, caso o resultado seja negativo, a amostra B é descartada. Caso a amostra A seja positiva para presença de EAAs, o atleta tem direito de resposta, e a amostra B é testada. A partir do resultado positivo da contraprova, é decidida a penalidade imposta ao competidor[26,47]. A Figura 3 mostra a visão geral do procedimento de análise *antidoping*.

As análises *antidoping* são realizadas pelos 31 laboratórios acreditados pela WADA. Existe uma necessidade crescente de desenvolvimento de métodos mais

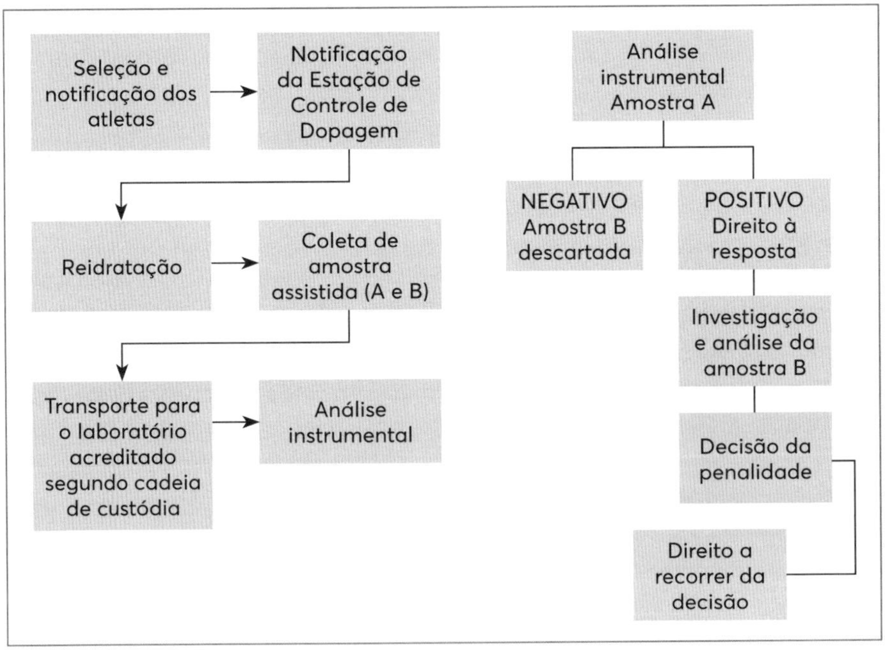

FIGURA 3 Visão geral do procedimento de análise *antidoping*.

sensíveis e eficazes para o controle de dopagem. Os protocolos de *doping* têm se modificado para driblar os testes, com microdosagens de EAAs por períodos mais longos que são mais difíceis de serem detectados, além da produção de *designer drugs*. A WADA preconiza que as amostras de urina coletadas nos procedimentos *antidoping* devem ser armazenadas por até 10 anos e, se necessário, reanalisadas, com o objetivo de detectar novas substâncias que até então eram desconhecidas. Essas reanálises só podem ser realizadas quando há garantia da estabilidade das amostras e que elas não sofreram alterações em sua qualidade, como modificações nas estruturas dos esteroides, devido a reações por microrganismos ou enzimas proteolíticas, principalmente durante o transporte e o armazenamento, ocasiões em que a temperatura não é adequada[9,14,24,47].

A identificação de EAAs na urina se baseia na detecção dos seus produtos de biotransformação de fase I e II (Figura 4). As reações de fase I convertem EAA por reações enzimáticas em compostos mais polares, dado que a droga é inativada e eliminada com maior facilidade. As reações de fase II, na qual a maioria dos EAA é metabolizada e excretada, se caracterizam pela conjugação com sulfato ou ácido glicurônico. A solubilidade desses compostos é aumentada, facilitando a excreção pelo rim. Dessa forma, poucos EAAs são excretados inalterados na urina[8,17,18].

Uma parte importante do preparo de amostras para exames *antidoping* de EAA é a hidrólise enzimática. Ela é responsável pela liberação dos produtos de biotransformação de fase II, que estão ligados ao ácido glicurônico e ao sulfato, permitindo a sua posterior detecção. A WADA preconiza que devem ser utilizadas preparações feitas com enzima β-glicuronidase de *E. coli*, visto que

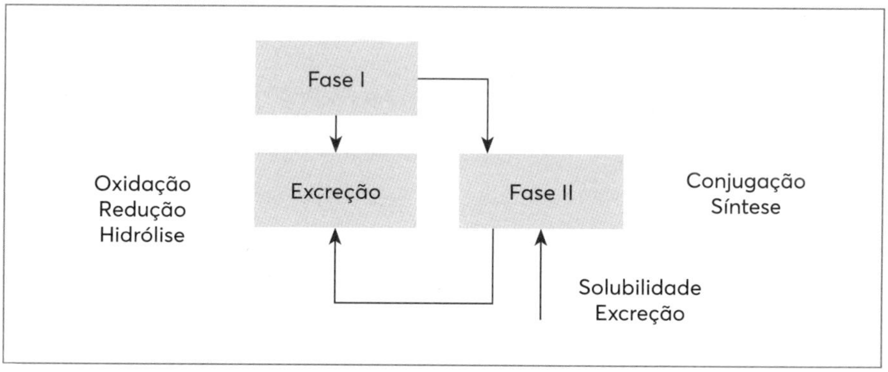

FIGURA 4 Processo de biotransformação dos produtos de esteroides androgênicos anabolizantes.

aquelas derivadas de *Helix pomatia* não são aceitas. Somente os produtos de biotransformação não conjugados e os conjugados hidrolisáveis de ácido glicurônico são detectáveis diretamente sem a necessidade de hidrólise[8,47].

O preparo de amostras para análise de EAAs pode ser realizado a partir de métodos de extração ou *clean-up* como a extração líquido-líquido (LLE), precipitação de proteínas (PP), extração em fase sólida (SPE), *dilute-and-shoot* e métodos miniaturizados, como microextração em fase líquida (LPME), microextração em fase líquida dispersiva (DLLME) e microextração em fase sólida (SPME), que utilizam menores quantidades de solvente e de amostra. Métodos de amostragem alternativos como o *dried blood spots* também estão sendo implementados em amostras de sangue, com o intuito de facilitar o transporte e armazenamento das alíquotas[19,25,35,36,28].

As análises para detecção dessas substâncias em urina podem ser qualitativas, semiquantitativas ou quantitativas. Para isso, a espectrometria de massas (MS) é o método padrão-ouro para determinação de EAAs combinada com a cromatografia gasosa (GC-MS) ou a cromatografia líquida (LC-MS). A MS permite a identificação de substâncias de acordo com a sua relação massa/carga, enquanto a cromatografia é uma técnica de separação, baseada na interação dos analitos com a fase estacionária, transportados por uma fase móvel, que pode ser líquida ou gasosa. É uma técnica extremamente versátil, sensível e específica, que permite a análise de diversas moléculas como drogas e produtos naturais[2,8].

Os métodos desenvolvidos devem ser sensíveis, precisos e apresentar limites de detecção para esses analitos na concentração de 2-10 ng/mL. Além disso, a WADA publicou os Níveis Mínimos de Desempenho Requerido (MRPL, do inglês *Minimum Required Performance Levels*), que são parâmetros analíticos estabelecidos de acordo com as características intrínsecas de cada substância, garantindo que os resultados sejam relatados da mesma maneira em todos os laboratórios acreditados, mesmo que o método utilizado seja diferente[32,44].

A detecção desses analitos é complexa devido a sua dificuldade de ionização, visto que os EAAs não apresentam grupos ácidos ou básicos em sua estrutura química e possuem baixa afinidade de prótons nos grupos hidroxila e carbonila. A Figura 5 mostra a estrutura química da testosterona. Além disso, as baixas concentrações dos precursores e de seus produtos de biotransformação, bem como da existência de esteroides que apresentam uma atividade e/ou estrutura química semelhantes, como nos isóbaros, prejudicam a análise. As análises por GC-MS necessitam de derivatização das amostras, em que são adicio-

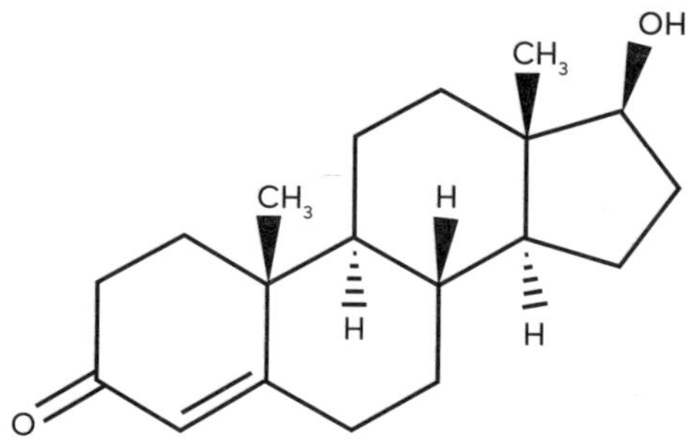

FIGURA 5 Estrutura química da testosterona.

nados grupos funcionais às moléculas dos EAAs a partir de reações químicas com reagentes como o N-metiltrimetilsilil-trifluoroacetamida (MSTFA), com intuito de deixá-las termicamente estáveis. Apesar disso, essa técnica apresenta boa separação cromatográfica e possibilidade de utilização de uma base de dados de referência para ajudar na identificação dos compostos[2,4-6,8,38].

Com o interesse crescente na redução da complexidade do preparo de amostras, além da possibilidade de analisar substâncias não voláteis e termicamente instáveis, o LC-MS começou a ser empregado nas análises qualitativas e quantitativas *antidoping*. Esse é um método que geralmente não necessita de derivatização e pode detectar níveis baixos de EAA, glicuronídeos e sulfatos. Porém, essa técnica pode limitar a detecção de alguns produtos de biotransformação de fase I, devido à ausência de grupos ionizáveis. Dada essa dificuldade de ionização dos EAAs, a fonte de detecção por ionização química por pressão atmosférica (APCI) é preferida. Alguns estudos também demonstram a possibilidade de derivatização de amostras para facilitar a determinação desses compostos por LC-MS[5,6,25].

Em 2017, o Relatório de Violação de Regras *Antidoping* demonstrou que 0,6% das amostras analisadas por laboratórios acreditados foram classificadas como achado analítico adverso (ADRV). Esse achado refere-se à violação do artigo 2.1 do *World Anti-Doping Code*, na qual há presença de substância proibida ou de seus produtos de biotransformação[39].

Para uma amostra ser considerada positiva (achado analítico adverso), é utilizada a relação testosterona/epitestosterona (T/E) como biomarcador, na qual o *threshold* (valor limite) preconizado pela WADA é de 4.04[54].

PASSAPORTE BIOLÓGICO DO ATLETA E PERFIL ESTEROIDAL

As diretrizes para o Passaporte Biológico do Atleta (PBA) foram publicadas pela WADA em 2009. Esse programa de monitoramento é dividido em três módulos: esteroidal, hematológico e endocrinológico. O módulo esteroidal, instituído em 1º de janeiro de 2014, se caracteriza pela possibilidade de detecção de dopagem com EAAs endógenos e exógenos a partir de uma análise indireta e da diferenciação por alterações genéticas e patológicas do atleta durante a sua carreira. Fatores como sexo, idade, etnia, genótipos, fenótipos, uso de medicamentos e consumo de álcool são levados em consideração[30,40,47].

Assim como biomarcadores de alterações patológicas são utilizados para guiar médicos no diagnóstico clínico, o uso de substâncias para melhorar o desempenho pode alterar a proporção de hormônios, como a testosterona e a epitestosterona. Como a epitestosterona é um produto secundário da produção de testosterona e não tem um aumento pronunciado quando há administração exógena de EAA, o efeito observado é o aumento da relação testosterona/epitestosterona. Em 1983, o IOC preconizou que valores de T/E acima de 6.0 deveriam ser considerados como *doping*. Porém, foi descoberto que alguns indivíduos podem ter a relação T/E naturalmente acima de 5.0. Dessa forma, foi instituído o perfil esteroidal urinário, que inclui a detecção de produtos de biotransformação da testosterona e seus precursores, com o intuito de detectar as flutuações indicativas de *doping*[4,30,36].

A cromatografia gasosa acoplada à espectrometria de massas de razão isotópica do carbono (GC-C-IRMS) permite a determinação da razão isotópica do carbono, distinguindo ^{13}C do ^{12}C, visto que as formulações farmacológicas apresentam quantidades de ^{13}C diferentes dos esteroides produzidos endogenamente. Essa técnica possibilita a detecção da origem de substâncias orgânicas, como os produtos de biotransformação dos EAAs endógenos. Dessa forma, é possível diferenciar o uso exógeno de testosterona e seus análogos como forma de dopagem a partir da relação ^{12}C: ^{13}C[23,35,41].

O perfil esteroidal monitora a presença de testosterona (T), epitestosterona (E), androsterona (A), etiocolanolona (Etio), 5α-androstan-3α,17β-diol (5αAdiol), 5β-androstan-3α,17β-diol (5βAdiol), e as relações T/E, A/Etio, 5αAdiol/5βAdiol, A/T e 5αAdiol/E[30,47].

A relação T/E é a mais importante e sensível do PBA, pois se eleva quando há administração de deidroepiandrosterona (DHEA) e aumento na produção e excreção de testosterona, porém também sofre alterações com a supressão da taxa de excreção de epitestosterona. É importante citar a correlação entre a deleção do polimorfismo UGT2B17 e o consumo de álcool, a qual diminui os valores desse parâmetro[30,40].

A relação A/T permite detectar a administração de testosterona em indivíduos que apresentam deleção do polimorfismo UGT2B17. Ela também pode aumentar quando há maior taxa de excreção de glicuronídeos[30].

O 5αAdiol e 5βAdiol são produtos de biotransformação de fase I da testosterona, formados a partir dos precursores 5α-diidrotestosterona (DHT) e 5β-diidrostestosterona. A relação 5αAdiol/5βAdiol é sensível à administração de testosterona por via transdérmica, devido à presença da enzima 5α-redutase na pele, que favorece o metabolismo androgênico, assim como ao uso de DHT, que é precursor do 5αAdiol. Esse parâmetro pode ser influenciado pela presença de bactérias na amostra de urina e pelo uso de medicamentos inibidores da 5α-redutase. A relação A/Etio é um parâmetro semelhante ao 5αAdiol/5βAdiol, pois a androsterona e a etiocolanolona são produtos diretos do 5αAdiol e 5βAdiol. Por isso, a relação A/Etio é sensível ao uso de DHT e testosterona por via transdérmica, e pode ser afetada pela administração de inibidores da 5α-redutase. Há também uma variação individual relacionada ao estresse. Por fim, a relação 5αAdiol/E possibilita a detecção de testosterona em formulação gel, porém pode sofrer alterações pelo consumo de álcool[7,12,23,30,35,36].

O Passaporte Biológico do Atleta se baseia em um modelo Bayesiano para o cálculo dos limites individuais de cada biomarcador que é monitorado. Os *thresholds* iniciais são baseados em valores da população já estudados previamente e, de acordo com a inserção de dados do atleta, os limites são adaptados, apresentando resultados mais sensíveis e específicos para aquele competidor. A sua avaliação é realizada pelas Unidades de Gestão do Passaporte Biológico do Atleta que pode ser considerado normal, suspeito, provável condição médica e provável *doping* (Tabela 2)[30,35,40].

A determinação de EAAs no esporte é de extrema importância para desvendar a utilização indiscriminada dessas substâncias com objetivo de *doping*, evitando que atletas alcancem vantagem competitiva e mantenham a ética do *fair play*. O Passaporte Biológico do Atleta aliado ao perfil esteroidal são promessas interessantes para o futuro das análises *antidoping*, principalmente devido ao número crescente de substâncias que são descobertas com o objetivo de burlar os exames e evitar sanções.

TABELA 2 Recomendações realizadas pelas Unidades de Gestão do Passaporte Biológico do Atleta

Recomendação	Explicação
Normal	O perfil esteroidal não apresenta variações significativas que possam indicar *doping* ou condição médica.
Passaporte suspeito	Indicativo de alterações no perfil esteroidal ou nas concentrações dos compostos de interesse. Análises confirmatórias devem ser realizadas.
Provável condição médica	Alterações no perfil esteroidal ou nas concentrações dos compostos de interesse que podem ser correlacionadas com tratamento médico.
Provável *doping*	Alteração incomum de biomarcadores urinários devido a *doping* e resultado positivo para análise em GC-C-IRMS.

REFERÊNCIAS BIBLIOGRÁFICAS

1. Abushareedaa W, Fragkaki A, Vonaparti AA; Angelis Y, TsivouM, Saad K, et al. Advances in the detection of designer steroids in anti-doping. Bioanalysis. 2014;6(6):881-896.
2. Abushareedaa W, Lyris E, Kraiem S, Wahaibia Al A, Alyazidia S; Najib D, et al. Gas chromatographic quadrupole time-of-flight full scan high resolution mass spectrometric screening of human urine in antidoping analysis. J Chromatogr B Analyt Technol Biomed Life Sci. 2017 Sep 15;1063:74-83.
3. Abushareeda W, Tienstra M, Lommen A, Blokland M, Sterk S, Kraiem S, et al. Comparison of gas chromatography quadrupole time-of-flight and quadrupole orbitrap mass spectrometry in anti--doping analysis: I. Detection of anabolic-androgenic steroids. Rapid Commun Mass Spectrom. 2018 Dec 15;32(23):2055-2064.
4. Andersen W, Linnet K. Screening for anabolic steroids in urine of forensic cases using fully automated solid phase extraction and LC–MS-MS. Journal of Analytical Toxicology. 2014;38:637-644.
5. Athanasiadou I, Angelis S, Lyris E, Georgakopoulos C. Chemical derivatization to enhance ionization of anabolic steroids in LC-MS for doping-control analysis. Trends in Analytical Chemistry. 2013;42:137-156.
6. Athanasiadou I, Angelis S, Lyris E, Vonaparti A, Thomaidis S, Koupparis A, et al. Two-step derivatization procedures for the ionization enhancement of anabolic steroids in LC–ESI-MS for doping control analysis. Bioanalysis. 2012;4,(2):167-175.
7. Ayotte C. Detecting the administration of endogenous anabolic androgenic steroids. Doping in sports. In: Barrett JE. Handbook of Experimental Pharmacology. 195 v. Heidelberg; New York: Springer; 2010.
8. Balcells G, Pozo OJ, Esquivel A, Kotronoulas A, Joglar J, Segura J, et al. Screening for anabolic steroids in sports: analytical strategy based on the detection of phase I and phase II intact urinary metabolites by liquid chromatography tandem mass spectrometry. Journal of Chromatography A. 2015;1389:65-75.
9. Baron DA, Martin DM, Magd SA. Doping in sports and it's spread to at-risk populations: an international review. World Psychiatry. 2007;6:118-123.

10. Beamish R, Ritchie I. The spectre of steroids: nazi propaganda, cold war anxiety and patriarchal paternalism. The International Journal of the History of Sport. 2005;22(5):777-795.
11. Bismara BAP, Linhares ALFA, Yonamine M. Dopagem no esporte. In: Seizi O, Camargo MMA, Batistuzzo JAO (Org.). Fundamentos de Toxicologia. 5th ed. Rio de Janeiro: Atheneu; 2021. p. 645-674.
12. Börjesson A, Lehtihet M, Andersson A, Dahl M, Vicente V, Ericsson M, et al. Studies of Athlete Biological Passport biomarkers and clinical parameters in male and female users of anabolic androgenic steroids and other doping agents. Drug Testing and Analysis. 2020;12(4):514-523.
13. Campos DR, Yonamine M, Alves MJNN, Moreau RLM. Determinação de esteróides androgênicos anabólicos em urina por cromatografia gasosa acoplada à espectrometria de massas. Revista Brasileira de Ciências Farmacêuticas. 2005;41(4):467-476.
14. De Rose EH. Doping in athletes – an update. Clinics in Sports Medicine. 2008;27:107-130.
15. Dotson JL, Brown RT. The history of the development of anabolic-androgenic steroids. Pediatric Clinics of North America. 2007;54,:761-769.
16. Fabresse N, Grassin-Delyle S, Etting I, Alvarez JC. Detection and quantification of 12 anabolic steroids and analogs in human whole blood and 20 in hair using LC-HRMS/MS: application to real cases. International Journal of Legal Medicine. 2017;131:989-999.
17. Geyer H, Schänzer W, Thevis M. Anabolic agents: recent strategies for their detection and protection from inadvertent doping. Br J Sports Med. 2014 May;48(10):820-826.
18. Gosetti F, Mazzucco E, Gennaro MC, Marengo E. Ultra high-performance liquid chromatography tandem mass spectrometry determination and profiling of prohibited steroids in human biological matrices. A review. Journal of Chromatography B. 2013;927:22-36.
19. He Y, Concheiro-Guisan M. Microextraction sample preparation techniques in forensic analytical toxicology. Biomedical Chromatography. 2019 Jan;33(1):e4444.
20. Holt R, Erotokritou-Mulligan I, Sönksen PH. The history of doping and growth hormone abuse in sport. Growth Hormone & IGF Research. 2009;19:320-326.
21. Kicman AT. Biochemical and physiological aspects of endogenous androgens. Doping in Sports. In: Barrett JE. Handbook of Experimental Pharmacology. 195 v. Heidelberg; New York: Springer; 2010.
22. Kicman AT. Pharmacology of anabolic steroids. British Journal of Pharmacology. 2008;154:502-521.
23. Kuuranne T, Saugy M, Baume N. Confounding factors and genetic polymorphism in the evaluation of individual steroid profiling. British Journal of Sports Medicine. 2014;48(10):848-855.
24. Kuuranne T, Saugy M. Retesting the anti-doping samples: best tool for deterrence? Swiss Sports & Exercise Medicine. 2016;64(3):19-22.
25. Mbughuni MM, Jannetto PJ, Langman LJ. Mass spectrometry applications for toxicology. Journal of the International Federation of Clinical Chemistry and Laboratory Medicine. 2016;27(4):272-287.
26. Ministro do Esporte nomeia diretor da Autoridade Brasileira de Controle de Dopagem. Autoridade Brasileira de Controle de Dopagem [Internet]. [acesso em: 2020 Abr. 20]. Disponível em: http://www.abcd.gov.br/noticias-lista/320-33.
27. Müller RK. History of doping and doping control. Doping in Sports. In: Barrett JE. Handbook of Experimental Pharmacology. 195 v. Heidelberg; New York: Springer; 2010.
28. Nicoli R, Guillarme D, Leuenberger N, Baume N, Robinson N, Saugy M, et al. Analytical strategies for doping control purposes: needs, challenges, and perspectives. Analytical Chemistry. 2015;88(1):508-523.
29. Pizzato EC, Filonzi M, Rosa HS, Bairros AV. Pre-treatment of different biological matrices for exogenous testosterone analysis: a review. Toxicology Mechanisms and Methods. 2017;9:641-656.
30. Ponzetto F, Baume N, Schweizer C, Saugy M, Kuuranne T. Steroidal module of the Athlete Biological Passport. Current Opinion in Endocrine and Metabolic Research. 2019;9:14-21.
31. Powers ME. Ephedra and its application to sport performance: another concern for the athletic trainer? Journal of Athletic Training. 2001;36(4):420-424.

32. Pozo OJ, Eenoo PV, Deventer K, Delbeke FT. Detection and characterization of anabolic steroids in doping analysis by LC-MS. Trends in Analytical Chemistry. 2008 Sept;27(8):657-671.
33. Rabin, O. Involvement of the health industry in the fight against doping in sport. Forensic Science International. 2011 Dec 10;213(1-3):10-14.
34. Raouf M, Bettinger JJ, Fudin J. A practical guide to urine drug monitoring. Federal practitioner. 2018 Apr;35(4):38-44.
35. Saugy M, Lundby C, Robinson N. Monitoring of biological markers indicative of doping: the athlete biological passport. British Journal of Sports Medicine. 2014 May;48(10):827-832.
36. Sottas PE, Robinson N, Rabin O, Saugy M. The Athlete Biological Passport. Clinical Chemistry. 2011;57,(7):969-976.
37. Sottas PE, Vernec A. Current implementation and future of the Athlete Biological Passport. Bioanalysis. 2012;4(13):1645-1652.
38. Strano-Rossi S, Fiore C, Chiarotti M, Centini F. Analytical techniques in androgen anabolic steroids (AASs) analysis for antidoping and forensic purposes. Mini-Reviews in Medicinal Chemistry. 2011 May;11(5):451-458.
39. Sowjanya K, Girish C. An overview of Performance Enhancing Drugs (PED's) in sports and WADA. Journal of Young Pharmacists. 2019;11(4):344-349.
40. Vernec AR. The Athlete Biological Passport: an integral element of innovative strategies in antidoping. British Journal of Sports Medicine. 2014;48(10):817-819.
41. WADA. Detection of synthetic forms of endogenous anabolic androgenic steroids by GC/C/IRMS. WADA Technical Document; 2015.
42. WADA leads exciting collaboration on dried-blood-spot testing. WADA [Internet]; 03 oct 2019. [acesso em: 2020 Fev. 7]. Disponível em: https://www.wada-ama.org/en/media/news/2019-10/wada-leads-exciting-collaboration-on-dried-blood-spot-testing.
43. WADA. Minimum required performance levels for detection and identification of non-threshold substances. WADA Technical Document; 2014.
44. WADA. Prohibited List: January 2022. World Anti-doping Agency; 2022.
45. WADA. Technical Document on Athlete Passport Management Unit (APMU). Requirements and Procedures. WADA Technical Document; 2019.
46. WADA. Urine sample collection guidelines. World Anti-doping Agency; 2014. v. 6.0.
47. WADA. World Anti-doping Code. World Anti-doping Agency; 2021.
48. Yesalis CE, Bahrke MS. Anabolic steroid and stimulant use in North American sport between 1850 and 1980. Sport in History. 2005;25(3):434-445.
49. Linhares AA, Yonamine M. Analysis of biofluids by paper spray-MS in forensic toxicology. Bioanalysis. 2020.
50. Rossini EL, Kulyk DS, Ansu-Gyeabourh E, Sahraeian T, Pezza HR, Badu-Tawiah AK. Direct analysis of doping agents in raw urine using hydrophobic paper spray mass spectrometry. J. Am. Soc. Mass Spectrom. 2020;31(6), 1212–1222.
51. Silveira GO, Pego AMF, Pereira ESJ, Yonamine M. Green sample preparations for the bioanalysis of drugs of abuse in complex matrices. Bioanalysis. 2019;11(4), 295–312.
52. Vlad RA, Hancu G, Popescu GC, Lungu IA. Doping in sports, a never-ending story? Advanced Pharmaceutical Bulletin. 2018; 8(4)529-534.
53. WADA. 2017 Anti-Doping Rule Violations (ADRVs) Report. World Anti-doping Agency, 2019.
54. WADA. Technical Document on Endogenous Anabolic Androgenic Steroids: Measurement and reporting. World Anti-doping Agency, 2016.
55. WADA. Measurement and Reporting of Endogenous Anabolic Androgenic Steroid (EAAS) Markers of the Urinary Steroid Profile. WADA Techical Document, 2021.

Seção 2

Indicações clínicas para reposição hormonal de testosterona (riscos e benefícios)

6

Reposição de testosterona em idosos

Marcelo Rodrigues dos Santos

INTRODUÇÃO

Nas últimas décadas, temos observado um aumento substancial da expectativa de vida do ser humano, o que nos coloca grandes desafios na tentativa de melhorar a qualidade de vida. Com o avançar da idade e maior tempo de sobrevida, são esperadas alterações biológicas importantes, como mudanças na capacidade reprodutiva e redução da produção hormonal. É bem conhecido que, após o 30º ano de vida, ocorra um declínio dos níveis séricos de testosterona total e livre (aproximadamente 1% a cada ano)[1]. Essa redução também está associada a fatores como comorbidades, maior deposição de gordura corporal, uso de medicações e predisposição genética. Alguns ensaios clínicos randomizados mostram bons resultados com a reposição hormonal de testosterona em homens com hipogonadismo, com melhora principalmente na atividade sexual, aumento da libido e função erétil. Além disso, alguns estudos apontam para o benefício da reposição de testosterona na densidade mineral óssea, aumento da massa muscular, da força muscular e algumas medidas de capacidade física. Entretanto, apesar dos benefícios da terapia, efeitos adversos de longo prazo como câncer e eventos cardiovasculares ainda não são claros na literatura. Neste capítulo, iremos discutir os principais riscos e os benefícios da terapia de testosterona em idosos, com principal ênfase nos aspectos da capacidade física.

COMPARAÇÃO ENTRE MÉTODOS PARA MEDIDA DA CONCENTRAÇÃO DE TESTOSTERONA

Nos estudos epidemiológicos em que usaram ensaios precisos de cromatografia líquida acoplada à espectrometria de massa (*gas chromatography-mass spectrometry* - GS-MS) para a medição dos níveis séricos de testosterona, por volta de 10 a 15% dos homens de meia-idade e idosos apresentaram testosterona total abaixo do limite inferior da faixa normal para indivíduos jovens saudáveis[2]. A testosterona livre reduz pelo aumento proporcional dos níveis de globulina ligadora de hormônios sexuais (SHBG) com o avançar da idade. Quando consideramos estudos de prevalência de hipogonadismo (testosterona total < 230 ng/dL) associado a sintomas de disfunção sexual, apenas 3,2% dos homens com 60 a 69 anos e 5,1% dos homens com 70 a 79 anos são devidamente diagnosticados[1].

A validação de métodos de imunoensaio para medida da testosterona mostra boa correlação (R=0,93, P < 0,001) quando comparada com o padrão-ouro GS-MS. Porém, essa correlação é menos robusta para valores de testosterona na faixa de hipogonadismo (< 11 nmol/L ou < 317 ng/dL; R=0,72, P < 0,001). Usando a GS-MS como método comparador, o imunoensaio mostra testosterona total reduzida (< 11 nmol/L ou < 317 ng/dL) e compatível com hipogonadismo (três sintomas de disfunção sexual: redução das ereções matinais, dos pensamentos sexuais e disfunção erétil) com 75% de sensibilidade e 96,3% de especificidade[3]. Quando consideramos a testosterona total < 8 nmol/L (ou < 230 ng/dL), a sensibilidade e especificidade do imunoensaio aumentam ligeiramente para 76,9 e 98,3%, respectivamente. Quando consideramos os três sintomas de disfunção sexual, além de uma testosterona total < 11 nmol/L medida pelo imunoensaio e testosterona livre calculada < 220 pmol/L, podemos observar uma sensibilidade e especificidade para diagnosticar o hipogonadismo em 85,5 e 99,4%, respectivamente. Se reduzirmos o ponto de corte da testosterona total para < 8 nmol/L, testosterona livre calculada < 220 pmol/L e associar com os três sintomas de disfunção sexual, a sensibilidade e especificidade aumentam para 92,3 e 99,8%, respectivamente[3].

Portanto, conhecer as limitações dos métodos de dosagem da concentração de testosterona sérica deve estar presente na decisão clínica, além de, é claro, uma boa interpretação pré-teste e pós-teste para aumentar a probabilidade de um melhor diagnóstico clínico.

DIAGNÓSTICO DE HIPOGONADISMO NO IDOSO

O diagnóstico de hipogonadismo em homens deve ser feito com medidas matinais (das 7:00 às 11:00h) da testosterona total e/ou testosterona livre e sempre associado com sintomas e sinais da deficiência hormonal. Pode ser necessário avaliar e distinguir o hipogonadismo primário (testicular) e secundário (pituitária-hipotálamo) medindo LH e FSH[4].

A Figura 1 mostra o fluxograma para abordagem do hipogonadismo em homens e os sintomas e sinais sugestivos da deficiência hormonal.

RECOMENDAÇÃO DE REPOSIÇÃO DE TESTOSTERONA EM IDOSOS

O uso rotineiro da testosterona para terapia de reposição é contraindicado para homens com 65 anos ou mais apenas considerando a baixa concentração hormonal[4]. Para aqueles com mais de 65 anos, que apresentam sintomas sugestivos de hipogonadismo (como baixa libido ou anemia), e com medidas matinais de testosterona total abaixo do ponto de corte, a indicação é que a reposição hormonal possa ser prescrita pelo médico, após discutido com o paciente os possíveis riscos e benefícios (Tabela 2).

A Tabela 1 mostra as formulações e recomendações de doses, segundo a Sociedade Americana e Europeia de Endocrinologia para terapia de reposição de testosterona[4].

TABELA 1 Recomendação de reposição de testosterona para idosos

Formulação	Administração	Dose
Cipionato de testosterona	Intramuscular	75-100 mg por semana
Enantato de testosterona	Intramuscular	150-200 mg a cada 2 semanas
Undecanoato de testosterona	Intramuscular	1.000 mg a cada 3 meses
Testosterona em gel (1%)	Tópico	50-100 mg diariamente

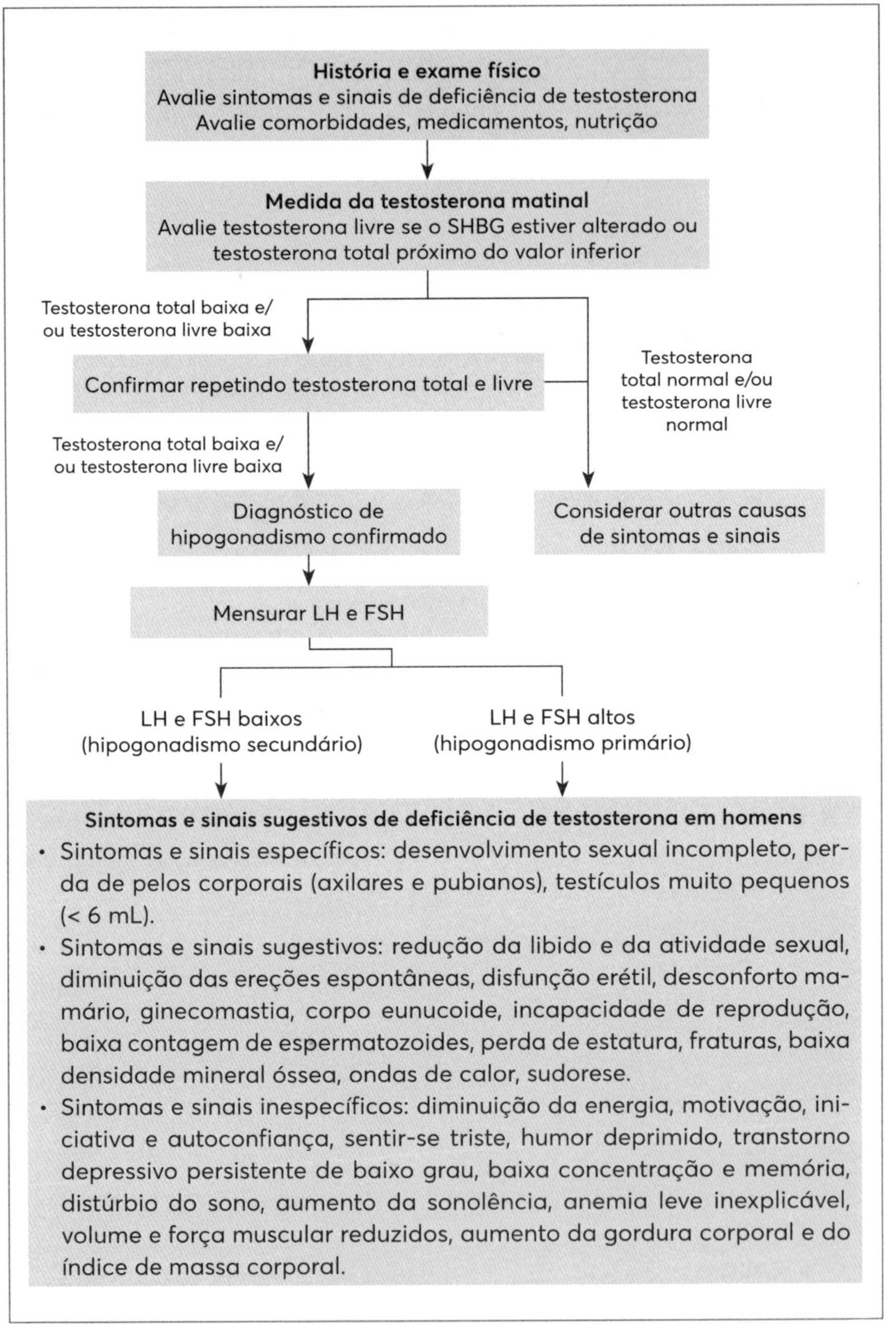

FIGURA 1 Fluxograma para abordagem do hipogonadismo em homens.
Fonte: adaptado de Bhasin, et al, 2018[4]

DESFECHOS CLÍNICOS DA TERAPIA DE TESTOSTERONA EM HOMENS SOBRE A CAPACIDADE FUNCIONAL

A deficiência de testosterona no idoso pode estar associada à perda da função física, principalmente pela relação de perda de massa muscular, força e potência muscular. Nesse sentido, alguns ensaios clínicos randomizados sugerem que a terapia de reposição de testosterona pode ser benéfica quando comparada ao tratamento controle (placebo). Em um estudo controlado randomizado, duplo-cego, 108 homens com mais de 65 anos de idade foram alocados para receber adesivo de testosterona ou placebo por 36 meses[5]. O estudo mostra uma redução significativa na massa gorda, enquanto a massa magra aumentou em média 1,9 kg no grupo que recebeu testosterona. No entanto, a força de extensão e flexão do joelho, medida por um dinamômetro isocinético, não diferiu significativamente entre os grupos testosterona e placebo.

O *Testosterone's Effects on Atherosclerosis Progression in Aging Men* (TEAAM Trial) foi um dos maiores estudos de longo prazo de intervenção com testosterona em homens idosos[6]. Esse estudo placebo controlado de 3 anos de acompanhamento foi desenvolvido para investigar os efeitos do tratamento de longo prazo com testosterona na progressão da aterosclerose em homens idosos com deficiência de testosterona. No entanto, em uma análise secundária, esse estudo multicêntrico também avaliou os efeitos da testosterona em medidas de composição corporal, desempenho muscular e função física[7]. Quando comparado ao placebo, homens tratados com testosterona mostraram aumentos significativos na massa magra, força e potência muscular, em testes de subir escada e capacidade aeróbia medida pelo consumo pico de oxigênio (VO_2 pico). Porém, essa melhora clínica na função física foi modesta e tendeu a diminuir com o tempo[7,8] (Figura 2).

O *Testosterone in Older Men with Mobility Limitations* (TOM Trial) incluiu homens idosos com deficiência de testosterona e limitação de mobilidade[9]. O desfecho primário desse ensaio clínico randomizado de 6 meses foi determinar se a terapia com testosterona melhora a força muscular voluntária máxima. A administração de testosterona foi associada a maiores ganhos na força do leg press, força e potência do supino, massa muscular esquelética e teste de subir escada quando comparado com pacientes randomizados para o grupo placebo. A velocidade de caminhada não mudou significativamente em nenhum dos grupos. Uma análise secundária avaliou as mudanças do VO_2 pico[10]. Homens que receberam testosterona apresentaram aumento significativo no VO_2 pico quando comparados ao placebo. Entretanto, o significado clínico e a duração da pequena diferença de 1,7 mL/kg/minuto entre os grupos requerem investigação adicional.

Em 2018, um conjunto de sete ensaios clínicos controlados por placebo, duplo-cegos e de grupos paralelos, realizados em 12 centros acadêmicos nos Estados Unidos, mostrou desfechos importantes em homens idosos com limitação de mobilidade[11]. Os estudos em conjunto incluíram 790 homens com 65

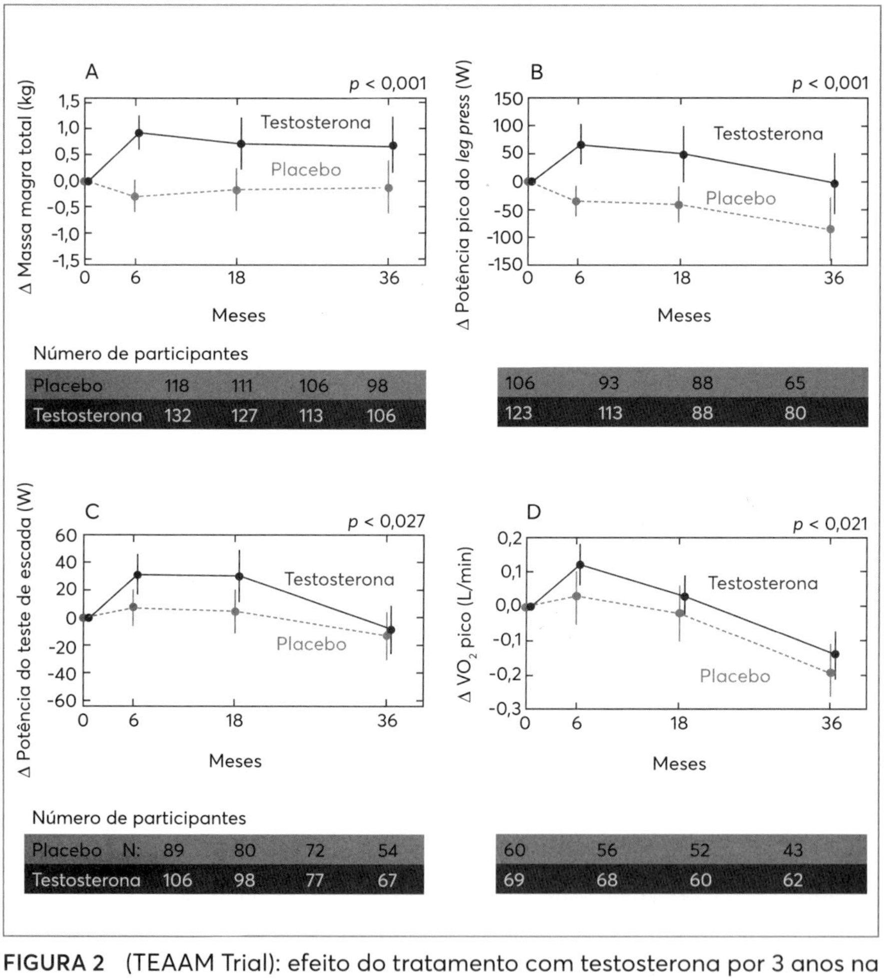

FIGURA 2 (TEAAM Trial): efeito do tratamento com testosterona por 3 anos na massa magra (a); potência máxima do leg press (b); potência de subir escadas com carga (c); e VO_2 pico (d).

Legenda: VO_2 pico: consumo de oxigênio pico.
Fonte: adaptado de Storer et al, 2017[7]; Traustadottir et al, 2018[8].

anos ou mais e com reduzida concentração de testosterona total (< 275 ng/dL), dos quais 390 tinham limitação de mobilidade e uma velocidade de caminhada abaixo de 1,2 m/s. O tratamento com testosterona melhorou consistentemente a capacidade de caminhada autorreferida e aumentou modestamente a distância de caminhada de 6 minutos em relação ao placebo. Entretanto, o número de quedas e fraturas não se modificou entre os grupos.

Em conjunto, os estudos sugerem que a terapia de reposição de testosterona em homens idosos melhora a massa magra, força e potência muscular voluntária máxima. No entanto, o efeito sobre testes de capacidade aeróbia (teste de escada e VO_2 pico) e velocidade de caminhada é pequeno e inconsistente entre os ensaios clínicos.

DESFECHOS CLÍNICOS DA TERAPIA DE TESTOSTERONA EM MULHERES SOBRE A CAPACIDADE FUNCIONAL

Apenas alguns ensaios clínicos de terapia com testosterona estão disponíveis para mulheres de meia-idade. Os estudos que investigam os efeitos da testosterona em mulheres estão mais relacionados com desfechos sobre a disfunção sexual feminina[12], aspectos psicológicos e o metabolismo ósseo. Poucos estudos que foram publicados até o momento avaliam a composição corporal[13] ou outros índices de sarcopenia.

O *Testosterone Dose Response in Surgically Menopausal Women* (TDSM Trial) foi um estudo randomizado com mulheres na menopausa e com baixa concentração de testosterona, que foram alocadas para receber quatro diferentes doses semanais de enantato de testosterona (3, 6, 25, 12,5 ou 25 mg/semana) por 24 semanas[14]. Doze semanas antes do tratamento com testosterona, todas as participantes receberam estradiol transdérmico. Os desfechos secundários incluíram avaliar a composição corporal, força e potência muscular. Quando comparado ao placebo, o grupo de 25 mg/semana apresentou ganhos significativos em alguns domínios da função sexual, massa magra, força muscular e no teste de subir escadas enquanto carregava uma carga. Os eventos adversos não foram estatisticamente diferentes entre os grupos de tratamento, mas geralmente mais frequentes no grupo de 25 mg/semana. Ensaios clínicos randomizados maiores e de maior duração são necessários para determinar a eficácia e segurança da administração de testosterona em mulheres idosas com limitações funcionais.

RISCOS DA TERAPIA DE TESTOSTERONA EM IDOSOS

A terapia de reposição de testosterona deve ser prescrita e acompanhada por um médico com título de especialista em endocrinologia. O acompanhamento é fundamental para avaliar possíveis efeitos adversos do tratamento[4]. Não há evidências claras de que o tratamento com testosterona aumente o risco de eventos cardiovasculares. Até o momento, nenhum estudo randomizado foi longo o suficiente, ou com grande amostra, para determinar se a testosterona aumenta o risco de tais ocorrências. Os eventos adversos mais observados estão na Tabela 2.

TABELA 2 Eventos adversos da reposição de testosterona em idosos

Eventos adversos para os quais há evidência de associação
Eritrocitose
Acne e pele oleosa
Detecção de câncer de próstata subclínico
Crescimento do câncer de próstata metastático
Redução da produção de esperma e da fertilidade
Eventos adversos incomuns para os quais há fraca evidência de associação
Ginecomastia
Calvície masculina (familiar)
Crescimento do câncer de mama
Indução ou agravamento da apneia obstrutiva do sono

REFERÊNCIAS BIBLIOGRÁFICAS

1. dos Santos MR, Bhasin S. Benefits and risks of testosterone treatment in men with age-related decline in testosterone. Annu Rev Med. 2021;72:75-91.
2. Bhasin S, Pencina M, Jasuja GK, Travison TG, Coviello A, Orwoll E, et al. Reference ranges for testosterone in men generated using liquid chromatography tandem mass spectrometry in a community-based sample of healthy nonobese young men in the Framingham Heart Study and applied to three geographically distinct cohorts. J Clin Endocrinol Metab. 2011 Aug;96(8):2430-2439.
3. Huhtaniemi IT, Tajar A, Lee DM, O'Neill TW, Finn JD, Bartfai G, et al. Comparison of serum testosterone and estradiol measurements in 3174 European men using platform immunoassay and mass spectrometry; relevance for the diagnostics in aging men. Eur J Endocrinol. 2012 Jun;166(6):983-991.
4. Bhasin S, Brito JP, Cunningham GR, Hayes FJ, Hodis HN, Matsumoto AM, et al. Testosterone therapy in men with hypogonadism: an endocrine society clinical practice guideline. J Clin Endocrinol Metab. 2018 May;1;103(5):1715-1744.
5. Snyder PJ, Peachey H, Hannoush P, Berlin JA, Loh L, Lenrow DA, et al. Effect of testosterone treatment on body composition and muscle strength in men over 65 years of age. J Clin Endocrinol Metab. 1999 Aug;84(8):2647-2653.

6. Basaria S, Harman SM, Travison TG, Hodis H, Tsitouras P, Budoff M, et al. Effects of testosterone administration for 3 years on subclinical atherosclerosis progression in older men with low or low--normal testosterone levels: a randomized clinical trial. JAMA. 2015 Aug;11;314(6):570-81.
7. Storer TW, Basaria S, Traustadottir T, Harman SM, Pencina K, Li Z, et al. Effects of testosterone supplementation for 3 years on muscle performance and physical function in older men. J Clin Endocrinol Metab. 2017 Feb;1;102(2):583-593.
8. Traustadóttir T, Harman SM, Tsitouras P, Pencina KM, Li Z, Travison TG, et al. Long-term testosterone supplementation in older men attenuates age-related decline in aerobic capacity. J Clin Endocrinol Metab. 2018 Aug;1;103(8):2861-2869.
9. Travison TG, Basaria S, Storer TW, Jette AM, Miciek R, Farwell WR, et al. Clinical meaningfulness of the changes in muscle performance and physical function associated with testosterone administration in older men with mobility limitation. J Gerontol A Biol Sci Med Sci. 2011 Oct;66(10):1090-1099.
10. Storer TW, Bhasin S, Travison TG, Pencina K, Miciek R, McKinnon J, et al. Testosterone attenuates age-related fall in aerobic function in mobility limited older men with low testosterone. J Clin Endocrinol Metab. 2016 Jun;101(6):2562-2569.
11. Bhasin S, Ellenberg SS, Storer TW, Basaria S, Pahor M, Stephens-Shields AJ, et al. Effect of testosterone replacement on measures of mobility in older men with mobility limitation and low testosterone concentrations: secondary analyses of the testosterone trials. Lancet Diabetes Endocrinol. 2018 Nov;6(11):879-890.
12. Davis SR, Worsley R, Miller KK, Parish SJ, Santoro N. Androgens and female sexual function and dysfunction-findings from the fourth international consultation of sexual medicine. J Sex Med. 2016 Feb;13(2):168-178.
13. Elraiyah T, Sonbol MB, Wang Z, Khairalseed T, Asi N, Undavalli C, et al. Clinical review: the benefits and harms of systemic testosterone therapy in postmenopausal women with normal adrenal function: a systematic review and meta-analysis. J Clin Endocrinol Metab. 2014 Oct;99(10):3543-3550.
14. Huang G, Basaria S, Travison TG, Ho MH, Davda M, Mazer NA, et al. Testosterone dose-response relationships in hysterectomized women with or without oophorectomy: effects on sexual function, body composition, muscle performance and physical function in a randomized trial. Menopause. 2014 Jun;21(6):612-623.

7

Reposição de testosterona em pacientes com insuficiência cardíaca

Antonio Carlos Pereira Barretto
Marcelo Rodrigues dos Santos

A insuficiência cardíaca (IC) é uma síndrome limitante que, na forma avançada, apresenta elevada morbi/mortalidade. Se não tratada, é uma doença progressiva em seus portadores, os quais apresentam limitação para realizar suas atividades habituais. É também uma síndrome complexa, pois envolve todo o organismo. Do ponto de vista fisiopatológico é reconhecida como doença de elevada estimulação neuro-hormonal, com estimulação acentuada do sistema renina angiotensina aldosterona e do sistema nervoso simpático[1,2]. A inibição ou o bloqueio dos neuro-hormônios elevados modifica a história natural, reduzindo os sintomas e a morbi/mortalidade[1,2].

Embora tenhamos vivenciado enorme evolução na detecção, no conhecimento e tratamento da IC, muitos pacientes, em especial aqueles com comprometimento cardíaco mais acentuado ou aqueles insuficientemente tratados, continuam sintomáticos, e a mortalidade não é desprezível.

No entanto, a IC é mais complexa do que uma doença neuro-hormonal e vários outros mecanismos têm participação na gênese da IC, bem como das manifestações clínicas que seus portadores apresentam. Por ser uma doença sistêmica, muitos pacientes apresentam alterações hormonais, entre elas a redução dos níveis de testosterona, o que será tratado neste capítulo.

O papel da testosterona na IC tem sido motivo de várias pesquisas, muitas das quais com um pequeno número de pacientes, o que implica em resultados um pouco conflitantes, que não permitem avaliar sua real implicação em diferentes aspectos da síndrome[3,6].

A Dra. Maria Janiere de Nazaré, pertencente ao grupo de Prevenção e Reabilitação do InCor, tem estudado o papel da testosterona em atletas, sobretudo em casos de IC[7,8]. Os dados da testosterona remetem aos dados da reposição hormonal em mulheres, os quais apresentam pontos positivos, negativos e muitas dúvidas. Temos, entretanto, resultados que permitem algumas afirmações.

A testosterona é o hormônio androgênico mais importante e tem funções essenciais para o organismo. Além de seu papel no desenvolvimento das características sexuais masculinas, mantém indispensável envolvimento com o sistema ósseo e muscular. Além disso, atua sobre a função vascular, possui ação anti-inflamatória e interfere na função endotelial[8].

A deficiência de testosterona é condição médica bem estabelecida e associada a alterações clínicas e bioquímicas, frequentemente mais observada em idosos e em algumas comorbidades[4]. No registro europeu de homens de meia idade, a deficiência de testosterona (DT) foi documentada, em média, em 2,5% dos avaliados, com incidência mais elevada nos mais idosos.

A DT é com certa frequência observada em doenças clínicas crônicas como na síndrome metabólica, diabetes, dislipidemia, hipertensão, insuficiência renal e naqueles com eventos cardiovasculares. Os resultados são bastante heterogêneos[3].

Na IC o achado de deficiência de testosterona é relativamente frequente, Jankowska e colaboradores estudaram 208 pacientes com IC e 366 controles sem IC, entre os quais, identificaram níveis baixos de testosterona em 25% dos pacientes com IC[1,9]. No mesmo estudo, observou-se também que a presença de DT foi associada à maior taxa de hospitalizações e mortalidade[9].

No InCor, em um estudo com 110 pacientes portadores de IC avançada, internados para compensação, com FE < 45%, em CF III/IV, foram observados níveis baixos de testosterona em 40% dos pacientes[7]. Os achados foram semelhantes aos descritos por Jankowska e colaboradores, em que se identificou que os pacientes com DT tiveram pior evolução do que os com níveis normais de testosterona[9]. Os pacientes com DT necessitaram maior tempo para compensação e ficaram internados cerca de 12 dias a mais[7]. É fato bem conhecido que pacientes com IC avançada, que foram hospitalizados para compensação, apresentam elevada taxa de re-hospitalizações[1,2]. Em outro estudo, Santos e colaboradores constataram que os pacientes com níveis baixos de testosterona re-hospitalizaram mais no primeiro ano de seguimento (44% vs. 22%, p=0,001) do que os com níveis normais[7]. Também se evidenciou que os níveis de testosterona reduzidos foram associados à maior mortalidade (21 vs. 7 pacientes; p=0,001).

Na Figura 1, apresentamos as diferenças na evolução dos dois grupos em um gráfico, no qual se constata a maior incidência de eventos no grupo com níveis de testosterona reduzidos[7].

Uma das explicações para essa pior evolução é a maior ativação simpática identificada nos pacientes com níveis reduzidos de testosterona[7]. Nesse estudo, a atividade simpática foi avaliada através da atividade simpática muscular, tendo como registro a atividade simpática medida no nervo peronero, que foi significantemente mais elevada nos pacientes com níveis reduzidos de testosterona[7].

Nos pacientes com IC avançada, os dados do estudo demonstraram que os níveis reduzidos de testosterona estão associados à pior evolução, assim como ao maior tempo de internação para compensação, maior taxa de re-hospitalizações no seguimento e de mortalidade. Entretanto, na literatura, nem todos os autores encontraram a mesma associação, tornando o tema testosterona e IC indefinido. O fato de a redução dos níveis de testosterona estar com frequência relacionada com outras alterações sistêmicas ocasiona esse desentendimento, dado que a pior evolução também pode ser relativa a outras alterações.

Outro dado interessante do estudo de Santos e colaboradores foi constatar que os níveis de testosterona livre não identificaram os pacientes de pior prognóstico[7]. Se há incertezas sobre o papel da deficiência de testosterona para o prognóstico da IC, em contrapartida, não restam dúvidas de seu papel no de-

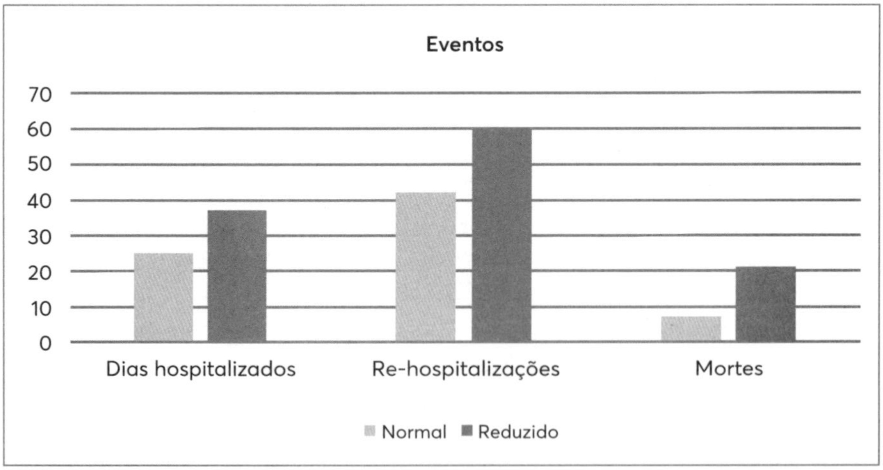

FIGURA 1 Incidência de eventos nos grupos com níveis de testosterona normal e reduzido.
Fonte: adaptado de: Santos MR, et al, 2015[7].

sempenho físico de pacientes e na gênese dos sintomas da IC. Os níveis reduzidos de testosterona estão associados à redução da performance física dos pacientes com IC, redução na distância caminhada no teste de 6 minutos e redução no consumo de oxigênio (VO_2).

Frente aos achados de pior performance dos pacientes com DT e o possível pior prognóstico, considera-se a reposição de testosterona como uma possível terapêutica para promover melhoras nos pacientes com IC[3,4]. Os valores inferiores a 300 ng/dL são considerados como valor reduzido.

O tema é controverso, mas a reposição de testosterona promove melhora nos pacientes não só com IC, mas também naqueles com doença cardiovascular. A controvérsia, em parte, é decorrente dos efeitos adversos, especialmente quando observado o uso de doses suprafisiológicas, dado o receio de sua relação com o crescimento da próstata e do câncer de próstata[3,4,8]. O tema reposição de testosterona nos pacientes com IC vem sendo frequentemente investigado, com dados não homogêneos[3,4,6,10-12].

Uma metanálise de quatro estudos randomizados (com pequeno número de pacientes) documenta melhora da capacidade de exercício dos pacientes com IC[3,4]. Essa metanálise constatou aumento significativo da distância caminhada em 6 minutos, com adição média de 54 metros; aumento do pico de consumo de oxigênio de 2,7 mL/kg/minuto, esse último correlacionado com o acréscimo dos níveis de testosterona dosada[3,4]. Na mesma metanálise houve aumento da classe funcional, porém não houve acréscimo da fração de ejeção dos pacientes[3,4].

Em um estudo duplo cego, placebo controlado, a terapia de 12 semanas de undecanoato de testosterona intramuscular de ação prolongada (1.000 mg) promoveu melhora clínica na capacidade de exercício, força muscular, metabolismo da glicose e sensibilidade barorreflexa em homens com IC[13]. Em mulheres com IC, os mesmos investigadores avaliaram o efeito da reposição de testosterona e observaram resultados similares aos dos homens. Após 6 meses de tratamento, as mulheres randomizadas para o grupo testosterona apresentaram melhoras substanciais na capacidade funcional, resistência à insulina e força muscular, quando comparadas ao grupo placebo[14].

A terapia de testosterona associada a um programa de reabilitação cardíaca em pacientes com IC parece ser uma abordagem clínica interessante. Nesse sentido, um estudo do nosso grupo avaliou o efeito de 12 semanas de treinamento físico combinado (treino aeróbio e treino resistido) com o tratamento com testosterona. Quando comparado ao grupo testosterona isoladamente, a combinação de exercício físico com a testosterona mostrou melhor efeito na atenuação e no aumento da massa muscular avaliada pela biópsia do músculo vasto lateral e pela absorciometria de raios-x de dupla energia (DXA)[15]. O aumento significativo observado da área de secção transversa das fibras dos tipos 1 e 2 sugere uma melhora da capacidade aeróbia e força muscular em pacientes com IC mais avançada.

Apesar de os resultados interessantes com a suplementação de testosterona, uma revisão sistemática e de metanálise mostra que esta terapia não foi associada a uma melhora significativa da tolerância ao exercício em pacientes com IC (evidenciado pelo teste de caminhada de 6 minutos e pelo *shuttle walk test*)[16]. Além disso, a suplementação de testosterona também não melhorou significativamente a classificação funcional da NYHA, qualidade de vida e função cardíaca. O resultado composto de mortalidade ou reinternação por IC também não foi diferente com a terapia de testosterona na IC.

Salzano e colaboradores têm abordado a IC considerando que nela a deficiência hormonal é múltipla, propondo, assim, a reposição da testosterona em conjunto com a reposição de hormônio de crescimento, uma vez que ambos estão reduzidos. Em trabalho com cinco pacientes, observaram aumento da fração de ejeção em 5,4% e melhora da classe funcional e do consumo de oxigênio em 27,7%. Os achados sugerem que a reposição de múltiplos hormônios promove resultados mais expressivos do que a simples reposição de cada um deles[11,12].

Retomando o tema testosterona e insuficiência cardíaca, podemos chegar a algumas conclusões. Pacientes com IC apresentam frequentemente redução dos níveis de testosterona e, ao apresentarem níveis baixos do hormônio, apresentam redução da capacidade de realizar exercício, além de aumento das manifestações da IC.

Nos pacientes com IC mais acentuada, os níveis baixos de testosterona estão associados à pior evolução, resultando em maior tempo de internação para compensar, assim como maior taxa de re-hospitalizações e mortalidade no seguimento.

Os dados da literatura permitem concluir que níveis reduzidos de testosterona são marcadores de pior prognóstico. A reposição da testosterona melhora a performance dos pacientes com IC, que passam a cansar menos com os exercícios e têm melhora sintomática. Entretanto, os dados são controversos quanto à redução de eventos cardiovasculares por meio desse tratamento. Há também preocupação quanto à possibilidade de a reposição hormonal promover aumento de complicações prostáticas, embora nos estudos realizados não se tenham detectado esses aumentos.

Por fim, é necessário definir qual a melhor forma de reposição hormonal, se transdérmica ou injetável, e qual será a melhor dose desta reposição.

REFERÊNCIAS BIBLIOGRÁFICAS

1. Rohde LE; Montera MW; Bocchi EA; Clausell N;Albuquerque DC, Rassi S. (Coord.) Diretriz brasileira de insuficiência cardíaca crônica e aguda. Arq Bras Cardiol. 2018 Sep;111(3):436-539.
2. Ponikowski P, Voors AA, Anker SD, Bueno H, Cleland JGF, Coats AJS, et al. 2016 ESC Guidelines for the diagnosis and treatment of acute and chronic heart failure. The task force for the diagnosis and treatment of acute and chronic heart failure of the European Society of Cardiology. Eur Heart J. Eur Heart J. 2016 Jul ;14;37(27):2129-2200.
3. Goodale T, Sadhu A, Petak S, Robbins R. Testosterone and the Heart. Methodist DeBakey Cardiovascular Journal. 2017;13(2):68-72.
4. Kirby M, Hackett G, Ramachandran S. Testosterone and the Heart. European Cardiology Review. 2019 Jul;14(2):103-110.
5. Yoshihisa A, Suzuki S, Sato Y, Kanno Y, Abe S, Miyata M, et al Relation of testosterone levels to mortality in men with heart failure. Am J Cardiol. 2018 Jul ;1;121(11):1321-1327.
6. Simsek E, Killic S, Kermal HS, Nalbantgil S, Ozturk P, Yildirim I, et al. Effect of testosterone level on mortality in patients with left ventricular assist device. Transplantation Proceedings. 2019 Dec; 51(10):3418-3423.
7. Santos MR, Sayeg ALC, Groehs RVR, Fonseca G, Trombetta IC, Barretto ACP, et al. Testosterone deficiency increase hospital admission and mortality rates in male patients with heart failure. Arq Bras Cardiol. 2015 Sept;105(3):256-264.
8. Fonseca GWP, Santos MR, Souza FR, Negrão CE, Alves MJNN. Testosterona e doença cardiovascular: do tratamento ao uso abusivo. Rec Soc Cardiol Estado de São Paulo. 2019; 29(supl):393-399.
9. Jankowska EA, Biel B, Majda J, Szklarska A, Lopuszanska M, Medras M, et al. Anabolic deficiency in men with chronic heart failure: prevalence, and detrimental impact on survival. Circulation. 2006 Oct ;24;114(17):1829-1837.
10. Navarro-Penalver M, Perez-Martinez MT, Gomez-Bueno M, García-Pavía P, Lupón-Rosés J, Roig--Minguell E, et al. Testosterone replacement therapy in deficient patients with chronic heart failure: a randomized double-blind controlled pilot study. J Cardiovasc Pharmacol and Therapeutics. 2018 Nov; 23(6):543-550.
11. Salzano A, D'Assante R, Lander M, Arcopinto M, Bossone E, Suzuki T, et al. Hormonal replacement therapy in heart failure. Focus on growth hormone and testosterone. Heart Failure Clin. 2019 Jul;15(3):377-391.
12. Salzano A, Marra AM, Arcopinto M, D'Assante R, Triggiani V, Coscioni E, et al. Combined effects of growth hormone and testosterone replacement treatment in heart failure. ESC Heart Fail. 2019 Dec;6(6):1216-1221.
13. Caminiti G, Volterrani M, Iellamo F, Marazzi G, Masaro R, Miceli M, et. al. Effect of long-acting testosterone treatment on functional exercise capacity, skeletal muscle performance, insulin resistance, and baroreflex sensitivity in elderly patients with chronic heart failure a double-blind, placebo-controlled, randomized study. J Am Coll Cardiol. 2009 Sep;1;54(10):919-27.
14. Iellamo F, Volterrani M, Caminiti G, Karam R, Massaro R, Fini M, et. al. Testosterone therapy in women with chronic heart failure: a pilot double-blind, randomized, placebo-controlled study. J Am Coll Cardiol. 2010 Oct;12;56(16):1310-6.
15. Dos Santos MR, Sayegh AL, Bacurau AV, Arap MA, Brum PC, Pereira RM, et al. Effect of Exercise Training and Testosterone Replacement on Skeletal Muscle Wasting in Patients With Heart Failure With Testosterone Deficiency. Mayo Clin Proc. 2016 May;91(5):575-86.
16. Tao J, Liu X, Bai W. Testosterone Supplementation in Patients With Chronic Heart Failure: A Meta-Analysis of Randomized Controlled Trials. Front Endocrinol (Lausanne). 2020 Mar;13;11:110.

8

Reposição de testosterona em pacientes com doença arterial coronariana

Camila Jordão Paixão
Luciana Dourado
Luis Gowdak

INTRODUÇÃO

O hipogonadismo afeta um enorme número de homens com o avançar da idade, comprometendo a qualidade de vida e impactando a morbimortalidade desses indivíduos. A prevalência de homens com doença arterial coronariana (DAC) e baixos níveis séricos de testosterona é de aproximadamente 25%[1,2]. Isso representa uma grande população de homens com baixos níveis de testosterona que podem se beneficiar sintomaticamente da terapia de reposição.

Na última década, houve um significativo aumento nas prescrições de terapia de reposição de testosterona (TRT), não somente para tratamento do hipogonadismo, mas também em decorrência dos excessivos diagnósticos de "testosterona baixa", mesmo na ausência de outros sintomas de hipogonadismo. Entretanto, a importância e o efeito da TRT na doença cardiovascular (DCV) permanecem controversos[3-7].

Estudos retrospectivos demonstraram aumento do número de eventos cardiovasculares em homens que receberam TRT, enquanto outros apresentaram resultados neutros ou benéficos[8-10]. Esses achados contraditórios colocaram em debate a segurança cardiovascular da TRT.

A testosterona é um hormônio sexual que exerce efeito direto sobre os vasos sanguíneos e o coração, e que influencia os fatores de risco para as DCV. Os níveis séricos de testosterona reduzem-se entre 1-2% ao ano a partir dos 40 anos, resultando em um aumento progressivo da prevalência da deficiência de testosterona com a idade. Alguns estudos relatam que a prevalência de baixos níveis de testosterona aumenta de 12 para 49% entre as idades de 50-80 anos[1,11]. Na maioria desses homens, as concentrações não são inequivocamente baixas e estão, frequentemente, próximas ao limite inferior da normalidade. Entretanto, a prevalência sindrômica de hipogonadismo (baixos níveis de testosterona associados a sintomas específicos) entre esses indivíduos é ainda menor, em torno de 2%.

A etiologia do hipogonadismo de início tardio é complexa e pode ocorrer em decorrência de comorbidades potencialmente reversíveis ou tratáveis (obesidade, doenças crônicas) ou de medicação em uso (corticoides, opioides), que suprime as gonadotrofinas e a testosterona, causa funcional do hipogonadismo secundário. Menos comumente, em homens mais velhos (acima de 70 anos), a função testicular pode declinar substancialmente, resultando em hipogonadismo primário orgânico[11].

O hipogonadismo é um conhecido fator de risco para eventos cardiovasculares. Estudos epidemiológicos indicam que os níveis reduzidos de testosterona estão associados à DAC prematura, ao aumento da mortalidade cardiovascular e à mortalidade por todas as causas. Além disso, existe também associação da testosterona baixa com efeitos desfavoráveis sob fatores de risco para DCV – perfil lipídico aterogênico, síndrome metabólica, diabetes, obesidade e hipertensão arterial. Como os níveis de hormônios esteroides sabidamente diminuem em condições agudas e crônicas, é possível que a queda da testosterona ocorra em decorrência das morbidades e não como causa, sugerindo, inclusive, que seja um marcador de saúde geral[3].

Para o diagnóstico de hipogonadismo de início tardio é necessário que ocorra redução de níveis séricos de testosterona total, habitualmente com níveis < 300 ng/dL, associada à presença de sintomas de deficiência androgênica[1,11]. Para tanto, é necessária uma avaliação médica urológica, incluindo história médica e sexual detalhada, dados antropométricos, presença de ginecomastia e avaliação testicular. A dosagem de testosterona total está indicada na presença de sintomas e/ou condições conhecidos por estarem associados ao hipogonadismo de início tardio, como redução de desempenho físico, mudanças físicas (queda de pelos do corpo, redução de massa magra, obesidade visceral), sintomas sexuais (redução do desejo sexual e disfunção erétil, redução de ereções noturnas), sintomas cognitivos ou do humor (depressão, alterações do sono), presença de condições associadas (infertilidade, síndrome metabólica, diabetes *mellitus* tipo 2) e anemia.

EFEITOS DA TERAPIA DE REPOSIÇÃO DA TESTOSTERONA

O objetivo da reposição de testosterona é normalizar os níveis reduzidos para promover a melhora de sintomas e, consequentemente, da qualidade de vida, e está indicada para pacientes com sintomas de hipogonadismo associado à evidência laboratorial. Contudo, o efeito da reposição de testosterona sobre o risco cardiovascular é controverso. A Sociedade Europeia de Urologia defende que os resultados cardíacos da TRT podem ser benéficos, enquanto a Sociedade Americana de Urologia alega que as evidências são inconclusivas[1]. Existe, entretanto, o consenso de que pacientes com DCV preexistente devem ser comunicados sobre os efeitos não conhecidos da TRT.

De modo geral, a literatura aponta para um resultado positivo sobre a saúde cardiovascular, mas as evidências não são fortes o suficiente para a recomendação específica de benefício cardíaco. Ainda assim, em homens com alto risco de DCV pode-se considerar a TRT.

TESTOSTERONA E CONTROLE METABÓLICO

O tratamento com testosterona reduz a concentração de colesterol total e LDL-c, com menor impacto no HDL-c e sem influência sobre os níveis de triglicérides. Em contraste, altas doses de testosterona ou esteroides anabólicos pioram o perfil lipídico[4]. O estudo *Times 2*, avaliando a reposição de testosterona em pacientes com diabetes tipo 2 e/ou síndrome metabólica, demonstrou redução de liproproteína a – Lp(a) – em indivíduos com hipogonadismo tratados com testosterona gel, assim como melhora da resistência insulínica e do controle glicêmico. Da mesma forma, o estudo *Blast* demonstrou redução da hemoglobina glicada (HbA1C) em homens com diabetes tratados com undecanoato de testosterona por 24 semanas.

TESTOSTERONA E ATEROSCLEROSE

As baixas concentrações de testosterona endógena apresentam efeitos deletérios na progressão da doença aterosclerótica. Entretanto, as consequências da suplementação de longo prazo da testosterona na aterosclerose em homens têm sido foco de estudos recentes[12].

O estudo TEAAM[13] avaliou o efeito da reposição de testosterona gel em homens com testosterona abaixo do normal, independentemente de sintomas de hipogonadismo, para que alcançassem valores médios de testosterona de homens jovens, não sendo observado benefício em relação ao placebo na espessura médio-intimal carotídea e escore de cálcio coronário. Da mesma forma, o *Cardiovascular trial*[14], um dos sete estudos placebo-controlados *T trials*, investigou o efeito de testosterona na aterosclerose coronariana avaliada por angiotomografia, em 1 ano de uso de testosterona gel em homens com hipogonadismo sintomático. Mais de 50% da população estudada apresentava fatores de risco para DCV. Comparado ao placebo, o grupo tratado com testosterona apresentou aumento significativo do volume de placa coronariana não calcificada, sem efeito sob o escore de cálcio coronariano. É importante ressaltar que não há implicação clínica para os achados desses estudos.

Estudo de coorte retrospectiva[10] envolvendo 1.470 pacientes avaliou os efeitos da TRT sob a recorrência de infarto do miocárdio (IM) e mortalidade por todas as causas em pacientes com história de IM prévio e níveis baixos de testosterona. A mortalidade por todas as causas foi menor nos pacientes sob TRT em que os níveis de testosterona normalizaram em comparação àqueles em TRT que não normalizaram a testosterona, assim como àqueles que não receberam TRT. Não foi observada diferença na recorrência de IM entre os pacientes que receberam TRT e os que não receberam.

TESTOSTERONA, ISQUEMIA MIOCÁRDICA E ANGINA

A testosterona apresenta efeito direto nas artérias, independentemente do sistema reprodutivo. Concentrações fisiológicas de testosterona intracoronária provocam dilatação das artérias coronárias epicárdicas e aumentam o volume de sangue em homens com DAC.

Interessantemente, os efeitos terapêuticos da testosterona no tratamento da angina do peito foram relatados pela primeira vez nos anos 1940, demonstrando melhora sintomática nesses homens. Posteriormente, pequenos estudos demonstraram aumento na duração do exercício no teste ergométrico e prolongamento do tempo para isquemia (limiar isquêmico) em pacientes que receberam TRT. Foi demonstrada também uma relação dose-dependente entre o aumento da duração do exercício e a testosterona basal; homens com níveis basais mais baixos de testosterona apresentaram maior benefício sintomático com a TRT. Além disso, também foi demonstrado que os efeitos da testosterona são mantidos na presença concomitante de drogas antianginosas e em níveis fisiológicos de testosterona alcançados com TRT[15-18].

Em estudo[19] realizado na década de 1970, 50 homens com documentação de infradesnivelamento de segmento ST no teste ergométrico foram randomizados para receber 200 mg semanais de cipionato de testosterona intramuscular ou placebo por 8 semanas. Houve redução de 51% na magnitude da depressão do segmento ST no tratamento ativo. Esse resultado sugeriu que a testosterona reduz a isquemia miocárdica estresse-induzida, provavelmente por sua ação de vasodilatação.

Em pequeno estudo subsequente[20], a administração de testosterona intracoronária em doses suprafisiológicas em 13 homens com DAC documentada por coronariografia resultou em vasodilatação. Em outro estudo, placebo-controlado[17], envolvendo 46 homens com angina estável, o uso de 5 mg de testosterona transdérmica por 12 semanas resultou em melhora no tempo para a ocorrência de infradesnivelamento de segmento ST de 1 mm no teste ergométrico.

Benefícios semelhantes do efeito da testosterona na isquemia miocárdica foram relatados em estudo[16] com 15 pacientes, dos quais 7 receberam undecanoato de testosterona durante 12 meses; em relação ao grupo placebo, houve aumento no tempo de indução de isquemia miocárdica.

Entretanto, o benefício da TRT no fluxo sanguíneo coronariano não foi confirmado por meio de ressonância magnética cardíaca com avaliação de perfusão[18]. Os exames foram realizados em homens com DAC antes e 8 semanas após o tratamento oral com testosterona em estudo placebo-controlado. A perfusão miocárdica aumentou no território miocárdico perfundido por coronárias sem lesões, mas não em territórios perfundidos por coronárias com lesão aterosclerótica significativa.

Vale ressaltar que os estudos realizados até o momento envolveram pequeno número de pacientes, sem uma adequada monitorização do tratamento e do uso de diversas preparações de testosterona. Estudos maiores são necessários para esclarecer qualquer aplicação clínica do tratamento com testosterona em homens com isquemia miocárdica, angina e baixas concentrações de testosterona.

TESTOSTERONA E EVENTOS CARDIOVASCULARES

O efeito da testosterona nos eventos cardiovasculares também é controverso[4-6,8,21]. Foi demonstrada associação inversa entre testosterona sérica/globulina ligadora de hormônios sexuais (SHBG) e o risco de eventos cardiovasculares, em que concentrações elevadas (≥ 550 ng/dL) se associaram à redução de eventos cardiovasculares fatais e não fatais. Entretanto, as evidências de benefício da TRT na prevenção de eventos cardiovasculares são rebatidas por diversos outros estudos demonstrando aumento de risco. É digno de nota que, até o momento, nenhum estudo prospectivo randomizado placebo-controlado desenhado para avaliação de desfechos cardiovasculares foi publicado.

Estudos observacionais relatam risco aumentado de desfechos duros (morte, infarto e acidente vascular cerebral) em homens tratados com testosterona, particularmente com idade > 75 anos. No entanto, os resultados desses estudos devem ser interpretados com cautela, tendo em vista o fato de que não houve dosagem dos níveis de testosterona e não foi avaliada a adesão ao medicamento após a iniciação da testosterona.

Ao contrário desses estudos, outros mostraram uma diminuição do risco de eventos cardiovasculares e de mortalidade na testosterona nos usuários *versus* não usuários. Uma abordagem interessante foi usada em um estudo[22] grande coorte de homens com baixas concentrações de testosterona, recém-tratados com testosterona e que foram seguidos por 6 anos, comparando-se homens que atingiram concentrações normais de testosterona com outros que nunca realizaram TRT. O primeiro grupo apresentou um risco relativo menor de mortalidade por todas as causas, IAM e acidente vascular cerebral. As discrepâncias entre os achados desses estudos observacionais podem ser explicadas por diferenças na idade das coortes do estudo, controle de adesão ao tratamento com dosagens seriadas de testosterona e a presença de doenças coexistentes.

Estudos randomizados controlados avaliando a TRT em homens com baixos níveis de testosterona também apresentam resultados conflitantes. O estudo *TOM*, que avaliou o tratamento com testosterona de homens ≥ 65 anos com limitações de mobilidade, foi interrompido precocemente devido à ocorrência de eventos cardiovasculares no grupo tratado com testosterona. No entanto, o estudo não foi desenhado para avaliar a segurança e os desfechos duros.

Outros estudos randomizados não tiveram poder estatístico para definir a segurança do tratamento em indivíduos acima dos 65 anos, embora as taxas de eventos adversos relatados tenham sido semelhantes nos grupos tratados com testosterona *versus* placebo.

O estudo *Transverse* (*The testosterone replacement therapy for assessment of long-term vascular events and efficacy response in hypogonadal men*), ainda em andamento, talvez consiga fornecer evidências mais robustas em relação ao efeito da TRT sobre a segurança cardiovascular. Trata-se de estudo multicêntrico, randomizado, duplo-cego, controlado por placebo, de grupos paralelos, de não inferioridade. Serão incluídos homens (45-80 anos), com concentração sérica de testosterona abaixo de 300 ng/dL e sintomas de hipogonadismo e com evidência de DCV preexistente ou risco aumentado de DCV. Aproximadamente 6 mil indivíduos serão randomizados para o uso de um gel de testosterona transdérmica a 1,62% ou de um gel placebo correspondente, diariamente, por um período previsto de até 5 anos.

RISCOS DO TRATAMENTO COM TESTOSTERONA E SISTEMA CARDIOVASCULAR

A administração de testosterona em homens com hipogonadismo pode causar, entre diversos efeitos colaterais, eritrocitose (principalmente em apresentações orais) e retenção hídrica[11], por isso não é recomendada em pacientes com história de IAM recente (menos de 6 meses) e insuficiência cardíaca descompensada.

CONCLUSÃO

Na ausência de estudos que demonstrem a favorável relação risco-benefício da TRT em pacientes com DCV estabelecida ou sob alto risco cardiovascular, sua indicação deve ser baseada no inequívoco diagnóstico clínico-laboratorial de hipogonadismo, e os pacientes devem ser informados sobre os efeitos não conhecidos da TRT sob a evolução da DAC.

Não existe, até o momento, indicação específica do uso de testosterona para redução de progressão de doença aterosclerótica, melhora de angina *pectoris* ou isquemia do miocárdio, ou para redução de morbimortalidade cardiovascular.

REFERÊNCIAS BIBLIOGRÁFICAS

1. Fode M, Salonia A, Minhas S, Burnett AL, Shindel AW. Late-onset Hypogonadism and Testosterone Therapy - A Summary of Guidelines from the American Urological. Association and the European Association of Urology. Eur Urol Focus. Jul 2019;5(4):539-544.
2. Matsumoto AM. Testosterone administration in older men. Endocrinol Metab Clin North Am. Jun 2013;42(2):271-286.

3. Kloner RA, Carson C, Dobs A, Kopecky S, Mohler ER. Testosterone and Cardiovascular Disease. J Am Coll Cardiol. Feb 09;2016;67(5):545-557.
4. Gagliano-Jucá T, Basaria S. Testosterone replacement therapy and cardiovascular risk. Nat Rev Cardiol. 2019;16(9):555-574.
5. Alexander GC, Iyer G, Lucas E, Lin D, Singh S. Cardiovascular Risks of Exogenous Testosterone Use Among Men: A Systematic Review and Meta-Analysis. Am J Med. Mar 2017;130(3):293-305.
6. Cheetham TC, An J, Jacobsen SJ, et al. Association of Testosterone Replacement With Cardiovascular Outcomes Among Men With Androgen Deficiency. JAMA Intern Med. 2017;177(4):491-499.
7. Tanna MS, Schwartzbard A, Berger JS, Underberg J, Gianos E, Weintraub HS. Management of Hypogonadism in Cardiovascular Patients: What Are the Implications of Testosterone Therapy on Cardiovascular Morbidity? Urol Clin North Am. 2016;43(2):247-260.
8. Loo SY, Azoulay L, Nie R, Dell'Aniello S, Yu OHY, Renoux C. Cardiovascular and Cerebrovascular Safety of Testosterone Replacement Therapy Among Aging Men with Low Testosterone Levels: A Cohort Study. Am J Med. 2019;132(9):1069-1077.e1064.
9. Basaria S, Coviello AD, Travison TG, et al. Adverse events associated with testosterone administration. N Engl J Med. 2010;363(2):109-122.
10. Oni OA, Dehkordi SHH, Jazayeri MA, et al. Relation of Testosterone Normalization to Mortality and Myocardial Infarction in Men With Previous Myocardial Infarction. Am J Cardiol. 2019;124(8):1171-1178.
11. Bhasin S, Brito JP, Cunningham GR, et al. Testosterone Therapy in Men With Hypogonadism: An Endocrine Society Clinical Practice Guideline. J Clin Endocrinol Metab. 2018;103(5):1715-1744.
12. Shaikh K, Ellenberg SS, Nakanishi R, et al. Biomarkers and Noncalcified Coronary Artery Plaque Progression in Older Men Treated With Testosterone. J Clin Endocrinol Metab. 2020;105(7).
13. Basaria S, Harman SM, Travison TG, et al. Effects of Testosterone Administration for 3 Years on Subclinical Atherosclerosis Progression in Older Men With Low or Low-Normal Testosterone Levels: A Randomized Clinical Trial. JAMA. 2015;314(6):570-581.
14. Budoff MJ, Ellenberg SS, Lewis CE, et al. Testosterone Treatment and Coronary Artery Plaque Volume in Older Men With Low Testosterone. JAMA. 2017;317(7):708-716.
15. Malkin CJ, Pugh PJ, Morris PD, et al. Testosterone replacement in hypogonadal men with angina improves ischaemic threshold and quality of life. Heart. 2004;90(8):871-876.
16. Mathur A, Malkin C, Saeed B, Muthusamy R, Jones TH, Channer K. Long-term benefits of testosterone replacement therapy on angina threshold and atheroma in men. Eur J Endocrinol. 2009;161(3):443-449.
17. English KM, Steeds RP, Jones TH, Diver MJ, Channer KS. Low-dose transdermal testosterone therapy improves angina threshold in men with chronic stable angina: A randomized, double-blind, placebo-controlled study. Circulation. 2000;102(16):1906-1911.
18. Webb CM, Elkington AG, Kraidly MM, Keenan N, Pennell DJ, Collins P. Effects of oral testosterone treatment on myocardial perfusion and vascular function in men with low plasma testosterone and coronary heart disease. Am J Cardiol. 2008;101(5):618-624.
19. Jaffe MD. Effect of testosterone cypionate on postexercise ST segment depression. Br Heart J. 1977;39(11):1217-1222.
20. Webb CM, McNeill JG, Hayward CS, de Zeigler D, Collins P. Effects of testosterone on coronary vasomotor regulation in men with coronary heart disease. Circulation. 1999;100(16):1690-1696.
21. Khera M, Miner M, Jaffe J, Pastuszak AW. Testosterone Therapy and Cardiovascular Risk: A Critical Analysis of Studies Reporting Increased Risk. J Sex Med. 2021;18(1):83-98.
22. Sharma R, Oni OA, Gupta K, et al. Normalization of testosterone level is associated with reduced incidence of myocardial infarction and mortality in men. Eur Heart J. 2015;36(40):2706-2715.
23. US National Library of Medicine. ClinicalTrials.gov. [internet] [acesso em: 2022 jul. 7]. Disponível em: http://www.clinicaltrials.gov/ct2/show

9

Reposição de testosterona em pacientes com síndrome metabólica

Sara Rodrigues
Maria Janieire de Nazaré Nunes Alves

SÍNDROME METABÓLICA

Muitos dos avanços nos estudos da medicina partiram do desenvolvimento de correlações entre aspectos físicos observados no ser humano e desfechos de saúde. Esse é o caso da história da obesidade, por exemplo. Hipócrates, que viveu na Grécia entre os anos 460 e 370 a.C. e conhecido como "pai da medicina", já observava que "a corpulência não é apenas uma enfermidade em si, mas o prenúncio de outras. A morte súbita é mais comum naqueles que são naturalmente gordos do que nos magros"[1].

A percepção de que o excesso de peso estaria relacionado a problemas de saúde repercutiu por toda a história da humanidade, fato que nos deve levar à reflexão de que, mesmo com conhecimento dos possíveis danos à saúde, por que estamos em meio a uma pandemia de obesidade nos tempos atuais?

O número de indivíduos obesos no mundo tem alta prevalência e está em constante crescimento. No Brasil, os últimos levantamentos sobre a prevalência da obesidade realizados pelo IBGE mostram não só que o número de pessoas com obesidade/sobrepeso é alto, mas que cresce a cada ano[2]. Em 2019, mais da metade da população adulta estava com sobrepeso, e quase 30% com obesidade. Já entre os anos de 2002 e 2003, estimava-se que 12,2% da população adulta apresentava obesidade (Gráficos 1A e 1B). Como efeito da pandemia do novo coronavírus difundido no final de 2019 e das restrições de opções para a prática de atividades físicas, de lazer e de socialização, há especulações de que esse número cresceu ainda mais.

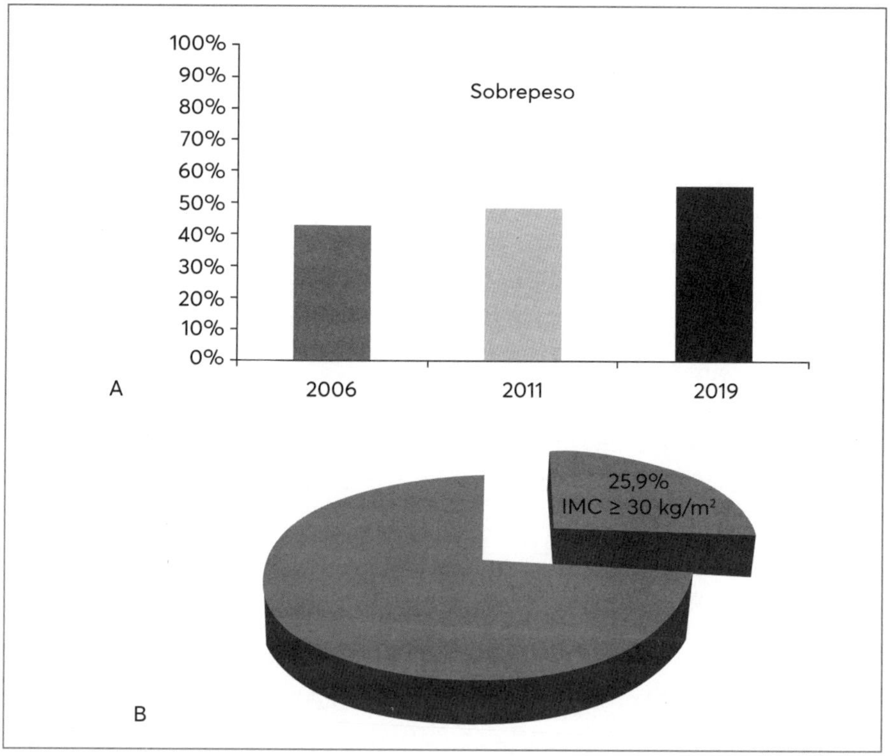

GRÁFICOS 1A e 1B Crescimento da obesidade no Brasil.

Nos dias atuais, a obesidade é definida como o acúmulo excessivo de gordura que prejudica a saúde, e os avanços nos estudos da medicina nos permitiram identificar que a gordura abdominal, principalmente a visceral, está mais relacionada aos prejuízos à saúde do que à gordura localizada na região gluteofemoral, por exemplo. Esse entendimento sobre a gordura abdominal ganhou mais notoriedade a partir de meados do século XX, quando o médico e professor Jean Vague categorizou a obesidade em dois tipos principais: androide/maçã e ginoide/pera. Alguns anos depois, em 1988, o professor Gerald M. Reaven identificou que a resistência à insulina, uma desordem metabólica presente no diabetes tipo 2, era encontrada também em pacientes não diabéticos, a qual contribuía para o aumento de doenças cardiovasculares[3]. Ele denominou o conjunto de fatores de risco como síndrome X, a qual hoje é conhecida como Síndrome Metabólica (SMet).

O modelo conceituado por Reaven considerava a resistência à insulina como cerne dos problemas cardiovasculares, apenas mais recentemente foi estabelecida a relação entre a obesidade "maçã" (ou a gordura abdominal) e as doenças cardiovasculares. Atualmente, a sobreposição de fatores de risco cardiovasculares como dislipidemia, hipertensão arterial, resistência à insulina e obesidade visceral é o que caracteriza a SMet, classificada de acordo com algumas especificidades etnoculturais.

Desse modo, existe mais de uma classificação para a SMet (Tabela 1), com pequenas diferenças entre elas, mas, de uma forma geral, os fatores obesidade/circunferência abdominal e resistência à insulina são determinantes e parecem ter um papel importante na origem do desenvolvimento dos outros fatores.

A SMet pode ser identificada como resultante da prevalência da obesidade, e também é considerada epidemia global. Levando em conta o agravamento do risco cardiovascular, assim como trazendo os pensamentos de Hipócrates para os dias atuais, pode-se dizer que a obesidade é o prenúncio da SMet, ou que alguns fatores da SMet favorecem o desenvolvimento da obesidade. Tanto a obesidade quanto a SMet oferecem risco cardiovascular aumentado devido ao aumento da produção de citocinas inflamatórias, além do estado pró-trombótico e pró-inflamatório, com quadro favorável ao desenvolvimento da aterosclerose.

HIPOGONADISMO E SÍNDROME METABÓLICA

O hipogonadismo (HG) primário, seja de origem congênita ou adquirida, está presente em cerca de 2% da população masculina com idade igual ou superior a 40 anos. O HG secundário, por sua vez, apresenta maior prevalência – por volta de 12%[4], assim como apresenta uma relação bastante estreita e bidirecional com a SMet/obesidade. De fato, indivíduos com SMet apresentam alta prevalência de HG, podendo chegar a 80%[5]; e a presença do hipogonadismo em homens com SMet aumenta a mortalidade, ainda que o HG não seja critério classificatório da SMet.

Diante da falta de um padrão para o diagnóstico e a inconsistência das informações relacionadas ao seu tratamento, a reposição hormonal é recomendada apenas em casos sintomáticos. Ainda que não se tenha uma definição mundialmente reconhecida para o HG, baixos níveis de testosterona total (por volta de 8 nmol/L)[4] estão associados ao surgimento da SMet. No sentido inverso, pacientes com comorbidades metabólicas, como obesidade e diabetes mellitus, classicamente características da SMet, podem desenvolver HG com mais frequência que indivíduos sem comorbidades. Pode-se dizer, portanto, que níveis séricos baixos de testosterona são preditores de SMet, assim como a SMet é preditora de baixos níveis de testosterona[6].

TABELA 1 Classificações da síndrome metabólica

International Diabetes Federation (IDF, 2006)	World Health Organization (WHO)	European Group for the Study of Insulin Resistance (EGIR, 1999)	US National Cholesterol Education Program Adult Treatment Panel III (NCEP – ATPIII, 2001)
Obesidade central = circunferência abdominal de acordo com os valores em cada etnia, seguida de ao menos dois dos fatores:	Diabetes tipo II ou - Glicemia de jejum ou tolerância à glicose alterada; ou SE níveis normais de glicose em jejum (<110 mg/dL), a captação de glicose abaixo do quartil mais baixo para a população sob investigação em condição hiperinsulinêmica ou euglicêmico; e mais dois dos fatores:	Requisito básico: resistência à insulina = 25% acima da insulina de jejum dos valores de indivíduos não diabéticos e dois ou mais fatores:	Ao menos três dos fatores:
Triglicérides ≥150 mg/dL (≥1,7 mmol/L) ou em tratamento	Triglicérides ≥150 mg/dL (≥1,7 mmol/L)	Dislipidemia: Triglicérides ≥180 mg/dL (≥2,0 mmol/L)	Triglicérides ≥150 mg/dL (≥1,7 mmol/L)
HDL colesterol <40 (<1,03 mmol/L) homens e <50 mg/dL (<1,29 mmol/L) mulheres, ou em tratamento	HDL-c <35 mg/dL (<0,9 mmol/L) em homens e <39 mg/dL (<1,0 mmol/L) nas mulheres	e/ou HDL-c <40 mg/dL (<1,0 mmol/L) ou em tratamento para dislipidemia	HDL-c <40 mg/dL em homens e <50 mg/dL nas mulheres

(continua)

TABELA 1 Classificações da síndrome metabólica (*continuação*)

International Diabetes Federation (IDF, 2006)	World Health Organization (WHO)	European Group for the Study of Insulin Resistance (EGIR, 1999)	US National Cholesterol Education Program Adult Treatment Panel III (NCEP – ATPIII, 2001)
PAS ≥130 e/ou PAD ≥85 mmHg, ou em tratamento para hipertensão	PAS ≥140 ou PAD≥90 mmHg ou em tratamento medicamentoso	Hipertensão: PA≥140/90 mmHg, ou em tratamento medicamentoso	PAS ≥130/PAD ≥85 mmHg ou em tratamento medicamentoso
Se IMC >30 kg/m^2, assumir a presença da obesidade central, não é necessária a medida da circunferência abdominal	IMC >30 kg/m^2 e/ou relação cintura/quadril >0,9 em homens, >0,85 nas mulheres	Obesidade central: circunferência abdominal ≥94 (≥37 polegadas) homens e ≥80 cm (≥31,5) mulheres	Obesidade central: circunferência de cintura ≥102 cm (≥40 polegadas) em homens e ≥88 cm (≥35 polegadas) nas mulheres
Glicemia de jejum ≥100 mg/dL (≥5,6 mmol/L) ou em tratamento para diabetes	Excreção de albumina urinária ≥20 µg/min ou relação albumina creatinina ≥30 mg/g	Glicemia de jejum ≥110mg/dL (≥6,1 mmol/L)	Glicemia de jejum ≥100mg/dL, ou em tratamento para diabetes

IMC: índice de massa corporal; PAD: pressão arterial diastólica; PAS: pressão arterial sistólica.

O aumento do tecido adiposo e as consequentes alterações metabólicas envolvidas nesse aumento favorecem a ativação da sinalização de citocinas pró-inflamatórias, aumentam a conversão de testosterona em estradiol, além de liberar mais leptina, que inibe a ação das gonadotrofinas nas células de Leydig do testículo, contribuindo para diminuir ainda mais a produção de testosterona. Tais alterações podem levar à diminuição dos níveis de testosterona pela inibição de sinais do eixo hipotálamo-hipófise-gonadal, diminuindo os níveis de hormônios andrógenos. No hipotálamo, ocorre a redução do hormônio liberador da gonadotrofina (GnRH), dessa forma, o pulso do hormônio luteinizante (LH) fica diminuído, assim como a estimulação gonadal e a liberação da testosterona[7].

Considerando o caminho inverso, no qual níveis baixos de testosterona estariam levando ao desenvolvimento da SMet, a testosterona tem importante papel na função vascular, devido a seu efeito vasodilatador, e seus níveis reduzidos têm consequências na circulação coronariana e na pressão arterial, especialmente a PA sistólica, assim como no aumento da massa ventricular esquerda[8,9]. A testosterona desempenha papel importante na inibição da proteína lipase que, por sua vez, participa da regulação do processo de receptação dos triglicerídeos no tecido adiposo, principalmente na região abdominal. Do mesmo modo, níveis baixos de testosterona estão associados ao mal funcionamento das lipoproteínas e ao aumento do efluxo do LDL nos macrófagos na parede arterial[4].

O aumento de fatores inflamatórios e do colesterol, associado à diminuição dos níveis de testosterona é característico da SMet, favorece o aparecimento de aterosclerose e outras doenças cardiovasculares[4]. van Koeverden e colaboradores[10] demonstraram que indivíduos com relação testosterona/estradiol mais baixa apresentaram perfil inflamatório desfavorável (medido pela proteína C-reativa e níveis de leucócitos), além de maior concentração de interleucina-6 e de neutrófilos. A relação testosterona/estradiol mais baixa também foi associada ao aumento do risco para eventos cardiovasculares maiores em três anos. Nesse mesmo estudo, o índice de massa corporal (IMC) aumentado reforçou os resultados negativos, ou seja, indivíduos com IMC mais altos apresentavam resultados piores, reforçando o prejuízo da sobreposição de baixos níveis de testosterona e da obesidade. Ainda sobre a diminuição do risco para eventos cardiovasculares maiores, recentemente foi demonstrado que a terapia de longo prazo com testosterona (12 anos, por exemplo) diminui o risco cardiovascular, além de reduzir a incidência do câncer de próstata e melhorar a disfunção erétil[11].

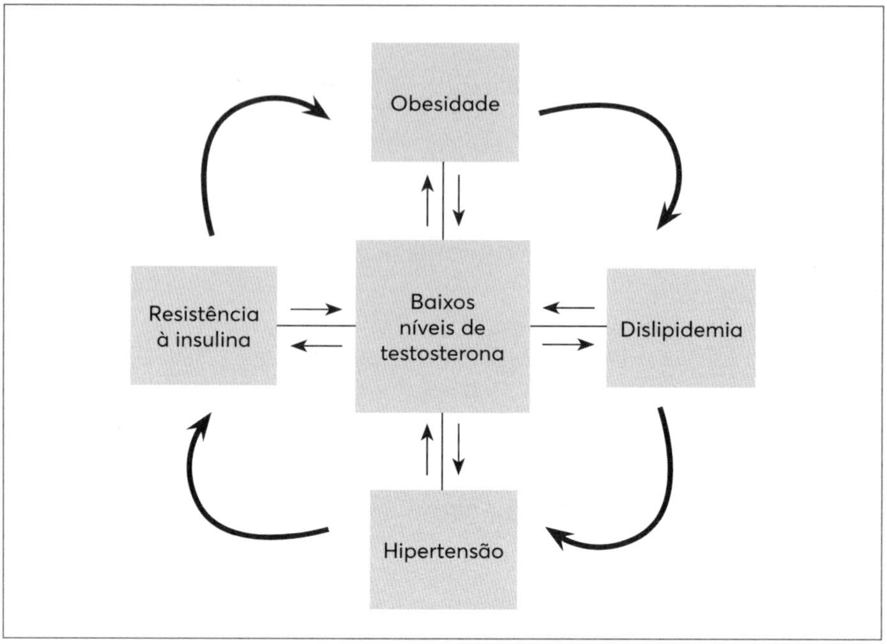

FIGURA 1 Ciclo testosterona – síndrome metabólica.

Ainda que a terapia com testosterona apresente benefícios no tratamento do hipogonadismo, principalmente relacionado à função sexual, qualidade de vida, sensibilidade à insulina, anemia, densidade óssea, ao controle glicêmico e de massa magra e gorda, não há consenso sobre a sua segurança, principalmente nos indivíduos que já apresentam risco cardiovascular aumentado, como é o caso dos indivíduos com SMet[7,12].

Estudos observacionais e retrospectivos mostram controversas sobre a relação entre os níveis de testosterona e o risco de morte por doença cardiovascular, no entanto, aparentemente, o tratamento com testosterona visando alcançar seus níveis normais tem demonstrado redução de mortalidade no longo prazo[4]. Na contramão desses resultados, Xu e colaboradores[13], em sua metanálise bastante robusta, mostraram que o tratamento com testosterona aumentou o risco de eventos cardiovasculares, e chamam a atenção para as diferenças de resultados encontrados entre estudos financiados e não financiados pela indústria farmacêutica. Os estudos mostraram risco aumentado para aterosclerose, o que poderia ser inesperado, considerando que a diminuição da testosterona é fator aterosclerótico. Outro fator que parece influenciar no risco cardiovascular de pacientes tratados com testosterona é o peso/IMC, indivíduos com fragilidade, ou IMC < 30 kg/m² parecem ser mais prejudicados, ao contrário daqueles com IMC > 30 kg/m².

Mais especificamente, sobre indivíduos com diabetes tipo 2, que já apresentam risco cardiovascular aumentado, e frente ao conhecimento de que níveis baixos de testosterona podem levar ao desenvolvimento do diabetes tipo 2, seria evidente imaginar que a terapia com testosterona seja crucial e benéfica para esses indivíduos. No entanto, ainda não se tem uma conclusão exata sobre os reais desfechos.

Entre os estudos randomizados, placebo-controle, com indivíduos com diabetes tipo 2 e/ou SMet, pode-se observar bons resultados em relação ao controle do perfil glicêmico/metabólico e/ou antropométrico. Jones e colaboradores[14] testaram a segurança, tolerabilidade e eficácia comparando tratamento com testosterona em gel vs. placebo por seis meses em homens com hipogonadismo e SMet ou diabetes tipo 2. Encontraram redução no índice HOMA-IR (determinante de resistência à insulina), melhora na glicemia, trigliceridemia, LDL-c e melhora na função sexual, com efeitos colaterais classificados como mínimos, sendo problemas relacionados a doenças de pele em sua maioria, e que ocorreram no grupo placebo também.

Ainda evidenciando benefícios no perfil glicêmico, um estudo com a terapia de reposição de testosterona nos homens com diabetes tipo 2 melhorou a HbA1c após as seis primeiras semanas de tratamento; os resultados foram persistentes mesmo após 52 semanas do tratamento *open-label*, principalmente naqueles que tinham valores mais altos de HbA1c. Adicionalmente, houve melhora no colesterol total e na circunferência abdominal que foi relacionada aos níveis atingidos de testosterona, próximos à normalidade. Vale ressaltar que os resultados foram visíveis em indivíduos sem depressão, indicando a importância de se considerar o diagnóstico de depressão no tratamento[15].

Já Kalinchenko e colaboradores[16] alcançaram a normalização dos níveis plasmáticos de testosterona após 30 semanas de tratamento com testosterona undecanoato parenteral, também foram observados resultados positivos relacionados à perda de peso, insulina e ao IMC, no entanto, sem melhoras no perfil lipídico e glicêmico.

Ao mesmo tempo em que a terapia com testosterona visa prevenir doenças cardiovasculares, e aparentemente pode auxiliar no tratamento de fatores de risco metabólicos, a maioria dos estudos não avalia adequadamente o risco cardiovascular, uma vez que excluem homens com insuficiência cardíaca e histórico recente de infarto do miocárdio ou acidente vascular encefálico[4,17].

CONSIDERAÇÕES FINAIS

Nos últimos anos, as publicações sobre o tema SMet/reposição de testosterona foram, em sua maioria, revisões de literatura pouco conclusivas em relação ao uso da reposição de testosterona em indivíduos com síndrome metabólica e risco cardiovascular aumentado. Podemos assumir que a terapia com testosterona pode auxiliar na perda de peso e, consequentemente, no perfil metabólico de pacientes com síndrome metabólica. Do mesmo modo, em relação à melhora na disfunção erétil de pacientes com síndrome metabólica, aparentemente os resultados são mais promissores em pacientes com diagnóstico precoce.

O estudo *Evaluate the Effect of Testosterone Replacement Therapy on the Incidence of Major Adverse Cardiovascular Events and Efficacy Measures in Hypogonadal Men* (TRAVERSE), iniciado em 2018 e previsto para terminar o recrutamento em 2022, e que traz a abordagem placebo-controle em indivíduos cujos pacientes apresentam doenças cardiovasculares, pode obter mais esclarecimentos sobre o tema[4]. Futuros estudos devem focar em testar a testosterona a longo prazo, além de testar melhores doses e formas de aplicação da testosterona.

Por fim, indivíduos com sintomas relacionados ao hipogonadismo devem ser submetidos à avaliação médica criteriosa antes de iniciar a terapia com testosterona, considerando riscos e benefícios, além de uma análise completa do estado geral de saúde para descartar distúrbios alimentares, exercício físico em excesso, distúrbios do sono e uso de drogas de forma recreativa[18]. A prescrição deve ser individualizada, visando a normalização dos níveis séricos de testosterona.

REFERÊNCIAS BIBLIOGRÁFICAS

1. Chadwick J, Mann WN. Medical works of Hippocrates. Oxford: Blackwell Scientific; 1950.
2. Cabral U. Um em cada quatro adultos do país estava obeso em 2019; Atenção Primária foi bem avaliada. Agência IBGE, 2020. [internet]. [acesso em: 2022 Feb 27]. Disponível em: https://agenciadenoticias.ibge.gov.br/agencia-noticias/2012-agencia-de-noticias/noticias/29204-um-em-cada-quatro-adultos-do-pais-estava-obeso-em-2019.
3. Reaven GM. Banting lecture 1988. Role of insulin resistance in human disease. Diabetes. 1988 Dec;37(12):1595-607.
4. Gencer B, Bonomi M, Adorni MP, Sirtori CR, Mach F, Ruscica M. Cardiovascular risk and testosterone - from subclinical atherosclerosis to lipoprotein function to heart failure. Rev Endocr Metab Disord. 2021 Jun;22(2):257-274.
5. Rastrelli G, Filippi S, Sforza A, Maggi M, Corona G. Metabolic syndrome in male hypogonadism. Front Horm Res. 2018;49:131-155.
6. Corona G, Monami M, Rastrelli G, Aversa A, Tishova Y, Saad F, et al. Testosterone and metabolic syndrome: a meta-analysis study. J Sex Med. 2011 Jan;8(1):272-283.

7. Hackett G. Metabolic effects of testosterone therapy in men with type 2 diabetes and metabolic syndrome. Sex Med Rev. 2019 Jul;7(3):476-490.
8. Chen RY, Wittert GA, Andrews GR. Relative androgen deficiency in relation to obesity and metabolic status in older men. Diabetes, Obesity & Metabolism. 2006 Jul;8(4):429-435.
9. Qu M, Feng C, Wang X, Gu Y, Shang X, Zhou Y, et al. Association of serum testosterone and luteinizing hormone with blood pressure and risk of cardiovascular disease in middle-aged and elderly men. J Am Heart Assoc. 2021 Apr;6;10(7):e019559.
10. Van Koeverden ID, de Bakker M, Haitjema S, Van Der Laan SW, de Vries JPPM, Hoefer IE, et al. Testosterone to oestradiol ratio reflects systemic and plaque inflammation and predicts future cardiovascular events in men with severe atherosclerosis. Cardiovascular Research. 2019 Feb; 1;115(2):453-462.
11. Saad F , Caliber M, Doros G, Haider KS, Haider A. Long-term treatment with testosterone undecanoate injections in men with hypogonadism alleviates erectile dysfunction and reduces risk of major adverse cardiovascular events, prostate cancer, and mortality. Aging Male. 2020 Mar;23(1):81-92.
12. Corona G, Torres LO, Maggi M. Testosterone therapy: what we have learned from trials. J Sex Med. 2020 Mar;17(3):447-460.
13. Xu L, Freeman G, Cowling BJ, Schooling CM. Testosterone therapy and cardiovascular events among men: a systematic review and meta-analysis of placebo-controlled randomized trials. BMC Med. 2013 Apr;18;11:108.
14. Jones TH, Arver S, Behre HM, Buvat J, Meuleman E, Moncada I, et al. Testosterone replacement in hypogonadal men with type 2 diabetes and/or metabolic syndrome (the TIMES2 study). Diabetes Care. 2011;34(4):828–37.
15. Hackett G, Cole N, Bhartia M, Kennedy D, Raju J, Wilkinson P, et al. Testosterone replacement therapy improves metabolic parameters in hypogonadal men with type 2 diabetes but not in men with coexisting depression: the BLAST study. J Sex Med. 2014 Mar;11(3):840-56.
16. Kalinchenko SY, Tishova YA, Mskhalaya GJ, Gooren LJ, Giltay EJ, Saad F. Effects of testosterone supplementation on markers of the metabolic syndrome and inflammation in hypogonadal men with the metabolic syndrome: the double-blinded placebo-controlled Moscow study. Clin Endocrinol (Oxf). 2010 Nov;73(5):602-12.
17. Diem SJ, Greer NL, Macdonald R, Mckenzie LG, Dahm P, Ercan-Fang N, et al. Efficacy and safety of testosterone treatment in men: an evidence report for a clinical practice guideline by the American College of Physicians. Ann Intern Med. 2020 Jan;21;172(2):105-118.
18. Bhasin S, Brito JP, Cunningham GR, Hayes FJ, Hodis HN, Matsumoto AM, et al. Testosterone therapy in men with hypogonadism: an endocrine society clinical practice guideline. J Clin Endocrinol Metab. 2018 May;1;103(5):1715-1744.

10

Reposição de testosterona em pacientes com osteoporose

Mariana Ortega Perez
Rosa Maria Rodrigues Pereira

INTRODUÇÃO

A osteoporose é uma doença esquelética caracterizada pelo comprometimento da resistência óssea, resultando em fragilidade óssea e risco de fraturas. A resistência óssea depende de duas variáveis principais: a densidade óssea e a microarquitetura óssea[1]. Embora mais prevalente em mulheres, a osteoporose em homens é um importante problema de saúde pública, sobretudo no que se refere à morbidade e mortalidade após o surgimento de uma fratura[2].

A principal causa de osteoporose em mulheres é a deficiência de estrógeno secundária à menopausa. Já em homens, a osteoporose parece ter um componente multifatorial, incluindo uso abusivo de álcool, tabagismo, uso de glicocorticoide e hipogonadismo[2]. Nos poucos estudos que relataram as causas secundárias da osteoporose masculina, o hipogonadismo foi uma causa atribuível em 16 a 30% dos casos[3,4,5,6,7].

Embora a prevalência de osteoporose entre os homens acima dos 50 anos seja menor que na população feminina, a osteoporose masculina e suas consequências clínicas são significativas. Os homens tendem a sofrer fraturas osteoporóticas até 10 anos mais tarde do que as mulheres, contudo, a mortalidade e a morbidade associadas às fraturas do quadril no sexo masculino são maiores do que no sexo feminino[8,9,10].

Particularmente nos homens, os esteroides sexuais desempenham um papel decisivo na manutenção da saúde óssea, sendo importantes para a obtenção do pico de massa óssea e manutenção da resistência óssea em homens adultos.

O estrógeno é essencial para o desenvolvimento ósseo normal de homens jovens, e homens com deficiência de aromatase apresentam atraso no desenvolvimento ósseo e baixa densidade mineral óssea. Já a testosterona está relacionada com formação óssea periosteal e expansão óssea[11,2].

O EFEITO DA TESTOSTERONA NO OSSO

O papel exato da testosterona no desenvolvimento ósseo vem sendo determinado em estudos *in vitro* e *in vivo*. É provável que a testosterona tenha efeitos diretos na massa óssea através do receptor de andrógeno, bem como efeitos indiretos na conversão ao estrógeno pela aromatase[2] (Quadro 1).

QUADRO 1 Mecanismos de ação da testosterona no osso[2]

Mecanismos de ação da testosterona no osso
• Via receptor de andrógeno presente na superfície das células ósseas
• Efeito indireto: conversão em estrógeno pela enzima aromatase
• Formação óssea, sobretudo osso trabecular, presente na coluna
• Aumento da massa muscular

Observou-se que o receptor andrógeno é expresso na membrana de osteoblastos, osteócitos e osteoclastos (Tabela 1). Os andrógenos parecem exercer um papel direto na função dessas células, regulando a hemostasia óssea[2]. Pacientes com síndrome de insensibilidade aos andrógenos, que cursa com prejuízo parcial ou completo da sinalização do receptor de andrógeno, apresentaram densidade mineral óssea reduzida, especialmente na região de coluna lombar, local rico em osso trabecular[12].

Receptores de andrógeno foram identificados na superfície de precursores de osteoblastos, assim como em osteoblastos imaturos e maduros. Estudos *in vitro* comprovaram que a testosterona regula positivamente os receptores de andrógenos nessas células, levando à proliferação e diferenciação de precursores de osteoblastos em osteoclastos maduros[13]. Além disso, os andrógenos levam à supressão da apoptose de osteoblastos[14]. Nos osteoblastos, a perda do receptor de andrógeno resultou em diminuição da massa óssea trabecular, sugerindo que a sinalização de testosterona, através do receptor de andrógeno nos osteoblastos, é importante na formação óssea trabecular[15].

TABELA 1 Efeito da testosterona via receptor de andrógeno nas células ósseas[2,13,14,15,16]

Célula	Função	Efeito da testosterona via receptor de andrógeno
Osteoblasto	Célula proveniente de um precursor mesenquimal. Responsável pela formação óssea, produção de proteínas de matriz óssea e mineralização.	Estímulo. Diferenciação de osteoblasto. Supressão da apoptose de osteoblasto. Formação de osso trabecular.
Osteócito	Osteoblasto modificado, englobado pela matriz óssea mineralizada. Célula dotada de prolongamentos com função de mecanorreceptores.	Estímulo. Formação de osso trabecular.
Osteoclasto	Célula proveniente de um precursor mieloide. Responsável pela reabsorção óssea.	Incerto.

Os osteócitos também expressam receptor de andrógeno, com diferenciação de osteócitos, sugerindo um papel da testosterona em sua função. Modelos murinos com *knockout* específico do receptor de andrógeno em osteócitos demonstraram diminuição no volume ósseo trabecular e no número de trabéculas, sugerindo novamente o papel da testosterona na hemostasia do osso trabecular[16].

Diferentemente, o receptor de andrógeno nos osteoclastos não apresenta um papel bem elucidado. Observou-se, no entanto, que, em murinos orquiectomizados, há aumento da atividade osteoclástica e da reabsorção óssea[2].

Além da via de atuação no receptor de andrógeno presente nas células ósseas, a testosterona também contribui para efeitos indiretos no osso, através de sua conversão em estrógeno pela enzima aromatase. Homens com deficiência de aromatase apresentam osteopenia ou osteoporose. Do mesmo modo, o bloqueio seletivo da atividade da aromatase levou à diminuição da densidade mineral óssea em homens[2,17,18].

Paralelamente, a testosterona exerce um papel sobre a massa muscular esquelética, com consequente aumento da carga mecânica sobre o osso, e efeito positivo sobre a resistência óssea[19]. Baixas concentrações de testosterona estão associadas com sarcopenia e fragilidade em homens idosos[20], bem como com risco aumentado de quedas, um importante fator precipitante de fraturas[21].

HIPOGONADISMO E MASSA ÓSSEA

O hipogonadismo devido à doença hipotalâmica, hipofisária ou testicular é um importante fator de risco para osteoporose em homens adultos[22]. Em séries de casos, 8,3% dos homens com mais de 50 anos e história de fraturas por fragilidade tinham evidência de hipogonadismo[23].

Além disso, no cenário de tratamento do câncer de próstata, a osteoporose é um efeito colateral a ser considerado na terapia de privação de andrógenos[24]. A terapia de privação de andrógenos para câncer de próstata, geralmente administrada em homens com mais de 70 anos, acelera a perda óssea relacionada à idade em 5-10 vezes[25] e aumenta o risco de fraturas em 30%[26].

Nesse contexto, postula-se que a diminuição da função gonadal pela senilidade, com consequente redução dos níveis de esteroides sexuais, aumente o risco de perda óssea e fraturas em homens. De fato, nos homens, a incidência de fraturas osteoporóticas aumenta exponencialmente com a idade, sendo acompanhada por uma redução dos níveis de testosterona biodisponível[27]. No entanto, ainda assim, não está bem definido se níveis séricos baixos de testosterona estão fortemente associados a fraturas em homens, e se a reposição de testosterona previne a ocorrência de fraturas[28].

OS EFEITOS DA REPOSIÇÃO DE TESTOSTERONA SOBRE O OSSO

A literatura conta com alguns estudos controlados randomizados, envolvendo reposição de testosterona e desfechos ósseos. Estes estudos apresentam algumas fragilidades como um número pequeno de indivíduos, participação de homens idosos saudáveis, formulações e concentrações heterogêneas de testosterona administrada e, por fim, ausência de fraturas nos desfechos avaliados[29,30,31,32,33,34,35,36].

A despeito desses estudos, o *Bone Trial* é o maior estudo controlado randomizado sobre os efeitos do tratamento com testosterona na densidade mineral óssea em homens acima de 65 anos. Trata-se de um estudo multicêntrico americano que envolveu 211 homens (110 no grupo que recebeu testosterona gel e 101 no grupo placebo), com níveis de testosterona basal inferior a 275 ng/L e com densidade mineral óssea normal, avaliada pela DXA (*Dual-energy X-ray Absorptiometry*) no início do estudo. Após 12 meses, foi avaliada a densidade mineral óssea da coluna e do fêmur, tanto pela DXA como por tomografia computadorizada quantitativa. Avaliados por tomografia computadorizada quantitativa, os indivíduos que receberam testosterona apresentaram um aumento da densidade mineral óssea volumétrica do osso trabecular na região de coluna lombar em 6,8% (IC 95% 4,8-8,7; p <0,001) e, em um grau mais modesto, um aumento significativo de 1,3% no fêmur total, em comparação com o grupo placebo. Pela DXA, notou-se um aumento da densidade mineral areal na coluna lombar de 1,2%, mas não no fêmur total ou no colo do fêmur[37].

O *Bone Trial* forneceu as evidências mais convincentes até o momento, as quais indicam que em homens com baixas concentrações de testosterona, o tratamento com testosterona levou a um incremento da densidade mineral óssea, especialmente em osso trabecular. No entanto, o estudo também tem limitações. Os voluntários incluídos apresentavam densidade mineral óssea normal no início do estudo; portanto esses achados não podem ser extrapolados para homens com osteoporose. Além disso, o *Bone Trial* não foi desenhado para avaliar fraturas[37].

REPOSIÇÃO DE TESTOSTERONA EM MULHERES COM OSTEOPOROSE

A terapia com testosterona não foi estudada extensivamente em mulheres com osteoporose, devido ao seu potencial de causar virilização. Interessantemente, a ação da testosterona no osso parece ocorrer independentemente do estrógeno. O aumento da densidade mineral óssea pela testosterona pode ser o resultado do seu efeito direto no osso ou de um efeito indireto após a aromatização ao estradiol[2].

De fato, observou-se que níveis séricos de andrógenos foram correlacionados positivamente com densidade mineral óssea em região de coluna lombar e colo de fêmur em mulheres na pré-menopausa com status de hiperandrogenismo e baixos níveis de estrógeno, como é o caso da síndrome de ovários policísticos[38].

Semelhante a esses achados, uma série de casos com transexuais feminino para masculino avaliou a ação da testosterona administrada semanalmente em um esqueleto geneticamente feminino por dois anos. Após esse período, notou-se um aumento significativo de 7,8% da densidade mineral óssea em colo de fêmur e manutenção da densidade mineral óssea em região de coluna[39].

Um estudo prospectivo não randomizado avaliou 20 mulheres na pós-menopausa, em terapia de reposição hormonal com estrógeno oral por longo tempo. Dez mulheres mudaram de grupo e passaram a utilizar implantes de estradiol e testosterona, e outras dez mantiveram-se no grupo estrógeno oral. A densidade mineral óssea aumentou significativamente em 5,7% na região de coluna lombar, e em 5,2% no colo do fêmur nas mulheres que mudaram para a terapia de implante com estradiol e testosterona, mas permaneceu inalterada nas mulheres que continuaram com a terapia oral[40].

Wu e colaboradores avaliaram 104 mulheres que realizaram terapia de reposição hormonal por um período médio de 10,2 ± 0,2 anos (9,4-10,6 anos) na pós-menopausa. Nesse estudo, observou-se uma correlação positiva entre concentrações séricas de testosterona e variação da densidade mineral óssea. No entanto, não foi encontrada nenhuma associação entre níveis séricos de testosterona e densidade mineral óssea em cada grupo avaliado (normal, osteopenia e osteoporose)[41].

Nesse sentido, não há consenso sobre a reposição de testosterona exclusivamente para o tratamento da osteoporose em mulheres. Os estudos citados apontam ganho de densidade mineral óssea com o uso de testosterona, contudo, não há dados suficientes sobre prevenção de fraturas[40,41].

RECOMENDAÇÕES VIGENTES

Na literatura, há algumas diretrizes e painéis de especialistas que sintetizam as principais recomendações acerca do tratamento da osteoporose masculina com reposição de testosterona[10,42,43,44] (Tabela 2).

A terapia de reposição de testosterona é indicada no hipogonadismo sintomático bem estabelecido, independentemente da idade. No entanto, embora esse tratamento tenha efeitos benéficos sobre a densidade mineral óssea, a osteoporose não é uma indicação suficiente nem específica para o tratamento com testosterona. Do mesmo modo, não há evidências consistentes de que a reposição de testosterona em homens com osteoporose previna fraturas. Para tanto, tratamento com testosterona não deve ser usado com o objetivo único de melhorar a saúde óssea[10,22,42,43,44].

ALGUMAS CONCLUSÕES

Desse modo, homens com baixas concentrações de testosterona e alto risco de fratura são candidatos ao tratamento com medicações específicas para osteoporose, independentemente de receberem ou não tratamento com testosterona[10,42,43,44].

TABELA 2 Recomendações de diretrizes e painéis de especialistas em relação à reposição de testosterona em homens com osteoporose

Diretrizes e painéis de especialistas	Ano	Recomendação
Guidelines of the Brazilian Society of Rheumatology for the diagnosis and treatment of osteoporosis in men[42]	2017	• A administração da testosterona em homens com hipogonadismo primário ou secundário e/ou com diagnóstico de osteoporose apresenta evidência limitada de aumento na densidade mineral óssea, principalmente em coluna lombar. • Ainda não há evidência de que o uso da testosterona esteja relacionado à redução no risco de fraturas por fragilidade óssea.
Endocrine Society Clinical Practice Guideline[43]	2012	• Para homens com hipogonadismo e alto risco de fratura, os autores sugerem adição de um fármaco específico utilizado no tratamento da osteoporose. • Os autores sugerem terapia com testosterona, em vez de uma "medicação óssea específica" para homens com alto risco de fratura e com níveis séricos de testosterona abaixo de 200 ng/dL (6,9 nmolL) em mais de uma determinação, se acompanhados de sinais ou sintomas de deficiência de andrógeno (por exemplo, baixa libido, fadiga crônica inexplicável, perda de pelos no corpo) ou hipogonadismo (por exemplo, devido a distúrbios hipotalâmicos, hipofisários ou testiculares específicos). • Os autores sugerem reposição de testosterona para homens com alto risco de fratura e níveis de testosterona abaixo de 200 ng/dL (6,9 nmolL) que não possuem indicações padrão para terapia de testosterona, mas que têm contraindicações para agentes farmacológicos aprovados para o tratamento da osteoporose.

(continua)

TABELA 2 Recomendações de diretrizes e painéis de especialistas em relação à reposição de testosterona em homens com osteoporose (*continuação*)

Diretrizes e painéis de especialistas	Ano	Recomendação
European Society for Clinical and Economic Aspects of Osteoporosis, Osteoarthritis and Musculoskeletal Diseases[10]	2013	• Apesar dos efeitos benéficos da testosterona no esqueleto, não é indicado para o tratamento da osteoporose. • Um homem com hipogonadismo e com alto risco de fratura deve receber medicação clássica para osteoporose, independentemente de a testosterona estar sendo iniciada com base nas diretrizes atuais de tratamento para hipogonadismo.
Committee of Scientific Advisors of the International Osteoporosis Foundation[44]	2011	• Os autores não recomendam o tratamento com reposição de testosterona em homens com osteoporose.
American Urological Association Guideline[46]	2018	• Consideram dosar a testosterona total em pacientes com histórico de perda de densidade mineral óssea ou com fratura de baixo impacto. • A densidade mineral óssea aumentou em pacientes tratados com terapia com testosterona, levando os autores a concluírem que homens mais jovens, com deficiência de testosterona, podem se beneficiar da realização de exames de rotina como DXA, particularmente aqueles com E2 e IMC baixos. • Os autores orientam referenciar os pacientes com osteoporose para o especialista em doenças osteometabólicas. • Não há menção sobre o tratamento da osteoporose com reposição de testosterona.

A diretriz da Endocrine Society Clinical amplia essas recomendações e sugere terapia com testosterona, em vez de uma "medicação óssea específica", para homens com alto risco de fratura e com níveis séricos de testosterona abaixo de 200 ng/dL (6,9 nmol/L) em mais de uma determinação, se acompanhados de sinais ou sintomas de deficiência de andrógeno (por exemplo, baixa libido, fadiga crônica inexplicável, perda de pelos no corpo) ou hipogonadismo (por exemplo, devido a distúrbios hipotalâmicos, hipofisários ou testiculares específicos). Além disso, os autores consideram a reposição de testosterona para homens com alto risco de fratura com níveis de testosterona abaixo de 200 ng/dL (6,9 nmol/L) e que não possuam indicações padrão para terapia de testosterona, mas que têm contraindicações para agentes farmacológicos aprovados para osteoporose[43].

O ponto de corte de 200 ng/dL (6.9 nmol/L) foi considerado a partir de um estudo com 108 homens acima 65 anos de idade e com níveis séricos de testosterona abaixo de 475 ng/dL (16,5 nmol/L). Nesse estudo, a densidade mineral óssea da coluna aumentou em homens tratados com testosterona em comparação com aqueles que receberam placebo por 36 meses, especialmente nos indivíduos com níveis basais de testosterona abaixo de 200 ng/dL (6,9 nmol/L)[45].

REFERÊNCIAS BIBLIOGRÁFICAS

1. WHO Study Group. Assessment of fracture risk and its application to screening for postmenopausal osteoporosis. Report of a WHO Study Group. World Health Organ Tech Rep Ser. 1994;843:1-129.
2. Golds G, Houdek D, Arnason T. Male hypogonadism and osteoporosis: the effects, clinical consequences, and treatment of testosterone deficiency in bone health. Int J Endocrinol. 2017;2017:4602129.
3. Ryan CS, Petkov VI, Adler RA. Osteoporosis in men: the value of laboratory testing. Osteoporosis International. 2011;22:1845–1853.
4. Baillie SP, Davison CE, Johnson FJ, Francis RM. Pathogenesis of vertebral crush fractures in men. Age and Ageing. 1992;21:139-141.
5. Kelepouris N, Harper KD, Gannon F, Kaplan FS, Haddad JG. Severe osteoporosis in men. Annals of Internal Medicine. 1995;123:452-60.
6. Kamel HK. Male osteoporosis: new trends in diagnosis and therapy. Drugs & Aging. 2005;22:741-748.
7. Jackson JA, Kleerekoper M. Osteoporosis in men: diagnosis, pathophysiology, and prevention. Medicine (Baltimore). 1990;69:137–152.
8. Kanis JA, Oden A, Johnell O, De Laet C, Jonsson B, Oglesby AK. The components of excess mortality after hip fracture. Bone. 2003;32:468–473.
9. Trombetti A, Herrmann F, Hoffmeyer P, Schurch MA, Bonjour JP, Rizzoli R. Survival and potential years of life lost after hip fracture in men and age-matched women. Osteoporos Int. 2002;13:731-737.
10. Kaufman JM, Reginster JY, Boonen S, Brandi ML, Cooper C, Dere W, et al. Treatment of osteoporosis in men. Bone. 2013;53:134-144.

11. Leder BZ, LeBlanc KM, Schoenfeld DA, Eastell R, Finkelstein JS. Differential effects of androgens and estrogens on bone turnover in normal men. J Clin Endocrinol Metab. 2003;88:204-210.
12. Mongan NP, Tadokoro-Cuccaro R, Bunch T, Hughes IA. Androgen insensitivity syndrome. Best Practice & Research. Clinical Endocrinology & Metabolism. 2015;29:569-580.
13. Damien E, Price J, Lanyon L. Mechanical strain stimulates osteoblast proliferation through the estrogen receptor in males as well as females. J Bone Miner Res. 2000;15:2169-2177.
14. Wiren KM, Toombs AR, Semirale AA, Zhang X. Osteoblast and osteocyte apoptosis associated with androgen action in bone: requirement of increased Bax/Bcl-2 ratio. Bone. 2006;38:637-651.
15. Notini AJ, McManus JF, Moore A, Bouxsein M, Jimenez M, Chiu WS, et al. Osteoblast deletion of exon 3 of the androgen receptor gene results in trabecular bone loss in adult male mice. Journal of Bone and Mineral Research. 2007;22:347-356.
16. Sinnesael M, Claessens F, Laurent M, Dubois V, Boonen S, Deboel L, et al. Androgen receptor (AR) in osteocytes is important for the maintenance of male skeletal integrity: evidence from targeted AR disruption in mouse osteocytes. J Bone Miner Res. 2012;27:2535-2543.
17. Miedlich SU, Karamooz N, Hammes SR. Aromatase deficiency in a male patient-case report and review of the literature. Bone. 2016;93:181-86.
18. Rochira V, Carani C. Aromatase deficiency in men: a clinical perspective. Nature reviews. Endocrinology. 2009;5:559-568.
19. Szulc P, Beck TJ, Marchand F, Delmas PD. Low skeletal muscle mass is associated with poor structural parameters of bone and impaired balance in elderly men - the MINOS study. J Bone Miner Res. 2005;20:721-729.
20. Hyde Z, Flicker L, Almeida OP, Hankey GJ, McCaul KA, Chubb SA, et al. Low free testosterone predicts frailty in older men. The health in men study. J Clin Endocrinol Metab. 2010;95:3165-3172.
21. Vandenput L, Mellström D, Laughlin GA, Cawthon PM, Cauley JA, Hoffman AR, et al. Low testosterone, but not estradiol, is associated with incident falls in older men: the International MrOS Study. J Bone Miner Res. 2017;32:1174–1181.
22. Yeap BB, Page ST, Grossmann M. Testosterone treatment in older men: clinical implications and unresolved questions from the testosterone trials. Lancet Diabetes Endocrinol. 2018;6:659-672.
23. Bours SP, van Geel TA, Geusens PP, Janssen MJ, Janzing HM, Hoffland GA, et al. Contributors to secondary osteoporosis and metabolic bone diseases in patients presenting with a clinical fracture. J Clin Endocrinol Metab. 2011;96:1360-1367.
24. Briot K, Paccou J, Beuzeboc P, Bonneterre J, Bouvard B, Confavreux CB, et al. French recommendations for osteoporosis prevention and treatment in patients with prostate cancer treated by androgen deprivation. Joint Bone Spine. 2019;86:21-28.
25. Hamilton EJ, Ghasem-Zadeh A, Gianatti E, Lim-Joon D, Bolton D, Zebaze R, et al. Structural decay of bone microarchitecture in men with prostate cancer treated with androgen deprivation therapy. J Clin Endocrinol Metab. 2010;95:E456-63.
26. Shahinian VB, Kuo YF, Freeman JL, Goodwin JS. Risk of fracture after androgen deprivation for prostate cancer. N Engl J Med. 2005;352:154-164.
27. Cauley JA, Ewing SK, Taylor BC, Fink HA, Ensrud KE, Bauer D, et al. Osteoporotic Fractures in Men Study (MrOS) Research Group. Sex steroid hormones in older men: longitudinal associations with 4.5-year change in hip bone mineral density — the osteoporotic fractures in men study. The Journal of Clinical Endocrinology and Metabolism. 2010;95:4314-4323.
28. Fink HA, Ewing SK, Ensrud KE, Barrett-Connor E, Taylor BC, Cauley JA, et al. Association of testosterone and estradiol deficiency with osteoporosis and rapid bone loss in older men. J Clin Endocrinol Metab. 2006;91:3908-15.
29. Kenny AM, Prestwood KM, Gruman CA, Marcello KM, Raisz LG. Effects of transdermal testosterone on bone and muscle in older men with low bioavailable testosterone levels. J Gerontol A Biol Sci Med Sci. 2001;56:M266-72.

30. Christmas C, O'Connor KG, Harman SM, Tobin JD, Münzer T, Bellantoni MF, et al. Growth hormone and sex steroid effects on bone metabolism and bone mineral density in healthy aged women and men. J Gerontol A Biol Sci Med Sci. 2002;57: M12-18.
31. Amory JK, Watts NB, Easley KA, Sutton PR, Anawalt BD, Matsumoto AM, et al. Exogenous testosterone or testosterone with nasteride increases bone mineral density in older men with low serum testosterone. J Clin Endocrinol Metab. 2004;89:503-510.
32. Basurto L, Zarate A, Gomez R, Vargas C, Saucedo R, Galván R. Effect of testosterone therapy on lumbar spine and hip mineral density in elderly men. Aging Male. 2008;11: 140-145.
33. Ng Tang Fui M, Hoermann R, Bracken K, Handelsman DJ, Inder WJ, Stuckey BGA, et al. Effect of testosterone treatment on bone microarchitecture and bone mineral density in men: a 2-year RCT. J Clin Endocrinol Metab. 2021;106:e3143-e3158.
34. Corona G, Vena W, Pizzocaro A, Giagulli VA, Francomano D, Rastrelli G, et al. Testosterone supplementation and bone parameters: a systematic review and meta-analysis study. J Endocrinol Invest. 2022 May;45(5):911-926.
35. Junjie W, Dongsheng H, Lei S, Hongzhuo L, Changying S. Testosterone replacement therapy has limited effect on increasing bone mass density in older men: a meta-analysis. Curr Pharm Des. 2019;25:73-84.
36. Samelson EJ, Broe KE, Xu H, Yang L, Boyd S, Biver E, et al. Cortical and trabecular bone microarchitecture as an independent predictor of incident fracture risk in older women and men in the Bone Microarchitecture International Consortium (BoMIC): a prospective study. Lancet Diabetes Endocrinol. 2019;7:34-43.
37. Snyder PJ, Kopperdahl DL, Stephens-Shields AJ, Ellenberg SS, Cauley JA, Ensrud KE, et al. Effect of testosterone treatment on volumetric bone density and strength in older men with low testosterone: a controlled clinical trial. JAMA Intern Med. 2017;177:471-479.
38. Adami S, Zamberlan N, Castello R, Tosi F, Gatti D, Moghetti P. Effect of hyperandrogenism and menstrual cycle abnormalities on bone mass and bone turnover in young women. Clin Endocrinol (Oxf). 1998;48:169-173.
39. Turner A, Chen TC, Barber TW, Malabanan AO, Holick MF, Tangpricha V. Testosterone increases bone mineral density in female-to-male transsexuals: a case series of 15 subjects. Clin Endocrinol (Oxf). 2004;61:560-566.
40. Savvas M, Studd JW, Norman S, Leather AT, Garnett TJ, Fogelman I. Increase in bone mass after one year of percutaneous oestradiol and testosterone implants in post-menopausal women who have previously received long-term oral oestrogens. Br J Obstet Gynaecol. 1992;99:757-760.
41. Wu F, Ames R, Clearwater J, Evans MC, Gamble G, Reid IR. Prospective 10-year study of the determinants of bone density and bone loss in normal postmenopausal women, including the effect of hormone replacement therapy. Clin Endocrinol (Oxf). 2002;56:703-711.
42. Loures MAR, Zerbini CAF, Danowski JS, Pereira RMR, Moreira C, Paula AP, et al. Guidelines of the Brazilian Society of Rheumatology for the diagnosis and treatment of osteoporosis in men. Rev Bras Reumatol Engl Ed. 2017;57(Suppl 2):497-514.
43. Watts NB, Adler RA, Bilezikian JP, Drake MT, Eastell R, Orwoll ES, et al. Endocrine Society. Osteoporosis in men: an endocrine society clinical practice guideline. J Clin Endocrinol Metab. 2012;97:1802-1822.
44. Kanis JA, Bianchi G, Bilezikian JP, Kaufman JM, Khosla S, Orwoll E, et al. Towards a diagnostic and therapeutic consensus in male osteoporosis. Osteoporos Int. 2011;22:2789-2798.
45. Snyder PJ, Peachey H, Hannoush P, Berlin JA, Loh L, Holmes JH, et al. Effect of testosterone treatment on bone mineral density in men over 65 years of age. J Clin Endocrinol Metab. 1999;84:1966-1972.
46. Mulhall JP, Trost LW, Brannigan RE, Kurtz EG, Redmon JB, Chiles KA, et al. Evaluation and management of testosterone deficiency: AUA Guideline. J Urol. 2018;200:423-432.
47. Khosla S, Melton III LJ, Atkinson EJ, O'Fallon WM, Klee GG, Riggs BL. Relationship of serum sex steroid levels and bone turnover markers with bone mineral density in men and women: a key role for bioavailable estrogen. J Clin Endocrinol Metab. 1998;83:266-274.

11

Reposição de testosterona em pacientes com câncer e caquexia

Guilherme Wesley Peixoto da Fonseca
Roberto Kalil Filho
Ludhmila Abrahão Hajjar

INTRODUÇÃO

O hipogonadismo, caracterizado pela redução nas concentrações plasmáticas de testosterona, tem sido associado com o desenvolvimento de sarcopenia e caquexia em pacientes em estágio avançado de câncer[1]. A prevalência de hipogonadismo em pacientes com câncer é em torno de 40 a 80%[2-4], enquanto pacientes caquéticos apresentam reduções mais acentuadas de testosterona em comparação com seus pares sem caquexia[5,6]. Ademais, o hipogonadismo é associado com pior prognóstico em pacientes com câncer e caquexia[7].

O hipogonadismo compartilha sintomas em comum com a caquexia, como fadiga, fraqueza muscular, anorexia, redução de massa muscular e prejuízo de desempenho físico com impacto importante na qualidade de vida[8]. Dessa maneira, considerando o efeito fisiológico da testosterona sob a manutenção de densidade mineral óssea, massa muscular, função cardiovascular e função psicológica[9], a terapia de reposição hormonal de testosterona (TRT) tem surgido como um tratamento adjuvante em pacientes com câncer e caquexia.

Chlebowski e colaboradores publicaram o primeiro estudo demonstrando que a administração de testosterona foi capaz de atenuar uma perda severa de peso corporal e melhorar a sobrevida de pacientes com câncer de pulmão[10]. Entretanto, mesmo após mais de 30 anos do estudo de Chlebowski, ainda há poucos estudos clínicos que abordam essa temática. Isso se deve à associação, sem evidências robustas, do uso de testosterona com alterações no tecido prostático e a um maior risco de eventos cardiovasculares que geram diversas incertezas na prescrição da TRT para pacientes com câncer.

O melhor entendimento do mecanismo fisiopatológico da caquexia em pacientes com câncer tem ampliado a possibilidade de opções farmacológicas além da TRT. Os moduladores seletivos de receptores androgênicos (SARMs) foram desenvolvidos com intuito de minimizar o efeito androgênico da testosterona, atuando como um mimético da testosterona. Pacientes com câncer que estão usando essa classe de drogas têm demonstrado um aumento significativo de massa muscular, mas o efeito em relação à melhoria de desempenho físico ainda é controverso[11]. Os que estão utilizando Anamorelina, um mimético do hormônio grelina, também não demonstraram melhora de força muscular, apesar do efeito positivo no ganho de massa muscular e massa gorda[12]. Até o momento, os SARMs e a Anamorelina são os compostos mais avançados no tratamento da caquexia, embora não sejam aprovados por agências reguladoras.

Nesse cenário de efeito limitado do tratamento farmacológico na função muscular, o exercício físico se destaca como uma alternativa relevante no tratamento da caquexia em pacientes com câncer, tanto do ponto de vista de aumento/manutenção de massa muscular quanto da melhoria de desempenho físico[13,14]. De fato, a otimização do tratamento da caquexia em pacientes com câncer deve se basear em uma abordagem multidisciplinar que contemple intervenções farmacológicas, nutricionais, psicológicas e prática de exercício físico.

Portanto, o objetivo do presente capítulo é discutir os riscos e benefícios envolvidos com a TRT e outras drogas com resposta anabólica similar à testosterona no tratamento de parâmetros de composição corporal, desempenho físico e respostas clínicas em pacientes com câncer e caquexia.

DEFINIÇÃO DE HIPOGONADISMO

A produção de testosterona depende principalmente do eixo hipotálamo-hipófise-gonadal que secreta o hormônio luteinizante (LH) pela hipófise anterior e estimula as células de *Leydig* a produzirem testosterona nos testículos. A testosterona, por ser um hormônio esteroidal, necessita de proteínas carreadoras que são responsáveis pelo seu transporte na corrente sanguínea, assim 58% da testosterona total (TT) estão ligadas à albumina, 40% à globulina ligadora de hormônios sexuais (SHBG) e 2% encontram-se na forma de testosterona livre (TL)[15].

O hipogonadismo pode ser classificado em dois tipos: (1) hipogonadismo primário, quando ocorre uma disfunção testicular na produção de testosterona associado à alta concentração de LH; e (2) hipogonadismo secundário com baixa concentração de testosterona e LH, que é decorrente de uma deficiência central à nível hipofisário e/ou hipotalâmico[16].

Além disso, o hipogonadismo, tanto primário quanto secundário, pode apresentar-se de uma forma orgânica, ou seja, quando as glândulas (hipotálamo, hipófise e/ou testículos) são incapazes de produzir seus respectivos hormônios, impactando a concentração de TT, ou de uma forma funcional, mais comum, desencadeada pela associação de fatores de risco que afetam a produção de testosterona, como doenças crônicas, comorbidades, obesidade, alteração do perfil inflamatório, uso de opioides e glicocorticoides, quimioterapia e radioterapia[17]. Na forma funcional, o hipogonadismo apresenta considerável melhora com o tratamento/interrupção da injúria inicial, enquanto sua forma orgânica requer intervenção hormonal direta[18]. Em pacientes com câncer, o hipogonadismo primário na sua forma orgânica, associado com aumento de SHBG, parece ser mais prevalente do que o hipogonadismo secundário[19].

O hipogonadismo não é uma alteração exclusiva dos homens, visto que mulheres também podem apresentar deficiência androgênica como resultado de alterações adrenais e ovarianas, embora cortes de normalidade não sejam bem definidos na literatura para o diagnóstico de hipogonadismo em mulheres. As baixas concentrações, em comparação aos homens, também dificultam a detecção de testosterona nessa população por alguns métodos avaliativos com baixa sensibilidade[20]. Além disso, não há consenso na literatura, bem como produtos disponíveis licenciados, para sugerir o uso em mulheres[16].

O ritmo circadiano regula as concentrações de testosterona que exibem seu pico no período matutino quando é recomendada a realização da análise do perfil hormonal nos pacientes. Além da idade, individualidade biológica, sexo e estilo de vida, diferenças intra e interensaio também podem gerar discrepâncias nas concentrações de testosterona, assim como o método empregado para a mensuração. A cromatografia líquida com espectrometria de massa é indicada como padrão ouro na determinação de TT[17]. Deste modo, todos esses aspectos dificultam a determinação precisa de um ponto de corte ótimo para a TT, com esses parâmetros podendo sofrer flutuações mais significativas em quadros patológicos como o câncer.

Contudo, o diagnóstico de hipogonadismo é o resultado da associação entre sinais (ginecomastia, anemia e disfunção erétil) e sintomas clínicos (fadiga, motivação reduzida, perda de libido, distúrbios do sono, entre outros) com concentrações de TT < 300 ng/dL em duas avaliações distintas em jejum pela manhã (7–11h)[17,21]. A recomendação por algumas diretrizes na utilização de TL < 225 pmol/L em casos de inalterada TT para o diagnóstico de hipogonadismo pode permitir um diagnóstico diferencial em pacientes com câncer, visto que alguns estudos não demonstram diferença nas concentrações de TT entre pacientes com e sem câncer[18,19].

HIPOGONADISMO E CAQUEXIA

A prevalência global de caquexia pode variar entre 11% e 74% em pacientes com câncer, afetando mais aqueles diagnosticados com cânceres de origem pancreática, gástrica, hepática, pulmonar, de cabeça e pescoço[23]. A caquexia é a perda progressiva de peso corporal (massa muscular e/ou tecido adiposo) com o avanço da doença oncológica, caracterizada por uma disfunção metabólica irreversível com o suporte de intervenção nutricional que impacta significativamente o desempenho físico[24,25]. A caquexia pode ser dividida em três estágios: (1) pré-caquexia, (2) caquexia e (3) caquexia refratária. São classificados com caquexia aqueles pacientes com perda de peso corporal > 5% em um período prévio de 6 meses ou perda de peso corporal > 2% com índice de massa corporal (IMC) < 20 kg/m^2 ou presença de sarcopenia[24]. Do ponto de vista da composição corporal, é importante destacar que a caquexia difere da sarcopenia, uma vez que sarcopenia é a perda isolada de massa muscular, enquanto a caquexia pode se apresentar em três fenótipos distintos: perda de massa muscular com redução de tecido adiposo (64% dos casos), perda isolada de tecido adiposo ou massa muscular[26].

Por mais que esses cortes de peso corporal e IMC sejam amplamente utilizados na prática clínica para definir a caquexia, um estudo recente em pacientes com câncer de pâncreas demonstrou, por meio da avaliação de tomografia computadorizada (CT), que 81% dos pacientes apresentaram perda de peso corporal > 5%, enquanto apenas 56,6% eram classificados com caquexia pelo método tradicional, utilizando variáveis antropométricas[26]. Esses achados sugerem que métodos de imagem (CT, ressonância magnética e densitometria óssea por dupla energia) adicionam informações clínicas valiosas na estratificação da caquexia em pacientes com câncer.

Skipworth e colaboradores, demonstraram que pacientes homens com hipogonadismo e câncer de pâncreas apresentaram maior perda de peso corporal do que pacientes eugonádicos (16,7% vs. 11,3%, respectivamente), com as concentrações de TL apresentando uma correlação positiva com IMC e força muscular[3]. Além disso, pacientes com câncer podem apresentar hipogonadismo associado à redução do peso corporal antes mesmo do tratamento quimioterápico[4], sugerindo que o hipogonadismo pode ser um dos fatores que levam à perda inicial de peso corporal em pacientes com câncer.

Embora o desenvolvimento isolado de hipogonadismo e caquexia seja multifatorial, o mecanismo fisiopatológico para a associação dessas duas condições parece estar intimamente relacionado ao quadro de inflamação sistêmica característico de pacientes com câncer[7]. Estudos *in vitro* e *in vivo* demonstraram que marcadores inflamatórios, como fator de necrose tumoral alfa (TNF-α), interleucina-6 (IL-6) e IL-1 alfa, podem inibir a produção testicular de testosterona pelas células de *Leydig*[27,28], via regulação negativa da enzima 3-beta hidroxiesteroide desidrogenase responsável pela conversão de pregnenolona em progesterona e dehidroepiandrosterona em androstenediona, ambos precursores da síntese de testosterona[29]. Em pacientes com diversos tipos de cânceres foi demonstrada uma correlação inversamente proporcional entre TL e IL-6[19].

O aumento na concentração plasmática de grelina, popularmente conhecida como o hormônio da fome, parece ser outro fator que inibe a síntese de testosterona (Figura 1)[19]. Em estudos com indivíduos saudáveis, a administração de grelina reduziu significativamente as concentrações TT, devido à inibição na liberação de LH a nível hipofisário[30,31]. De forma complementar, a grelina também regula o apetite, a secreção gástrica de ácidos, motilidade e esvaziamento gastrointestinal[32]. Paradoxalmente, um quadro de resistência à grelina é comumente observado em pacientes com câncer e caquexia, ou seja, há um aumento na concentração de grelina nesses pacientes, mas esse aumento não é capaz de estimular a ingestão/processamento de alimentos e pode impactar negativamente a produção de testosterona[12].

Em oposição à ação da grelina, a leptina, secretada pelos adipócitos, é conhecida como o hormônio da saciedade e tem função no controle do dispêndio energético[33]. Foi demonstrado que a concentração de leptina está reduzida em pacientes com câncer e caquexia[34], o que pode ser explicado pela redução de tecido adiposo que produz tal hormônio. Conjuntamente, a regulação energética é controlada pela integração neuroendócrina entre grelina e leptina que exercem ações antagônicas no núcleo arqueado do hipotálamo, assim, durante períodos de fome ou privação energética, a grelina estimula a via orexígena (Neuropeptídeo Y / Peptídeo relacionado à agouti) com inibição da via anorexígena (Pró-opiomelanocortina), enquanto no estado alimentado a leptina atua na via anorexígena opondo a via orexígena (Figura 1)[12]. Dessa maneira, pacientes com câncer e caquexia apresentam um desbalanço na regulação energética por alteração neuroendócrina desses hormônios, o que leva a uma maior perda de peso corporal.

Adicionalmente, o tratamento farmacológico da doença oncológica parece ser outro fator que leva à alteração do perfil hormonal dos pacientes. Foi demonstrado que 90% dos pacientes com uso de opioide apresentam hipogonadismo, à medida que o grupo sem uso de opioide teve uma prevalência de 40%[35].

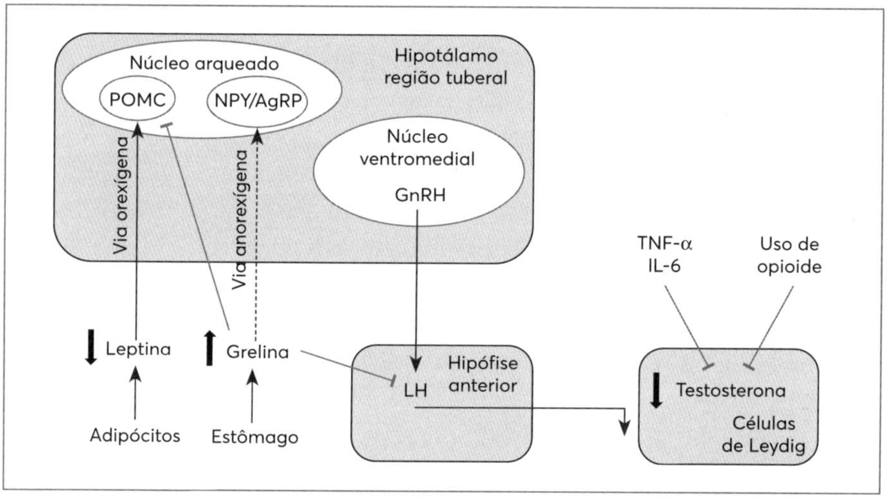

FIGURA 1 Mecanismo fisiopatológico para o desenvolvimento de hipogonadismo e caquexia em pacientes com câncer.

Linhas cinzas: inibição do hormônio; setas contínuas: ativação/liberação do hormônio; seta tracejada: resistência à ação do hormônio; POMC: pró-opiomelanocortina; NPY/AgRP: neuropeptídeo Y/Proteína relacionada à cutia; LH: hormônio luteinizante; GnRH: hormônio liberador de gonadotrofina; TNF-α: Fator de necrose tumoral alfa; IL-6: interleucina-6.

PAPEL DA REPOSIÇÃO HORMONAL DE TESTOSTERONA NA CAQUEXIA

O tratamento do hipogonadismo com derivados da testosterona tem demonstrado resultados expressivos no ganho de capacidade funcional, redução do perfil inflamatório, melhora na complacência vascular e marcadores de resistência à insulina em pacientes com insuficiência cardíaca e doenças arterial coronariana. Contudo, estudos avaliando alguns desses desfechos em pacientes com câncer e caquexia ainda são limitados[15].

Wright e colaboradores, utilizando uma administração semanal de 100 mg de enantato de testosterona por 7 semanas em pacientes com câncer de pescoço e cabeça, demonstraram manutenção do peso corporal com a TRT quando comparados com o grupo placebo (-0,6% vs. -7.0%). Adicionalmente, nos pacientes com câncer houve aumento médio de 1,3 kg de massa muscular com a TRT, enquanto o grupo placebo apresentou uma redução em média de 2 kg[36]. Em pacientes com câncer de pulmão, a TRT com 200 mg de decanoato de nandrolona atenuou a perda do peso corporal em relação ao placebo (-0,21±0,18 vs. -0,80±0,15 kg), sendo que metade dos pacientes em TRT mantiveram o peso corporal[10]. Dessa maneira, apesar da natureza irreversível da caquexia, a TRT parece manter uma composição corporal mais favorável em pacientes com câncer.

Por outro lado, a testosterona é um potente regulador de lipólise via aumento no número e ativação de receptores beta adrenérgicos no tecido adiposo, assim como pela inibição de diferenciação das células precursoras de adipócitos[37,38], o que poderia gerar um efeito negativo no peso corporal de pacientes caquéticos. De fato, há uma redução de massa gorda com a TRT, porém pacientes em TRT apresentam menor perda de tecido adiposo em relação ao grupo placebo (-10.7% vs. -17.1%), sugerindo que a testosterona não intermedia ou exacerba a perda de gordura corporal na caquexia[36].

A perda acentuada de peso corporal com a caquexia parece ser prevenida com a TRT por meio do aumento de massa muscular, mas o mecanismo de atuação da TRT no músculo esquelético ainda continua desconhecido. Acredita-se que ocorra estimulação de vias anabólicas com atenuação concomitante de vias catabólicas. Achados do estudo ARTFORM, de 12 semanas de intervenção, após a administração de 250 mg de enantato de testosterona, demonstrou manutenção da concentração de TNF-α com a TRT, enquanto o grupo placebo continuou aumentando a inflamação, sugerindo que, devido à diminuição no perfil inflamatório, a TRT pode atenuar a progressão da caquexia em pacientes com câncer . Entretanto, falta de avaliações funcionais e mensuração de composição corporal do estudo ARTFORM limitam a interpretação desses resultados[39]. Portanto, mais estudos são necessários para determinar o impacto da TRT no perfil inflamatório em pacientes caquéticos.

As adaptações musculares da TRT podem impactar significativamente na função física de pacientes com caquexia. Em estudo recente, pacientes com caquexia apresentaram maior ganho de força muscular na extensão de joelho com a TRT em comparação com o grupo placebo (6,3% vs. 2,9%), porém não houve diferença significativa entre os grupos[36]. Adicionalmente, a TRT em pacientes com câncer demonstra ter um efeito positivo no teste *Short Physical Performance Battery*, teste funcional proposto para pacientes com sarcopenia/caquexia, principalmente no componente que avalia sentar e levantar de uma cadeira[36]. Outros estudos também relatam melhoras em marcadores de qualidade de vida com a TRT[39,40].

O impacto da TRT na sobrevida de pacientes com câncer e caquexia ainda é inconclusivo. Estudo com uso semanal de 200 mg de decanoato de nandrolona demonstrou que pacientes com câncer de pulmão e TRT apresentaram melhor sobrevida com média de 8,2 meses, enquanto o grupo placebo teve 5,5 meses de sobrevida[10]. No entanto, outros estudos não foram capazes de demonstrar diferenças entre grupos. Após o término da TRT, Wright e colaboradores acompanharam os pacientes por 1 ano e observaram uma sobrevida de 56% para o grupo TRT e 58% para o grupo placebo[36]. No estudo ARTFORM, não houve diferença para 1 ano (61% vs. 63%) e 2 anos de acompanhamento (42,5% vs. 42,4%) entre pacientes em TRT e placebo, respectivamente[39]. Essas diferenças entre estudos podem ser atribuídas a intervenções curtas, tamanho amostral reduzido e diferenças entre tipos de cânceres.

A principal forma de administração da TRT nesses estudos foi com injeção intramuscular, porém o efeito de outras formas de administração, como adesivos transdérmicos e géis, necessitam de mais estudos em pacientes com câncer para determinar se eles promovem resultados similares à via injetável. O monitoramento da TRT deve ser realizado regularmente com testes clínicos e laboratoriais; após o início do tratamento, as principais diretrizes recomendam a análise de 3 em 3 meses de antígeno prostático específico (PSA) que deve permanecer < 4 ng/mL, TT, hematócrito, análises lipídicas e glicêmicas[18].

MODULADOR SELETIVO DE RECEPTORES ANDROGÊNICOS (SARMS)

Os moduladores seletivos de receptores androgênicos (SARMs) foram desenvolvidos com a premissa de mimetizar os efeitos da testosterona e transpor seus efeitos androgênicos adversos indesejados[41,42]. Em estudos experimentais e em humanos, tem sido demonstrado que os SARMs apresentam efeito agonista nos músculos e ossos e antagonista ou parcialmente agonista na próstata[11]. A razão entre resposta anabólica e androgênica pode ser de 20:1 em alguns compostos em comparação com a testosterona que é de 1:1, e, embora esses compostos não sejam livres de riscos, os efeitos adversos são similares à testosterona, porém ocorrem em menor magnitude[43].

Em ensaio clínico randomizado, controlado e duplo-cego em fase II, mulheres com sarcopenia apresentaram ganhos significativos de massa muscular com o uso de MK-0773, um tipo de SARMs[44]. Em pacientes com câncer e caquexia, o aumento de massa muscular após o uso de *Enobosarm* foi em torno de 1,5 kg (intervalo de confiança: -2,1 – 12,6 kg) e 1.0 kg (intervalo de confiança: -4,8 – 11,5 kg) após 113 dias com administração de 1 ou 3 mg, respectivamente[45].

Adicionalmente, um estudo com duração de 12 semanas em homens idosos e mulheres pós menopausa demonstrou efeito dose-dependente sob o aumento da massa muscular, com os pacientes que receberam 1 ou 3 mg de *Enobosarm* apresentando ganhos significativos de massa muscular quando comparado com o grupo placebo (0,7 vs. 1,3 kg, respectivamente)[46]. Esses achados demonstram que o ganho de massa muscular com SARMs são clinicamente expressivos, independentemente da população estudada.

Por outro lado, dois ensaios clínicos multicêntricos em fase III (POWER 1 e 2) em pacientes com câncer de pulmão não apresentaram resultados positivos em relação à melhora da capacidade funcional avaliada pelo teste de subir escadas (*stair climb power*), apesar do aumento de massa muscular total (POWER 1 = 0,41 kg e POWER 2 = 0,47 kg) com administração de 3mg de *Enobosarm* por 147 dias[47]. Até o momento, apenas um estudo em idosos e mulheres pós menopausa comparando a dose de 3 mg de *Enobosarm* e placebo foi capaz de apresentar melhoria de desempenho físico com o uso de SARMs[46]. Adicionalmente, não há estudos analisando o impacto do uso de SARMs sobre o prognóstico de pacientes com câncer e caquexia.

Atualmente, frente à exigência de agências reguladoras [U.S. Food and Drug Administration (FDA) e the European Medicines Agency (EMA)] na melhora simultânea de marcadores de massa e força muscular, nenhum composto do grupo dos SARMs é aprovado para a comercialização devido aos resultados inconclusivos de melhora de função muscular, apesar do aumento representativo de massa muscular.

ANAMORELINA

A Anamorelina, um agonista seletivo dos receptores da grelina, é outro composto promissor sugerido no tratamento de pacientes com câncer e caquexia. Em estudos randomizados, foi demonstrado que a Anamorelina melhorou o apetite, a ingestão alimentar e o prazer ao se alimentar dos pacientes com caquexia[48,49]. Adicionalmente, dois estudos multicêntricos, randomizados e duplo-cego demonstraram que a administração de 100 mg de Anamorelina por 12 semanas aumentou em 2,2 kg (ROMANA I) e 0,95 kg (ROMANA II), em média, o peso corporal de pacientes com câncer de pulmão e caquexia[48]. O estudo ROMANA III, estendendo por mais 12 semanas o tratamento com 100 mg de Anamorelina, demonstrou um aumento médio de 3,1 kg no peso corporal dos pacientes caquéticos[50].

O ganho de peso corporal significativo em pacientes caquéticos pode ser explicado pelo aumento de massa muscular (±1-2 kg), mas também de massa gorda (±1 kg), promovido pelo uso de Anamorelina[12]. Dessa maneira, o medicamento pode ter um impacto clínico maior por aumentar simultaneamente a quantidade de massa muscular e de gordura dos pacientes, uma vez que a maioria dos pacientes perdem ambos. Entretanto, assim como a TRT e os SARMs, a administração de Anamorelina isolada parece não promover ganhos de força muscular nem melhorar o prognóstico de pacientes com caquexia[48,51].

CONTRAINDICAÇÕES E EFEITOS ADVERSOS

As baixas concentrações de testosterona estão relacionadas com maior incidência de eventos cardiovasculares e mortalidade[52]. Entretanto, não é possível saber se a baixa concentração de testosterona é a causa ou a consequência da presença de doenças crônicas. Por outro lado, não há um corpo robusto de evidências que associem o uso de testosterona com maior risco de eventos cardiovasculares ou hiperplasia prostática, o que pode ser devido ao período relativamente curto de intervenção utilizado em estudos clínicos[22].

No entanto, a administração de testosterona apresenta algumas contraindicações como: diagnóstico de câncer de mama e próstata; PSA > 4 ng/mL e hematócrito > 48% antes de iniciar o tratamento; sintomas severos do trato urinário inferior; infarto agudo do miocárdio ou acidente vascular cerebral recente; insuficiência cardíaca descompensada; apneia obstrutiva do sono severa e trombofilia[18].

Em pacientes com câncer e TRT os principais efeitos adversos descritos, embora sem diferença estatística em comparação com o grupo controle, foram redução da concentração de hemoglobina e infecção do trato urinário, com aumento de enzimas hepáticas em um paciente (aspartato e alanina transaminases)[39], assim como eventos isolados de neutropenia febril e síncope[36]. Em outras populações, eritrocitose foi associado com a TRT[53]. Os efeitos adversos mais frequentes associados com a administração de SARMs são alteração das enzimas hepáticas, redução de lipoproteína de alta densidade (HDL) e bloqueio dose dependente do eixo hipotálamo-hipófise-gonadal, alterações também descritas com a TRT, mas que ocorrem em menor magnitude com SARMs[11].

Recentemente, uma meta-análise demonstrou que a TRT não foi associada com maior risco de tromboembolismo venoso[54]. Outra meta-análise também não observou aumento do risco cardiovascular quando a administração de testosterona permaneceu dentro da posologia recomendada[55]. Portanto, avaliar o impacto do hipogonadismo no prognóstico do paciente com câncer e considerar os riscos e benefícios da TRT antes de iniciar o tratamento é de extrema importância.

O principal efeito adverso associado com o uso de Anamorelina foi o desenvolvimento de hiperglicemia, o que parece ser dose dependente[49]. Adicionalmente, casos isolados de taquicardia, bloqueio atrioventricular de primeiro grau, hipertensão, diminuição da hemoglobina e de neutrófilos também foram reportados em pacientes com câncer[12,48,51].

CONCLUSÃO

O hipogonadismo apresenta uma prevalência alta em pacientes com câncer (40-80%), especialmente em pacientes com caquexia, embora não haja evidências da associação causal entre hipogonadismo e desenvolvimento de caquexia. A terapia de reposição hormonal de testosterona (TRT), ainda com poucos estudos, apresenta-se como um tratamento complementar com efeitos positivos na manutenção de peso corporal e aumento de massa muscular (±1 kg) em pacientes com câncer e caquexia. Recentemente, outras intervenções farmacológicas bem avançadas no tratamento da caquexia, como os moduladores seletivos de receptores androgênicos (SARMs; miméticos da testosterona), têm demonstrado efeito positivo no ganho de massa muscular (±0,5-1,5 kg), enquanto Anamorelina (mimético da grelina) apresenta aumento de massa muscular (±1-2 kg) associado ao ganho de massa gorda (±1 kg). Entretanto, uma limitação desses compostos, assim como da TRT, é a ausência de aumento na função muscular, representada por ganho de força muscular e capacidade funcional, apesar da melhora discreta em alguns parâmetros de qualidade de vida. Portanto, uma abordagem multidisciplinar no tratamento da caquexia pode ser efetiva para promover ganhos de função muscular e qualidade de vida. Entretanto, mais estudos com TRT ou compostos anabólicos são necessários; de preferência, que essas intervenções sejam integradas em um modelo multidisciplinar que envolva intervenção nutricional e inclusão da prática de exercício físico.

REFERÊNCIAS BIBLIOGRÁFICAS

1. Vigano A, Piccioni M, Trutschnigg B, Hornby L, Chaudhury P, Kilgour R. Male hypogonadism associated with advanced cancer: a systematic review. Lancet Oncol. Jul.2010;11(7):679-84. doi:10.1016/S1470-2045(10)70021-8
2. Fleishman SB, Khan H, Homel P, et al. Testosterone levels and quality of life in diverse male patients with cancers unrelated to androgens. J Clin Oncol. 2010 Dec 1;28(34):5054-60. doi:10.1200/JCO.2010.30.3818
3. Chlebowski RT, Heber D. Hypogonadism in male patients with metastatic cancer prior to chemotherapy. Cancer Res. 1982 Jun;42(6):2495-8
4. Burney BO, Hayes TG, Smiechowska J, et al. Low testosterone levels and increased inflammatory markers in patients with cancer and relationship with cachexia. J Clin Endocrinol Metab. 2012 May;97(5):e700-9. doi:10.1210/jc.2011-2387
5. Simons JP, Schols AM, Buurman WA, Wouters EF. Weight loss and low body cell mass in males with lung cancer: relationship with systemic inflammation, acute-phase response, resting energy expenditure, and catabolic and anabolic hormones. Clin Sci (Lond). 1999 Aug;97(2):215-23.
6. Del Fabbro E, Hui D, Nooruddin ZI, et al. Associations among hypogonadism, C-reactive protein, symptom burden, and survival in male cancer patients with cachexia: a preliminary report. J Pain Symptom Manage. 2010 Jun;39(6):1016-24. doi:10.1016/j.jpainsymman.2009.09.021
7. Burney BO, Garcia JM. Hypogonadism in male cancer patients. J Cachexia Sarcopenia Muscle. 2012 Sep;3(3):149-55. doi:10.1007/s13539-012-0065-7
8. Snyder PJ, Ellenberg SS, Cunningham GR, et al. The Testosterone Trials: Seven coordinated trials of testosterone treatment in elderly men. Clin Trials. 2014 Jun;11(3):362-375. doi:10.1177/1740774514524032
9. Chlebowski RT, Herrold J, Ali I, et al. Influence of nandrolone decanoate on weight loss in advanced non-small cell lung cancer. Cancer. 1986 Jul 1;58(1):183-6. doi:10.1002/1097-0142(19860701)58:1<183::aid-cncr2820580131>3.0.co;2-3
10. Fonseca GWPD, Dworatzek E, Ebner N, Von Haehling S. Selective androgen receptor modulators (SARMs) as pharmacological treatment for muscle wasting in ongoing clinical trials. Expert Opin Investig Drugs. 2020 Aug;29(8):881-891. doi:10.1080/13543784.2020.1777275
11. Fonseca GWPD, von Haehling S. An overview of anamorelin as a treatment option for cancer-associated anorexia and cachexia. Expert Opin Pharmacother. 2021 May;22(7):889-895. doi:10.1080/14656566.2021.1873954
12. Kamel FH, Basha MA, Alsharidah AS, Salama AB. Resistance Training Impact on Mobility, Muscle Strength and Lean Mass in Pancreatic Cancer Cachexia: A Randomized Controlled Trial. Clin Rehabil. 2020 Nov;34(11):1391-1399. doi:10.1177/0269215520941912

13. Grote M, Maihöfer C, Weigl M, Davies-Knorr P, Belka C. Progressive resistance training in cachectic head and neck cancer patients undergoing radiotherapy: a randomized controlled pilot feasibility trial. Radiat Oncol. 2018 Nov 06;13(1):215. doi:10.1186/s13014-018-1157-0
14. Fonseca G, dos Santos M, de Souza F, Negrão C, Alves M. Testosterona e doença cardiovascular: do tratamento ao uso abusivo. Rev Soc Cardiol Estado de São Paulo. 2019;29(4):393-9.
15. Hackett G, Kirby M, Edwards D, et al. British Society for Sexual Medicine Guidelines on Adult Testosterone Deficiency, With Statements for UK Practice. J Sex Med. 12 2017;14(12):1504-1523. doi:10.1016/j.jsxm.2017.10.067
16. Bhasin S, Brito JP, Cunningham GR, et al. Testosterone Therapy in Men With Hypogonadism: An Endocrine Society Clinical Practice Guideline. J Clin Endocrinol Metab. 05 01 2018;103(5):1715-1744. doi:10.1210/jc.2018-00229
17. Giagulli VA, Castellana M, Lisco G, Triggiani V. Critical evaluation of different available guidelines for late-onset hypogonadism. Andrology. 2020 Nov;8(6):1628-1641. doi:10.1111/andr.12850
18. Garcia JM, Li H, Mann D, et al. Hypogonadism in male patients with cancer. Cancer. 2006 Jun 15;106(12):2583-91. doi:10.1002/cncr.21889
19. Fraser LA, Morrison D, Morley-Forster P, et al. Oral opioids for chronic non-cancer pain: higher prevalence of hypogonadism in men than in women. Exp Clin Endocrinol Diabetes. 2009 Jan;117(1):38-43. doi:10.1055/s-2008-1076715
20. Mulhall JP, Trost LW, Brannigan RE, et al. Evaluation and Management of Testosterone Deficiency: AUA Guideline. J Urol. 2018 Aug;200(2):423-432. doi:10.1016/j.juro.2018.03.115
21. Corona G, Goulis DG, Huhtaniemi I, et al. European Academy of Andrology (EAA) guidelines on investigation, treatment and monitoring of functional hypogonadism in males: Endorsing organization: European Society of Endocrinology. Andrology. 2020 Sept;8(5):970-987. doi:10.1111/andr.12770
22. Anker MS, Holcomb R, Muscaritoli M, et al. Orphan disease status of cancer cachexia in the USA and in the European Union: a systematic review. J Cachexia Sarcopenia Muscle. 2019 Feb;10(1):22-34. doi:10.1002/jcsm.12402
23. Fearon K, Strasser F, Anker SD, et al. Definition and classification of cancer cachexia: an international consensus. Lancet Oncol. 2011 May;12(5):489-95. doi:10.1016/S1470-2045(10)70218-7
24. Fonseca GWPD, Farkas J, Dora E, von Haehling S, Lainscak M. Cancer Cachexia and Related Metabolic Dysfunction. Int J Mol Sci. 2020 Mar 27;21(7)doi:10.3390/ijms21072321
25. Kays JK, Shahda S, Stanley M, et al. Three cachexia phenotypes and the impact of fat-only loss on survival in FOLFIRINOX therapy for pancreatic cancer. J Cachexia Sarcopenia Muscle. 2018 Aug;9(4):673-684. doi:10.1002/jcsm.12307
26. Skipworth RJ, Moses AG, Sangster K, et al. Interaction of gonadal status with systemic inflammation and opioid use in determining nutritional status and prognosis in advanced pancreatic cancer. Support Care Cancer. 2011 Mar;19(3):391-401. doi:10.1007/s00520-010-0832-y
27. Watson ME, Newman RJ, Payne AM, Abdelrahim M, Francis GL. The effect of macrophage conditioned media on Leydig cell function. Ann Clin Lab Sci. 1994Jan-Feb;24(1):84-95.
28. Turnbull AV, Rivier C. Inhibition of gonadotropin induced testosterone secretion by the intracerebroventricular injection of interleukin-1 beta in the male rat. Endocrinology. 1997 Mar;138(3):1008-13. doi:10.1210/endo.138.3.5019
29. Afane M, Dubost JJ, Sauvezie B, et al. Modulation of Leydig cell testosterone production by secretory products of macrophages. Andrologia. 1998 Mar-Apr;30(2):71-8. doi:10.1111/j.1439-0272.1998.tb01149.x
30. Kluge M, Schüssler P, Uhr M, Yassouridis A, Steiger A. Ghrelin suppresses secretion of luteinizing hormone in humans. J Clin Endocrinol Metab. 2007 Aug;92(8):3202-5. doi:10.1210/jc.2007-0593
31. Lanfranco F, Bonelli L, Baldi M, Me E, Broglio F, Ghigo E. Acylated ghrelin inhibits spontaneous luteinizing hormone pulsatility and responsiveness to naloxone but not that to gonadotropin-releasing hormone in young men: evidence for a central inhibitory action of ghrelin on the gonadal axis. J Clin Endocrinol Metab. 2008 Sep;93(9):3633-9. doi:10.1210/jc.2008-0049

32. Khatib MN, Gaidhane A, Gaidhane S, Quazi ZS. Ghrelin as a Promising Therapeutic Option for Cancer Cachexia. Cell Physiol Biochem. 2018;48(5):2172-2188. doi:10.1159/000492559
33. Chan JL, Heist K, DePaoli AM, Veldhuis JD, Mantzoros CS. The role of falling leptin levels in the neuroendocrine and metabolic adaptation to short-term starvation in healthy men. J Clin Invest. 2003 May;111(9):1409-21. doi:10.1172/JCI17490
34. Smiechowska J, Utech A, Taffet G, Hayes T, Marcelli M, Garcia JM. Adipokines in patients with cancer anorexia and cachexia. J Investig Med. 2010 Mar;58(3):554-9. doi:10.231/JIM.0b013e3181cf91ca
35. Rajagopal A, Vassilopoulou-Sellin R, Palmer JL, Kaur G, Bruera E. Symptomatic hypogonadism in male survivors of cancer with chronic exposure to opioids. Cancer. 2004 Feb 15;100(4):851-8. doi:10.1002/cncr.20028
36. Wright TJ, Dillon EL, Durham WJ, et al. A randomized trial of adjunct testosterone for cancer-related muscle loss in men and women. J Cachexia Sarcopenia Muscle. 2018 Jun;9(3):482-496. doi:10.1002/jcsm.12295
37. Xu XF, De Pergola G, Björntorp P. Testosterone increases lipolysis and the number of beta-adrenoceptors in male rat adipocytes. Endocrinology. 1991 Jan;128(1):379-82. doi:10.1210/endo-128-1-379
38. Gupta V, Bhasin S, Guo W, et al. Effects of dihydrotestosterone on differentiation and proliferation of human mesenchymal stem cells and preadipocytes. Mol Cell Endocrinol. 2008 Dec 16;296(1-2):32-40. doi:10.1016/j.mce.2008.08.019
39. Izumi K, Iwamoto H, Yaegashi H, et al. Androgen replacement therapy for cancer-related symptoms in male: result of prospective randomized trial (ARTFORM study). J Cachexia Sarcopenia Muscle. 2021 Aug;12(4):831-842. doi:10.1002/jcsm.12716
40. Del Fabbro E, Garcia JM, Dev R, et al. Testosterone replacement for fatigue in hypogonadal ambulatory males with advanced cancer: a preliminary double-blind placebo-controlled trial. Support Care Cancer. 2013 Sep;21(9):2599-607. doi:10.1007/s00520-013-1832-5
41. Narayanan R, Coss CC, Dalton JT. Development of selective androgen receptor modulators (SARMs). Mol Cell Endocrinol. 2018 April 15;465:134-142. doi:10.1016/j.mce.2017.06.013
42. Holmäng S, Mårin P, Lindstedt G, Hedelin H. Effect of long-term oral testosterone undecanoate treatment on prostate volume and serum prostate-specific antigen concentration in eugonadal middle-aged men. Prostate. 1993;23(2):99-106. doi:10.1002/pros.2990230203
43. Ostrowski J, Kuhns JE, Lupisella JA, et al. Pharmacological and x-ray structural characterization of a novel selective androgen receptor modulator: potent hyperanabolic stimulation of skeletal muscle with hypostimulation of prostate in rats. Endocrinology. 2007 Jan;148(1):4-12. doi:10.1210/en.2006-0843
44. Papanicolaou DA, Ather SN, Zhu H, et al. A phase IIA randomized, placebo-controlled clinical trial to study the efficacy and safety of the selective androgen receptor modulator (SARM), MK-0773 in female participants with sarcopenia. J Nutr Health Aging. 2013;17(6):533-43. doi:10.1007/s12603-013-0335-x
45. Dobs AS, Boccia RV, Croot CC, et al. Effects of enobosarm on muscle wasting and physical function in patients with cancer: a double-blind, randomised controlled phase 2 trial. Lancet Oncol. 2013 Apr;14(4):335-45. doi:10.1016/S1470-2045(13)70055-X
46. Dalton JT, Barnette KG, Bohl CE, et al. The selective androgen receptor modulator GTx-024 (enobosarm) improves lean body mass and physical function in healthy elderly men and postmenopausal women: results of a double-blind, placebo-controlled phase II trial. J Cachexia Sarcopenia Muscle. 2011 Sep;2(3):153-161. doi:10.1007/s13539-011-0034-6
47. Crawford J, Prado CM, Johnston MA, et al. Study Design and Rationale for the Phase 3 Clinical Development Program of Enobosarm, a Selective Androgen Receptor Modulator, for the Prevention and Treatment of Muscle Wasting in Cancer Patients (POWER Trials). Curr Oncol Rep. 2016 Jun;18(6):37. doi:10.1007/s11912-016-0522-0
48. Temel JS, Abernethy AP, Currow DC, et al. Anamorelin in patients with non-small-cell lung cancer and cachexia (ROMANA 1 and ROMANA 2): results from two randomised, double-blind, phase 3 trials. Lancet Oncol. 2016 Apr;17(4):519-531. doi:10.1016/S1470-2045(15)00558-6

49. Takayama K, Katakami N, Yokoyama T, et al. Anamorelin (ONO-7643) in Japanese patients with non-small cell lung cancer and cachexia: results of a randomized phase 2 trial. Support Care Cancer. 08 2016;24(8):3495-505. doi:10.1007/s00520-016-3144-z
50. Currow D, Temel JS, Abernethy A, Milanowski J, Friend J, Fearon KC. ROMANA 3: a phase 3 safety extension study of anamorelin in advanced non-small-cell lung cancer (NSCLC) patients with cachexia. Ann Oncol. 2017 Aug 1;28(8):1949-1956. doi:10.1093/annonc/mdx192
51. Katakami N, Uchino J, Yokoyama T, et al. Anamorelin (ONO-7643) for the treatment of patients with non-small cell lung cancer and cachexia: Results from a randomized, double-blind, placebo-controlled, multicenter study of Japanese patients (ONO-7643-04). Cancer. 2018 Feb 1;124(3):606-616. doi:10.1002/cncr.31128
52. Araujo AB, Dixon JM, Suarez EA, Murad MH, Guey LT, Wittert GA. Clinical review: Endogenous testosterone and mortality in men: a systematic review and meta-analysis. J Clin Endocrinol Metab. 2011 Oct;96(10):3007-19. doi:10.1210/jc.2011-1137
53. Ponce OJ, Spencer-Bonilla G, Alvarez-Villalobos N, et al. The efficacy and adverse events of testosterone replacement therapy in hypogonadal men: A systematic review and meta-analysis of randomized, placebo-controlled trials. J Clin Endocrinol Metab. 2018 Mar 17. doi:10.1210/jc.2018-00404.
54. Ayele HT, Brunetti VC, Renoux C, Tagalakis V, Filion KB. Testosterone replacement therapy and the risk of venous thromboembolism: A systematic review and meta-analysis of randomized controlled trials. Thromb Res. 03 2021;199:123-131. doi:10.1016/j.thromres.2020.12.029
55. Corona G, Rastrelli G, Di Pasquale G, Sforza A, Mannucci E, Maggi M. Testosterone and Cardiovascular Risk: Meta-Analysis of Interventional Studies. J Sex Med. 2018 Jun;15(6):820-838. doi:10.1016/j.jsxm.2018.04.641

12

Reposição de testosterona em mulheres cisgênero

Leonardo Azevedo Mobilia Alvares
Lívia Marcela dos Santos
Sorahia Domenice

PRODUÇÃO DE TESTOSTERONA NA MULHER ADULTA

Nas últimas décadas, o uso indiscriminado de andrógenos para tratamento de uma variedade de sintomas, muitas vezes subjetivos, tem sido observado, apesar das incertezas quanto aos riscos e das controvérsias dos possíveis benefícios tanto em homens quanto em mulheres cisgênero.

Na mulher adulta, os andrógenos séricos: dehidroepiandrosterona (DHEA), sulfato de dehidroepiandrosterona (DHEAS), androstenediona e testosterona são produzidos diretamente pelas células dos ovários (25%) e das glândulas suprarrenais (25%). A conversão de esteroides precursores (DHEA/DHEAS e androstenediona) em testosterona também ocorre em vários outros órgãos, como o tecido adiposo, a pele, a unidade pilossebácea, os ossos, os músculos, o cérebro e o aparelho cardiovascular, que constituem uma outra fonte importante da testosterona circulante (50%)[2]. A testosterona constitui o andrógeno mais potente entre os citados anteriormente.

Na menacme, os níveis séricos de testosterona sofrem variações de acordo com a fase do ciclo menstrual. Níveis mais elevados de testosterona são observados durante o pico de LH; enquanto nas fases folicular e lútea, os níveis se mantêm estáveis. Ao final da vida reprodutiva, com o início de ciclos anovulatórios, os níveis basais de testosterona são mantidos estáveis, sem flutuações ou modificações significativas em relação aos níveis observados no menacme e com um intervalo de normalidade relativamente amplo[2].

Revisões sistemáticas não demonstraram uma associação clara entre os níveis de testosterona circulante e queixas de alterações da libido ou da função sexual em mulheres no menacme[4]. Dessa forma, não foi estabelecido nenhum valor de testosterona sérica que possa ser associado à disfunção sexual feminina.

INDICAÇÃO DO USO TERAPÊUTICO DE TESTOSTERONA EM MULHERES CISGÊNERO

As diversas sociedades de especialidades médicas envolvidas no estudo da saúde feminina não recomendam a terapia com testosterona para mulheres no período reprodutivo, devido à falta de dados seguros que justifiquem essa prática[5,6,12]. Nas mulheres pós-menopausa, apesar do uso de testosterona ser considerado àquelas com transtorno de desejo sexual hipoativo (DSH), o uso dessa terapêutica ainda não é autorizado por agências reguladoras de medicamentos e produtos para a saúde (*off-label*) em quase todos os países, incluindo o Brasil.

TERAPIA UTILIZANDO TESTOSTERONA EM MULHERES PÓS-MENOPAUSA COM DIAGNÓSTICO DE TRANSTORNO DE DESEJO SEXUAL HIPOATIVO

O transtorno do desejo sexual hipoativo (TDSH) é uma disfunção sexual mental e física caracterizada pela deficiência ou ausência, persistente (pelo menos 6 meses) ou recorrente, de desejo ou fantasia sexual para a atividade sexual, o qual causa sofrimento e dificuldades interpessoais. Essa disfunção sexual pode ocorrer tanto em homens quanto em mulheres. Os transtornos de disfunção sexual são multifatoriais e incluem fatores biopsicossociais, doenças físicas ou psicológicas, dificuldades interpessoais, repressão cultural e mesmo valores religiosos[3,4].

Segundo The International Society for the Study of Women's Sexual Health (ISSWSH), o diagnóstico dessa disfunção sexual é baseado em critérios clínicos, os quais podem ser abordados através de instrumentos validados, como o questionário de autorrelato *Decreased Sexual Desire Screener* (DSDS), que deve ser utilizado na investigação diagnóstica[3,4]. Por se tratar de um transtorno multifatorial, o tratamento da TDSH necessita de uma abordagem ampla, objetivando combater cada um dos fatores. A contribuição dos fatores biopsicossociais para o TDSH parece sobrepor-se àquela representada pelos níveis de testosterona circulante[4].

Dessa forma, o uso de testosterona deve ser considerado na terapêutica após uma ampla análise e abordagem dos outros fatores envolvidos na disfunção. Além disso, a indicação terapêutica é dificultada pela falta de uma formulação de testosterona específica e aprovada para tal condição. Na literatura, preconiza-se para mulheres no climatério com diagnóstico estabelecido de TDSH, o uso de testosterona na dose de 300 mcg ao dia, por via transdérmica, durante 3-6 meses, com dosagens periódicas dos níveis séricos de testosterona, a fim de se evitar níveis suprafisiológicos[7,8].

Alguns estudos demonstraram que o uso de testosterona transdérmica em mulheres menopausadas com diagnóstico de TDSH foi capaz de aumentar o desejo sexual, a excitação, o prazer e orgasmo, assim como de diminuir as preocupações e o sofrimento relacionados ao sexo[10]; embora apenas um discreto aumento na frequência sexual tenha sido observado se comparado ao uso de placebo. Os efeitos em humor, cognição ou bem-estar foram inconsistentes.

A análise do impacto do tratamento com testosterona transdérmica 300 mcg/dia na composição corporal das mulheres pós-menopausa é dificultada pelo pequeno número de estudos, poucos participantes e o uso concomitante de estrógeno durante os períodos das análises[4]. Nessas doses, não foram relatados benefícios em relação ao ganho de massa magra, à redução de massa de gordura, ou melhora de massa óssea. Acne e aumento de pelos corpóreos foram descritos nas mulheres pós-menopausa em uso de testosterona transdérmica na mesma dose, mas não houve descrição do aumento do clitóris, engrossamento de voz ou alopecia. Nessa posologia, o uso de testosterona transdérmica não foi associada a padrão desfavorável de lípides séricos a curto-prazo. Da mesma forma, não há evidência de alterações dos níveis de pressão arterial, glicêmicos ou na frequência de infarto do miocárdio nessa população. Diferenças quanto à ocorrência de trombose venosa não foram observadas e, quando o diagnóstico de trombose foi realizado, a sua causa não pôde ser dissociada ao uso concomitante de estrógenos. Em relação à saúde das mamas, o uso de testosterona a curto prazo nas mulheres pós-menopausa não aumentou a densidade do tecido mamário ou o risco de câncer de mama. Entretanto, deve-se ressaltar que os estudos que avaliaram o uso terapêutico de testosterona em mulheres na pós-menopausa não incluíram mulheres com fatores de risco cardiovasculares prévios ou de neoplasia mamária. Importante salientar também que a maioria das descrições disponíveis na literatura mostra resultados obtidos após um período curto de tratamento, geralmente com um acompanhamento de até 24 meses.

CONTRAINDICAÇÃO DO USO DE TESTOSTERONA EM MULHERES CISGÊNERO PARA FINS ESTÉTICOS

As sociedades brasileira e internacionais de endocrinologia se posicionam contra o uso de testosterona ou de qualquer droga androgênica para fins estéticos, portanto, essa prescrição é considerada uma má prática médica[9,12].

Em virtude do uso indiscriminado no Brasil do, popularmente chamado, "Chip da beleza", optou-se por incluir neste capítulo alguns comentários a respeito do assunto.

A gestrinona, droga presente no referido produto, é classificada como um progestágeno com propriedades agonistas androgênicas, antiprogestagênica e antiestrogênica. A droga tem um mecanismo de ação complexo e não totalmente compreendido. Entre suas ações estão a ligação ao receptor de progesterona, a diminuição da globulina ligadora de hormônios sexuais (SHBG) secundariamente à atuação hepática e, por consequência, o aumento da testosterona livre circulante. A droga apresenta ainda atividade supressora dos hormônios LH e FSH, com inibição da função ovariana (redução da produção estrogênica) e promoção de ciclos anovulatórios e amenorreia. Devido aos efeitos no eixo hipófise-ovário, a gestrinona é indicada no tratamento das endometrioses genital e extragenital. Embora os estudos tenham apresentado melhora nos sintomas da endometriose, ressalta-se que eles avaliaram grupos pequenos de participantes e heterogêneos em relação à posologia utilizada. Vários efeitos colaterais são descritos, como sangramento vaginal, ganho de peso, edema em membros inferiores, acne, alopecia, hirsutismo e dislipidemia com perfil aterogênico. Poucos estudos utilizaram a gestrinona via implantes subcutâneos. Nesses estudos, os riscos e desfechos cardiovasculares não foram avaliados.

A utilização da gestrinona por via oral para o tratamento de endometriose foi regulamentado pela Agência Nacional de Vigilância Sanitária (Anvisa) em 1996 (Registro Anvisa nº 1112402040010 - Gestrinona)[1]. Porém, não existem registros para o uso por via parenteral (implantes), o que torna incertas a sua eficácia e segurança. Assim, em 22 de dezembro de 2021, a Anvisa publicou a resolução RE nº 4.768, na qual proíbe a propaganda da gestrinona (industrializada ou manipulada) ao público geral. A gerência geral de medicamentos e produtos biológicos (GGMED) adiciona que não tem nenhum registro sanitário válido para o Brasil, nem há pedidos de registros em análise para a substância gestrinona.

A Sociedade Americana de Endocrinologia (The Endocrine Society), a Sociedade Americana de Menopausa (North American Menopause Society - NAMS), a Federação Brasileira das Associações de Ginecologia e Obstetrícia (FEBRASGO) e a Sociedade Brasileira de Endocrinologia e Metabologia (SBEM) não reconhecem os implantes de gestrinona como uma opção de tratamento, principalmente por: falta de evidência de segurança; não padronização na produção; escassez de artigos científicos idôneos, publicados em revistas científicas reconhecidas internacionalmente[5,6,12].

A SBEM se posiciona contra o uso de implantes hormonais com andrógenos para fins estéticos, principalmente a gestrinona, e reforça a sua ação anabolizante. O medicamento é considerado *doping* pela World Anti-Doping Agency (WADA) e foi recentemente incluído na lista C5 de anabolizantes da Anvisa (Resolução - RDC nº 734, de 11 de julho de 2022)[11].

REFERÊNCIAS BIBLIOGRÁFICAS

1. BRASIL. Registro Anvisa nº 1112402040010 – Gestrinona. Anvisa, 1996. [Internet]. [acesso em: 2022 mar. 28]. Disponível: https://www.smerp.com.br/anvisa/?ac=prodDetail&anvisaId=1112402040010.
2. Burger HG. Androgen production in women. Fertil Steril. 2002;77(Suppl 4):S3-5
3. Clayton AH, Goldfischer ER, Goldstein I, Derogatis L, LewisD'Agostino DJ, Pyke R. Validation of the Decreased Sexual Desire Screener (DSDS): a brief diagnostic instrument for generalized acquired female hypoactive sexual desire disorder (HSDD). J Sex Med. 2009;6(3):730-738.
4. Clayton AH, Goldstein I, Kim NN, Althof SE, Faubion SS, Faught BM, et al. The International Society for the Study of Women's Sexual Health Process of Care for management of Hypoactive Sexual Desire Disorder in women. Mayo Clin Proc. 2018;93(4):467-487.
5. Endocrine Society. Compounded Bioidentical Hormone Therapy: An Endocrine Society Position Statement. Endocrine Society, 2019. [Internet]. [acesso em: 2022 mar. 28]. Disponível em: https://www.endocrine.org/advocacy/position-statements/compounded-bioidentical-hormone-therapy.
6. Federação Brasileira das Associações de Ginecologia e Obstetrícia. Comissão Nacional Especializada de Climatério da Febrasgo se posiciona sobre implante de gestrinona. 2018. [Internet]. [acesso em: 2022 mar. 28]. Disponível em: https://www.febrasgo.org.br/pt/noticias/item/1312-posicao-das-comissoes-nacionais-especializadas-deanticoncepcao-e-climaterio-da-febrasgo-sobre-implantes-hormonais.
7. Parish SJ, Goldstein AT, Goldstein SW, Goldstein I, Pfaus J, Clayton AH, et al. Toward a more evidence-based nosology and nomenclature for female sexual dysfunctions-part II. J Sex Med. 2016;13(12):1888-1906.
8. Parish SJ, Meston CM, Althof SE, Clayton AH, Goldstein I, Goldstein SW, et al. Toward a more evidence-based nosology and nomenclature for female sexual dysfunctions-part III. J Sex Med. 2019;16(3):452-462.

9. Susan RD, Baber R, Panay N, Bitzer J, Perez SC, Islam RM, et al. Global consensus position statement on the use of testosterone therapy for women. J Clin Endocrinol Metab. 2019 Oct;104(10):4660-4666.
10. The North American Menopause Society. The 2017 hormone therapy position statement of The North American Menopause Society. Menopause: The Journal of The North American Menopause Society. 2017;24(7):728-753.
11. WADA. Código Mundial Antidoping. World Anti-doping Agency, 2015. [Internet]. [acesso em: 2022 mar. 28]. Disponível em: https://www.wada-ama.org/sites/default/files/resources/files/codigo_mundial_antidopagem_2015.pdf.
12. Weiss RV, Hohl A, Athayde A, Pardini D, Gomes L, de Oliveira M, et al. Testosterone therapy for women with low sexual desire: a position statement from the Brazilian Society of Endocrinology and Metabolism. Arch Endocrinol Metab. 2019 Jul;18;63(3):190-198.
13. Woodcock J. Statement on improving adverse event reporting of compounded drugs to protect patients. FDA. 2019 sept. 9. [Internet]. [acesso em: 2022 mar. 28]. Disponível em: https://www.fda.gov/news-events/press-announcements/statement-improving-adverse-event-reporting-compounded-drugs-protect-patients.

13

Efeitos cardiovasculares do uso terapêutico de testosterona em homens transgêneros

Leonardo Azevedo Mobilia Alvares
Sorahia Domenice

INTRODUÇÃO

Ao longo dos anos, temos observado um progressivo aumento da busca dos serviços de saúde por pessoas transgêneros que desejam realizar o processo de redesignação de gênero[1,2,3,4]. Embora haja relevante número de publicações na literatura médica sobre as diretrizes terapêuticas e as repercussões a curto prazo da hormonioterapia, ainda persistem inúmeros questionamentos, sobretudo com relação às repercussões a longo prazo.

O processo de redesignação de gênero consiste na realização de tratamento psicoterápico, na terapia hormonal de afirmação de gênero e nos procedimentos cirúrgicos. Tal processo objetiva uma melhor adequação social e qualidade de vida dos indivíduos com disforia de gênero (Quadro 1).

Neste capítulo, vamos abordar aspectos do uso da testosterona na terapia de homens transgêneros, bem como discutir as limitações que os estudos atuais apresentam.

EPIDEMIOLOGIA

Os estudos de prevalência da disforia de gênero mostram números variáveis, que são consequência das diferentes metodologias de avaliação usadas na estimativa das taxas de prevalência, bem como das diferentes populações estudadas. Nos Estados Unidos, estima-se que 0,6% da população total seja transgênero e

QUADRO 1 Definição de termos utilizados neste capítulo

Sexo designado ao nascimento: sexo determinado ao nascimento baseado nas características da genitália externa.
Transgênero: termo "guarda-chuva" que se refere a pessoas cuja identidade de gênero ou expressão de gênero difere do sexo designado ao nascimento. Nem todos os transgêneros buscam por tratamentos médicos.
Identidade de gênero: refere-se ao senso interno e pessoal de gênero.
Disforia de gênero: sentimento de profunda tristeza experimentada quando a identidade de gênero difere do sexo designado ao nascimento.
Homem transgênero (ou homem trans): refere-se a indivíduos cujo sexo designado ao nascimento foi feminino, porém apresentam identidade de gênero masculina. **Mulher transgênero (ou mulher trans):** refere-se a indivíduos cujo sexo designado ao nascimento foi masculino, porém apresentam identidade de gênero feminina.
Cisgênero: indivíduo cuja identidade de gênero é igual ao sexo designado ao nascimento.

Fonte: adaptado de Hembree WC, et al[5].

que, entre essa população, 75% estariam sob alguma forma de hormonioterapia[4]. Já no Brasil, os dados epidemiológicos são limitados e imprecisos.

Diferenças nas taxas de prevalência entre homens e mulheres transgêneros são relatadas, observando-se, na maioria das populações, menor frequência de homens transgêneros. Estima-se que a prevalência seja de 2,6 homens transgêneros/100.000 mulheres designadas ao nascimento; e de 6,8 mulheres transgêneros/100.000 homens designados ao nascimento[1].

TERAPIA HORMONAL DE AFIRMAÇÃO DE GÊNERO

É importante ressaltar que o atendimento de indivíduos transgêneros deve ser multidisciplinar, envolvendo uma equipe composta por profissionais de saúde endocrinológica (médico endocrinologista), de saúde mental (psicólogos e psiquiatras) e equipe cirúrgica nas áreas de urologia, ginecologia e cirurgia plástica, com experiência no processo de redesignação sexual.

O início do tratamento hormonal de indivíduos transgêneros deve ser precedido por uma cuidadosa avaliação por profissionais de saúde mental e por seguimento psicológico, etapa fundamental no diagnóstico e preparo do indivíduo para as modificações provenientes do uso hormonal e dos procedimentos cirúrgicos de adequação ao sexo de identidade[6]. No Brasil, o Conselho Federal de Medicina (CFM) permite a hormonioterapia cruzada a partir dos 16 anos de idade, a qual poderá ser realizada apenas após avaliação criteriosa da equipe multiprofissional, uma vez que o desenvolvimento se manifesta de forma distinta em cada adolescente. Para tal, devem ser observados os critérios indicados pelo Conselho e todas as prerrogativas legais[7].

Os dois principais objetivos da terapia hormonal do homem transgênero (homem trans) são: (1) reduzir os níveis de hormônios sexuais endógenos (estrógeno e progesterona), de modo a atenuar as características sexuais secundárias femininas; (2) promover o desenvolvimento de características masculinas pela administração do hormônio sexual masculino (testosterona).

As mudanças corporais induzidas pelo tratamento hormonal são frequentemente acompanhadas pela melhora do bem-estar psicológico dos homens transgêneros (Tabela 1)[8,9].

TABELA 1 Efeitos da terapia androgênica em homens transgêneros e tempo de desenvolvimento das características fenotípicas masculinas

Efeito	Início	Máximo
Oleosidade/acne	1-6 meses	1-2 anos
Crescimento de pelos faciais e corporais	6-12 meses	4-5 anos
Calvície	6-12 meses	____
Aumento de massa muscular e força	6-12 meses	2-5 anos
Redistribuição de gordura	1-6 meses	2-5 anos
Parada de fluxo menstrual	1-6 meses	____
Aumento de clitóris	1-6 meses	1-2 anos
Atrofia vaginal	1-6 meses	1-2 anos
Engrossamento de voz	6-12 meses	1-2 anos

Fonte: adaptado de Hembree WC, et al[5].

O manejo hormonal dos homens transgêneros é realizado com a utilização de testosterona em diferentes formulações e por diferentes vias de administração (Tabela 2). Os esquemas terapêuticos utilizados baseiam-se naqueles preconizados para o tratamento de homens hipogonádicos, que necessitam de reposição androgênica[10]. A administração concomitante de progesterona ou análogos de GnRH para cessação dos ciclos menstruais pode ser necessária em alguns homens transgêneros no início do tratamento.

TABELA 2 Regimes de hormonioterapia disponíveis no Brasil para homens transgêneros

Cipionato de testosterona	Intramuscular	200 mg 15/15 dias
Enantato de testosterona	Intramuscular	150 mg 15/15 dias
Undecanoato de testosterona	Intramuscular	1.000 mg 3/3 meses
Testosterona em gel	Tópico	50 mg diariamente

As formulações mais frequentemente prescritas no tratamento de homens transgêneros são as injeções intramusculares de ésteres de testosterona de curta ou longa ação. Com a introdução da terapêutica androgênica, os níveis séricos de testosterona total devem ser mantidos no intervalo normal de referência para homens cisgênero (320 - 1000 ng/dL)[11], isto é, a mesma orientação seguida para os homens hipogonádicos em reposição hormonal. Níveis suprafisiológicos de testosterona sérica devem ser evitados, pois estão relacionados a efeitos adversos.

No primeiro ano da hormonioterapia, os homens transgêneros devem realizar avaliação clínica e laboratorial a cada 3 meses para que sejam avaliados o processo de virilização, assim como a possível presença de efeitos colaterais, como a poliglobulia[12]. Usualmente, após 18 anos de idade, e ao menos um ano de hormonioterapia e consenso da equipe multidisciplinar, procedimentos cirúrgicos para redesignação de gênero são permitidos[7].

EFEITOS FISIOLÓGICOS DE ESTROGÊNIO E TESTOSTERONA NO SISTEMA CARDIOVASCULAR

A ciência básica demonstra um impacto direto de androgênios e estrogênios sobre o sistema cardiovascular mediado por seus respectivos receptores no endotélio, músculo liso dos vasos e células miocárdicas[13,14]. Estudos *in vivo* e *in vitro* indicam função cardioprotetora da interação estrogênio-receptores estrogênicos[15], e estudos em homens e mulheres cisgêneros indicam que a redução desses receptores está associada a aumento do risco cardiovascular (RCV)[15,16,17]. Porém, existem evidências conflitantes em relação à ativação de receptores androgênicos[16,18]. Os principais efeitos de estrógenos e androgênios no sistema cardiovascular estão descritos na Tabela 3.

TABELA 3 Efeitos fisiológicos dos estrogênios e androgênios no sistema cardiovascular

Efeito estrogênico	
Via receptor ER-α	Promove resposta protetora às agressões vasculares[19]
	Promove a resposta protetora à aterosclerose[20]
	Promove a vasodilatação via óxido nítrico sintetase[21]
	Promove a proliferação endotelial e re-endotelização da artéria carótida[22]
Via receptor ER-β	Modula o funcionamento vascular[23]
	Modula a pressão arterial[23]
Efeito androgênico	
Via receptor androgênico (AR)	Promove a migração leucocitária via NADPH oxidase cicloxigenase-dependente[24]
	Promove o aumento do processo inflamatório e estresse oxidativo na vasculatura[24]
	Promove a indução de apoptose da musculatura lisa vascular[25]
	Promove a produção de espécies reativas de oxigênio via mitocondrial[25]
	Promove disfunção na liberação de óxido nítrico [26,27]
	Promove aumento da disfunção endotelial[28,29]

AR: androgen receptor; ER: estrogen receptor.

ANDRÓGENOS E RISCO CARDIOVASCULAR EM MULHERES CISGÊNEROS

Mulheres no menacme apresentam menor risco cardiovascular (RCV) do que homens pareados pela idade[30]. Essa condição benéfica é atribuída, em grande parte, às ações dos estrogênios endógenos no aparelho cardiovascular, uma vez que essa vantagem é transitória e desaparece após a menopausa, quando ocorre a falência da produção hormonal ovariana[31,32]. Uma redução nos níveis androgênicos também é observada em mulheres cisgêneros durante a vida, mas o papel deste declínio no RCV não é completamente conhecido[33].

As evidências atuais do papel da testosterona no perfil aterogênico e risco cardiovascular são controversas, e vários aspectos da segurança do uso terapêutico da testosterona não estão completamente esclarecidos.

A maioria dos estudos propõe uma associação entre excesso de andrógenos e RCV em mulheres cisgêneros por mecanismos diretos, como o aumento da atividade inflamatória e consequente aumento de aterosclerose[34,35]; ou indiretamente pelo aumento de gordura visceral, de resistência insulínica e do perfil lipídico aterogênico. Por outro lado, níveis baixos de testosterona em mulheres cisgêneros também foram relacionados ao aumento de RCV, por mecanismos não esclarecidos[36]. Nas mulheres, os níveis fisiológicos de testosterona circulante parecem diminuir o espessamento de camadas íntima e média da carótida[34,35,37].

Alguns estudos que avaliaram o uso crônico de testosterona em diferentes doses e vias de administração em pacientes climatéricas demostraram aumento da vasodilatação arterial, tanto por mecanismos endotélio-dependentes como por mecanismos endotélio- independentes[33,35,38], enquanto outros apresentaram aumento de doença isquêmica arterial e doença coronariana[33,34,35,36]. Cita-se também a redução do colesterol total, HDLc e triglicérides (TGL), e aumento no LDLc, porém, ressalta-se que as doses de testosterona utilizadas são bem menores do que as utilizadas no tratamento de homens transgêneros. Entretanto, é importante observar a escassez de estudos com seguimento a longo prazo, assim como a baixa qualidade de evidência dos estudos existentes[39].

Excesso de testosterona livre circulante em mulheres cisgêneros é proposto como um preditor de aumento de pressão arterial mediada pelo sistema nervoso simpático[40]. Em mulheres jovens com síndrome do ovário policístico (SOP), expostas cronicamente a excesso androgênico, várias comorbidades cardiovasculares, incluindo HAS e disfunção endotelial, sao observadas[41,42].

REPERCUSSÕES DA TERAPÊUTICA HORMONAL DE AFIRMAÇÃO DE GÊNERO EM HOMENS TRANSGÊNEROS NOS FATORES DE RISCO CARDIOVASCULAR

É válido ressaltar que a qualidade da evidência da maioria dos estudos envolvendo a terapêutica de afirmação de gênero em homens transgêneros é baixa pela natureza observacional e não controlada dos estudos, além de baixos índices de desfechos avaliados, heterogeneidade no tempo de seguimento e nos regimes de tratamento entre os artigos analisados em estudos de metanálises.

Perfil lipídico

Os resultados observados em duas revisões sistemáticas publicadas em 2017[43,44], que avaliaram um total de 1999 homens transgêneros, evidenciaram o aumento dos níveis de LDLc e a redução do HDLc, porém foram discrepantes em relação ao colesterol total e triglicerídeos (Tabela 4).

TABELA 4 Comportamento dos níveis de LDLc, HDLc e triglicerídeos séricos em homens transgêneros em uso terapêutico de testosterona

Autor(a)	Tipo de estudo	Número de participantes	LDLc	HDLc	Triglicerídeos
Maraka (2017)[43]	Metanálise	1500	12 m - ↑ (M: 11 mg/dL; V: 6-17 mg/dL) 24 m – ↑ (M: 18 mg/dL; V: 4-32 mg/dL)	– 24 m - ↓ (M: 9 mg/dL; V: 3-14 mg/dL)	3 a 6 m- ↑ (M: 9 mg/dL V: 3-16 mg/dL) 24 m- ↑ (M: 21 mg/dL; V: 0-43 mg/dL)
I. Velho (2017)[44]	Metanálise	499	↑	↓	Achados inconsistentes

↑: aumento; M: média; m: meses; ↓: redução; V: variação.

A via transdérmica de administração de testosterona promoveu menores alterações lipídicas do que a via intramuscular[11], porém o uso de apresentações intramusculares de testosterona continua sendo muito mais frequente na terapia de homens transgêneros do que a via tópica.

Pressão arterial

O comportamento da pressão arterial (PA) em homens transgêneros em uso de testosterona é controverso. A revisão sistemática com metanálise incluindo um grupo de 13 estudos com casuísticas que variavam entre 12 a 97 homens transgêneros (média de idade 30 anos), com diferentes graus de índice de massa corporal (IMC), tabagistas e não tabagistas[44], constatou que alterações dos níveis de pressão arterial foram discretas, clinicamente irrelevantes ou mesmo não ocorreram. Apenas um dos estudos avaliados relatou dois casos de hipertensão arterial com retorno aos valores basais de PA após suspensão de testosterona (Tabela 5). Importante observar que não há dados na literatura em homens transgêneros idosos em hormonioterapia.

Em relação à comparação dos níveis de PA entre homens transgêneros *versus* mulheres cisgêneros, os resultados são conflitantes, alguns autores não observaram diferenças[45], enquanto outros observaram que a hormonioterapia aumentou a pressão arterial sistólica (PAS) entre 3,2 mmH até 13,4 mmHg, após 2 anos de uso de testosterona[46,47].

TABELA 5 Comportamentos da pressão arterial sistólica e diastólica relatados em estudos avaliando homens transgêneros em uso terapêutico de testosterona[51]

Estudo	Número de participantes	Tempo de tratamento (meses)	Hormônio utilizado	PAS	PAD
Elbers JMH, 2003[48]	43	24	Undecanoato de testosterona IM	↑ (M: 111 → 125 mmHg)	≈
Mueller A, 2010[46]	45	24	Undecanoato de testosterona IM	↑ (M: 129 → 135 mmHg)	≈
Wierckx K VC, 2014[49]	53	12	Undecanoato de testosterona IM	↑ (M: 111,5 → 115,6 mmHg)	≈
Quiros C, 2015[50]	97	24	Testosterona transdérmica ou Undecanoato de testosterona IM	≈	≈

↑: aumento; ≈- inalterado; IM: intramuscular; M: média da PAS; PAD: pressão arterial diastólica; PAS: pressão arterial sistólica; ↓: redução.

Estudos utilizando inquérito de autoconhecimento sobre comorbidades em populações de homens transgêneros não evidenciaram aumento da frequência de HAS entre os entrevistados[52,53].

Os resultados desses estudos são inconsistentes, e o aparecimento de hipertensão arterial pode ser dependente de alguns fatores como duração da hormonioterapia e idade do indivíduo. Na maioria dos estudos, parece haver alterações discretas de pressão arterial.

Composição corporal, resistência insulínica e diabetes mellitus tipo 2

A testosterona exerce um importante papel na regulação e distribuição topográfica da composição da gordura corporal[54], assim como na quantidade da massa muscular corporal[10.55].

Na revisão sistemática[44], foi observado aumento do Índice de Massa Corporal (IMC) na maioria dos estudos, variando de 1,3-11,4% durante o tratamento. Já nos estudos que utilizaram bioimpedanciometria ou densitometria corporal total, foram observados aumento de massa magra e redução de massa gorda, corroborando com os achados da revisão sistemática de Klaver (2016)[56], realizada com 354 indivíduos.

O estudo European Network for Investigation of Gender Incongruence (ENGINI) demonstrou aumento de massa muscular e queda de gordura corporal sem alterações importantes no IMC após um ano de hormonioterapia (Tabela 6)[57].

A não uniformidade no tempo de tratamento e nas formulações de testosterona utilizadas nos estudos podem gerar resultados diferentes entre eles.

TABELA 6 Alterações da composição corporal observadas em homens transgêneros em uso terapêutico de testosterona

Estudo	Número de participantes	ΔTempo de tratamento androgênico (meses)	Composição corporal
Wiik et al., 2019[58]	12	12	Massa de gordura total- ↓ de 15% Massa magra- ↑ de 13%
Van Caenegem E, 2015[57]	23	12	Massa de gordura total- ↓ 9,7% Massa magra- ↑ de 10,4%

↑: aumento; ↓: redução.

Apesar de alterar o padrão de gordura para androide e do possível maior acúmulo de gordura visceral, não há consenso quanto ao aumento de resistência insulínica e da prevalência de diabetes tipo 2 em homens trans.

Um estudo transversal que analisou 138 homens transgêneros demonstrou maior incidência de DM2 (36,2 por 1000 casos) comparado com mulheres cisgêneros, mas não houve diferença em relação a homens cisgêneros. Em avaliação do modelo homeostático para o índice de resistência à insulina, não se observou seu aumento após um ano de hormonioterapia[59].

Estudos utilizando inquérito de autoconhecimento sobre comorbidades em populações de homens trans não evidenciaram aumento da frequência de DM2 nos entrevistados[52,53].

Hemoglobina e hematócrito

Alguns estudos descrevem aumento nos níveis de hemoglobina (Hb) e hematócrito (Ht) após o início do tratamento de homens transgêneros com testosterona[49,60,61]. Os incrementos podem variar de acordo com as formulações de testosterona utilizadas[51].

A eritrocitose aumenta o risco de acidente vascular cerebral e por isso requer medidas para sua correção, como a interrupção temporária da hormonioterapia ou aumento do intervalo entre as aplicações de testosterona[62].

Os resultados da revisão sistemática com metanálise, incluindo homens transgêneros tratados com undecanoato de testosterona (1000 mg IM a cada 12 semanas) por período de 6 a 12 meses, mostraram um aumento dos níveis de hemoglobina (variação de 4,9% a 12,5%) e do hematócrito (variação de 4,4% a 17,6%) durante a hormonioterapia[44]. Os valores de Hb e Ht após tratamento, apesar de aumentados, permaneceram dentro do intervalo de normalidade para indivíduos do sexo masculino[44]. Eritrocitose é um efeito colateral da terapia androgênica, porém, manifestações clínicas associadas são raramente observadas. A Tabela 7 mostra os resultados observados em outros estudos.

TABELA 7 Alterações dos valores de hemoglobina e hematócrito em estudos com homens transgêneros em uso terapêutico de testosterona[51]

Estudo	Número de participantes	Tempo de análise estudo (meses)	Princípio ativo utilizado	Hb	Ht
Wierckx KVC, 2014[49]	53	12	Undecanoato de testosterona IM		Ht ↑ (M: 40,8 → 45,8%)
Jacobeit JW, 2007[60]	12	12	Undecanoato de testosterona IM	Hb ↑ (M: 13,8 → 15,1 g/dL)	Ht ↑ (M: 41,0 → 44,3%)
Costantino A, 2013[61]	50	12	Vários	Hb ↑ (M: 13,3 → 15,0 g/dL)	Ht ↑ (M: 39,9 → 44,2%)

↑: aumento; Hb: hemoglobina; Ht: hematócrito; IM: intramuscular; ↓: redução.

Eventos vasculares: infarto agudo do miocárdio (IAM), acidente vascular cerebral (AVC) e tromboembolismo venoso (TEV)

Embora algumas evidências indiquem repercussões negativas da terapêutica androgênica em homens trans em relação a fatores de RCV, como alterações de fatores de coagulação, do perfil lipídico, dos níveis de pressão arterial ou função endotelial, não é observado, em regimes de tratamento a curto prazo, um risco aumentado de mortalidade e morbidade cardiovascular. É importante enfatizar o fato de que a maioria dos dados disponíveis é limitada a um acompanhamento relativamente curto na duração do tratamento usando testosterona e a poucas informações sobre as condições CV de homens trans idosos.

Em revisão sistemática, Maraka (2017) relata que os estudos nos quais foram analisados mortalidades e casos de IAM e AVC (4, 3 e 2 estudos, respectivamente), poucos eventos foram indicados em populações de homens trans. Apenas uma morte causada por doença cardiovascular e um episódio de IAM foram descritos entre 478 homens trans avaliados; nenhum episódio de AVC entre 340 hotrans avaliados, e apenas um indivíduo apresentou trombose venosa em 771 homens trans avaliados (Tabela 8).

Foram analisados casos de eventos cardiovasculares agudos com base na revisão de prontuários médicos de 6.793 indivíduos transgêneros que participaram de acompanhamento em um centro especializado em Amsterdã no período de 1972 a 2015, bem como em dados de 1.358 homens transgêneros (idade média de 23 anos) em tratamento androgênico e, apesar das limitações desse levantamento observacional e retrospectivo (baseado em dados de prontuário médico), os resultados indicaram que homens transgêneros que receberam hormonioterapia cruzada estão sujeitos a maior risco de IAMs do que as mulheres cisgêneros para a mesma faixa etária. Porém, tal estudo não conseguiu avaliar o papel de fatores associados, como estresse psicológico ou índices de tabagismo[63].

Estresse psicológico

Disfunção psicológica já está muito bem estabelecida como fator de RCV, sabidamente através de aumento de aterosclerose por mecanismos imunes e resposta metabólica disfuncional[67]. Classicamente, transgêneros são considerados como vulneráveis a estresse psicológico pelo fato de serem minoria, apresentando maiores índices de doenças psicológicas e de taxas de suicídio do que a

TABELA 8 Desfechos cardiovasculares em estudos com homens transgêneros em uso terapêutico de testosterona

Estudo	Número de participantes / Δ T de acompanhamento	Princípio ativo utilizado	Número de eventos CV
van Kesteren PJ, 1997[64]	293 / NR	Éster de testosterona IM ou Undecanoato de testosterona oral	IAM - 1 AVC - 0
Asscheman HGE, 2011[65]	365 / 18,4 anos	Éster de testosterona IM ou testosterona gel	Sem diferença na mortalidade CV quando comparada aos homens cis de mesma idade Nenhuma morte por AVC
Wierckx K, 2013[66]	138 / 7 anos	Éster de testosterona ou Undecanoato de testosterona IM	IAM - 0 AVC - 0
Nota NM, 2019[63]	1358 / 8-10 anos	NR	IAM -11 AVC - 6

AVC: acidente vascular cerebral; CV: cardiovascular; IAM: infarto agudo do miocárdio; IM: intramuscular; NR: não relatado.

população geral[68]. Estudos demonstram que a hormonioterapia diminui as doenças psicológicas dos transgêneros e melhoram a qualidade de vida[69].

CONCLUSÃO

A terapia androgênica utilizada nos homens transgêneros visa atenuar as características sexuais secundárias femininas e promover o desenvolvimento de características masculinas, compatíveis com o sexo de identidade desses indivíduos. As mudanças corporais induzidas pelo tratamento hormonal são frequentemente acompanhadas pela melhora do bem-estar psicológico dos indivíduos transgêneros. Porém, as repercussões da terapêutica hormonal de afirmação de gênero nos fatores de risco cardiovascular em homens trans ainda não estão completamente estabelecidas. Alterações do perfil lipídico, elevação dos níveis de pressão arterial, do hematócrito e disfunção endotelial são descritas. Nesse sentido, apesar das limitações dos estudos disponíveis, há um consenso em relação à segurança do uso de testosterona em homens transgêneros a curto e médio prazos[70]. Entretanto, é reconhecido que o número de estudos que analisaram a frequência de eventos CV e mortalidade em populações de homens transgêneros tratados a longo prazo é insuficiente.

Recomenda-se, portanto, a avaliação de risco cardiovascular nos homens transgêneros em terapia androgênica, especialmente, na introdução de terapia em homens transgêneros idosos.

REFERÊNCIAS BIBLIOGRÁFICAS

1. Arcelus JBW. Systematic review and meta-analysis of prevalence studies in transsexualism. Eur Psychiatry. 2015;30:807-815.
2. Dhejne CÖK. An analysis of all applications for sex reassignment surgery in Sweden, 1960-2010: prevalence, incidence, and regrets. Arch Sex Behav. 2014;43:1535-1545.
3. Zucker KJ. Epidemiology of gender dysphoria and transgender identity. Sex Health. 2017 Oct;14(5):404-441.
4. Deutsch MB. Guidelines for the primary and gender affirming care of transgender and gender nonbinary people. 2nd ed. San Francisco, CA: University of California: UCSF Gender Affirming Health Program; 2016.
5. Hembree WC, Cohen-Kettenis PT, Gooren L, Hannema SE, Meyer WJ, Murad MH, et al. Endocrine treatment of gender-dysphoric/gender-incongruent persons: an endocrine society clinical practice guideline. JCEM; 2017.
6. Cunha FS. Prevalência dos fatores de risco cardiovascular em homens transexuais em tratamento com ésteres de testosterona e sua associação com as variantes polimórficas do gene do receptor androgênico [undergraduate thesis]. São Paulo: Faculdade de Medicina, Universidade de São Paulo; 2017. 142 p.
7. Conselho Federal de Medicina. Resolução CFM nº 2.265/2019. Dispõe sobre o cuidado específico à pessoa com incongruência de gênero ou transgênero e revoga a Resolução CFM nº 1.955/2010. Diário Oficial da União. 2020 Jan;09;(6 seção 1):96.
8. Heylens GVC. Effects of different steps in gender reassignment therapy on psychopathology: a prospective study of persons with a gender identity disorder. J Sex Med. 2014;11(1):119-126.
9. Costa RCM. The effect of cross-sex hormonal treatment on gender dysphoria individuals' mental health: a systematic review. Neuropsychiatr Dis Treat. 2016;12:1953-1966.
10. 10. Bhasin SCG. Testosterone therapy in adult men with androgen deficiency syndromes: an endocrine society clinical practice guideline. J Clin Endocrinol Metab. 2006;91(6):1995-2010.
11. Pelusi CCA. Effects of three different testosterone formulations in female-to-male transsexual persons. J Sex Med. 2014;11(12):3002-3011.
12. Ott JKU. Incidence of thrombophilia and venous thrombosis in transsexuals under cross-sex hormone therapy. Fertil Steril. 2010;93(4):1267-1272.
13. Morselli E, Santos RS, Criollo A, Nelson MD, Palmer BF, Clegg DJ. The effect of oestrogens and their receptors on cardiometabolic health. Nat Rev Endocrinol. 2017;13:352-364.
14. Lucas-Herald AK, Alves-Lopes R, Montezano AC, Ahmed SF, Touyz RM. Genomic and non-genomic effects of androgens in the cardiovascular system: clinical implications. Clin Sci (Lond). 2017 Jul;1;131(13):1405-1418.

15. Losord DW, Kearney M, Kim EA, Jekanowski J, Isner JM. Variable expression of the estrogen receptor in normal and atherosclerotic coronary arteries of premenopausal women. Circulation. 1994 Apr;89(4):1501-1510.
16. Makela S, Savolainen H, Aavik E, Myllärniemi M, Strauss L, Taskinen E, et al. Differentiation between vasculoprotetive and uterotrohic effects ligands with different binding affinities to estrogen receptors alpha and beta. Proc Natl Acad Sci USA. 1999 Jun;8;96(12):7077-7082.
17. Mendelsohn ME, Karas RH. The protective effects of estrogen on the cardiovascular system. N England J Med. 1999 Jun;10;340(23):1801-1811.
18. Huang CK, Lee SO, Chang E, Pang H, Chang C. Androgen receptor (AR) in cardiovascular diseases. J Endocrinol. 2016 Apr;229(1):R1-R16.
19. Pare G, Krust A, Karas RH, Dupont S, Aronovitz M, Chambon P, et al. Estrogen receptor-alpha mediates the protective effects of estrogen against vascular injury. Circ Res. 2002 May;31;90(10):1087-1092.
20. Hodges YK, Tung L, Yan XD, Graham JD, Horwitz KB, Horwitz LD. Estrogen receptors alpha and beta: prevalence of estrogen receptor beta mRNA in human vascular smooth muscle and transcriptional effects. Circulation. 2000 Apr;18;101(15):1792–1798.
21. Chambliss KL, Wu Q, Oltmann S, Konaniah ES, Umetani M, Korach KS, et al. Non-nuclear estrogen receptor alpha signaling promotes cardiovascular protection but not uterine or breast cancer growth in mice. J Clin Invest. 2010 Jul;120(7):2319-2330.
22. Kypreos KE, Zafirovic S, Petropoulou PI, Bjelogrlic P, Resanovic I, Traish A, et al. Regulation of endothelial nitric oxide synthase and high-density lipoprotein quality by estradiol in cardiovascular pathology. J Cardiovasc Pharmacol Ther. 2014 May;19(3):256-268.
23. Barton M, Prossnitz ER. Emerging roles of GPER in diabetes and atherosclerosis. Trends Endocrinol Metab. 2015 Apr;26(4):185-192.
24. Chignalia AZ, Oliveira MA, Debbas V, Dull RO, Laurindo FRM, Touyz RM, et al. Testosterone induces leucocyte migration by NADPH oxidase-driven ROS- and COX2dependent mechanisms. Clin Sci (Lond). 2015 Jul;129(1):39-48.
25. Lopes RA, Neves KB, Pestana CR, Queiroz AL, Zanotto CZ, Chignalia AZ, et al. Testosterone induces apoptosis in vascular smooth muscle cells via extrinsic apoptotic pathway with mitochondria-generated reactive oxygen species involvement. Am J Physiol Heart Circ Physiol. 2014 Jun; 1;306(11):H1485 H1494.
26. Taslipinar Y, Kiliç N, Bayraktar N, Güler İ, Kurt YG, Göktaş T, et al. Endothelial dysfunction and insulin resistance in young women with polycystic ovarian syndrome. Turk J Med Sci. 2014;44(5):787-791.
27. Krishna MJ, Joseph A, Thomas PL, Dsilva B, Pillai SM, Laloraya M. Impaired arginine metabolism coupled to a defective redox conduit contributes to low plasma nitric oxide in polycystic ovary syndrome. Cellular Physiology and Biochemistry. 2017;43(5):1880-1892.
28. Paradisi GS, Steinberg HO, Hempfling A, Cronin J, Hook G, Shepard MK, et al. Polycystic ovary syndrome is associated with endothelial dysfunction. Circulation. 2001 Mar 13;103(10):2317 2322.
29. McCrohon JJ, Jessup W, Handelsman DJ, Celermajer DS. Androgen exposure increases human monocyte adhesion to vascular endothelium and endothelial cell expression of vascular cell adhesion molecule-1. Circulation. 1999 May; 4;99(17):2317-2322.
30. Kim C, Cushman M, Kleindorfer D, Lisabeth L, Redberg RF, Safford MM. A review of the relationships between endogenous sex steroids and incident ischemic stroke and coronary heart disease events. Curr Cardiol Rev. 2015;11(3):252-260.
31. Howard BV, Rossouw JE. Estrogens and cardiovascular disease risk revisited: the Women´s Health Initiative. Curr Opin Lipidol. 2013 Dec;24(6);493-499.
32. Streed CG Jr, Harfouch O, Marvel F, Blumenthal RS, Martin SS, Mukherjee M. Cardiovascular disease among transgender adults receiving hormone therapy: a narrative review. Ann Intern Med. 2017 Aug;15;167(4):256-267.
33. Davison SL, Bell R, Donath S, Montalto JG, Davis SR. Androgen levels in adult females: changes with age, menopause, and oophorectomy. J Clin Endocrinol Metabol. 2005 Jul;90(7):3847-3853.

34. Spoletini I, Vitale C, Pelliccia F, Fossati C, Rosano GMC. Androgens and cardiovascular disease in postmenopausal women: a systematic review. Climateric. 2014 Dec;17(6);625-634.
35. Bernini GP, Sgro' M, Moretti A, Argenio GF, Barlascini CO, Cristofani R, et al. Endogenous androgens and carotid intimal-media thickness in women. J Clin Endocrinol Metab. 1999 Jun;84(6):2008-2012.
36. Sievers C, Klotsche J, Pieper L, Schneider HJ, März W, Wittchen HU, et al. Low testosterone levels predict all-cause mortality and cardiovascular events in women: a prospective cohort study in German primary care patients. Eur J Endocrinol. 2010 Oct;163(4):699-708.
37. Davis SR, Wahlin-Jacobsen S. Testosterone in women-the clinical significance. Lancet Diabetes Endocrinol. 2015 Dec;3(12):980-992.
38. Britto R, Araújo L, Barbosa I, Silva L. Improvement of the lipid profile in post-menopausal women who use estradiol and testosterone implants. Gynecol Endocrinol. 2012 Oct;28(10):767-769.
39. Elraiyah T, Sonbol MB, Wang Z, Khairalseed T, Asi N, Undavalli C, et al. Clinical review: The benefits and harms of systemic testosterone therapy in postmenopausal women with normal adrenal function: a systematic review and meta-analysis. J Clin Endocrinol Metab. 2014 Oct;99(10):3543-3550.
40. Gulanski BI, Flannery CA, Peter PR, Leone CA, Stachenfeld NS. Compromised endothelial function in transgender men taking testosterone. Clin Endocrinol (Oxf). 2020 Feb;92(2):138-144.
41. Gui J, Wang RH. Cardiovascular autonomic dysfunction in women with polycystic ovary syndrome: a systematic review and meta-analysis. Reproductive BioMedicine Online. 2017 Jul;35(1):113-120.
42. Usselman CW, Yarovinsky TO, Steele FE, Leone CA, Taylor HS, Bender JR, et al. Androgens drive microvascular endothelial dysfunction in women with polycystic ovary syndrome: role of the endothelin B receptor. The Journal of Physiology. 2019 Jun;597(11):2853-2865.
43. Maraka S, Ospina NS, Rodriguez-Gutierrez R, Davidge-Pitts CJ, Nippoldt TB, Prokop LJ, et al. Sex steroids and cardiovascular outcomes in transgender individuals: a systematic review and meta-analysis. J Clin Endocrinol Metab. 2017 Nov;1;102(11):3914–3923.
44. Velho I, Fighera TM, Ziegelmann PK, Spritzer PM. Effects of testosterone therapy on BMI, blood pressure, and laboratory profile of transgender men: a systematic review. Andrology. 2017 Sep;5(5):881-888.
45. Asscheman H, Gooren LJ, Eklund PL. Mortality and morbidity in transsexual patients with cross-gender hormone treatment. Metabolism. 1989 Sep;38(9):869-873.
46. Mueller A, Haeberle L, Zollver H, Claassen T, Kronawitter D, Oppelt PG, et al. Effects of intramuscular testosterone undecanoate on body composition and bone mineral density in female-to-male transsexuals. J Sex Med. 2010 Sep;7(9):3190-3198.
47. Connelly PJ, Freel EM, Perry C, Ewan J, Touyz RM, Currie G, et al. Gender-affirming hormone therapy, vascular health and cardiovascular disease in transgender adults. Hypertension. 2019 Dec;74(6):1266-1274.
48. Elbers JMH, Giltay EJ, Teerlink T, Scheffer PG, Asscheman H, Seidell JC, et al. Effects of sex steroids on components of the insulin resistance syndrome in transsexual subjects. Clin Endocrinol. 2003 May;58(5):562-571.
49. Wierckx K, Van Caenegem E, Schreiner T, Haraldsen I, Fisher AD, Toye K, et al. Cross-sex hormone therapy in trans persons is safe and effective at short-time follow-up: results from the European network for the investigation of gender incongruence. J Sex Med. 2014 Aug;11(8):1999-2011.
50. Quiros C, Patrascioiu I, Mora M, Aranda GB, Hanzu FA, Gómez-Gil E, et al. Effect of cross-sex hormone treatment on cardiovascular risk factors in transsexual individuals. Experience in a specialized unit in Catalonia. Endocrinol Nutr. 2015 May;62(5):210-216.
51. Irwig MS. Cardiovascular health in transgender people. Reviews in Endocrine and Metabolic Disorders. 2018 Sep;19(3):243-251.
52. Meyer IH, Brown TNT, Herman JL, Reisner SL, Bockting WO. Demographic characteristics and health status of transgender adults in select US regions: behavioral risk factor surveillance system. Am J Public Health. 2017 Apr;107(4):582-589.

53. Nokoff NJ, Scarbro S, Juarez-Colunga E, Moreau KL, Kempe A. Health and cardiometabolic disease in transgender adults in the United States: behavioral risk factor surveillance system 2015. J Endocr Soc. 2018 Mar;5;2(4):349-360.
54. Elbers J, Asscheman H, Seidell JC, Gooren LJ. Effects of sex steroid hormones on regional fat depots as assessed by magnetic resonance imaging in transsexuals. Am J Physiol Endocrinol Metab. 1999 Feb;276(2):E317-325.
55. Handelsman DJ, Hirschberg AL, Bermon S. Circulating testosterone as the hormonal basis of sex differences in athletic performance. Endocr Rev. 2018 Oct;1;39(5):803-829.
56. Klaver M, Dekker MJHJ, Mutsert R de, Twisk JWR, den Heijer M. Cross-sex hormone therapy in transgender persons affects total body weight, body fat and lean body mass: a meta-analysis. Andrologia. 2017 Jun;49(5).
57. Van Caenegem E, Wierckx K, Taes Y, Schreiner T, Vandewalle S, Toye K, et al. Body composition, bone turnover, and bone mass in trans men during testosterone treatment: 1-year follow-up data from a prospective case–controlled study (ENIGI). Eur. Eur J Endocrinol. 2015 Feb;172(2):163-171.
58. Wiik A, Lundberg TR, Rullman E, Andersson DP, Holmberg M, Mandić M, et al. Muscle strength, size, and composition following 12 months of gender-affirming treatment in transgender individuals. The Journal of Clinical endocrinology & Metabolism. 2020 Mar; 1;105(3):dgz247.
59. Wiecrckx K, Elaut E, Declercq E, Heylens G, De Cuypere G, Taes Y, et al. Prevalence of cardiovascular disease and cancer during cross-sex hormone therapy in a large cohort of trans persons: a case-control study. Eur J Endocrinol. 2013 Sep;13;169(4):471-478.
60. Jacobeit JW, Gooren LJ, Schulte HM. Long-acting intramuscular testosterone undecanoate for treatment of female-to-male transgender individuals. J Sex Med. 2007 Sep;4(5):1479-1484.
61. Costantino A, Cerpolini S, Alvisi S, Morselli PG, Venturoli S, Meriggiola MC. A prospective study on sexual function and mood in female-to-male transsexuals during testosterone administration and after sex reassignment surgery. J Sex Marital Ther. 2013;39(4):321-335.
62. Kaufman JM, Vermeulen A. The decline of androgen levels in elderly men and its clinical and therapeutic implications. Endocr Rev. 2005 Oct;26(6):833-876.
63. Nota NM, Wiepjes CM, de Blok CJM, Gooren LJG, Kreukels BPC, den Heijer M. Occurrence of acute cardiovascular events in transgender individuals receiving hormone therapy. Circulation. 2019 Mar; 12;139:1461 1462.
64. van Kesteren PJ, Asscheman H, Megens JA, Gooren LJ. Mortality and morbidity in transsexual subjects treated with cross-sex hormones. Clin Endocrinol. 1997 Sep; 47(3):337-342.
65. Asscheman H, Giltay EJ, Megens JAJ, de Ronde WP, van Trotsenburg MAA, Gooren LJG. A long--term follow-up study of mortality in transsexuals receiving treatment with cross-sex hormones. Eur J Endocrinol. 2011 Apr;164(4):635-642.
66. Wierckx K, Elaut E, Declercq E, Heylens G, De Cuypere G, Taes Y, et al. Prevalence of cardiovascular disease and cancer during cross-sex hormone therapy in a large cohort of trans persons: a case-control study. Eur J Endocrinol. 2013 Sep;13;169(4):471-478.
67. Lagraauw HM, Johan K, Bot Ilze. Acute and chronic psychological stress as risk factors for cardiovascular disease: insights gained from epidemiological, clinical and experimental studies. Brain Behav Immun. 2015 Nov;50:18-30.
68. Bockting WO, Miner MH, Romine RES, Hamilton A, Coleman E. Stigma, mental health, and resilience in an online sample of the US transgender population. Am J Public Health. 2013 May;103(5):943-51.
69. World Professional Association for Transgender Health. Standards of care for the health of the transsexual, transgender, and gender nonconforming people. 7th ed. WPATH;2012.
70. Gooren LJ, Giltay EJ, Bunck MC. Long-term treatment of transsexuals with cross-sex hormones: extensive personal experience. J Clin Endocrinol Metab. 2008 Jan;93(1):19-25.
71. Streed Jr CG, Harfouch O, Marvel F, Blumenthal RS, Martin SS, Mukherjee M. Cardiovascular disease among transgender adults receiving hormone therapy: a narrative review. Ann Intern Med. 2017 Aug;15;167(4):256-267.

72. American Psychiatric Association. Diagnostic and Statistical Manual of Mental Disorders. 5th ed. London; Washington: American Psychiatric Association Publishing; 2013.
73. Borst SE, Shuster JJ, Zou B, Ye F, Jia H, Wokhlu A, Yarrow JF. Cardiovascular risks and elevation of serum DHT vary by route of testosterone administration: a systematic review and meta-analysis. BMC Med. 2014 Nov;27;12:211.
74. Bunck MC, Toorians AWFT, Lips P, Gooren LJG. The effects of the aromatase inhibitor anastrozole on bone metabolism and cardiovascular risk indices in ovariectomized, androgen-treated female--to-male transsexuals. Eur J Endocrinol. 2006 Apr;154(4):569-575.
75. Ceballos G, Figueroa L, Rubio I, Gallo G, Garcia A, Martinez A, et al. Acute and nongenomic effects of testosterone on isolated and perfused rat heart. J Cardiovasc Pharmacol. 1999 May;33(5):691-697.
76. Brasil. Classificação estatística internacional de doenças e problemas relacionados à saúde. DIC-10. Datasus. 2008;1.
77. Colizzi M, Costa R, Scaramuzzi F, Palumbo C, Tyropani M, Pace V, et al. Concomitant psychiatric problems and hormonal treatment induced metabolic syndrome in gender dysphoria individuals: A 2 year follow-up study. J Psychosom Res. 2015 Apr;78(4):399-406.
78. Credie RJMC, McCrohon JA, Turner L, Griffiths KA, Handelsman DJ, Celermajer DS. Vascular reactivity is impaired in genetic females taking high-dose androgens. J Am Coll Cardiol. 1998 Nov;32(5):1331-1335.
79. Deenadayalu VP, White RE, Stallone JN, Gao X, Garcia AJ. Testosterone relaxes coronary arteries by opening the large-conductance, calcium-activated potassium channel. Am J Physiol Heart Circ Physiol. 2001 Oct;281(4):H1720-1727.
80. Dixit KCS, Wu J, Smith LB, Hadoke PWF, Wu FCW. Androgens and coronary artery disease. In: De Groot LJ, Chrousos G, Dungan K, Feingold KR, Grossman A, Hershman JM, et al (eds.). Endotext. South Dartmouth (MA);2000.
81. Elamin MB, Garcia MZ, Murad MH, Erwin PJ, Montori VM. Effect of sex steroid use on cardiovascular risk in transsexual individuals: a systematic review and meta-analyses. Clin Endocrinol. 2010 Jan;72(1):1-10.
82. Emi Y, Adachi M, Sasaki A, Nakamura Y, Nakatsuka M. Increased arterial stiffness in female-to--male transsexuals treated with androgen. J Obstet Gynaecol Res. 2008 Oct;34(5):890-897.
83. Guo C, Gu W, Liu M, Peng BO, Yao X, Yang B. Efficacy and safety of testosterone replacement therapy in men with hypogonadism: a meta-analysis study of placebo-controlled trials. Exp Ther Med. 2016 Mar;11(3):853-863.
84. Harvey RE, Coffman KE, Miller VM. Women-specific factors to consider in risk, diagnosis and treatment of cardiovascular disease. Womens Health (Lond). 2015 Mar;11(2):239-257.
85. Hembree WC, Cohen-Kettenis PT, Gooren L, Hannema SE, Meyer WJ, Murad MH, et al. Endocrine treatment of gender-dysphoric/gender-incongruent persons: an endocrine society clinical practice guideline. 2017 Nov;1;102(11):3869-3903.
86. Jones RD, English KM, Jones TH, Channer KS. Testosterone-induced coronary vasodilatation occurs via a non-genomic mechanism: evidence of a direct calcium antagonism action. Clin Sci (Lond). 2004 Aug;107(2):149-58.
87. Liu PY, Death AK, Handelsman DJ. Androgens and cardiovascular disease. Endocr Rev. 2003 Jun;24(3):313-40.
88. Polderman KH, Stehouwer CD, van Kamp GJ, Dekker GA, Verheugt FW, Gooren LJ. Influence of sex hormones on plasma endothelin levels. Ann Intern Med. 1993 Mar 15;118(6):429-32.
89. Stanhewicz AW, Wenner MM, Stachenfeld NS. Sex differences in endothelial function important to vascular health and overall cardiovascular disease risk across the lifespan. Am J Physiol. Heart Circ Physiol. 2018 Dec;1;315(6):H1569-H1588.

90. Toorians AW, Thomassen MCLGD, Zweegman S, Magdeleyns EJP, Tans G, LJG Gooren, et al. Venous thrombosis and changes of hemostatic variables during cross-sex hormone treatment in transsexual people. J Clin Endocrinol Metab. 2003 Dec;88(12):5723-5729.
91. Van Caenegem E, Wierckx K, Taes Y, Dedecker D, Peer F, Toey V, et al. Bone mass, bone geometry, and body composition in female-to-male transsexual persons after long-term cross-sex hormonal therapy. The Journal Of Clinical Endocrinology & Metabolism. 2012 Jul;97(7):2503-2511.
92. van Velzen DM, Paldino A, Klaver M, Nota NM, Defreyne J, Hovingh GK, et al. Cardiometabolic effects of testosterone in transmen and estrogen plus cyproterone acetate in transwomen. J Clin Endocrinol Metab. 2019 Jun;1;104(6):1937-1947.
93. Wierckx K, Mueller S, Weyers S, Van Caenegem E, Roef G, Heylens G, et al. Long-term evaluation of cross-sex hormone treatment in transsexual persons. J Sex Med. 2012 Oct;9(10):2641-2651.

Seção 3

Efeitos adversos do uso suprafisiológico de anabolizantes

14

Efeitos adversos do uso suprafisiológico de anabolizantes no perfil lipídico

Francis Ribeiro de Souza
Caio Novaes

DISLIPIDEMIA

A doença cardiovascular (DCV) é a maior causa de mortalidade no mundo[1], e a dislipidemia é um dos principais fatores de risco para o desenvolvimento da aterosclerose, bem como da DCV. A aterosclerose consiste no acúmulo de gordura nas artérias, e, quando ocorre no coração, aumenta o risco de síndromes coronárias como o infarto agudo do miocárdio (IAM) ou quadros de angina estável ou instável. Além disso, está associada com maior risco de acidente vascular cerebral (AVC), formaçao de aneurismas, claudicação intermitente, úlcera e gangrena em artérias[2-4].

De modo geral, a dislipidemia é caracterizada por níveis elevados de lipoproteínas, gerando um quadro de hiperlipidemia, ou por níveis baixos de lipoproteínas, definindo o quadro de hipolipidemia[5]. As funções biológicas e o metabolismo das lipoproteínas são apresentados a seguir.

METABOLISMO DAS LIPOPROTEÍNAS

As lipoproteínas plasmáticas são partículas globulares constituídas de lipídeos (triglicérides, colesterol e fosfolípides) e proteínas denominadas apolipoproteínas. Estas últimas exercem diversas funções, como a ativação de enzimas e o reconhecimento por receptores específicos[6].

Após serem ingeridos, os lipídios chegam ao intestino e, depois de metabolizados, são exportados para o organismo, por intermédio de lipoproteínas denominadas quilomícrons, para servirem como fonte de energia[7]. No sistema vascular, os quilomícrons recebem apolipoproteínas, em especial a apoC-II, que inicia o processo de catabolismo por meio da ativação da enzima lipase lipoproteica (LPL), metabolizando os triglicérides dos quilomícrons em glicerol e ácidos graxos. Ambos são utilizados pela musculatura para a produção de energia ou armazenados no tecido adiposo para serem utilizados como estoque de energia. Os quilomícrons, agora pobres em triglicérides, tornam-se partículas de menor tamanho, os remanescentes de quilomícrons, e são captados pelo fígado, onde são reciclados na formação de lipoproteínas de densidade muito baixa (VLDL)[8].

As VLDL são partículas formadas principalmente por apoB-100, e durante a secreção dos hepatócitos são adicionadas apoC-I, apoC-II, apoC-III e apoE a sua superfície. As partículas de VLDL, depois de secretadas, são hidrolisadas também pela LPL, produzindo partículas menores, como as lipoproteínas de densidade intermediária (IDL). Algumas IDL são captadas pelo fígado e metabolizadas, enquanto outras sofrem ação da LPL e da enzima lipase triglicerídica hepática (HTGL), dando origem às partículas de lipoproteína de baixa densidade (LDL)[10].

A LDL é a lipoproteína mais abundante no plasma humano. Devido a seu alto conteúdo de colesterol, é o maior transportador de colesterol no plasma[11], tendo como único constituinte proteico a apoB-100[12]. Atua fornecendo colesterol para células não hepáticas no organismo por meio de sua captação pelo receptor de LDL, ou é captada pelo fígado para ser metabolizada[13-14]. O colesterol é um constituinte essencial nas membranas celulares, além de ser utilizado na síntese de hormônios e do ácido biliar[15].

Quantidades excessivas de partículas de LDL levam à aterosclerose. O processo se inicia por meio de sua oxidação e posterior captação pelos macrófagos, que se tornam células espumosas e aderidas à parede arterial durante a formação das placas ateroscleróticas[3]. Os macrófagos são células do sistema imune originadas de outro tipo de célula desse mesmo sistema, os monócitos, atuando como sentinelas para a manutenção da homeostase[16]. Uma vez estabelecida, a placa aterosclerótica evolui progressivamente, associada com a disfunção endotelial, acumulando lipídeos e provocando complicações em diferentes leitos vasculares. Devido a sua lenta progressão, em muitos casos o paciente se mantém assintomático por décadas, podendo apresentar complicações clínicas como IAM, AVC, formação de aneurismas na aorta abdominal, dissecção aórtica torácica, isquemia mesentérica aguda, angina estável, angina abdominal e claudicação intermitente[3].

TABELA 1 Características físicas e químicas das lipoproteínas

	Densidade (g/mL)	Diâmetro (nm)	TG (%)	Éster de colesterol (%)	FL (%)	Colesterol (%)	Apolipoproteínas	
							Maior	**Outras**
Quilomícron	< 0,95	80-100	90-95	2-4	2-6	1	ApoB-48	ApoA-I, A-II, A-IV, A-V
VLDL	0,95-1,006	30-80	50-65	8-14	12-16	4-7	ApoB-100	ApoA-I, C-II, C-III, E
IDL	1,006-1,019	25-30	25-40	20-35	16-24	7-11	ApoB-100	ApoC-II ,C-III, E
LDL	1,019-1,063	20-25	4-6	34-35	22-26	6-15	ApoB-100	
HDL	1,063-1,210	8-13	7	10-20	55	5	ApoA-I	ApoA-II, C-III, E, M
Lp(a)	1,006-1,125	25-30	4-8	35-46	17-24	6-9	Apo(a)	ApoB-100

apo: apolipoproteína; FL: fosfolípides; HDL: lipoproteína de alta densidade; IDL: lipoproteína de densidade intermediária; LDL: lipoproteína de baixa densidade; Lp(a): lipoproteína (a); TG: triglicérides; VLDL: lipoproteína de densidade muito baixa.
Fonte: Mach et al., 2020[9].

Por outro lado, as partículas de HDL conferem ateroproteção, por meio do mecanismo de transporte reverso de colesterol. As partículas de HDL transportam o excesso de colesterol da periferia, incluindo o excesso que se encontra nos macrófagos, e o levam para o fígado, onde é metabolizado e excretado. As partículas de HDL são as menores lipoproteínas e contêm a maior proporção de apolipoproteínas. Sua principal constituinte proteica, a apoA-I, é responsável pela ativação da lecitina-colesterol aciltransferase, que acomoda e estabiliza o colesterol captado no centro da partícula, importante para seu transporte no plasma. Além de promoverem o transporte reverso de colesterol diretamente até o fígado, essas partículas interagem com outras lipoproteínas (VLDL/LDL) por intermédio da proteína de transferência de colesterol esterificado, que promove a troca de colesterol éster e triglicérides entre elas. As LDL, agora empobrecidas, são captadas pelo fígado, finalizando a outra forma de transporte reverso[17-21]. Além disso, as partículas de HDL conferem ateroproteção à função endotelial, sendo a concentração reduzida de HDL um fator de risco para doença arterial coronariana (DAC)[22-24].

Há também a lipoproteína (a) [Lp(a)], uma partícula similar à LDL em termos de conteúdo lipídico e proteico. O que a distingue é a presença de uma apoA que está ligada à apoB-100, encontrada em níveis elevados em pacientes portadores de DAC. Altas concentrações dessa lipoproteína são consideradas um fator de risco independente para o desenvolvimento de DCV[25]. Na Tabela 1 são apresentadas as características das lipoproteínas.

CLASSIFICAÇÃO DAS DISLIPIDEMIAS

As alterações no quadro lipídico podem ser classificadas, de acordo com sua etiologia, em primárias ou secundárias, assim como a classificação laboratorial se faz de acordo com as alterações lipídicas. As dislipidemias primárias têm origens genéticas, pois os fatores genéticos são determinantes para os níveis dos lípides plasmáticos. Para o diagnóstico é possível identificar mutações genéticas por meio do sequenciamento do ácido desoxirribonucleico (DNA). O Quadro 1 apresenta algumas doenças genéticas, com a respectiva prevalência, os genes afetados e as alterações nas lipoproteínas[5,9].

As dislipidemias secundárias são causadas:

- Pelo estilo de vida, por exemplo, tabagismo, etilismo, ingesta excessiva de gorduras *trans*, sedentarismo.

- Por condições mórbidas, como insuficiência renal crônica, obesidade, bulimia, anorexia, hepatopatia crônica, diabetes *mellitus* tipo II, síndrome de Cushing, hipotireoidismo.
- Pela utilização de medicamentos, como diuréticos, betabloqueadores, anticoncepcionais, corticosteroides, inibidores de protease, isotretinoína, ciclosporina, estrógenos, progestágenos, tibolona.
- Pela utilização de anabolizantes, assunto que será discutido adiante[5].

QUADRO 1 Doenças genéticas de metabolismo lipoproteico

Doença	Prevalência	Gene(s)	Efeito nas lipoproteínas
HFHE	1 em 200-250	LDLR	↑ LDL
		Apo B	
		PCSK9	
HFHO	1 em 160.000-320.000	LDLR	↑↑ LDL
		Apo B	
		PCSK9	
HFC	1 em 100/200	USF1 + genes modificados	↑ LDL ↑ VLDL ↑ ApoB
Disbetalipoproteinemia familiar	1 em 5.000	Apo E	↑↑ IDL e quilomícrons remanescentes
Deficiência de lipoproteína lipase familiar (síndrome do quilomícron familiar)	2 em 10^6	LPL	↑↑ quilomícrons e VLDL
		Apo C2	
		ApoAV, GPIHBP1	
		LMF1	
Doença de Tangier (hipoalfalipoproteinemia)	1 em 10^6	ABCA1	↓↓ HDL
Deficiência familiar de LCAT	1 em 10^6	LCAT	↓ HDL

Apo: apolipoproteína HDL: lipoproteína de alta densidade; HFC: hiperlipidemia familiar combinada; HFHE: hipercolesterolemia familiar heterozigota; HFHO: hipercolesterolemia familiar homozigota; IDL: lipoproteína de densidade intermediária; LCAT: lecitina-colesterol aciltransferase; LDL: lipoproteína de baixa densidade; VLDL: lipoproteína de densidade muito baixa.
Fonte: Mach, 2020[9].

A classificação laboratorial das dislipidemias é realizada de acordo com a fração lipídica alterada:

- Hipercolesterolemia isolada: aumento isolado do LDL (LDL-c ≥ 160 mg/dL).
- Hipertrigliceridemia isolada: aumento isolado dos triglicérides (TG ≥ 150 mg/dL ou ≥ 175 mg/dL, se a amostra for obtida sem jejum).
- Hiperlipidemia mista: aumento do LDL-c (LDL-c ≥ 160 mg/dL) e dos TG (TG ≥ 150 mg/dL ou ≥ 175 mg/ dL, se a amostra for obtida sem jejum). Se TG ≥ 400 mg/dL, o cálculo do LDL-c pela fórmula de Friedewald é inadequado, devendo-se considerar a hiperlipidemia mista quando o não HDL-c ≥ 190 mg/dL.
- HDL baixo: redução do HDL-c (homens < 40 mg/dL e mulheres < 50 mg/dL) isolada ou em associação ao aumento de LDL-c ou de TG[5].

Os valores de referência do perfil lipídico variam de acordo com a categoria de risco para valores de LDL e não HDL, sendo a estimativa do risco resultante da somatória do risco e sua associação com cada um dos fatores de risco mais a potenciação causada pelo sinergismo entre alguns[5]. Dentre os algoritmos existentes, recomenda-se a utilização do estudo de Framingham[26], escore de risco global (ERG), que estima o risco de AVC, infarto do miocárdio e insuficiência cardíaca em 10 anos e pode ser obtido no *site* do Departamento de Aterosclerose da Sociedade Brasileira de Cardiologia (SBC)[5].

Os valores de referência para adultos com mais de 20 anos são apresentados no Quadro 2:

QUADRO 2 Valores referenciais e de alvo terapêutico* do perfil lipídico (adultos > 20 anos)

Lípides	Com jejum (mg/dL)	Sem jejum (mg/dL)	Categoria referencial
Colesterol total†	< 190	< 190	Desejável
HDL	> 40	> 40	Desejável
Triglicérides	< 150	< 175‡	Desejável
Categoria de risco			
LDL	< 130	< 130	Baixo
	< 100	< 100	Intermediário

(continua)

QUADRO 2 Valores referenciais e de alvo terapêutico* do perfil lipídico (adultos > 20 anos) (*continuação*)

Lípides	Com jejum (mg/dL)	Sem jejum (mg/dL)	Categoria referencial
LDL	< 70	< 70	Alto
	< 50	< 50	Muito alto
Não HDL	< 160	< 160	Baixo
	< 130	< 130	Intermediário
	< 100	< 100	Alto
	< 80	< 80	Muito alto

* Conforme avaliação de risco cardiovascular estimado pelo médico solicitante.
† Colesterol total > 310 mg/dL: há probabilidade de hipercolesterolemia familiar.
‡ Quando os níveis de triglicérides estiverem acima de 440 mg/dL (sem jejum), o médico solicitante fará outra prescrição para a avaliação de triglicérides com jejum de 12 horas, e deve ser considerado um novo exame de triglicérides pelo laboratório clínico.
HDL: lipoproteína de alta densidade; LDL: lipoproteína de baixa densidade.
Fonte: Faludi et al., 2017[5].

Vários fatores do estilo de vida podem estar associados com melhoras no perfil lipídico, como o acúmulo de pelo menos 150 minutos semanais de atividade física, a cessação do tabagismo, mudanças nos hábitos alimentares, a diminuição do peso corporal e o tratamento medicamentoso[27]. Por outro lado, o sedentarismo, o tabagismo e a obesidade são fatores associados com alterações no perfil lipídico. Além disso, o uso abusivo de anabolizantes pode ocasionar alterações no perfil lipídico, tema que será discutido a seguir.

ABUSO DE ESTEROIDES ANDROGÊNICOS ANABOLIZANTES E PERFIL LIPÍDICO

Os efeitos dos esteroides androgênicos anabolizantes (EAA) no metabolismo lipídico têm sido pesquisados há mais de 50 anos[28-29] e são alvo de estudos até os dias atuais, em especial pelo nosso grupo de pesquisa no Instituto do Coração[30-31]. Em um estudo inicial conduzido por Morikawa[30], foram feitas avaliações do perfil lipídico de 12 homens que realizavam treinamento resistido (TR) havia no mínimo 2 anos e utilizavam EAA (grupo TR+EAA) em comparação com 7 homens que também realizavam treinamento resistido havia pelo menos 2 anos e não faziam utilização (grupo TR), e 12 homens sedentários (grupo SD). Foi observado redução nos níveis de HDL no grupo TR+EAA quando comparado aos grupos SD e TR (22 ± 13, 41 ± 7 e 38 ± 13 mg/dL, p < 0,001, respectivamente). Além disso, foram observadas alterações nas concentrações de apoA1, e uma absorção maior de quilomícrons remanescentes na circulação mesmo no período pós-prandial, alteração essa associada com maior risco de desenvolvimento de doença aterosclerótica[32].

Diversos estudos têm demonstrado que o abuso de EAA está associado com alterações no perfil lipídico, como diminuição significativa das concentrações de HDL e aumento das concentrações de LDL[33-34]. A Figura 1 destaca a diminuição expressiva das concentrações de HDL, aumento das concentrações de LDL e aumento ou manutenção da concentração do colesterol total (CT) em usuários de EAA.

Os EAA, principalmente os administrados por via oral, são metabolizados no fígado e interferem na reabsorção de gorduras (quilomícrons) no duodeno e no jejuno, desencadeando um aumento da atividade da HTGL, enzima responsável pela regulação e liberação de maiores quantidades de frações triglicerídicas, de VLDL, LDL, apoB e Lp(a). O abuso de anabolizantes pode estar associado com o aumento da atividade da HTGL, que resulta em diminuição da formação de HDL e suas subfrações (HDL2 e HDL3)[30].

Recentemente, foi observado que os EAA, além de estarem associados com a redução das concentrações de HDL, também podem estar associados com alterações na composição da partícula da HDL[31] (Figura 2).

Outro resultado interessante foi o de que doses suprafisiológicas de EAA (dosagens acima do recomendado para reposição hormonal) podem causar prejuízo na funcionalidade da partícula da HDL. De Souza et al. foram os primeiros pesquisadores a avaliar a função da partícula da HDL por meio do efluxo do colesterol mediado pela HDL (capacidade da partícula da HDL de remover o colesterol do macrófago), e observaram que os usuários de EAA (grupo UEAA) apresentaram menor efluxo do colesterol mediado pela HDL quando comparados com os não usuários de EAA (Figura 3)[31]. Esse resultado sugere que a capacidade da HDL de remover o colesterol da célula está prejudicada. A amostra foi composta por 20 usuários de EAA (UEAA) e 20 não usuários de EAA (NUEAA), e ambos os grupos eram *bodybuilders* amadores ou praticantes de musculação havia pelo menos 2 anos. Além disso, também foram avaliados 10 indivíduos sedentários, utilizados como grupo controle (C). Os participantes do grupo UEAA faziam uso de EAA havia pelo menos 2 anos com ciclos de 8-12 semanas, e estavam em uso durante a realização do estudo. O efluxo de colesterol mediado pela HDL é uma etapa chave do transporte reverso de colesterol, sendo um importante biomarcador que se correlaciona inversamente com a incidência de eventos cardiovasculares[36].

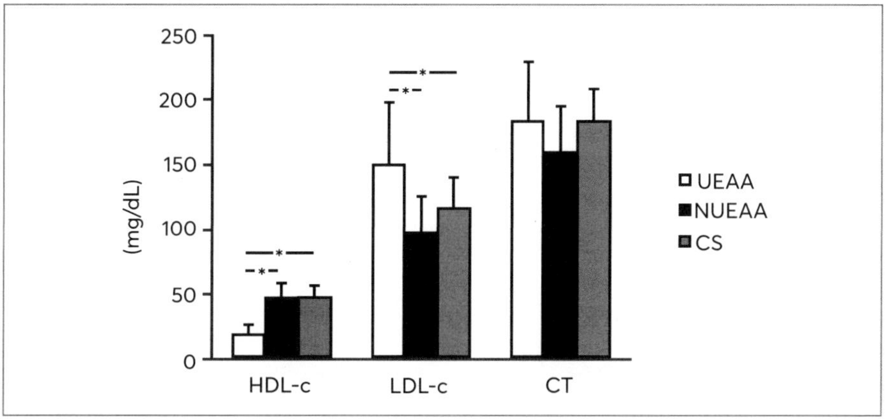

FIGURA 1 Alteração no perfil lipídico. A barra branca representa redução significativa da concentração da HDL e aumento da concentração de LDL nos usuários de EAA quando comparados ao grupo não usuários de anabolizantes e ao grupo controle sedentário.

* p < 0,05.

CS: controle sedentário; CT: colesterol total; HDL: lipoproteína de alta densidade, LDL: lipoproteína de baixa densidade; NUEAA: não usuários de esteroides androgênicos anabolizantes; UEAA: usuários de esteroides androgênicos anabolizantes.

Fonte: Negrão et al., 2019[35], p.767, figura 39,2.

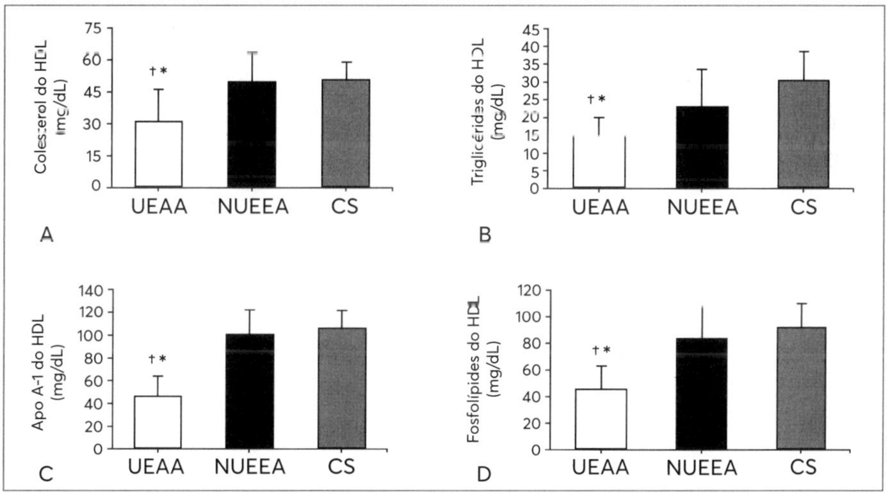

FIGURA 2 Composição da partícula de HDL.

* p < 0,05 *vs.* CS.

† p < 0,05 *vs.* NUEAA.

CS: controle sedentário; HDL: lipoproteína de alta densidade; NUEAA: não usuários de esteroides androgênicos anabolizantes; UEAA: usuários de esteroides androgênicos anabolizantes.

Fonte: adaptada de De Souza et al., 2019[35].

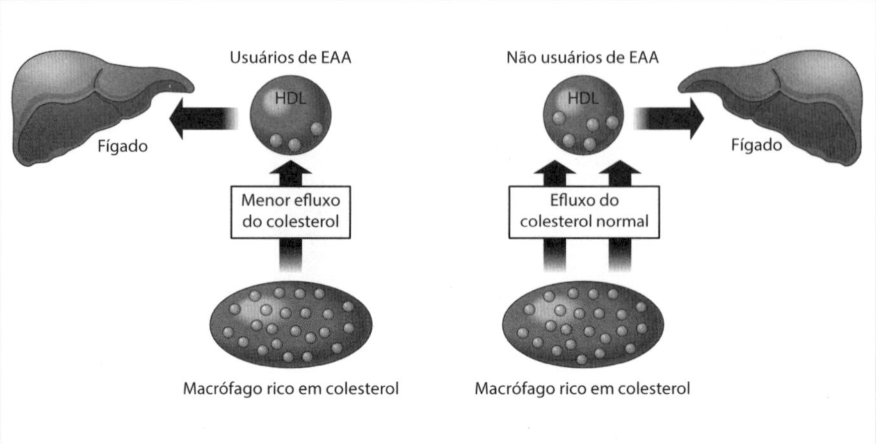

FIGURA 3 Exemplo ilustrativo do menor efluxo do colesterol mediado pela partícula da HDL no grupo usuários de EAA quando comparado ao grupo não usuários de EAA.
EAA: esteroides androgênicos anabolizantes; HDL: lipoproteína de alta densidade.
Fonte: adaptada de De Souza et al., 2019[31].

Todas essas alterações lipoproteicas, em conjunto, podem estar associadas com o desenvolvimento precoce de DAC, bem como aumentar o risco de IAM e de morte súbita em jovens usuários de EAA[37-38]. Além disso, as alterações lipoproteicas podem desencadear aumento da oleosidade da pele, levando ao aparecimento de dermatite seborreica e à exacerbação da descamação da epiderme, provocando queda de cabelo, calvície e quadro exuberante de acne. Essas alterações ocorrem principalmente pela aceleração do metabolismo de células gordurosas provocada pelo abuso de EAA[38-39].

Dessa maneira, conclui-se que o uso de doses suprafisiológicas de anabolizantes pode causar diversas alterações no perfil lipídico e aumentar o risco de DAC e IAM em jovens usuários de EAA.

REFERÊNCIAS BIBLIOGRÁFICAS

1. McClellan M, Brown N, Califf RM, Warner JJ. Call to action: urgent challenges in cardiovascular disease: a presidential advisory from the American Heart Association. Circulation. 2019;139:e44-e54.
2. Reiner Z. Hypertriglyceridaemia and risk of coronary artery disease. Nat Rev Cardiol. 2017;14:401-11.
3. Libby P, Buring JE, Badimon L, Hansson GK, Deanfield J, Bittencourt MS, et al. Atherosclerosis. Nature Reviews: Disease Primers [London]. 2019;5(1):56.

4. Mozaffarian D, Benjamin EJ, Go AS, Arnett DK, Blaha MJ, Cushman M, et al. Executive summary: heart disease and stroke statistics-2016 update: a report from the American Heart Association. Circulation. 2016;133:447-54.
5. Faludi AA, Izar MCO, Saraiva JFK, Chacra APM, Bianco HT, Afiune AN, et al. Atualização da diretriz brasileira de dislipidemias e prevenção da aterosclerose – 2017. Arq Bras Cardiol. 2017;109:1-76.
6. Mahley RW, Innerarity TL, Rall Jr SC, Weisgraber KH. Plasma lipoproteins: apolipoprotein structure and function. Journal of Lipid Research. 1984;25(12):1277-94.
7. Ko C-W, Qu J, Black DD, Tso P. Regulation of intestinal lipid metabolism: current concepts and relevance to disease. Nature Reviews Gastroenterology & Hepatology. 2020;17(3):169-83.
8. Bechmann LP, Hannivoort RA, Gerken G, Hotamisligil GS, Trauner M, Canbay A. The interaction of hepatic lipid and glucose metabolism in liver diseases. Journal of Hepatology. 2012;56(4):952-64.
9. Mach F, Baigent C, Catapano AL, Koskinas KC, Casula M, Badimon N, et al. 2019 ESC/EAS guidelines for the management of dyslipidaemias: lipid modification to reduce cardiovascular risk: The Task Force for the management of dyslipidaemias of the European Society of Cardiology (ESC) and European Atherosclerosis Society (EAS). European Heart Journal. 2020;41(1):111-88.
10. Reiner Ž. Hypertriglyceridaemia and risk of coronary artery disease. Nature Reviews Cardiology. 2017;14(7):401-11.
11. Goldstein JL, Brown MS. Lipoprotein receptors and the control of plasma LDL cholesterol levels. European Heart Journal. 1992;13(n. Suppl B):34-6.
12. Segrest JP, Jones MK, De Loof H, Dashti N. Structure of apolipoprotein B-100 in low density lipoproteins. Journal of Lipid Research. 2001;42(9):1346-67.
13. Brown MS, Kovanen PT, Goldstein JL. Regulation of plasma cholesterol by lipoprotein receptors. Science. 1981;212(4495):628-35.
14. Goldstein LJ, Brown SM. The low-density lipoprotein pathway and its relation to atherosclerosis. Annual Review of Biochemistry. 1977;46(1):897-930.
15. Ikonen E. Cellular cholesterol trafficking and compartmentalization. Nature Reviews Molecular Cell Biology. 2008;9(2):125-38.
16. Wynn TA, Chawla A, Pollard JW. Macrophage biology in development, homeostasis and disease. Nature. 2013;496(7446):445-55.
17. Schaefer EF, Eisenberg S, Levy RI. Lipoprotein apoprotein metabolism. Z Lipid Res. 1978;19:667-87.
18. Rader DJ, Hovingh GK. HDL and cardiovascular disease. The Lancet. 2014;384(9943):618-25.
19. Rosenson RS, Brewer Jr HB, Ansell BJ, Barter P, Chapman MJ, Heinecke JW, et al. Dysfunctional HDL and atherosclerotic cardiovascular disease. Nature Reviews Cardiology. 2016;13(1):48-60.
20. Ouimet M, Barrett TJ, Fisher EA. HDL and reverse cholesterol transport: basic mechanisms and their roles in vascular health and disease. Circulation Research. 2019;124(10):1505-18.
21. Wang HH, Garruti G, Liu M, Portincasa P, Wang DQ-H. Cholesterol and lipoprotein metabolism and atherosclerosis: recent advances in reverse cholesterol transport. Annals of Hepatology. 2018;16(1):27-42.
22. Castelli WP, Garrison RJ, Wilson PW, Abbott RD, Kalousdian S, Kannel WB. Incidence of coronary heart disease and lipoprotein cholesterol levels: the Framingham study. JAMA. 1986;256(20):2835-8.
23. O'Connell BJ, Genest Jr J. High-density lipoproteins and endothelial function. Circulation. 2001;104(16):1978-83.
24. Spieker LE, Sudano I, Hürlimann D, Lerch PG, Lang MG, Binggeli C, et al. High-density lipoprotein restores endothelial function in hypercholesterolemic men. Circulation. 2002;105(12):1399-402.
25. Boffa MB, Koschinsky ML. Oxidized phospholipids as a unifying theory for lipoprotein (a) and cardiovascular disease. Nature Reviews Cardiology. 2019;16(5):305-18.
26. D'Agostino Sr. RB, Ramachandran SV, Pencina MJ, Wolf PA, Cobain M, Massaro JM, et al. General cardiovascular risk profile for use in primary care: the Framingham Heart study. Circulation. 2008;117(6):743-53.

27. Piercy KL, Troiano RP, Ballard RM, Carlson SA, Fulton JE, Galuska DA, et al. The physical activity guidelines for Americans. JAMA. 2018;320(19):2020-8.
28. Jose AD, Mitchell AS. Elevation of serum-cholesterol by an anabolic steroid. The Lancet. 1964;283(7331):473-4.
29. Weston RE, et al. Metabolic effects of an anabolic steroid, 17-alpha-ethyl-17-hydroxy-norandrostenone in human subjects. Journal of Clinical Investigation. 1956; p.744.
30. Morikawa AT, Maranhão RC, Alves M-JNN, Negrão CE, Silva JL, Vinagre CGC. Effects of anabolic androgenic steroids on chylomicron metabolism. Steroids. 2012;77(13):1321-6.
31. De Souza FR, Dos Santos MR, Porello RA, Fonseca, GWP, Sayegh ALC, Lima TP, et al. Diminished cholesterol efflux mediated by HDL and coronary artery disease in young male anabolic androgenic steroid users. Atherosclerosis. 2019;283:100-5.
32. Doi H, Kugiyama K, Oka H, Sugiyama S, Ogata N, Koide SI, et al. Remnant lipoproteins induce proatherothrombogenic molecules in endothelial cells through a redox-sensitive mechanism. Circulation. 2000;102(n):670-6.
33. Alves MJ, Dos Santos MR, Dias RG, Akiho CA, Laterza MC, Rondon MUPB, et al. Abnormal neurovascular control in anabolic androgenic steroids users. Med Sci Sports Exerc. 2010;42(5):865-71.
34. De Souza FR, Sales ARK, Dos Santos MR, Porello RA, Fonseca GWP, Sayegh ALC, et al. Retrograde and oscillatory shear rate in young anabolic androgenic steroid users. Scandinavian Journal of Medicine & Science in Sports. 2019;29(3):422-9.
35. Negrão CE, Pereira-Barretto AC, Rondon MUPB, coordenadores. Cardiologia do exercício: do atleta ao cardiopata. Barueri: Manole; 2019. p.836.
36. Rohatgi A, Khera A, Berry JD, Givens EG, Ayers CR, Wedin KE, et al. HDL cholesterol efflux capacity and incident cardiovascular events. New England Journal of Medicine. 2014;371(25):2383-93.
37. Magee CD, Witte S, Kwok RM, Deuster PA. Mission compromised? Drug-induced liver injury from prohormone supplements containing anabolic–androgenic steroids in two deployed US service members. Military Medicine. 2016;181(9):e1169-e1171.
38. Kicman AT. Pharmacology of anabolic steroids. British Journal of Pharmacology. 2008;154(3):502-21.
39. Hartgens F, Rietjens G, Keizer HA, Kuipers H, Wolffenbuttel BHT. Effects of androgenic-anabolic steroids on apolipoproteins and lipoprotein (a). British Journal of Sports Medicine. 2004;38(3):253-9.

Efeitos adversos do uso suprafisiológico de anabolizantes na hipertrofia miocárdica e na função cardíaca

Guilherme Wesley Peixoto da Fonseca
Camila Jordão Paixão

INTRODUÇÃO

O uso de esteroides androgênicos anabolizantes (EAA) tem crescido em praticantes de exercício físico, particularmente em indivíduos que realizam treinamento de força com o intuito de aumentar a massa muscular e promover melhoras estéticas. No coração, o efeito anabólico dessas substâncias promove alterações morfológicas e funcionais que alteram a contratilidade e a anatomia cardíaca[1]. Diversos estudos têm relacionado o uso abusivo de EAA com o desenvolvimento de cardiomegalia[2-4], hipertrofia concêntrica do ventrículo esquerdo (VE) com disfunção diastólica[5-7] e sistólica[8], fibrose miocárdica[9], hipertrofia do septo interventricular[10-11], fibrilação atrial[12-13], arritmias[14] e morte súbita cardíaca[15-17].

No entanto, esses achados não são reproduzidos por outros trabalhos na literatura[18-20]. Acredita-se que a pouca reprodutividade dos resultados obtidos em estudos com EAA se deva ao grande número de variáveis que podem influenciar na função e estrutura cardíaca, bem como ao tipo de EAA utilizado, característica dos ciclos de uso, idade dos indivíduos, tempo de exposição ao uso, combinação de substâncias e metodologia utilizada para obter as variáveis de função e anatomia cardíaca, as quais podem ter menos ou mais sensibilidade na análise.

Em relação à mortalidade e aos eventos cardiovasculares dessa população, pouco se sabe, pois a comercialização dessas substâncias sem prescrição médica é ilícita, podendo subestimar os resultados encontrados. De qualquer forma, em estudo populacional sueco envolvendo 2.013 homens acompanhados por um período médio de 4,3 anos, os indivíduos que testaram positivo para o uso de EAA (20%) apresentaram um risco duas vezes maior de eventos cardiovasculares em comparação com aqueles que apresentaram teste negativo[21]. Além do mais, esses indivíduos com teste positivo apresentaram maior mortalidade por todas as causas, e, quando mais de um teste positivo no período de acompanhamento foi considerado, a mortalidade foi ainda maior naqueles indivíduos que testaram positivo em duas ou mais ocasiões (1 teste positivo = 16,9% *vs.* 2 ou mais testes positivos = 23,2%)[21]. Em concordância com esses resultados, outros estudos demonstraram aumento no risco de morte prematura em usuários de EAA comparado com a população geral, sugerindo que o uso crônico dessas substâncias poderia levar ao desenvolvimento de doenças cardiovasculares[22-23].

Apesar de os mecanismos desses efeitos deletérios no miocárdio não serem completamente elucidados, tem sido demonstrado que o uso de EAA pode levar ao desenvolvimento de lesões cardíacas por aumento da pressão arterial, marcadores apoptóticos e inflamatórios[24-25], e acúmulo de colágeno entre as células cardíacas[1]. Adicionalmente, estudos experimentais[26-27] e em humanos[26-28] demonstram que, assim como o músculo esquelético, o miocárdio possui receptores androgênicos que permitem a ação direta da testosterona e seus análogos nesse tecido. Entre as principais variáveis no regime de uso podem ser citadas as altas dosagens utilizadas e o tempo de exposição ao uso, além de uma combinação variada de substâncias (*stacking* ou polifarmácia)[29-30].

Dessa forma, será discutido neste capítulo o papel do uso abusivo de EAA associado ao treinamento físico nas adaptações estruturais e funcionais do coração, assim como possíveis mecanismos envolvidos nessas adaptações.

ALTERAÇÕES HEMODINÂMICAS E ESTEROIDES ANDROGÊNICOS ANABOLIZANTES

O controle autonômico cardíaco depende primariamente da atividade nervosa simpática (ANS) e parassimpática (ANP), que atuam em conjunto na manutenção do cronotropismo (frequência cardíaca – FC) e do inotropismo (força de contração) no coração. Usuários de EAA, em comparação com praticantes de treinamento de força não usuários, apresentam aumento da FC em repouso[31-32], e esse aumento pode ser evidente mesmo após 30 meses de cessação do uso de EAA[10].

O desbalanço autonômico, um dos mecanismos sugeridos para explicar o aumento expressivo da FC em usuários de EAA, tem sido demonstrado por diversos estudos nessa população[33-34]. Em trabalhos desenvolvidos pelo nosso grupo, foi evidenciado que usuários de EAA apresentam aumento da ANS muscular, avaliada perifericamente pela técnica de microneurografia[31], e redução da ANP, demonstrada por uma menor redução da FC na fase inicial de recuperação do teste cardiopulmonar máximo[35].

De forma complementar, os barorreceptores, localizados no arco aórtico e no seio carotídeo, sinalizam o sistema nervoso central para aumento ou diminuição da ANS e ANP em resposta à distensão mecânica da carótida e aorta provida pelo fluxo sanguíneo no momento da ejeção cardíaca. Usuários de EAA apresentam redução dessa sensibilidade mecânica, o que produz ineficiência no controle aferente dos barorreceptores para o comando central[34]. Quando esse estímulo é mecanicamente ineficiente, há um aumento reflexo da ANS[36]. Em outras palavras, um esforço cardíaco maior é exigido nesses usuários para manter os barorreceptores funcionando, visto que o coração precisa aumentar a FC e/ou realizar mais força para atender esse novo ponto mecânico de tensão.

Na prática, essas alterações autonômicas promovem aumento da FC e, como consequência, alteram outras variáveis hemodinâmicas, como a pressão arterial, dado que a pressão arterial é o produto do débito cardíaco (FC x volume sistólico) e da resistência vascular periférica. Em usuários de EAA avaliados pelo exame de monitoramento ambulatorial da pressão arterial (MAPA), a pressão arterial sistólica (PAS) e a diastólica (PAD) mantiveram-se elevadas por um período de 24 horas em comparação com controles saudáveis[31,37]. Adicionalmente, foi demonstrado que usuários de EAA também apresentam menor redução de PAS e PAD durante o sono[38].

Dessa maneira, se consideramos os valores para diagnóstico de hipertensão propostos pela 7ª Diretriz Brasileira de Hipertensão[39], estudos com usuários de EAA demonstram que esses valores de classificação variam de uma faixa de pré-hipertensão (121-139 x 81-89 mmHg)[34,40] a hipertensão estágio I (140-159 x 90-99 mmHg)[30,37], podendo atingir hipertensão estágio III em alguns casos (≥ 180 x ≥ 110 mmHg)[41].

Embora o aumento de pressão arterial não seja observado por alguns autores[19,42], em estudo envolvendo 219 usuários de EAA, o tempo de exposição ao uso foi correlacionado com maior aumento de PAS e PAD[30]. Importante ressaltar que níveis elevados de PAS e PAD foram reportados em ex-usuários de EAA mesmo após 12 meses de interrupção no uso, demonstrando o efeito deletério crônico dessas substâncias no sistema cardiovascular[43]. O aparecimento precoce de níveis pressóricos elevados em jovens usuários de EAA exerce impacto clínico significativo, de modo que esses usuários apresentam risco cardiovascular iminente e, quando não tratados, podem progredir para um quadro irreversível de insuficiência cardíaca (IC)[44].

Sobretudo, essas alterações não estão presentes apenas em repouso. Durante uma sessão de exercício aeróbio em esteira e durante uma sessão de treinamento de força, a PAS e a PAD permanecem em níveis mais elevados em usuários de EAA quando comparados com sedentários e praticantes de treinamento de força que não utilizam EAA[45], aumentando ainda mais o risco cardiovascular para esses indivíduos que realizam em média 2-3 horas de exercícios físicos diários. Ademais, a queda na pressão arterial após o exercício físico para valores inferiores aos registrados no início da sessão (efeito hipotensor do exercício físico) parece não ocorrer de forma efetiva em usuários de EAA, já que, em comparação com controles saudáveis, a PAS continua em níveis elevados 60 minutos após o final de uma sessão de exercício aeróbio em esteira a 60-85% da FC máxima[46]. Paradoxalmente, esse efeito hipotensor do exercício físico deveria ser maior nos usuários de EAA, em razão de apresentarem níveis mais elevados de pressão arterial durante o exercício, mas essa resposta pressórica não parece similar ao que é observado em pacientes com hipertensão, indicando que o uso de EAA pode influenciar esse mecanismo hipotensor.

Além do desbalanço autonômico, essa alteração da pressão arterial em repouso e durante/após o exercício físico pode ser explicada por um aumento na atividade do sistema renina-angiotensina aldosterona (SRAA), responsável por controlar a volemia do sistema cardiovascular e, consequentemente, a pressão arterial. Em estudo experimental com ratos tratados com 250 mcg/kg/dia de testosterona intramuscular durante 7 dias, houve aumento na expressão de proteínas nos rins relacionadas à reabsorção de água[47]. De fato, o aumento na retenção hídrica ocorre com a administração de testosterona, pois a estrutura química dos EAA é similar à da aldosterona, hormônio responsável por reabsorver sódio e água nos túbulos coletores renais[48].

Adicionalmente, a administração de 20 mg/kg de nandrolona por 4 semanas em ratos promoveu aumento da enzima conversora de angiotensina (ECA), responsável por intermediar a conversão de angiotensiona I em angiotensina II (potente vasoconstritor). Vale destacar que um aumento expressivo da pressão arterial desses animais foi observado, provavelmente pelo aumento da resistência vascular periférica causado pela ação da angiotensina II[49].

Em estudo envolvendo cardiomiócitos em cultura celular, o efeito cardiotóxico do uso de testosterona foi dose-dependente, com o grupo de células injetadas com testosterona apresentando maior número de morte celular por apoptose[25]. Em contrapartida, os grupos de células injetadas com testosterona e losartana (bloqueador dos receptores do tipo I de angiotensina II; AT_1R, na sigla em inglês) ou testosterona e *etanercept* (inibidor do fator de crescimento tumoral, TNF, na sigla em inglês) apresentaram marcadores de apoptose atenuados, mostrando, assim, que há uma possível interação entre o SRAA e marcadores inflamatórios no processo apoptótico do miocárdio com o uso de EAA[25]. Em vista disso, nosso grupo demonstrou recentemente que usuários de EAA, em comparação com não usuários, apresentam aumento de proteína C reativa de alta sensibilidade (hs-CRP, na sigla em inglês), importante marcador de inflamação e risco cardiovascular[50].

Portanto, o aumento da pressão arterial em usuários de EAA parece ser acompanhado de uma interação entre desbalanço autonômico, hiperativação do SRAA e exacerbação de marcadores inflamatórios, com o tempo de exposição sendo a principal variável no regime empírico de uso, que aumenta a pressão arterial em condições de repouso e piora a resposta pressórica em condições de estresse, como o exercício físico aeróbio e o de força.

HIPERTROFIA CARDÍACA E ESTEROIDES ANDROGÊNICOS ANABOLIZANTES

O treinamento físico é associado a alterações cardíacas específicas, genericamente denominadas coração de atleta. O remodelamento cardíaco em resposta ao exercício físico é dependente de diversos fatores, como intensidade, duração, frequência e tipo de exercício realizado, e é considerado fisiológico, pois não envolve disfunção cardíaca e apresenta valores dentro do padrão de normalidade[51-52]. A hipertrofia concêntrica fisiológica, causada pelo aumento de sobrecarga de pressão no sistema cardiovascular, característica do treinamento de força, é determinada principalmente pelo aumento da massa ventricular esquerda em decorrência de um incremento na espessura da parede ventricular com mínima alteração na dimensão interna do VE[53].

Essa adaptação ao treinamento de força, associada à elevação permanente de pressão arterial em repouso e exacerbada durante exercício físico em usuários de EAA, como discutido anteriormente, pode levar a sobrecarga das câmaras cardíacas e, como resultado, a intensificação do processo hipertrófico, que, cronicamente, promove o aumento acentuado da massa cardíaca para parâmetros clínicos patológicos, ou seja, fora dos valores de normalidade e/ou associado a disfunção cardíaca[33,54].

Em estudo envolvendo autópsia de 87 indivíduos que testaram positivo para o uso de EAA, foi demonstrado que usuários dessas substâncias apresentam maior massa cardíaca comparados com não usuários, e que provavelmente esse aumento é uma resposta ao aumento do peso corporal nesses indivíduos[4]. Além do mais, relatos na literatura demonstram que a massa ventricular esquerda de usuários de EAA pode atingir valores de até 763 g[55], e esses valores continuam elevados mesmo quando são corrigidos pela superfície corporal.

Estudos experimentais que somente administraram decanoato de nandrolona observaram aumento de 10% na hipertrofia cardíaca de ratos e, estudos que associaram o exercício à administração da droga em ratos, 17%. Além disso, observaram aumento na concentração de colágeno nos dois grupos[56-57], demonstrando que a utilização de EAA associada ao exercício pode exacerbar os prejuízos causados pelo uso.

Estudo ecocardiográfico ao final de 2 meses da primeira autoadministração de EAA demonstrou que a massa ventricular esquerda e a espessura do septo interventricular foram maiores em usuários de EAA do que em indivíduos treinados ou sedentários (Quadro 1). Além disso, os usuários de EAA foram reavaliados em média 9 semanas após a interrupção no uso e não foi observado o retorno dessas variáveis para valores pré-administração das drogas[7]. Esses resultados sugerem que, apesar de os valores analisados estarem próximos do limite superior de normalidade em usuários, pode haver alterações morfológicas irreversíveis com a administração de um único ciclo, o que aumenta a chance de tais modificações entrarem em limites patológicos com um efeito cumulativo de novos ciclos ao longo prazo.

QUADRO 1 Alterações estruturais e funcionais do coração decorrentes do uso abusivo de EAA

Alterações estruturais do coração	Alterações funcionais do coração
↑ Massa cardíaca	↓↔ FEVE
↑ Hipertrofia concêntrica do VE	↓↔ Função sistólica
↑ Espessura do septo interventricular e parede posterior	↓ Função diastólica
↑ Depósito de colágeno	↓ Razão E/A

EAA: esteroides androgênicos anabolizantes; FEVE: fração de ejeção do ventrículo esquerdo; VE: ventrículo esquerdo.

Entretanto, em outro estudo avaliando o efeito reversível da interrupção no uso de EAA, foi demonstrado que usuários apenas na fase ativa de uso (*on-drug*) apresentavam maior massa ventricular esquerda (211 ± 42 g *vs.* 183 ± 27 g) e espessura do septo interventricular (11,1 ± 1,2 mm *vs.* 10,3 ± 1,2 mm) em comparação com usuários que haviam interrompido o uso por pelo menos 8 semanas (*off-drug*)[58]. Essa divergência entre estudos pode ser explicada pelos diferentes métodos ecocardiográficos aplicados na avaliação ou pelas diferenças em relação ao tipo de substâncias utilizadas, dosagens e tempo de exposição ao uso.

De fato, usuários de EAA apresentam uma geometria concêntrica do VE mais acentuada que não usuários[5] e, embora não tão comum, significante hipertrofia miocárdica do ventrículo direito (VD) também pode ocorrer em alguns casos[59]. Urhausen et al., analisando o efeito reversível do uso cronicamente em ex-usuários que haviam interrompido o uso contínuo após 1-9 anos, observaram que ex-usuários ainda apresentavam maior hipertrofia concêntrica do VE em comparação com indivíduos treinados que nunca haviam usado EAA[43].

Karila et al. observaram que indivíduos que utilizavam EAA associado com o hormônio do crescimento (GH) apresentavam maior massa ventricular esquerda, com significante aumento na espessura do septo interventricular e da parede posterior do VE, quando comparados com indivíduos que nunca haviam administrado GH, mas utilizavam EAA. Adicionalmente, os dois grupos de usuários apresentaram maior hipertrofia miocárdica em comparação com controles sedentários, e a dosagem média de EAA utilizada foi correlacionada positivamente com a massa ventricular esquerda[60]. Além disso, o efeito individual de cada EAA pode causar adaptações distintas no coração, já que foi demonstrado que cipionato de testosterona (0,8 mg/kg) promove aumento no diâmetro do VE, enquanto estanozolol (1,8 mg/kg) parece alterar a espessura do VE de ratos tratados com essas substâncias isoladamente em relação ao grupo controle[61]. No entanto, estudos avaliando o efeito isolado e associado em usuários de EAA (*stacking* ou polifarmácia) precisam ser desenvolvidos, pois a combinação empírica dessas drogas pode intensificar o processo hipertrófico.

A administração de 2 mcg/kg de mesterolona e treinamento aeróbio em esteira 5 vezes por semana durante 6 semanas promoveu em ratos um aumento de 25% na massa do VE em comparação com os ratos que realizaram apenas o treinamento físico sem receber mesterolona[62]. Ademais, em estudo experimental com duração de 16 semanas, a relação entre pressão diastólica final do VE e diâmetro diastólico final do VE foi maior em ratos que receberam 10 mg/kg/semana de decanoato de nandrolona e que realizaram treinamento aeróbio (média de 2 km/dia em esteira), do que em ratos que apenas receberam decanoato de nandrolona ou treinamento aeróbio isolado[63]. Os autores atribuíram essas adaptações à maior rigidez diastólica do miocárdio. Em outras palavras, na presença de EAA e de treinamento aeróbio, o VE precisou exercer maior pressão em uma área menor devido a seu diâmetro reduzido (hipertrofia concêntrica), aumentando assim a sobrecarga cardíaca (Quadro 1).

Além dos níveis elevados de pressão arterial, outro mecanismo que pode explicar esse aumento na hipertrofia miocárdica é a ação direta da testosterona nos receptores androgênicos localizados no coração e nas artérias coronárias[26]. Apesar de o uso de testosterona em dosagens fisiológicas promover um efeito positivo na resposta contrátil do miocárdio e vasodilatação coronária via liberação de óxido nítrico[64], a administração de dosagens suprafisiológicas parece promover hipertrofia miocárdica seguida de morte celular por apoptose[65].

A atividade do SRAA tem sido documentada como importante componente no remodelamento cardíaco de usuários de EAA. Em estudo com ratos que receberam 10 mg/kg/semana de decanoato de nandrolona por 10 semanas, a administração de testosterona isoladamente foi capaz de aumentar a hipertrofia miocárdica, enquanto o treinamento físico aeróbio (60 minutos de natação 5 vezes por semana) associado às dosagens suprafisiológicas de testosterona exacerbou a hipertrofia cardíaca e aumentou o acúmulo de tecido fibroso intersticial (Figura 1). Porém, a hipertrofia miocárdica foi atenuada com a administração de losartana nos grupos que receberam apenas decanoato de nandrolona ou realizaram o treinamento físico associado com a droga[57].

Adicionalmente, a administração de nandrolona 20 mg/kg/semana em ratos hipertensos, além de elevar ainda mais a PAS dos animais, foi capaz de promover hipertrofia miocárdica por aumento na deposição de colágeno no miocárdio e aumento na expressão de ECA e AT_1R. Por outro lado, os ratos que receberam nandrolona mais enalapril (inibidor da ECA) apresentaram um processo de hipertrofia cardíaca atenuado quando comparados com os animais que receberam apenas nandrolona[66]. Esses dois estudos experimentais demonstram o potencial hipertrófico cardíaco do SRAA com o estímulo de testosterona, uma vez que, quando a ECA (enalapril) ou o AT_1R (losartana) são bloqueados, há redução significativa na hipertrofia miocárdica, assim como perda de algumas adaptações cardíacas benéficas do treinamento físico na presença de dosagens suprafisiológicas de testosterona.

Outros marcadores de injúria cardíaca, como troponina cardíaca (indicador de necrose miocárdica) e creatina quinase – MB (CK-MB), foram analisados envolvendo treinamento de força e a administração de 20 mg/kg de enantato de testosterona em ratos. O grupo que realizou treinamento de força associado à administração de enantato de testosterona apresentou valores superiores para esses marcadores, embora não houvesse diferença estatística comparado com o grupo que recebeu enantato de testosterona isolado[67], sugerindo uma possível intensificação das lesões cardíacas com o uso crônico de EAA associado ao treinamento de força. Esses achados foram replicados por Fontana et al., que demonstraram aumento de troponina cardíaca com a associação de mesterolona e treinamento aeróbio (esteira 5 vezes por semana por 6 semanas) em ratos quando comparados com o grupo que realizou apenas treinamento aeróbio[62].

Portanto, o aumento de hipertrofia miocárdica em usuários de EAA parece estar relacionado com o aumento da pressão arterial e com a ação direta dessas substâncias em receptores androgênicos no coração. Além disso, dosagens suprafisiológicas de testosterona aumentam a massa ventricular esquerda, proveniente do aumento na espessura do septo interventricular e da parede posterior. Importante destacar que o remodelamento cardíaco em usuários de EAA compartilha mecanismos similares ao da fisiopatologia de pacientes com IC, com uma hiperativação do SRAA intermediando essas adaptações. Além disso, o uso de EAA pode potencializar a hipertrofia concêntrica característica do treinamento de força, enquanto impede adaptações cardíacas benéficas do treinamento aeróbio (Figura 1).

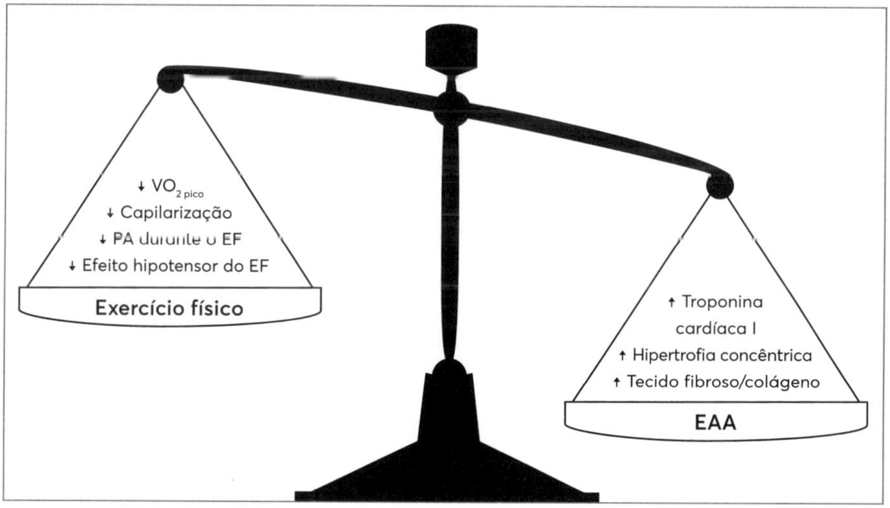

FIGURA 1 Efeitos negativos do uso abusivo de EAA em adaptações ao EF.
EAA: esteroides androgênicos anabolizantes; EF: exercício físico; PA: pressão arterial; VO_{2pico}: consumo de oxigênio no pico do esforço.

DISFUNÇÃO CARDÍACA E ESTEROIDES ANDROGÊNICOS ANABOLIZANTES

A disfunção cardíaca pode acometer tanto a sístole quanto a diástole do VE, bem como as duas fases do ciclo cardíaco concomitantemente, o que acarreta, em longo prazo, o desenvolvimento de doenças cardíacas e a perda de capacidade funcional. Apesar de se observar aumento na massa do VE, alguns estudos não demonstram alteração na função desse ventrículo, principalmente sistólica, por técnica convencional (ecocardiograma). Porém, esses resultados controversos podem estar associados à idade dos indivíduos e, certamente, à forma de avaliação da função sistólica do VE.

Dessa maneira, alterações na função cardíaca são encontradas mesmo que controversas, e entre as mais frequentes podemos destacar a disfunção diastólica do VE e alterações na mecânica cardíaca, com esta última sendo avaliada por técnica mais sensível de análise da função sistólica em relação ao ecocardiograma convencional.

A disfunção diastólica do VE, caracterizada pela redução na complacência do VE, tem sido documentada com o uso abusivo de EAA[7]. Além do mais, usuários de EAA, em estudo que avaliou a função cardíaca por metodologia não convencional (Doppler miocárdico e Strain) e comparou com a de indivíduos que realizam treinamento de força isolado, não só apresentam um quadro subclínico de disfunção diastólica como também de disfunção sistólica, que é associada à dosagem utilizada e ao tempo de exposição ao uso de EAA[29]. Entretanto, a disfunção sistólica, em alguns casos, não parece acometer apenas o VE, pois usuários de EAA podem desenvolver disfunção sistólica do VD, apresentando um quadro de disfunção biventricular, avaliada pela ressonância magnética, técnica padrão ouro para avaliação da função ventricular[68].

Adicionalmente, em análise da função diastólica pelo Doppler ecocardiograma, que permite a avaliação não invasiva do enchimento do VE, usuários de EAA, em comparação com indivíduos treinados não usuários, demonstraram menor onda E (7,3 ± 1,6 *vs.* 13,5 ± 4,6) e maior onda A (10,7 ± 1,8 *vs.* 8,2 ± 1,3), que representam respectivamente o relaxamento inicial do VE e a contração atrial; estes, junto com o tempo de relaxamento isovolumétrico (TRIV), proporcionam a diástole. A redução significativa da razão E/A, demonstrada pela redução da onda E e o aumento da onda A[69], na prática, representa alterações no relaxamento ventricular, ou seja, a primeira fase da disfunção diastólica. De fato, vários estudos já demostraram que usuários de EAA têm prejuízos no relaxamento ventricular, independentemente da idade e da técnica utilizada[5-7,10-11].

Estudo experimental demonstrou que a administração de testosterona em ratos por 8 semanas promoveu a perda da complacência do VE (o que resulta em alteração no relaxamento ventricular), independentemente da via de administração da droga (oral ou injetável), concomitantemente com um aumento da enzima *Lysyl oxidase*, responsável por controlar a formação de colágeno[70]. No entanto, essas alterações não são limitadas ao VE, de modo que uma redução na deformação sistólica do átrio esquerdo também é observada em usuários de EAA[71].

Quando analisada a função sistólica, representada pela fração de ejeção do VE (FEVE) avaliada na ressonância magnética, usuários de EAA apresentaram menor FEVE (51 ± 7%) do que indivíduos sedentários (FEVE = 57 ± 6%) e não usuários praticantes de treinamento de força (FEVE = 55 ± 5%)[68]. Adicionalmente, Baggish et al. demonstraram que a redução da FEVE ocorre independentemente de os usuários estarem em uma fase ativa de uso (*on-drug*), ter interrompido o uso por 6 meses (*off-drug*) ou reduzido a administração para níveis fisiológicos (terapia pós-ciclo – TPC). Essas alterações são correlacionadas com o tempo de exposição ao uso de EAA[6].

Em contrapartida, estudo recente demonstrou que, apesar de a FEVE média de usuários continuar próxima dos valores inferiores de normalidade (FEVE = 52±11%) em comparação com não usuários (FEVE = 63±8%), quando os usuários foram divididos em fase ativa de uso (*on-drug*) e interrupção no uso (*off-drug*), houve uma retomada da FEVE aos parâmetros de normalidade com a interrupção no uso de EAA[5]. De acordo com a Diretriz da Sociedade Americana de Ecocardiografia, os valores de referência de FEVE para adultos são:

- FEVE normal: entre 52-72%.
- FEVE levemente anormal: 41-51%.
- FEVE moderadamente anormal: 30-40%.
- FEVE severamente anormal: < 30%[72].

Quando a função sistólica do VE é avaliada pela técnica de *speckle tracking*, a qual não tem variabilidade inter e intra-avaliador, os resultados demostram disfunção sistólica e alterações na mecânica cardíaca[73].

Para definir melhor a análise de *speckle tracking*, vale explanar que a contração do miocárdio ocorre em três eixos distintos:

1. Eixo longitudinal, caracterizado pela aproximação da base e do ápice do coração.
2. Eixo circunferencial, definido por um movimento de contração em espiral do coração.
3. Eixo radial, caracterizado pela redução do raio das câmaras cardíacas.

Em análise por *speckle tracking*, capaz de detectar alterações precoces nesses três eixos, usuários de EAA demonstraram redução na contratilidade do VE no eixo longitudinal e radial em comparação com não usuários[6]. Adicionalmente, a dosagem semanal e o número de semanas do uso de EAA por ano foram preditores independentes na redução de deformação do VE na parede do septo interventricular[29].

Paradoxalmente, o uso abusivo de EAA pode levar a redução do consumo de oxigênio no pico do esforço (VO_{2pico}), uma vez que a redução da função sistólica do VE[29] e do átrio esquerdo[71] foi correlacionada positivamente com uma redução do VO_{2pico} em usuários de EAA. Além da redução do VO_{2pico}, em estudo do nosso grupo foi demonstrado que o valor do VO_2 em usuários de EAA é deprimido nos limiares ventilatórios durante o teste cardiopulmonar máximo[35]. De fato, a administração de dosagens suprafisiológicas de testosterona em estudos experimentais demonstra que há prejuízo na capilarização induzida pelo exercício físico, tanto para os músculos ativos[74] quanto para o coração[75], o que poderia explicar essa redução de VO_{2pico} em usuários de EAA.

Dessa maneira, o efeito de EAA no coração parece evoluir de uma hipertrofia concêntrica do VE com perda progressiva de função diastólica, levando cronicamente a disfunção sistólica, que pode progredir para um quadro irreversível de IC (Figura 2). Nesse contexto, usuários de EAA que são diagnosticados na fase inicial de disfunção ventricular poderiam evoluir com melhoras na FEVE com a utilização de inibidores de ECA e betabloqueadores (tratamento padrão ouro em pacientes com IC)[76], enquanto em outros casos há a necessidade da implantação de dispositivos de assistência ventricular esquerda, que auxiliam na manutenção das funções cardíacas até que o transplante cardíaco seja realizado nesses usuários de EAA[77].

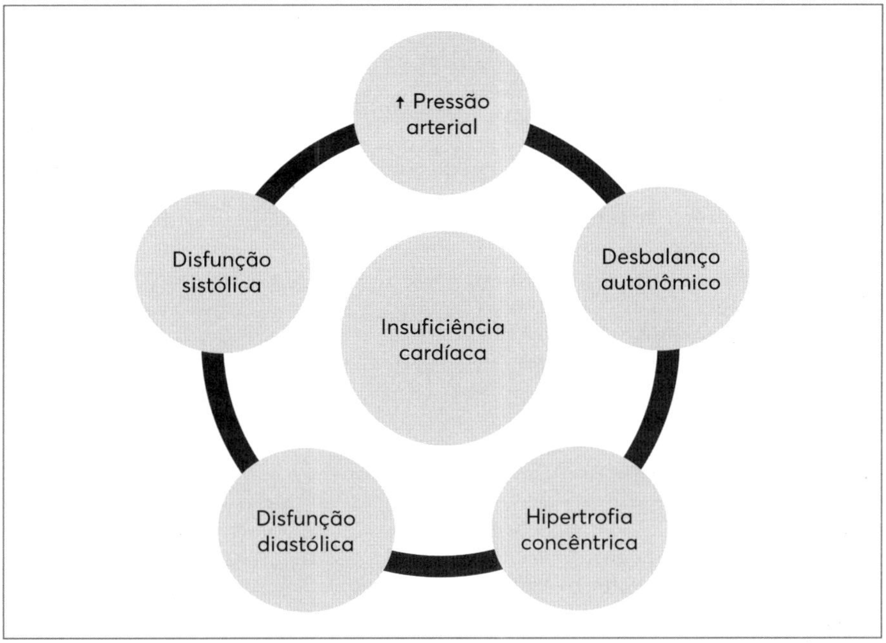

FIGURA 2 Alterações hemodinâmicas, autonômicas, estruturais e funcionais do coração relacionadas com o desenvolvimento de insuficiência cardíaca em usuários de EAA.

EAA: esteroides androgênicos anabolizantes.

CONCLUSÃO

A ação deletéria de dosagens suprafisiológicas de testosterona pode ter ação direta no músculo cardíaco por meio dos receptores androgênicos ou ser intermediada pelo SRAA e marcadores inflamatórios, que podem causar apoptose celular. O uso abusivo de EAA aumenta o risco de doenças cardiovasculares pelo aumento da pressão arterial, desbalanço autonômico e marcadores inflamatórios, promovendo hipertrofia concêntrica acentuada e perda progressiva da função diastólica/sistólica, que pode reduzir a capacidade funcional (VO_{2pico}). Essas alterações podem culminar no desenvolvimento de um quadro irreversível de IC.

Assim, uma avaliação cardiológica adequada em usuários de EAA é necessária e torna-se mais complexa, uma vez que essas alterações, na maioria dos casos, estão em estágio subclínico de desenvolvimento, com ausência de sintomas.

Além do mais, o uso indiscriminado de EAA potencializa adaptações hipertróficas características do treinamento de força, enquanto atenua adaptações funcionais do coração decorrentes do treinamento aeróbio.

REFERÊNCIAS BIBLIOGRÁFICAS

1. Angell P, Chester N, Green D, Somauroo J, Whyte G, George K. Anabolic steroids and cardiovascular risk. Sports Med. 2012;42:119-34.
2. Ahlgrim C, Guglin M. Anabolics and cardiomyopathy in a bodybuilder: case report and literature review. J Card Fail. 2009;15:496-500.
3. Bispo M, Valente A, Maldonado R, Palma R, Glória H, Nóbrega J, et al. Anabolic steroid-induced cardiomyopathy underlying acute liver failure in a young bodybuilder. World J Gastroenterol. 2009;15:2920-2.
4. Far HR, Ågren G, Thiblin I. Cardiac hypertrophy in deceased users of anabolic androgenic steroids: an investigation of autopsy findings. Cardiovasc Pathol. 2012;21:312-6.
5. Baggish AL, Weiner RB, Kanayama G, Hudson JI, Lu MT, Hoffmann U, et al. Cardiovascular toxicity of illicit anabolic-androgenic steroid use. Circulation. 2017;135:1991-2002.
6. Baggish AL, Weiner RB, Kanayama G, Hudson JI, Picard MH, Hutter AM, et al. Long-term anabolic-androgenic steroid use is associated with left ventricular dysfunction. Circ Heart Fail. 2010;3:472-6.
7. De Piccoli B, Giada F, Benettin A, Sartori F, Piccolo E. Anabolic steroid use in body builders: an echocardiographic study of left ventricle morphology and function. Int J Sports Med. 1991;12:408-12.
8. D'Andrea A, Limongelli G, Morello A, Mattera Iacono A, Russo MG, Bossone E, et al. Anabolic--androgenic steroids and athlete's heart: when big is not beautiful...! Int J Cardiol. 2016;203:486-8.
9. Montisci M, El Mazloum R, Cecchetto G, Terranova C, Ferrara SD, Thiene G, et al. Anabolic androgenic steroids abuse and cardiac death in athletes: morphological and toxicological findings in four fatal cases. Forensic Sci Int. 2012;217:e13-8.
10. Rasmussen JJ, Schou M, Madsen PL, Selmer C, Johansen ML, Ulriksen PS, et al. Cardiac systolic dysfunction in past illicit users of anabolic androgenic steroids. Am Heart J. 2018;203:49-56.
11. Urhausen A, Hölpes R, Kindermann W. One- and two-dimensional echocardiography in bodybuilders using anabolic steroids. Eur J Appl Physiol Occup Physiol. 1989;58:633-40.
12. Lau DH, Stiles MK, John B, Shashidhar, Young GD, Sanders P. Atrial fibrillation and anabolic steroid abuse. Int J Cardiol. 2007;117:e86-7.
13. Sullivan ML, Martinez CM, Gallagher EJ. Atrial fibrillation and anabolic steroids. J Emerg Med. 1999;17:851-7.
14. Furlanello F, Serdoz LV, Cappato R, De Ambroggi L. Illicit drugs and cardiac arrhythmias in athletes. Eur J Cardiovasc Prev Rehabil. 2007;14:487-94.
15. Fineschi V, Riezzo I, Centini F, Silingardi E, Licata M, Beduschi G, et al. Sudden cardiac death during anabolic steroid abuse: morphologic and toxicologic findings in two fatal cases of bodybuilders. Int J Legal Med. 2007;121:48-53.
16. Dickerman RD, Schaller F, Prather I, McConathy WJ. Sudden cardiac death in a 20-year-old bodybuilder using anabolic steroids. Cardiology. 1995;86:172-3.
17. Luke JL, Farb A, Virmani R, Sample RH. Sudden cardiac death during exercise in a weight lifter using anabolic androgenic steroids: pathological and toxicological findings. J Forensic Sci. 1990;35:1441-7.

18. Thompson PD, Sadaniantz A, Cullinane EM, Bodziony KS, Catlin DH, Torek-Both G, et al. Left ventricular function is not impaired in weight-lifters who use anabolic steroids. J Am Coll Cardiol. 1992;19:278-82.
19. Hartgens F, Cheriex EC, Kuipers H. Prospective echocardiographic assessment of androgenic-anabolic steroids effects on cardiac structure and function in strength athletes. Int J Sports Med. 2003;24:344-51.
20. Hajimoradi B, Kazerani H. Echocardiographic findings in power athletes abusing anabolic androgenic steroids. Asian J Sports Med. 2013;4:10-4.
21. Thiblin I, Garmo H, Garle M, Holmberg L, Byberg L, Michaëlsson K, et al. Anabolic steroids and cardiovascular risk: a national population-based cohort study. Drug Alcohol Depend. 2015;152:87-92.
22. Pärssinen M, Kujala U, Vartiainen E, Sarna S, Seppälä T. Increased premature mortality of competitive powerlifters suspected to have used anabolic agents. Int J Sports Med. 2000;21:225-7.
23. Petersson A, Garle M, Granath F, Thiblin I. Morbidity and mortality in patients testing positively for the presence of anabolic androgenic steroids in connection with receiving medical care: a controlled retrospective cohort study. Drug Alcohol Depend. 2006;81:215-20.
24. Fanton L, Belhani D, Vaillant F, Tabib A, Gomez L, Descotes J, et al. Heart lesions associated with anabolic steroid abuse: comparison of post-mortem findings in athletes and norethandrolone-induced lesions in rabbits. Exp Toxicol Pathol. 2009;61:317-23.
25. Do Nascimento AM, De Lima EM, Boëchat GA, Meyrelles SD, Bissoli NS, Lenz D, et al. Testosterone induces apoptosis in cardiomyocytes by increasing proapoptotic signaling involving tumor necrosis factor-α and renin angiotensin system. Hum Exp Toxicol. 2015;34:1139-47.
26. Marsh JD, Lehmann MH, Ritchie RH, Gwathmey JK, Green GE, Schiebinger RJ. Androgen receptors mediate hypertrophy in cardiac myocytes. Circulation. 1998;98:256-61.
27. McGill HC, Sheridan PJ. Nuclear uptake of sex steroid hormones in the cardiovascular system of the baboon. Circ Res. 1981;48:238-44.
28. Ruizeveld de Winter JA, Trapman J, Vermey M, Mulder E, Zegers ND, van der Kwast TH. Androgen receptor expression in human tissues: an immunohistochemical study. J Histochem Cytochem. 1991;39:927-36.
29. D'Andrea A, Caso P, Salerno G, Scarafile R, De Corato G, Mita C, et al. Left ventricular early myocardial dysfunction after chronic misuse of anabolic androgenic steroids: a Doppler myocardial and strain imaging analysis. Br J Sports Med. 2007;41:149-55.
30. Cheshlaghi F, Piri-Ardakani MR, Masoumi GR, Behjati M, Paydar P. Cardiovascular manifestations of anabolic steroids in association with demographic variables in body building athletes. J Res Med Sci. 2015;20:165-8.
31. Alves MJ, Dos Santos MR, Dias RG, Akiho CA, Laterza MC, Rondon MU, et al. Abnormal neurovascular control in anabolic androgenic steroids users. Med Sci Sports Exerc. 2010;42:865-71.
32. Maior AS, Carvalho AR, Marques-Neto SR, Menezes P, Soares PP, et al. Cardiac autonomic dysfunction in anabolic steroid users. Scand J Med Sci Sports. 2013;23:548-55.
33. Barbosa Neto O, da Mota GR, De Sordi CC, Resende EAMR, Resende LAPR, Vieira da Silva MA, et al. Long-term anabolic steroids in male bodybuilders induce cardiovascular structural and autonomic abnormalities. Clin Auton Res. 2018;28:231-44.
34. Santos MRD, Sayegh ALC, Armani R, Costa-Hong V, Souza FR, Toschi-Dias E, et al. Resting spontaneous baroreflex sensitivity and cardiac autonomic control in anabolic androgenic steroid users. Clinics (Sao Paulo). 2018;73:e226.
35. Dos Santos MR, Dias RG, Laterza MC, Rondon MU, Braga AM, de Moraes Moreau RL, et al. Impaired post exercise heart rate recovery in anabolic steroid users. Int J Sports Med. 2013;34:931-5.
36. Krieger EM, Da Silva GJ, Negrão CE. Effects of exercise training on baroreflex control of the cardiovascular system. Ann N Y Acad Sci. 2001;940:338-47.

37. Rasmussen JJ, Schou M, Madsen PL, Selmer C, Johansen ML, Hovind P, et al. Increased blood pressure and aortic stiffness among abusers of anabolic androgenic steroids: potential effect of suppressed natriuretic peptides in plasma? J Hypertens. 2018;36:277-85.
38. Palatini P, Giada F, Garavelli G, Sinisi F, Mario L, Michieletto M, et al. Cardiovascular effects of anabolic steroids in weight-trained subjects. J Clin Pharmacol. 1996;36:1132-40.
39. Malachias MVB, Gomes MAM, Nobre F, Alessi A, Feitosa AD, Coelho EB. 7th Brazilian guideline of arterial hypertension: Chapter 2 – Diagnosis and classification. Arq Bras Cardiol. 2016;107:7-13.
40. Grace F, Sculthorpe N, Baker J, Davies B. Blood pressure and rate pressure product response in males using high-dose anabolic androgenic steroids (AAS). J Sci Med Sport. 2003;6:307-12.
41. Kennedy C. Myocardial infarction in association with misuse of anabolic steroids. Ulster Med J. 1993;62:174-6.
42. Nottin S, Nguyen LD, Terbah M, Obert P. Cardiovascular effects of androgenic anabolic steroids in male bodybuilders determined by tissue Doppler imaging. Am J Cardiol. 2006;97:912-5.
43. Urhausen A, Albers T, Kindermann W. Are the cardiac effects of anabolic steroid abuse in strength athletes reversible? Heart. 2004;90:496-501.
44. Polito MV, Dellegrottaglie S, Matturro R, Bonadies D, DE Rosa R, Galasso G. Androgenic-anabolic steroids: the new insidious killer leading to heart failure. Minerva Cardioangiol. 2017;65:663-666.
45. Riebe D, Fernhall B, Thompson PD. The blood pressure response to exercise in anabolic steroid users. Med Sci Sports Exerc. 1992;24:633-7.
46. Junior JFCR, Silva AS, Cardoso GA, Silvino VO, Martins MCC, Santos MAP. Androgenic-anabolic steroids inhibited post-exercise hypotension: a case control study. Braz J Phys Ther. 2018;22:77-81.
47. Loh SY, Giribabu N, Gholami K, Salleh N. Effects of testosterone on mean arterial pressure and aquaporin (AQP)-1, 2, 3, 4, 6 and 7 expressions in the kidney of orchidectomized, adult male Sprague-Dawley rats. Arch Biochem Biophys. 2017;614:41-9.
48. Uhlén S, Lindblom J, Kindlundh A, Mugisha P, Nyberg F. Nandrolone treatment decreases the level of rat kidney alpha(1B)-adrenoceptors. Naunyn Schmiedebergs Arch Pharmacol. 2003;368:91-8.
49. Franquni JV, Do Nascimento AM, De Lima EM, Brasil GA, Heringer OA, Cassaro KO, et al. Nandrolone decanoate determines cardiac remodelling and injury by an imbalance in cardiac inflammatory cytokines and ACE activity, blunting of the Bezold-Jarisch reflex, resulting in the development of hypertension. Steroids. 2013;78:379-85.
50. De Souza FR, Sales ARK, Dos Santos MR, Porello RA, Fonseca GWPD, Sayegh ALC, et al. Retrograde and oscillatory shear rate in young anabolic androgenic steroid users. Scand J Med Sci Sports. 2019;29:422-9.
51. Shimizu I, Minamino T. Physiological and pathological cardiac hypertrophy. J Mol Cell Cardiol. 2016;97:245-62.
52. Kavazis AN. Pathological vs. physiological cardiac hypertrophy. J Physiol. 2015;593:3767.
53. Haykowsky MJ, Dressendorfer R, Taylor D, Mandic S, Humen D. Resistance training and cardiac hypertrophy: unravelling the training effect. Sports Med. 2002;32:837-49.
54. Hartgens F, Kuipers H. Effects of androgenic-anabolic steroids in athletes. Sports Med. 2004;34:513-54.
55. McKillop G, Todd IC, Ballantyne D. Increased left ventricular mass in a bodybuilder using anabolic steroids. Br J Sports Med. 1986;20:151-2.
56. Do Carmo EC, Fernandes T, Koike D, Da Silva ND, Mattos KC, Rosa KT, et al. Anabolic steroid associated to physical training induces deleterious cardiac effects. Med Sci Sports Exerc. 2011;43:1836-48.
57. Rocha FL, Carmo EC, Roque FR, Hashimoto NY, Rossoni LV, Frimm C, et al. Anabolic steroids induce cardiac renin-angiotensin system and impair the beneficial effects of aerobic training in rats. Am J Physiol Heart Circ Physiol. 2007;293:H3575-83.
58. Sachtleben TR, Berg KE, Elias BA, Cheatham JP, Felix GL, Hofschire PJ. The effects of anabolic steroids on myocardial structure and cardiovascular fitness. Med Sci Sports Exerc. 1993;25:1240-5.

59. Campbell SE, Farb A, Weber KT. Pathologic remodeling of the myocardium in a weightlifter taking anabolic steroids. Blood Press. 1993;2:213-6.
60. Karila TA, Karjalainen JE, Mäntysaari MJ, Viitasalo MT, Seppälä TA. Anabolic androgenic steroids produce dose-dependant increase in left ventricular mass in power atheletes, and this effect is potentiated by concomitant use of growth hormone. Int J Sports Med. 2003;24:337-43.
61. Vieira TM, Rossi Junior WC, Da Ré Guerra F, Damião B, Marques PP, Esteves A. Effect of testosterone cypionate and stanozolol on the heart of young trained mice: a morphometric study. Steroids. 2019;145:19-22.
62. Fontana K, Oliveira HC, Leonardo MB, Mandarim-de-Lacerda CA, Da Cruz-Höfling MA. Adverse effect of the anabolic-androgenic steroid mesterolone on cardiac remodelling and lipoprotein profile is attenuated by aerobicz exercise training. Int J Exp Pathol. 2008;89:358-66.
63. Woodiwiss AJ, Trifunovic B, Philippides M, Norton GR. Effects of an androgenic steroid on exercise-induced cardiac remodeling in rats. J Appl Physiol (1985). 2000;88:409-15.
64. Witayavanitkul N, Woranush W, Bupha-Intr T, Wattanapermpool J. Testosterone regulates cardiac contractile activation by modulating Serca but not NCX activity. Am J Physiol Heart Circ Physiol. 2013;304:H465-72.
65. Zaugg M, Jamali NZ, Lucchinetti E, Xu W, Alam M, Shafiq SA, et al. Anabolic-androgenic steroids induce apoptotic cell death in adult rat ventricular myocytes. J Cell Physiol. 2001;187:90-5.
66. Melo Junior AF, Dalpiaz PLM, Sousa GJ, Oliveira PWC, Birocale AM, Andrade TU, et al. Nandrolone alter left ventricular contractility and promotes remodelling involving calcium-handling proteins and renin-angiotensin system in male SHR. Life Sci. 2018;208:239-45.
67. Karbasi S, Zaeemi M, Mohri M, Rashidlamir A, Moosavi Z. Effects of testosterone enanthate and resistance training on myocardium in Wistar rats; clinical and anatomical pathology. Andrologia. 2018;50.
68. Luijkx T, Velthuis BK, Backx FJ, Buckens CF, Prakken NH, Rienks R, et al. Anabolic androgenic steroid use is associated with ventricular dysfunction on cardiac MRI in strength trained athletes. Int J Cardiol. 2013;167:664-8.
69. Hassan NA, Salem MF, Sayed MA. Doping and effects of anabolic androgenic steroids on the heart: histological, ultrastructural, and echocardiographic assessment in strength athletes. Hum Exp Toxicol. 2009;28:273-83.
70. LeGros T, McConnell D, Murry T, Edavettal M, Racey-Burns LA, Shepherd RE, et al. The effects of 17 alpha-methyltestosterone on myocardial function in vitro. Med Sci Sports Exerc. 2000;32:897-903.
71. D'Andrea A, Radmilovic J, Caselli S, Carbone A, Scarafile R, Sperlongano S, et al. Left atrial myocardial dysfunction after chronic abuse of anabolic androgenic steroids: a speckle tracking echocardiography analysis. Int J Cardiovasc Imaging. 2018;34:1549-59.
72. Lang RM, Badano LP, Mor-Avi V, Afilalo J, Armstrong A, Ernande L, et al. Recommendations for cardiac chamber quantification by echocardiography in adults: an update from the American Society of Echocardiography and the European Association of Cardiovascular Imaging. Eur Heart J Cardiovasc Imaging. 2015;16:233-70.
73. Angell PJ, Chester N, Green DJ, Shah R, Somauroo J, Whyte G, et al. Anabolic steroid use and longitudinal, radial, and circumferential cardiac motion. Med Sci Sports Exerc. 2012;44:583-90.
74. Dimauro J, Balnave RJ, Shorey CD. Effects of anabolic steroids and high intensity exercise on rat skeletal muscle fibres and capillarization: a morphometric study. Eur J Appl Physiol Occup Physiol. 1992;64:204-12.
75. Tagarakis CV, Bloch W, Hartmann G, Hollmann W, Addicks K. Anabolic steroids impair the exercise-induced growth of the cardiac capillary bed. Int J Sports Med. 2000;21:412-8.
76. Ponikowski P, Voors AA, Anker SD, Bueno H, Cleland JGF, Coats AJS, et al. 2016 ESC guidelines for the diagnosis and treatment of acute and chronic heart failure. Rev Esp Cardiol (Engl Ed). 2016;69:1167.
77. Søndergaard EB, Thune JJ, Gustafsson F. Characteristics and outcome of patients with heart failure due to anabolic-androgenic steroids. Scand Cardiovasc J. 2014;48:339-42.

16

Efeitos adversos do uso suprafisiológico de anabolizantes na doença arterial coronariana e no infarto

Francis Ribeiro de Souza
Kelly Thayane Souza Correia

FISIOPATOLOGIA DA DOENÇA ARTERIAL CORONARIANA E INFARTO AGUDO DO MIOCÁRDIO

A doença arterial coronariana (DAC) é uma importante causa de morbidade e mortalidade em todo o mundo. Sua ocorrência é maior em adultos e está diretamente associada ao desenvolvimento econômico e à urbanização[1]. Segundo a Organização Mundial da Saúde (OMS), em 2019 a doença isquêmica cardíaca representou a principal causa de morte no Brasil e no mundo[2-3].

A DAC é uma doença crônica, sistêmica, caracterizada pelo acúmulo de placas ateroscleróticas nas artérias. O desenvolvimento de lesões ateroscleróticas (Figura 1) é desencadeado por fatores circulantes, como o aumento de lipoproteína de baixa densidade (LDL) e a retenção da LDL na camada subendotelial[4]. Associada à dislipidemia e outros fatores de risco, como a obesidade, o colesterol alto, o tabagismo, hipertensão, o diabetes, o estresse e o sedentarismo[5-6], a inflamação desempenha um papel respeitável na progressão da aterosclerose e está presente em todas as etapas da aterogênese. Além disso, a formação de placas gera uma alteração hemodinâmica focal causada pelo aumento do estresse de cisalhamento, que ativa funções endoteliais e favorece a formação de lesões. Progressivamente, as placas ateroscleróticas provocam a obstrução das artérias, acarretando um bloqueio parcial ou total do fluxo sanguíneo para o coração[7-8].

As células endoteliais são ativadas por citocinas pró-inflamatórias e aumentam a expressão de moléculas de adesão, que promovem o rolamento e a adesão de linfócitos e monócitos na camada endotelial e a migração dessas células para a íntima arterial, onde se diferenciam em macrófagos[4]. Os macrófagos, por sua vez, expressam receptores *scavenger*, que permitem que os macrófagos se liguem e absorvam a LDL oxidada, transformando-os em células espumosas. Ocorrem a migração e a proliferação de células musculares lisas, o que leva ao espessamento da placa e também à morte celular, que favorece a formação do núcleo necrótico.

A matriz extracelular, sintetizada pelas células musculares lisas, forma uma capa fibrosa que cobre o núcleo da lesão. Algumas lesões podem ter mais fibrose e calcificação, enquanto outras têm núcleos lipídicos maiores e capa fibrosa mais fina e são mais suscetíveis à ruptura[4,9].

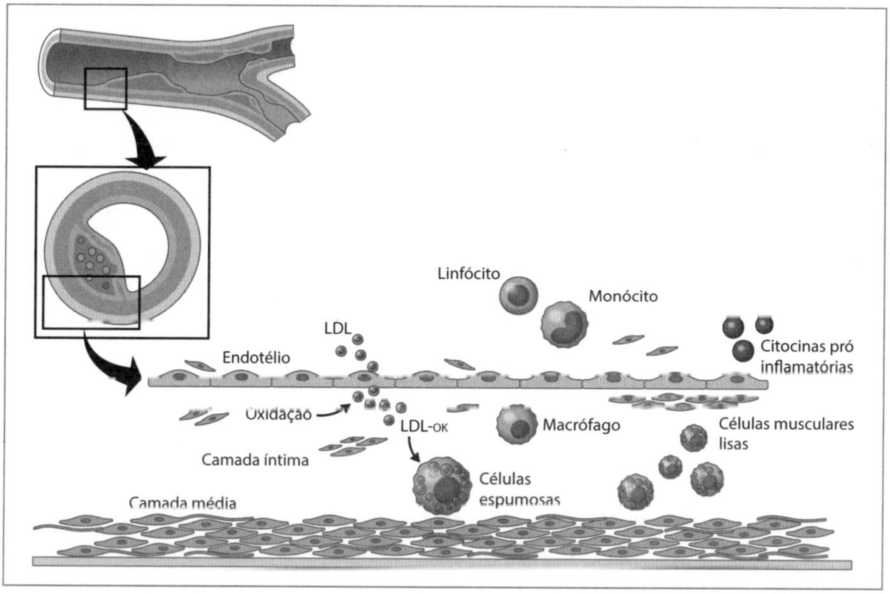

FIGURA 1 Estágio inicial da aterosclerose. A artéria é formada pela túnica íntima (camada mais interna, endotélio), a túnica média (formada principalmente por células musculares lisas) e a túnica adventícia (camada mais externa). As células endoteliais são ativadas por citocinas pró-inflamatórias e expressam moléculas de adesão, que promovem o rolamento e a adesão de monócitos e linfócitos e a migração dessas células para a camada íntima, onde amadurecem em macrófagos. Os macrófagos absorvem LDL oxidada e se transformam em células espumosas. Ocorre a migração de células musculares lisas para a íntima, o que leva ao espessamento da placa aterosclerótica.
LDL: lipoproteína de baixa densidade.

As manifestações clínicas da DAC podem ser categorizadas como síndromes coronarianas crônicas (SCC) ou síndromes coronarianas agudas (SCA). A SCC se apresenta, muitas vezes, de forma silenciosa, porém a redução do fluxo sanguíneo resulta na diminuição da oferta de oxigênio e de nutrientes ao músculo cardíaco e pode causar falta de ar e angina[10]. O não controle dos fatores de risco provoca aumento de espécies reativas de oxigênio (ERO) e de citocinas pró-inflamatórias, além de promover a apoptose celular, que contribui para instabilidade, ruptura ou erosão da placa, trombose e incompatibilidade entre oferta e demanda cardiovascular, levando o indivíduo à SCA. O evento aterotrombótico agudo pode causar infarto agudo do miocárdio (IAM)[9].

Fisiologicamente, com o avanço da idade, o homem apresenta redução dos níveis séricos de testosterona[11], e a deficiência desse hormônio está associada a diversos fatores de risco da DAC, como diabetes *mellitus*[12] e aumento dos níveis de colesterol total[13].

A reposição hormonal de testosterona, em doses fisiológicas, exerce um papel protetor nas doenças cardiovasculares e aumento da capacidade funcional[14], porém o uso de dosagens suprafisiológicas leva ao aumento do efluxo de colesterol[15] e da inflamação endotelial[16].

DOENÇA ARTERIAL CORONARIANA E INFARTO AGUDO DO MIOCÁRDIO EM USUÁRIOS DE ESTEROIDES ANDROGÊNICOS ANABOLIZANTES

O uso ilícito de esteroides androgênicos anabolizantes (EAA) tem sido associado com diversos efeitos prejudiciais à saúde, incluindo doença cardiovascular. Alguns casos de morte súbita em praticantes de musculação e usuários de EAA têm sido associados com DAC e IAM[17].

Diversos estudos demonstram que o uso de EAA para fins estéticos ou competitivos leva à significativa redução das concentrações plasmáticas de lipoproteína de alta densidade (HDL) e a um aumento das concentrações plasmáticas de LDL, ambas as alterações associadas com o desenvolvimento de DAC. Santora et al. foram os primeiros pesquisadores a relatar alterações nas artérias coronárias de fisiculturistas usuários de EAA[18]. Nesse estudo foi avaliado um pequeno grupo de 14 fisiculturistas com idade média de 39 anos (idades entre 28-55 anos), observando-se que 7 dos 14 indivíduos (50%) apresentaram maior deposição de cálcio nas coronárias.

Baggish et al., por sua vez, avaliaram 140 atletas envolvidos com musculação entre 34-54 anos de idade. Desses, 86 reportaram o uso de anabolizantes com uma média de uso de 7 anos acumulativos. Foi observado maior volume de placa aterosclerótica no grupo de usuários de EAA quando comparado aos não usuários. Embora o estudo não tenha avaliado os mecanismos que poderiam estar envolvidos nessa precoce alteração, foi observada uma relação com o tempo de uso e o grau de acometimento da artéria[19]. É importante destacar que 3 usuários de EAA já tinham histórico de IAM devido à doença aterosclerótica, documentado por exames:

- Indivíduo 1 (38 anos de idade, histórico de 17 anos acumulativos de uso de EAA), IAM com oclusão completa da artéria descendente anterior (DA).
- Indivíduo 2 (43 anos de idade, histórico de 11 anos acumulativos de uso de EAA), IAM com 99% de oclusão da artéria direita e artéria circunflexa esquerda.
- Indivíduo 3 (46 anos de idade, histórico de 5 anos acumulativos de uso de EAA), IAM com oclusão completa da segunda artéria marginal obtusa.

Além disso, 1 indivíduo de 42 anos de idade, com histórico de 20 anos acumulativos de uso de EAA, apresentava insuficiência cardíaca e uso de *stent* na artéria circunflexa esquerda e primeira marginal obtusa. Por outro lado, nenhum dos não usuários de EAA tinha histórico de IAM ou uso de *stent* coronariano.

Mais recentemente, De Souza et al. avaliaram um grupo de 40 indivíduos praticantes de musculação (20 usuários de EAA e 20 não usuários), além de 10 indivíduos sedentários com média de idade de 29 anos sem histórico de DAC[15]. Foi encontrada a presença de placas lipídicas, fibrolipídicas e calcificadas em pelo menos duas artérias em 25% do grupo de usuários de EAA. A média de placa aterosclerótica encontrada foi de 274,4 mm^3, o que representa entre 30-50% de grau de estenose, com remodelamento negativo de 97,8%. Artéria descendente anterior esquerda, artéria circunflexa, artéria coronária direita, artéria diagonal e primeira artéria diagonal foram as mais acometidas pelas placas ateroscleróticas. É importante destacar que 2 indivíduos que apresentaram DAC tinham menos de 30 anos:

- Indivíduo 1: 27 anos de idade, histórico de 3 anos acumulativos de uso de EAA.
- Indivíduo 2: 27 anos de idade, histórico de 6 anos acumulativos de uso de EAA.

Interessantemente, em 2 casos, 1 indivíduo de 41 anos de idade, com histórico de 24 anos acumulativos de uso de EAA, apresentou uma úlcera na artéria descendente anterior esquerda, e 1 indivíduo de 43 anos, com histórico de 11 anos acumulativos de uso de EAA, apresentou redução luminal coronariana significativa biarterial, estenose importante da artéria diagonal e posterior, além de lesão moderada na artéria descendente anterior. O indivíduo precisou realizar cateterismo, mas não houve necessidade da angioplastia. Além disso, por meio de duas fórmulas que são utilizadas para calcular a porcentagem de risco de evento cardiovascular na população geral (*Castelli index* e *Framingham heart study scores*), foi observado maior risco de evento cardiovascular no grupo usuários de EAA quando comparado aos não usuários. Além disso, com base nas alterações cardiovasculares dos indivíduos, é sugerido um envelhecimento cardiovascular precoce de aproximadamente 10 anos[15].

A Figura 2 apresenta dois exemplos de indivíduos usuários de EAA que apresentaram DAC.

Outro mecanismo que pode estar associado à DAC é o comportamento do fluxo sanguíneo arterial. Seu padrão de comportamento, conhecido como *shear rate* (SR), é um importante mecanismo na função endotelial. O SR unidirecional (fluxo anterógrado) causa uma tensão de cisalhamento (*shear stress*) na pa-

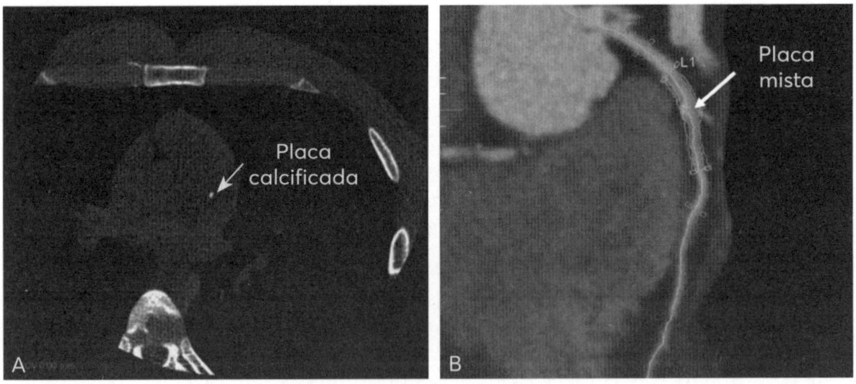

Imagem colorida no final do livro

FIGURA 2 Exame de angiotomografia de coronárias. A: imagem representativa de placa calcificada na artéria descendente anterior (DA) em um homem de 27 anos com histórico de 3 anos de uso acumulativo de esteroides androgênicos anabolizantes. B: imagem representativa de placa aterosclerótica mista na artéria descendente anterior (DA) em um homem de 43 anos com histórico de 11 anos de uso acumulativo de esteroides androgênicos anabolizantes.
Fonte: adaptada de De Souza et al., 2019[15].

rede endotelial que está associado à maior liberação de substâncias antiaterogênicas, por exemplo, óxido nítrico e superóxido dismutase, além do balanço vasomotor arterial, que influencia a função endotelial[20]. Por outro lado, um distúrbio no SR, caracterizado pelo aumento do fluxo retrógrado e oscilatório, gera um *shear stress* endotelial que está associado à maior liberação de fatores pró-aterogênicos e ao aumento da disfunção endotelial[20]. O distúrbio do SR foi observado primeiramente em idosos com idade média de 69 anos quando comparados a jovens com idade média de 27 anos, o que parece estar associado com hiperatividade da atividade nervosa simpática muscular (ANSM) e menor biodisponibilidade de óxido nítrico[21].

O aumento do SR retrógrado contribui para a liberação de processos inflamatórios que estão associados ao desenvolvimento da doença aterosclerótica[20]. A proteína C reativa ultrassensível (PCR-us) é um marcador inflamatório associado com o aumento do risco de evento cardiovascular na população geral[22], e já foi observado que usuários de anabolizantes podem apresentar aumento das concentrações de PCR-us quando comparados a não usuários[23]. Além disso, previamente foi demonstrado que usuários de anabolizantes apresentam aumento da ANSM e menor fluxo sanguíneo de antebraço quando comparados a não usuários de anabolizantes[24-25]. Assim, é possível imaginar que usuários de EAA também apresentariam alterações do comportamento padrão do fluxo sanguíneo arterial.

Dessa maneira, De Souza et al. avaliam o comportamento do SR da artéria braquial em usuários de anabolizantes com idade média de 27 anos comparados a não usuários de anabolizantes com idade média de 29 anos. Interessantemente, os principais resultados foram:

1. Usuários de EAA apresentaram maior SR retrógrado e oscilatório na artéria braquial.
2. Significativa associação do fluxo retrógrado e oscilatório com o aumento da ANSM.
3. Maior concentração da PCR-us, comparada a dos não usuários de EAA[16].

Na Figura 3 temos um exemplo do SR da artéria braquial.

Todos esses resultados sugerem que os EAA utilizados para fins competitivos e/ou estéticos podem levar ao desenvolvimento de DAC precoce associada com maior risco de IAM em jovens usuários de EAA.

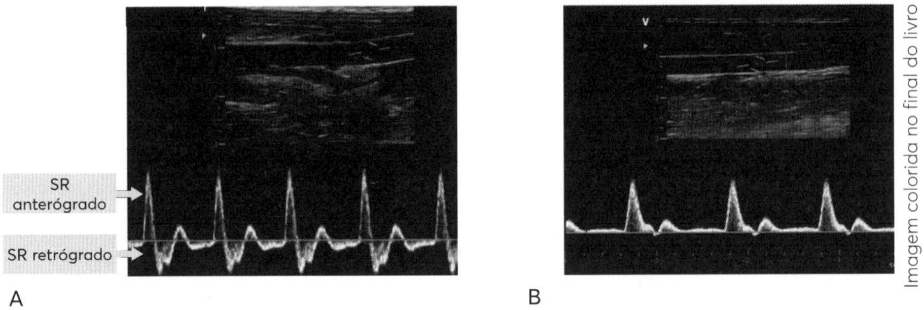

FIGURA 3 Imagem ilustrativa do comportamento do SR da artéria braquial. A: comportamento do SR anterógrado e do SR retrógrado de um participante usuário de EAA. B: comportamento do SR anterógrado e do SR retrógrado de um participante não usuário de EAA.

EAA: esteroides androgênicos anabolizantes; SR: *shear rates*.
Fonte: adaptada de De Souza et al., 2019[16].

REFERÊNCIAS BIBLIOGRÁFICAS

1. Khan MA, Hashim MJ, Mustafa H, Baniyas MY, Al Suwaidi SKBM, AlKatheeri R, et al. Global epidemiology of ischemic heart disease: results from the Global Burden of Disease Study. Cureus. 2020 Jul;23;12(7):e9349. [Internet]. [Acesso em: 2022 mar.]. Disponível em: https://www.ncbi.nlm.nih.gov/pubmed/32742886.
2. World Health Organization – WHO. Global health estimates: leading causes of death. Mortality and global health estimates, The Global Health Observatory, 2020. [Internet]. [Acesso em: 2022 mar.]. Disponível em: https://www.who.int/data/gho/data/themes/mortality-and-global-health-estimates/ghe-leading-causes-of-death.
3. World Health Organization – WHO. The top 10 causes of death. Fact Sheets. 2020. [Internet]. [Acesso em: 2022 mar.]. Disponível em: https://www.who.int/news-room/fact-sheets/detail/the-top-10-causes-of-death.
4. Bäck M, Yurdagul Jr. A, Tabas I, Öörni K, Kovanen PT. Inflammation and its resolution in atherosclerosis: mediators and therapeutic opportunities. Nat Rev Cardiol. 2019 Jul;16(7):389-406. [Internet]. [Acesso em: 2022 mar.]. Disponível em: https://www.ncbi.nlm.nih.gov/pubmed/30846875.
5. Virani SS, Alonso A, Benjamin EJ, Bittencourt MS, Callaway CW, Carson AP, et al. Heart disease and stroke statistics-2020 update: a report from the American Heart Association. Circulation. 2020 Mar;3;141(9):e139-e596. [Internet]. [Acesso em: 2022 Mar.]. Disponível em: https://www.ncbi.nlm.nih.gov/pubmed/31992061.
6. Malakar AK, Chodhury D, Halder B, Paul P, Uddin A, Chakraborty S. A review on coronary artery disease, its risk factors, and therapeutics. J Cell Physiol. 2019 Aug;234(10):16812-23. [Internet]. [Acesso em: 2022 mar.]. Disponível em: https://www.ncbi.nlm.nih.gov/pubmed/30790284.
7. Libby P. Inflammation during the life cycle of the atherosclerotic plaque. Cardiovasc Res. 2021 Nov; 22;117(13):2525-36. [Internet]. [Acesso em: 2022 mar.]. Disponível em: https://www.ncbi.nlm.nih.gov/pubmed/34550337.
8. Libby P, Buring JE, Badimon L, Hansson GK, Deanfield J, Bittencourt MS, et al. Atherosclerosis. Nat Rev Dis Primers. 2019 Aug;16;5(1):56. [Internet]. [Acesso em: 2022 mar.]. Disponível em: https://www.ncbi.nlm.nih.gov/pubmed/31420554.

9. Libby P, Theroux P. Pathophysiology of coronary artery disease. Circulation. 2005 Jun;111(25):3481-8. [Internet]. [Acesso em: 2022 mar.]. Disponível em: https://www.ncbi.nlm.nih.gov/pubmed/15983262.
10. Knuuti J, Wijns W, Saraste A, Capodanno D, Barbato E, Funck-Brentano C, et al. 2019 ESC guidelines for the diagnosis and management of chronic coronary syndromes. Eur Heart J. 2019 Aug. [Internet]. [Acesso em: 2022 mar.]. Disponível em: https://www.ncbi.nlm.nih.gov/pubmed/31504439.
11. Vigen R, O'Donnell CI, Barón AE, Grunwald GK, Maddox TM, Bradley SM, et al. Association of testosterone therapy with mortality, myocardial infarction, and stroke in men with low testosterone levels. JAMA. 2013 Nov;6;310(17):1829-36. [Internet]. [Acesso em: 2022 mar.]. Disponível em: https://www.ncbi.nlm.nih.gov/pubmed/24193080.
12. Muraleedharan V, Marsh H, Kapoor D, Channer KS, Jones TH. Testosterone deficiency is associated with increased risk of mortality and testosterone replacement improves survival in men with type 2 diabetes. Eur J Endocrinol. 2013 Dec;169(6):725-33. [Internet]. [Acesso em: 2022 mar.]. Disponível em: https://www.ncbi.nlm.nih.gov/pubmed/23999642.
13. Mohler ER, Ellenberg SS, Lewis CE, Wenger NK, Budoff MJ, Lewis MR, et al. The effect of testosterone on cardiovascular biomarkers in the testosterone trials. J Clin Endocrinol Metab. 2018 Feb; 1;103(2):681-8. [Internet]. [Acesso em: 2022 mar.]. Disponível em: https://www.ncbi.nlm.nih.gov/pubmed/29253154.
14. Dos Santos MR, Sayegh ALC, Bacurau AVN, Arap MA, Brum PC, Pereira RMR, et al. Effect of exercise training and testosterone replacement on skeletal muscle wasting in patients with heart failure with testosterone deficiency. Mayo Clin Proc. 2016 May;91(5):575-86. [Internet]. [Acesso em: 2022 mar.]. Disponível em: https://www.ncbi.nlm.nih.gov/pubmed/27040087.
15. De Souza FR, Dos Santos MR, Porello RA, Fonseca GWP, Sayegh ALC, Lima TP, et al. Diminished cholesterol efflux mediated by HDL and coronary artery disease in young male anabolic androgenic steroid users. Atherosclerosis. 2019 Apr;283:100-5. [Internet]. [Acesso em: 2022 mar.]. Disponível em: https://www.ncbi.nlm.nih.gov/pubmed/30826541.
16. De Souza FR, Sales ARK, Dos Santos MR, Porello RA, Fonseca GWP, Sayegh ALC, et al. Retrograde and oscillatory shear rate in young anabolic androgenic steroid users. Scand J Med Sci Sports. 2019 Mar;29(3):422-9. [Internet]. [Acesso em: 2022 mar.]. Disponível em: https://www.ncbi.nlm.nih.gov/pubmed/30387181.
17. Luke JL, Farb A, Virmani R, Sample RH. Sudden cardiac death during exercise in a weight lifter using anabolic androgenic steroids: pathological and toxicological findings. J Forensic Sci. 1990 Nov;35(6):441-7. [Internet]. [Acesso em: 2022 mar.]. Disponível em: https://www.ncbi.nlm.nih.gov/pubmed/2148179.
18. Santora LJ, Marin J, Vangrow J, Minegar C, Robinson M, Mora J, et al. Coronary calcification in body builders using anabolic steroids. Prev Cardiol. 2006;9(4):198-201. [Internet]. [Acesso em: 2022 mar.]. Disponível em: https://www.ncbi.nlm.nih.gov/pubmed/17085981.
19. Baggish AL, Weiner RB, Kanayama G, Hudson JI, Lu MT, Hoffmann U, et al. Cardiovascular toxicity of illicit anabolic-androgenic steroid use. Circulation. 2017 May 23;135(21):1991-2002. [Internet]. [Acesso em: 2022 mar.]. Disponível em: https://www.ncbi.nlm.nih.gov/pubmed/28533317.
20. Traub O, Berk BC. Laminar shear stress: mechanisms by which endothelial cells transduce an atheroprotective force. Arterioscler Thromb Vasc Biol. 1998 May;18(5):677-85. [Internet]. [Acesso em: 2022 mar.]. Disponível em: https://www.ncbi.nlm.nih.gov/pubmed/9598824.
21. Casey DP, Padilla J, Joyner MJ. α-adrenergic vasoconstriction contributes to the age-related increase in conduit artery retrograde and oscillatory shear. Hypertension. 2012 Oct;60(4):1016-22. [Internet]. [Acesso em: 2022 mar.]. Disponível em: https://www.ncbi.nlm.nih.gov/pubmed/22949528.
22. Soeki T, Sata M. Inflammatory biomarkers and atherosclerosis. Int Heart J. 2016;57(2):134-9. [Internet]. [Acesso em: 2022 mar.]. Disponível em: https://www.ncbi.nlm.nih.gov/pubmed/26973275.

23. Severo CB, Ribeiro JP, Umpierre D, Da Silveira AD, Padilha MC, Aquino Neto FR, et al. Increased atherothrombotic markers and endothelial dysfunction in steroid users. Eur J Prev Cardiol. 2013 Apr;20(2):195-201. [Internet]. [Acesso em: 2022 mar.]. Disponível em: https://www.ncbi.nlm.nih.gov/pubmed/22345686.
24. Porello RA, Dos Santos MR, De Souza FR, Fonseca GWP, Sayegh ALC, De Oliveira TF, et al. Neurovascular response during exercise and mental stress in anabolic steroid users. Med Sci Sports Exerc. 2018 Mar;50(3):596-602. [Internet]. [Acesso em: 2022 mar.]. Disponível em: https://www.ncbi.nlm.nih.gov/pubmed/29040222.
25. Alves MJ, Dos Santos MR, Dias RG, Akiho CA, Laterza MC, Rondon MUPB, et al. Abnormal neurovascular control in anabolic androgenic steroids users. Med Sci Sports Exerc. 2010 May;42(5):865-71. [Internet]. [Acesso em: 2022 mar.]. Disponível em: https://www.ncbi.nlm.nih.gov/pubmed/19997008.

17

Efeitos adversos do uso suprafisiológico de anabolizantes no controle autonômico

Maria Urbana Pinto Brandão Rondon
Graziela Amaro-Vicente
Carlos Eduardo Negrão

INTRODUÇÃO

Esteroides androgênicos anabólicos (EAA) são substâncias sintéticas derivadas do hormônio sexual masculino testosterona[1-3]. Na clínica, eles são indicados para tratar pacientes com retardo de puberdade, perda de massa muscular e doenças relacionadas à deficiência desse hormônio[2-3]. No esporte, os EAA têm sido usados para ganho de massa muscular e, consequentemente, melhora no desempenho físico em competições esportivas[4-6]. Por essas razões, a World Anti-Doping Agency (WADA) decidiu incluí-los na sua lista de substâncias proibidas no esporte.

O interesse pelos EAA ocorre também entre os frequentadores de ambientes voltados à prática de exercício físico que pretendem ganhar massa muscular rapidamente e aqueles que procuram o embelezamento físico. O problema está no fato de que o uso abusivo ou inadequado dessas substâncias pode provocar alterações fisiológicas importantes. Eventos adversos como morte súbita são relatados em usuários de EAA[7-9]. Embora a causa da morte nesses indivíduos não seja totalmente esclarecida, estudos *post-mortem* sugerem causas cardíacas em muitos casos[10-11].

Estudo realizado por 12 anos em um grupo de fisiculturistas usuários de EAA e em um grupo de indivíduos pareados por idade da população geral evidenciou uma taxa de mortalidade 4,6 vezes maior no grupo de fisiculturistas usuários de EAA, com dano cardiovascular apontado como causa da morte em 37,5% desses indivíduos[10]. Alguns autores têm demonstrado que os episódios de morte súbita em usuários de EAA estão associados à síndrome isquêmica miocárdica aguda e às arritmias ventriculares[7,12]. Além disso, alguns estudos sugerem que os eventos cardiovasculares nos usuários dessas substâncias estão relacionados à disfunção autonômica cardíaca[13-16]. Neste capítulo, serão abordadas as alterações autonômicas causadas pelo uso inadequado de EAA.

DISFUNÇÕES AUTONÔMICAS EM USUÁRIOS DE ESTEROIDES ANDROGÊNICOS ANABOLIZANTES

Alguns dos marcadores autonômicos importantes observados em jovens usuários de EAA são a redução da modulação vagal cardíaca e a hiperatividade simpática[13-14,16-21].

A variabilidade da frequência cardíaca tem sido utilizada como uma ferramenta não invasiva na avaliação do controle autonômico cardíaco em condições fisiológicas e patológicas[22-25]. Em animais, a análise da variabilidade da frequência cardíaca demonstrou ser um método eficaz em detectar distúrbios no controle autonômico cardíaco[14,16-18]. A administração de doses suprafisiológicas de EAA causa disfunção do controle autonômico cardíaco em ratos. Análises realizadas tanto no domínio do tempo quanto no domínio da frequência mostram redução nesses domínios. Além disso, observa-se aumento do balanço simpatovagal, índice representativo da modulação simpática cardíaca[14,16-18].

Alterações semelhantes são encontradas em humanos[13,19]. Barbosa Neto et al. (2018)[13] observaram redução da modulação vagal cardíaca e aumento da modulação simpática cardíaca e do balanço simpatovagal em indivíduos fisiculturistas usuários de EAA. Nesse estudo, além da disfunção autonômica, os autores observaram uma associação entre o aumento da modulação simpática cardíaca e entre as alterações estruturais no coração, sugerindo um importante mecanismo de ligação entre o uso crônico de EAA e o aumento do risco cardiovascular[13]. Em outro estudo, realizado em praticantes de treinamento de força usuários de EAA, ficou evidenciado que a queda da frequência cardíaca no período de recuperação pós-teste máximo foi significativamente menor quando comparada àquela observada em indivíduos não usuários de EAA[21]. Essa resposta é um indicativo de diminuição na recuperação da função vagal cardíaca[26]. Ademais, a frequência cardíaca de recuperação é usada como uma ferramenta útil para estratificação do fator de risco e predição independente de mortalidade[26-27].

Os mecanismos envolvidos na disfunção do controle vagal em usuários de EAA não estão totalmente esclarecidos. Entretanto, Santos et al. (2013) observaram uma correlação inversa entre a frequência cardíaca de recuperação e a atividade nervosa simpática nesses usuários[21]. Esse achado reforça a noção de que o aumento da atividade simpática pode ser um mecanismo que se contrapõe à função vagal, provocando um desequilíbrio autonômico cardíaco com prevalência do fluxo simpático[21]. De fato, existem evidências de que os EAA atuam em receptores androgênicos específicos na região regulatória cardiovascular no sistema nervoso central estimulando a atividade simpática[28]. Em um estudo clássico, alguns investigadores já apontavam que a estimulação hipotalâmica crônica pode levar à instabilidade do controle autonômico cardiovascular[29].

Além do aumento da modulação simpática cardíaca, os indivíduos usuários de EAA apresentam hiperatividade simpática avaliada pela técnica direta de microneurografia[20-21,30]. Alves et al. (2010)[20] observaram que a atividade nervosa simpática muscular, avaliada diretamente no nervo fibular, é significativamente maior nos indivíduos usuários de EAA quando comparados aos indivíduos não usuários.

Como já mencionado, os mecanismos envolvidos no aumento da atividade nervosa simpática em usuários de EAA não são totalmente conhecidos. Em diversas doenças cardiovasculares, como hipertensão e insuficiência cardíaca, a diminuição da sensibilidade barorreflexa é um dos principais mecanismos associados à hiperatividade simpática[31-35]. Considerando esses conhecimentos, é possível imaginar que o aumento da atividade nervosa simpática nos usuários de EAA seja devido ao comprometimento do controle barorreflexo arterial. De fato, alguns estudos mostram diminuição do controle barorreflexo arterial em usuários crônicos dessas substâncias[36-37]. Santos et al. (2018)[36] verificaram que, além da diminuição da modulação vagal cardíaca e do aumento da modulação simpática cardíaca e, portanto, da alteração do balanço simpatovagal, a sensibilidade barorreflexa espontânea, avaliada pelo método sequencial, está diminuída em usuários de EAA, tanto para quedas quanto para aumentos da pressão arterial[36].

Os barorreceptores arteriais são terminações nervosas livres localizadas no seio carotídeo e no arco aórtico[38-39]. A sensibilidade desses receptores pode ser influenciada pela complacência das artérias onde estão localizados[40]. Em indivíduos usuários de EAA, foi observada maior rigidez arterial avaliada pela técnica de velocidade da onda de pulso (VOP), o que poderia explicar, pelo menos em parte, a menor sensibilidade barorreflexa observada nessa população[36].

Estudo recente, realizado em jovens praticantes de musculação e usuários de EAA, mostrou alteração da função autonômica evidenciada por menor sensibilidade barorreflexa[37]. Esses autores observaram também hipertrofia do ventrículo esquerdo e uma associação entre os índices de disfunção diastólica precoce e a diminuição da sensibilidade barorreflexa[37].

Tem sido sugerido que a administração crônica de testosterona provoca alterações funcionais na atividade dos neurônios cerebrais que regulam as respostas barorreflexas arteriais[41-42]. Além disso, os efeitos diretos da testosterona no coração podem mediar mudanças no controle reflexo da frequência cardíaca. A exposição de cardiomiócitos cultivados em testosterona demonstrou inibição da recaptação de noradrenalina e aumento na atividade do canal de cálcio tipo T, sugerindo que a testosterona desempenha papel no aumento da frequência cardíaca, contratilidade cardíaca e condução atrioventricular. Essas respostas em conjunto podem levar à redução da bradicardia reflexa[42]. Embora os estudos em animais não se apliquem necessariamente a humanos, é possível que mecanismos semelhantes ocorram em usuários de EAA. Adicionalmente, o aumento da atividade nervosa simpática nessa população pode estar associado à redução da sensibilidade barorreflexa[37].

As alterações autonômicas em usuários de EAA são observadas também durante manobras fisiológicas[43]. Porello et al. (2018) verificaram que, na ativação do comando central por meio do estresse mental no teste de cores (*stroop color-word test*), os indivíduos que usavam EAA apresentavam resposta de atividade nervosa simpática aumentada e resposta vasodilatadora muscular diminuída[43]. Essas alterações nas respostas neurovasculares sugerem que os usuários de EAA são mais suscetíveis a risco cardiovascular durante situações de estresse[43].

REPERCUSSÕES HEMODINÂMICAS DECORRENTES DAS ALTERAÇÕES AUTONÔMICAS EM USUÁRIOS DE ESTEROIDES ANDROGÊNICOS ANABOLIZANTES

O aumento da pressão arterial é uma das consequências do uso indiscriminado de EAA[6,20]. Estudo realizado em nosso grupo forneceu evidências de que a autoadministração dessas substâncias aumenta a pressão arterial de 24 horas, avaliada pela monitorização ambulatorial da pressão arterial (MAPA), em indivíduos jovens praticantes de treinamento de força[20].

Os mecanismos responsáveis pelo aumento da pressão arterial decorrente do uso crônico de EAA ainda não estão totalmente esclarecidos. Entretanto, estudo em ratos tratados com estanozolol (um esteroide anabolizante sintético derivado da testosterona) demonstrou uma associação entre o aumento na pressão arterial e a diminuição no controle barorreflexo da frequência cardíaca[41].

Outra importante alteração hemodinâmica em indivíduos usuários de EAA é a diminuição do fluxo sanguíneo periférico. Estudo realizado por Alves et al. (2010)[20] demonstrou que o fluxo sanguíneo muscular no antebraço, avaliado pela técnica de pletismografia de oclusão venosa, está diminuído em indivíduos usuários. Essa resposta hemodinâmica pode estar relacionada ao desequilíbrio entre as forças vasodilatadoras e as forças vasoconstritoras[20-21,30]. O relato de que a testosterona aumenta a resposta vascular à norepinefrina sugere aumento do sistema simpático nos usuários de EAA[44]. Além disso, há evidências de que o aumento da atividade nervosa simpática pode reduzir o fluxo sanguíneo do antebraço[45].

Essas informações fortalecem a ideia de que a hiperatividade simpática encontrada nos usuários de EAA pode explicar, pelo menos em parte, a redução do fluxo sanguíneo muscular nesses indivíduos[20]. O aumento da atividade nervosa simpática muscular em conjunto com a diminuição do fluxo sanguíneo muscular contribui para o aumento da resistência vascular periférica e, consequentemente, da pressão arterial em indivíduos sob uso indiscriminado de EAA[20]. Essa disfunção no controle neurovascular evidenciada em jovens usuários é sugestiva de maior suscetibilidade a doenças cardiovasculares nessa população[20].

Outra alteração encontrada em usuários de EAA está relacionada à VOP. Alguns autores documentaram que a VOP entre as artérias carótida e femoral (que reflete a rigidez arterial) está aumentada nos indivíduos usuários[36]. Nesse estudo foi observada correlação entre pressão arterial, sensibilidade barorreflexa espontânea e a VOP. Esses achados sugerem que a menor sensibilidade barorreflexa que regula a pressão arterial momento a momento, em conjunto com a maior rigidez arterial, também está envolvida na elevação dos níveis pressóricos nessa população[36].

Há relatos também de que usuários de EAA apresentam aumento do *shear rate* oscilatório e retrógrado na artéria braquial[30]. O *shear rate* é um importante fator mecânico que contribui para o controle do fluxo sanguíneo e da função endotelial[46]. No entanto, distúrbios no *shear rate*, caracterizados pelo aumento do *shear rate* retrógrado e oscilatório, favorecem um fenótipo de células endoteliais pró-aterogênicas associado à disfunção endotelial[46-48]. Um estudo em idosos mostrou que o aumento do *shear rate* retrógrado e oscilatório pode estar associado ao aumento da atividade nervosa simpática muscular e à redução da biodisponibilidade do óxido nítrico[49]. De fato, em usuários de EAA foi observada uma associação entre o *shear rate* oscilatório e retrógrado e a atividade nervosa simpática muscular[30]. Esses achados têm relevância clínica, já que distúrbios no *shear rate* predispõem à doença cardiovascular, um cenário frequentemente observado em idosos[50].

CONSIDERAÇÕES FINAIS

Evidências crescentes apontam para o fato de que o uso indiscriminado de EAA, quer para o embelezamento físico, quer para o ganho de *performance* física, pode provocar alterações no controle autonômico, com repercussões no sistema cardiovascular. O resultado dessas respostas é um risco aumentado de eventos fisiológicos agudos que podem levar inclusive à morte súbita (Figura 1).

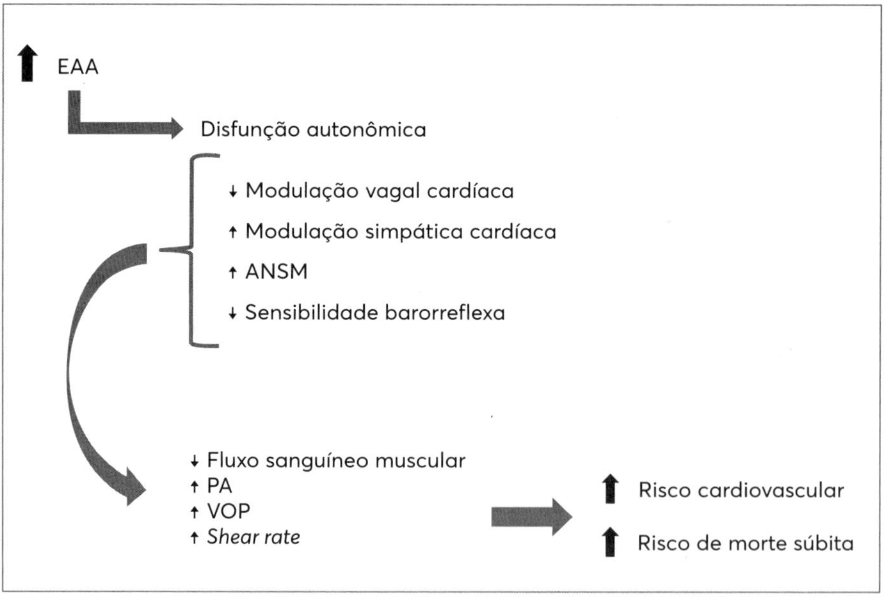

FIGURA 1 Efeitos adversos da administração indiscriminada de esteroides anabólicos no controle autonômico e as alterações no sistema cardiovascular.
ANSM: atividade nervosa simpática muscular; EA: esteroides androgênicos anabólicos; PA: pressão arterial; VOP: velocidade da onda de pulso.

Há muito ainda a ser esclarecido sobre os efeitos fisiológicos dos EAA. Contudo, os resultados obtidos até o momento levam à recomendação de que a utilização dessas substâncias deve ser conduzida de forma cuidadosa por um médico especializado.

Finalmente, a prevenção e, sobretudo, as informações sobre o impacto fisiológico do uso indiscriminado de EAA devem ser fortemente disseminadas entre seus usuários.

REFERÊNCIAS BIBLIOGRÁFICAS

1. Schanzer W. Metabolism of anabolic androgenic steroids. Clin Chem. 1996;42:1001-20.
2. Mottram DR, George AJ. Anabolic steroids, Bailliere's best practice & research. Clin Endocrinol Metab. 2000;14(1):55-69.
3. Woerdeman J, de Ronde W. Therapeutic effects of anabolic androgenic steroids on chronic diseases associated with muscle wasting. Expert Opin Investig Drugs. 2011;20(1):87-97.
4. D'Ascenzo S, Millimaggi D, Di Massimo C, Saccani-Jotti G, Botre F, Carta G, et al. Detrimental effects of anabolic steroids on human endothelial cells. Toxicol Lett. 2007;169:129-36.
5. Sullivan ML, Martinez CM, Gennis P, Gallagher EJ. The cardiac toxicity of anabolic steroids. Prog Cardiovasc Dis. 1998;41:1-15.
6. Urhausen A, Albers T, Kindermann W. Are the cardiac effects of anabolic steroid abuse in strength athletes reversible? Heart. 2004;90:496-501.
7. McNutt RA, Ferenchick GS, Kirlin PC, Hamlin NJ. Acute myocardial infarction in a 22-year-old world class weightlifter using anabolic steroids. Am J Cardiol. 1988;62:164.
8. Fineschi V, Riezzo I, Centini F, Silingardi E, Licata M, Beduschi G, et al. Sudden cardiac death during anabolic steroid abuse: morphologic and toxicologic findings in two fatal cases of bodybuilders. Int J Leg Med. 2007;21:48-53.
9. Angell PJ, Ismail TF, Jabbour A, Smith G, Dahl A, Wage R, et al. Ventricular structure, function, and focal fibrosis in anabolic steroid users: a CMR study. Eur J Appl Physiol. 2014;114:921-8.
10. Parssinen M, Kujala U, Vartiainen E, Sarna S, Seppala T. Increased premature mortality of competitive powerlifters suspected to have used anabolic agents. Int J Sports Med. 2000;21:225-7.
11. Parssinen M, Seppala T. Steroid use and long term health risks in former athletes. Sports Med. 2002;32:83 - 94.
12. Thiblin I, Lindquist O, Rajs J. Cause and manner of death among users of anabolic androgenic steroids. J Forensic Sci. 2000;45:16-23.
13. Neto OB, Mota GR, De Sordi CC, Resende EAMR, Resende LAPR, Silva MAV, et al. Long-term anabolic steroids in male bodybuilders induce cardiovascular structural and autonomic abnormalities. Clin Auton Res. 2018;28(2):231-44.
14. Pereira-Junior PP, Chaves EA, Costa-E-Sousa RH, Masuda MO, Carvalho ACC, Nascimento JHM. Cardiac autonomic dysfunction in rats chronically treated with anabolic steroid. Eur J Appl Physiol. 2006;96(5):487-94.
15. Maior AS, Menezes P, Pedrosa RC, Carvalho DP, Soares PP, Nascimento JHM. Abnormal cardiac repolarization in anabolic androgenic steroid users carrying out submaximal exercise testing. Clin Exp Pharmacol Physiol. 2010;37(12):1129-33.

16. Neto SRM, Silva AH, Santos MCP, Ferraz EF, Nascimento JHM. The blockade of angiotensin AT1 and aldosterone receptors protects rats from synthetic androgen-induced cardiac autonomic dysfunction. Acta Physiol (Oxf). 2013;208(2):166-71.
17. Olivares EL, Silveira ALB, Fonseca FV, Silva-Almeida C, Côrtes RS, Pereira-Junior PP, et al. Administration of an anabolic steroid during the adolescent phase changes the behavior, cardiac autonomic balance and fluid intake in male adult rats. Physiol Behav. 2014;126:15-24.
18. Marocolo M, Katayama PL, Meireles A, Neto OB. Combined effects of exercise training and high doses of anabolic steroids on cardiac autonomic modulation and ventricular repolarization properties in rats. Can J Physiol Pharmacol. 2019;97(12):1185-92.
19. Maior AS, Carvalho AR, Marques-Neto SR, Menezes P, Soares PP, Nascimento JHM. Cardiac autonomic dysfunction in anabolic steroid users. Scand J Med Sci Sports. 2013;23(5):548-55.
20. Alves MJ, Dos Santos MR, Dias RG, Akiho CA, Laterza MC, Rondon MU, et al. Abnormal neurovascular control in anabolic androgenic steroids users. Med Sci Sports Exerc. 2010;42:865-71.
21. Dos Santos MR, Dias RG, Laterza MC, Rondon MUPB, Braga AMFW, Moreau LRM, et al. Impaired post exercise heart rate recovery in anabolic steroid users. Int J Sports Med. 2013;34(10):931-5.
22. Task Force of the European Society of Cardiology, the North American Society of Pacing and Electrophysiology. Heart rate variability: standards of measurement, physiological interpretation and clinical use. Circulation. 1996;93:1043-65.
23. Eckberg DL. Sympathovagal balance: a critical appraisal. Circulation. 1997;96:3224-32.
24. Perini R, Veicsteinas A. Heart rate variability and autonomic activity at rest and during exercise in various physiological conditions. Eur J Appl Physiol. 2003;90:317-25.
25. Montano N, Porta A, Cogliati C, Costantino G, Tobaldini E, Casali KR, et al. Heart rate variability explored in the frequency domain: a tool to investigate the link between heart and behavior. Neurosci Biobehav Rev. 2009;33:71-80.
26. Cole CR, Blackstone EH, Pashkow FJ, Snader CE, Lauer MS. Heart-rate recovery immediately after exercise as a predictor of mortality. N Engl J Med. 1999;341:1351-7.
27. Aijaz B, Squires RW, Thomas RJ, Johnson BD, Allison TG. Predictive value of heart rate recovery and peak oxygen consumption for long-term mortality in patients with coronary heart disease. Am J Cardiol. 2009;103:1641-6.
28. Pouliot WA, Handa RJ, Beck SG. Androgen modulates N-methyl-Daspartate-mediated depolarization in CA1 hippocampal pyramidal cells. Synapse. 1996;23:10-9.
29. Dikshit BB. The production of cardiac irregularities by excitation of the hypothalmic centres. J Physiol. 1934;81:382-94.
30. De Souza FR, Sales ARK, Dos Santos MR, Porello RA, Fonseca GWP, Sayegh ALC, et al. Retrograde and oscillatory shear rate in young anabolic androgenic steroid users. Scand J Med Sci Sports. 2019;29(3):422-9.
31. Lage SG, Polak JF, O'Leary DH, Creager MA. Relationship of arterial compliance to baroreflex function in hypertensive patients. Am J Physiol. 1993;265(1 Pt 2):H232-7.
32. Grassi G, Cattaneo BM, Seravalle G, Lanfranchi A, Mancia G. Baroreflex control of sympathetic nerve activity in essential and secondary hypertension. Hypertension. 1998;31(1):68-72.
33. Laterza MC, de Matos LD, Trombetta IC, Braga AM, Roveda F, Alves MJ, et al. Exercise training restores baroreflex sensitivity in never-treated hypertensive patients. Hypertension. 2007;49(6):1298-306.
34. La Rovere MT, Pinna GD, Raczak G. Baroreflex sensitivity: measurement and clinical implications. Ann Noninvasive Electrocardiol. 2008;13(2):191-207.
35. Martinez DG, Nicolau JC, Lage RL, Toschi-Dias E, De Matos LDNJ, Alves MJNN, et al. Effects of long-term exercise training on autonomic control in myocardial infarction patients. Hypertension. 201;58(6):1049-56.
36. Dos Santos MR, Sayegh ALC, Armani R, Costa-Hong V, Souza FR, Toschi-Dias E, et al. Resting spontaneous baroreflex sensitivity and cardiac autonomic control in anabolic androgenic steroid users. Clinics (Sao Paulo). 2018;73:e226.

37. Kouidi EJ, Kaltsatou A, Anifanti MA, Deligiannis AP. Early left ventricular diastolic dysfunction, reduced baroreflex sensitivity, and cardiac autonomic imbalance in anabolic-androgenic steroid users. Int J Environ Res Public Health. 2021;18(13):6974.
38. Kannel WB, Wolf PA, McGee DL, Dawber TR, McNamara P, Castelli WP. Systolic blood pressure, arterial rigidity, and risk of stroke: The Framingham study. JAMA. 1981;245(12):1225-9.
39. Rowe JW. Clinical consequences of age-related impairments in vascular compliance. Am J Cardiol. 1987;60(12):68G-71G.
40. Zanchetti A, Dampney RA, Ludbrook J, Mancia G, Stella A. Baroreceptor reflexes from different vascular areas in animals and man. Clin Sci Mol Med Suppl. 1976;3:339s-42s.
41. Beutel A, Bergamaschi CT, Campos RR. Effects of chronic anabolic steroid treatment on tonic and reflex cardiovascular: control in male rats. J Steroid Biochem Mol Biol. 2005;93:43-8.
42. Engi S, Cruz F, Leão R, Corrêa F, Planeta C, Crestani C. Effect of the single or combined administration of cocaine and testosterone on cardiovascular function and baroreflex activity in unanesthetized rats. J Cardiovasc Pharmacol. 2012;59:231-40.
43. Porello RA, Dos Santos MR, De Souza FR, Da Fonseca GWP, Sayegh ALC, De Oliveira RF, et al. Neurovascular response during exercise and mental stress in anabolic steroid users. Med DCi Sports Exerc. 2018;50(3):596-602.
44. Green DJ, Cable NT, Rankin JM, Fox C, Taylor RR. Anabolic steroids and vascular responses. Lancet. 1993;342(8875):863.
45. Santos AC, Alves MJ, Rondon MU, Barretto AC, Middlekauff HR, Negrao CE. Sympathetic activation restrains endothelium-mediated muscle vasodilatation in heart failure patients. Am J Physiol Heart Circ Physiol. 2005;289(2):H593-9.
46. Traub O, Berk BC. Laminar shear stress: mechanisms by which endothelial cells transduce an atheroprotective force. Arterioscler Thromb Vasc Biol. 1998;18:677-85.
47. McNally JS, Davis ME, Giddens DP, Saha A, Hwang J, Dikalov S, et al. Role of xanthine oxidoreductase and NAD(P)H oxidase in endothelial superoxide production in response to oscillatory shear stress. Am J Physiol Heart Circ Physiol. 2003;285: H2290-2297.
48. Schreuder TH, Green DJ, Hopman MT, Thijssen DH. Acute impact of retrograde shear rate on brachial and superficial femoral artery flow-mediated dilation in humans. Physiol Rep. 2014;2: e00193
49. Casey DP, Padilla J, Joyner MJ. Alpha-adrenergic vasoconstriction contributes to the age-related increase in conduit artery retrograde and oscillatory shear. Hypertension. 2012;60:1016-22.
50. Padilla J, Simmons GH, Fadel PJ, Laughlin MH, Joyner MJ, Casey DP. Impact of aging on conduit artery retrograde and oscillatory shear at rest and during exercise: role of nitricoxide. Hypertension. 2011;57:484-9.

18

Efeitos adversos do uso suprafisiológico de anabolizantes nas alterações hemodinâmicas e na hipertensão arterial

Luiz Aparecido Bortolotto

QUADRO CLÍNICO

Um paciente de 32 anos, sabidamente normotenso, iniciou atividade física em uma academia há 1 ano, e há 6 meses usa nandrolona (anabolizante) para aumentar seu desempenho nas atividades. Recentemente teve um episódio de cefaleia occiptal e, ao aferir sua pressão arterial, detectou valores de 150/96 mmHg, porém nega outras queixas cardiovasculares. O seu exame físico apresentou pressão arterial de 148/94 mmHg, em posição sentada, após 5 minutos de repouso, e frequência cardíaca de 64 bpm; não apresentando nenhuma outra alteração. O paciente trouxe também um teste ergométrico que mostrou resposta hiper-reativa de pressão sistólica no pico do exercício (220 mmHg) e de pressão arterial após o exercício, sem apresentar queda em relação ao valor pré-teste. Além disso, realizou monitorização ambulatorial de pressão arterial que mostrou média de 24 horas de 144/92 mmHg, média de vigília de 146/96 mmhg e média do sono 130/84 mmHg.

A recomendação foi a suspensão do uso de anabolizantes e dieta hipossódica, sendo medicado com Lisinopril 10 mg/dia. No seu retorno, após três semanas, a sua pressão arterial era de 130/84 mmHg na posição sentada, além de estar assintomático. Após seis meses, o paciente retornou; ele não estava mais fazendo uso da medicação anti-hipertensiva e do anabolizante, mantendo o ciclismo e a dieta hipossódica, consequentemente o resultado da monitorização de sua pressão arterial no consultório foi de 128/86 mmHg.

DISCUSSÃO

Esse paciente apresentou um quadro de elevação transitória da pressão arterial após o uso do anabolizante nandrolona, tendo uma resposta hiper-reativa da pressão sistólica durante o exercício ergométrico e uma atenuação da resposta hipotensora após este. Além disso, apresentava monitorização ambulatorial média de pressão arterial elevada na vigília, com queda noturna atenuada. Desse modo, iniciou-se um tratamento com inibidor da enzima conversora de angiotensina, mantendo um bom controle pressórico; e, seis meses após a cessação do anabolizante, o paciente teve remissão da hipertensão arterial, com valores dentro da normalidade.

A associação do uso de esteroides anabolizantes com a hipertensão arterial, as alterações hemodinâmicas provocadas pelo excesso de anabolizantes e as evidências da relação dessas alterações com a elevação da pressão arterial serão discutidas neste capítulo.

INTRODUÇÃO

Esteroides anabolizantes androgênicos (EAA) são frequentemente usados por homens e mulheres, tipicamente entre os mais jovens, devido aos seus efeitos de aumento de desempenho físico. Estimativas recentes dos EUA sugerem que cerca de um milhão de americanos usam anabolizantes (a maioria testosterona, nandrolona, estanozolol ou metandienona) em algum momento da vida. Alguns anabolizantes têm indicações terapêuticas adequadas (como homens que sofrem de síndrome de emaciação, geralmente secundária à infecção pelo HIV, depressão ou sarcopenia). Nesses casos, com dosagens adequadas, a ocorrência de efeitos adversos associados é muito pequena. Entretanto, o uso ilícito e abusivo de anabolizantes tem se tornado um problema de saúde pública, sendo que, em anos recentes, tem sido direcionada uma atenção especial ao papel deste abuso no desenvolvimento de doenças cardiovasculares, embora isso permaneça ainda pouco compreendido.

No entanto, quando há uso excessivo de anabolizantes, isto é, superdosagem, aumenta o risco de complicações cardiovasculares. Publicações nos últimos 15 anos vêm investigando a associação do uso de anabolizantes com risco cardiovascular, mostrando ainda resultados conflitantes. Corona et al.[4], em um estudo de período limitado e incerto sobre as variações de doses, não mostraram risco cardiovascular associado ao uso de anabolizantes. Muitos estudos mostram um risco cardiovascular associado ao uso crônico das substâncias, mas alguns demonstram efeitos de curto prazo. A maioria destas recentes publicações evidenciou elevações da pressão arterial, alterações de metabolismo lipídico e aterosclerose coronária, além de alterações da estrutura cardíaca (hipertrofia e disfunção sistólica) que poderiam estar relacionadas a uma maior ocorrência de eventos entre usuários (Figura 1).

Dentre essas complicações, destaca-se a hipertensão arterial. Resultados de estudos transversais têm associado uso de esteroides anabolizantes sintéticos com hipertensão arterial, sugerindo que os anabolizantes que se ligam a receptores andrógenos podem causar hipertrofia cardíaca. Os mecanismos pelos quais os anabolizantes aumentam a pressão arterial são provavelmente multifatoriais e podem envolver aumento de reatividade vascular, aumento de atividade do sistema renina-angiotensina-aldosterona, aumento de rigidez arterial e retenção renal de sódio.

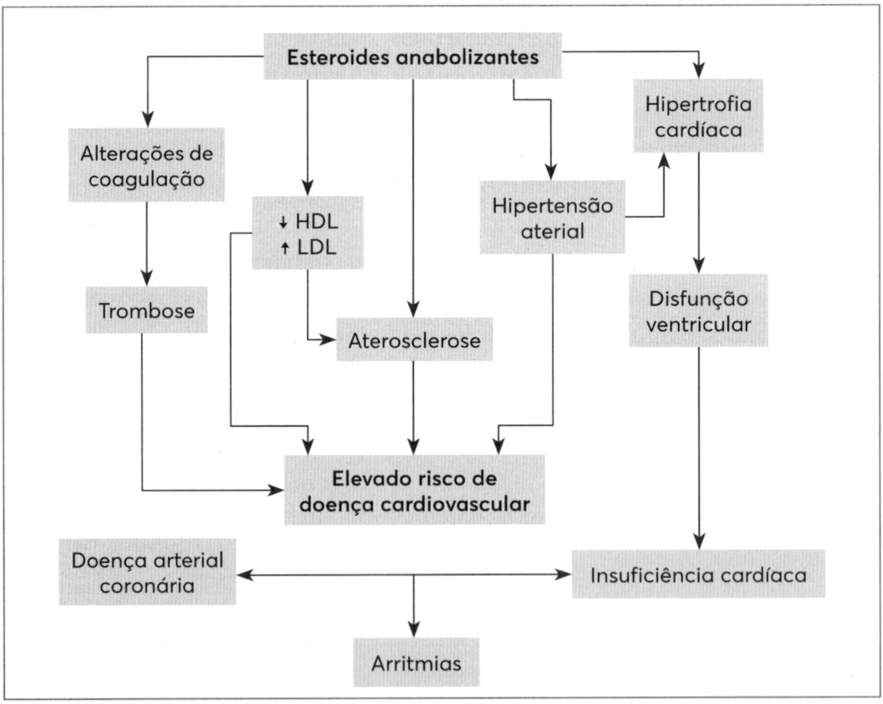

FIGURA 1 Alterações da estrutura cardíaca devido ao uso de EAA.

EVIDÊNCIAS DO AUMENTO DA PRESSÃO ARTERIAL ASSOCIADO AO EXCESSO DE ANABOLIZANTES

Uma das explicações atribuíveis para o aumento de pressão arterial com o envelhecimento está relacionada aos efeitos dos andrógenos. Dessa forma, poderia ser esperado que a administração de doses suprafisiológicas de esteroides anabolizantes resultaria em aumento de pressão arterial independentemente da idade. O aumento de pressão arterial de repouso tem sido relatado por alguns investigadores. Em um estudo transversal, Urhausen et al.[15] encontraram níveis de PA sistólica de repouso maior em usuários de anabolizantes do que em não usuários. Mais recentemente, Gheshlaghi et al.[5] descobriram que o uso de esteroides anabolizantes foi associado a um significante aumento em ambas as pressões sistólica e diastólica, o que se correlacionou positivamente com a duração do uso; porém, o estudo foi limitado a um período curto (2 meses) e a um pequeno número de atletas (267 indivíduos).

Em atletas ou fisiculturistas amadores tem sido verificado aumento de pressão arterial associado ao abuso de anabolizantes, mas há controvérsias se os efeitos do abuso de anabolizantes no ambiente esportivo pode ou não provocar hipertensão arterial, pois há estudos observacionais indicando elevação da PA, mas há outros que não mostram uma elevação significativa entre os usuários de anabolizantes. Essas divergências à heterogeneidade do tipo de anabolizantes usados podem estar relacionadas à heterogeneidade do tipo, da dose e do tempo de uso do anabolizante e do tipo de exercício realizado por estes usuários, além da dificuldade em controlar o abuso no grupo com anabolizantes.

As diferenças também podem ter surgido devido ao tipo de medida de pressão arterial utilizada para os estudos. Alguns estudos avaliando medidas de pressão arterial de consultório em usuários em excesso de anabolizantes, os resultados são mais conflitantes, e podem não ter tido poder suficiente para avaliar diferenças na pressão arterial. Por outro lado, estudos com monitorização de pressão arterial de 24 horas em usuários de anabolizantes mostrou aumento de pressão arterial e atenuação da queda noturna nestes, enquanto outro estudo que avaliou usuários prévios e atuais de anabolizantes evidenciou maior pressão sistólica de 24 horas e maior prevalência de hipertensão entre os usuários atuais quando comparados aos controles. Todos esses estudos incluíram um número pequeno de indivíduos.

O uso abusivo de anabolizantes pode também inibir hipotensão pós-exercício, como observado no quadro clínico apresentado no início do capítulo. Em um trabalho de Junior et al.[7] foi mostrado que os usuários de anabolizantes não apresentaram uma queda significativa 30 a 60 minutos após exercício quando comparadas com a pressão basal.

O efeito do abuso de anabolizantes pode ser reversível em algumas semanas ou persistir por meses. Alguns estudos mostram que a pressão arterial retorna aos níveis basais de 8 a 12 semanas após a descontinuação do seu uso, enquanto outros estudos mostram uma elevação persistente de 5 a 12 meses. Nesses casos de hipertensão reversível, parece haver predomínio de retenção de sódio e água gerando o aumento da pressão e de volume.

O clembuterol, um agonista beta-2-adrenérgico, é uma medicação muitas vezes usada concomitantemente com os anabolizantes para aumentar o desempenho físico e diminuir a lipólise e capacidade glicolítica.

Há relatos de crise hipertensiva associada ao uso abusivo do clembuterol, com hospitalização ou atendimentos em serviços de emergência.

ALTERAÇÕES HEMODINÂMICAS ASSOCIADAS AO USO DE ANABOLIZANTES E MECANISMOS DE ELEVAÇÃO DA PRESSÃO ARTERIAL

Altas doses de anabolizantes aumentam a atividade do sistema nervoso simpático, que parece ter implicações hemodinâmicas importantes como aumento da frequência cardíaca e da resistência periférica, com consequente elevação da pressão arterial. Em estudo com fisiculturistas usuários ou não de anabolizantes, demonstrou-se uma significante modificação do sistema nervoso autônomo cardíaco, com uma predominância de modulação simpática e uma atenuação vagal, e o aumento da pressão arterial foi significativamente associado ao aumento da atividade simpática nos fisiculturistas usuários de anabolizantes. O mecanismo pelo qual o uso excessivo de anabolizantes aumenta a atividade simpática é multifatorial, mas há evidências de que doses suprafisiológicas de esteroides anabolizantes podem aumentar a expressão de receptores beta-adrenérgicos, seletivamente inibir captação extraneuronal de neuraminas e aumentar a resposta vascular às catecolaminas.

Além disso, Santos e colaboradores[14] mostraram que o aumento pressórico está associado à perda da sensibilidade barorreflexa arterial e ao aumento da velocidade de onda de pulso (evidenciando maior rigidez arterial). Outro mecanismo proposto de elevação da pressão arterial pelos anabolizantes está relacionado à aromatização da testosterona em estrogênio quando administrada em altas doses. Nesse caso, doses elevadas de testosterona poderiam gerar atividade moderada de aromatização com maior transformação em estradiol na gordura periférica e consequente retenção de água que pode causar aumento de pressão arterial. Além disso, alterações do perfil lipídico associadas a essa aromatização podem atenuar a biodisponibilidade do óxido nítrico e prejudicar a função endotelial.

Um estudo experimental em ratos demonstrou que administração de nandrolona em doses suprafarmacológicas induziu um aumento de pressão mediado por uma crescente atividade da enzima conversora da angiotensina II, além de ter diminuído os níveis de óxido nítrico; esses efeitos foram atenuados pelo uso concomitante de taurina.

Evidências mostram o papel do aumento da rigidez arterial e da calcificação vascular no desenvolvimento da hipertensão arterial pelos anabolizantes, visto que o estímulo aos receptores andrógenos devido ao seu aumento pode provocar diminuição de elasticidade arterial.

Um estudo que tem como base a ecocardiografia evidenciou a existência de uma maior rigidez arterial em usuários de anabolizantes, enquanto outro realizado por meio da ressonância de uma aorta mostrou maior rigidez aórtica tanto em indivíduos que estão usando anabolizantes quanto naqueles que usaram previamente. Neste mesmo estudo, os autores avaliaram outro possível mecanismo relacionado à hipertensão arterial devido ao uso de anabolizantes: indivíduos que estavam fazendo uso de anabolizantes apresentaram níveis baixos de mediador do fator natriurético atrial, e houve uma associação entre baixos níveis e maior pressão sistólica com maior rigidez arterial.

Concluindo, existe uma associação evidente entre o uso abusivo de esteroides anabolizantes e elevação da pressão arterial, que na grande maioria dos casos é reversível após a cessação, em tempo variável. Os mecanismos principais envolvem retenção de sódio e água, aumento de atividade simpática e maior rigidez arterial. Estudos com maior número de indivíduos, que considerem diferentes doses e tipos de anabolizantes, são necessários para um melhor entendimento desta situação e do uso associado a um maior risco cardiovascular.

REFERÊNCIAS BIBLIOGRÁFICAS

1. Achar S, Rostamian A, Narayan SM. Cardiac and metabolic effects of anabolic-androgenic steroid abuse on lipids, blood pressure, left ventricular dimensions, and rhythm. Am J Cardiol. 2010;106:893-901.

2. Alves MJ, Dos Santos MR, Dias RG, Akiho CA, Laterza MC, Rondon MU. Abnormal neurovascular control in anabolic androgenic steroids users. Med Sci Sports Exerc. 2010;42:865-871.
3. Barbosa Neto O, da Mota GR, De Sordi CC. Long-term anabolic steroids in male bodybuilders induce cardiovascular structural and autonomic abnormalities. Clin Auton Res. 2018;28(2):231-244.
4. Corona G, Maseroli E, Rastrelli G, Isidori AM, Sforza A, Mannucci E, Maggi M. Cardiovascular risk associated with testosterone-boosting medications: a systematic review and metaanalysis. Expert Opin Drug Saf. 2014,13:1327-1351.
5. Gheshlaghi F, Piri-Ardakani MR, Masoumi GR, Behjati M, Paydar P. Cardiovascular manifestations of anabolic steroids in association with demographic variables in body building athletes. J Res Med Sci. 2015,20:165-168.
6. Higgins JP, Heshmat A, Higgins CL. Androgen abuse and increased cardiac risk. South Med J. 2012;105:670-4.
7. Junior J, Silva AS, Cardoso GA, Silvino VO, Martins M, Santos M. Androgenic-anabolic steroids inhibited post-exercise hypotension: a case control study. Braz J Phys Ther. 2018;22:77-81.
8. Kasikcioglu E, Oflaz H, Arslan A, Topcu B, Kasikcioglu HA, Umman B. Aortic elastic properties in athletes using anabolic-androgenic steroids. Int J Cardiol. 2007;114:132-134.
9. Nieschlag E, Vorona E. Doping with anabolic androgenic steroids (AAS): adverse effects on non-reproductive organs and functions. Rev Endocr Metab Disord. 2015;16:199-211.
10. Perry JC, Schuetz TM, Memon MD, Faiz S, Cancarevic I. Anabolic Steroids and Cardiovascular Outcomes: The Controversy. Cureus. 2020;12(7):e9333.
11. Rasmussena JJ, Schoub M, Madsenb PL, Selmera C, Johansena ML, Hovind P. Increased blood pressure and aortic stiffness among abusers of anabolic androgenic steroids: potential effect of suppressed natriuretic peptides in plasma?Journal of Hypertension. 2018;36:277-285.
12. Roşca AE, Stoian I, Badiu C, Gaman L, Popescu BO, Iosif L, Mirica R, Tivig IC, Stancu CS, Căruntu C, Voiculescu SE, Zăgrean L. Impact of chronic administration of anabolic androgenic steroids and taurine on blood pressure in rats. Braz J Med Biol Res. 2016;49(6):e5116.
13. Santos MAP, Oliveira CVC, Silva AS. Adverse cardiovascular effects from the use of anabolic androgenic steroids as ergogenic resources. Subst Use Misuse. 2014;49:1132.
14. Santos MRD, Sayegh ALC, Armani R, Costa-Hong V, Souza FR, Toschi-Dias E, et al. Resting spontaneous baroreflex sensitivity and cardiac autonomic control in anabolic androgenic steroid users. Clinics (São Paulo). 2018 May;21;73:e226.
15. Urhausen A, Albers T, Kindermann W. Are the cardiac effects of anabolic steroid abuse in strength athletes reversible? Heart 2004;90:496-501.
16. Vanberg P, Atar D. Androgenic anabolic steroid abuse and the cardiovascular system. Handb Exp Pharmacol. 2010;195:411-457.

19

Efeitos adversos do uso suprafisiológico de anabolizantes na função vascular

Marcelo Rodrigues dos Santos

A testosterona exerce um papel fundamental no controle vasomotor. Enquanto a concentração sérica endógena de testosterona é dotada de mecanismos para vasodilatação, o uso exógeno e suprafisiológico de esteroides androgênicos anabolizantes (EAA) pode promover aumento da vasoconstrição, com consequente disfunção endotelial[1].

Estudo *in vitro* usando células endoteliais umbilicais e expostas ao hormônio DHT mostrou que essa exposição ao andrógeno está associada ao aumento da adesão de monócitos às células endoteliais[2]. Esse efeito pró-aterogênico pode ser explicado, pelo menos em parte, pelo aumento da expressão da superfície celular endotelial de molécula de adesão vascular 1 (VCAM-1), um mecanismo que poderia explicar a possível associação do EAA com a doença aterosclerótica (Figura 1).

Além disso, a superdosagem de diferentes tipos de EAA pode levar à apoptose das células endoteliais. Isso foi observado em um estudo *in vitro* que mostrou aumento das células apoptóticas induzidas pela testosterona (apoptose: 31%), norandrostenediona (apoptose: 25%), androstenediona (apoptose: 15%) e nandrolona (apoptose: 18%)[3].

Em humanos, os estudos transversais e observacionais apontam para uma piora na função endotelial em jovens usuários de EAA. Em 2001, Ebenbichler et al. mostram o efeito de altas doses de EAA sobre a vasodilatação fluxo-mediada (FMD) em 20 homens jovens. Quando comparados a um grupo controle, os atletas em uso de EAA apresentaram redução significativa de aproxima-

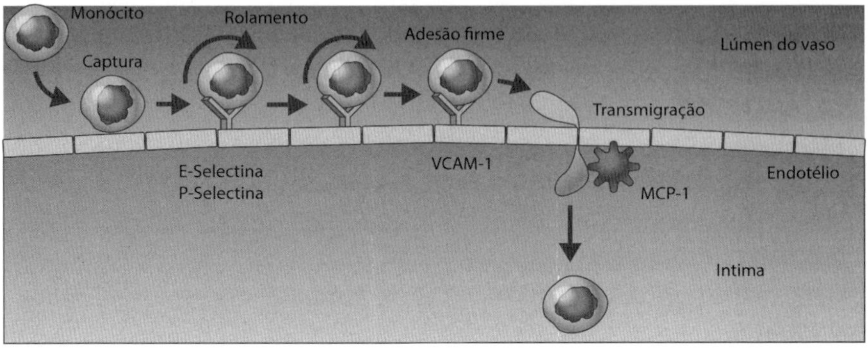

FIGURA 1 Ativação do monócito e adesão à célula endotelial pelo aumento do VCAM-1 e consequente dano celular.

MCP-1: proteína quimiotática de monócitos-1; VCAM-1: molécula de adesão vascular 1.
Fonte: elaborada pelo autor.

damente 8% na vasodilatação endotélio-dependente[4]. Além disso, o grupo usuário de EAA ainda apresentou redução na vasodilatação induzida pela função endotélio-independente após o uso de nitroglicerina sublingual, um doador de óxido nítrico (NO).

Um estudo similar publicado no mesmo ano mostrou resultados contrários em relação à FMD entre fisiculturistas usuários de EAA e não usuários de EAA (grupo controle)[5]. Nesse estudo, a FMD endotélio-dependente (4,7 ± 1,4 *vs.* 4,1 ± 0,7%) e a independente (11 ± 1,9 *vs.* 14,4 ± 1,7%) foram similares entre os grupos EAA e controle, respectivamente.

Mais recentemente, em 2018, nosso grupo mostrou que a função endotélio-dependente, também medida pela FMD, está significativamente reduzida em jovens usuários de EAA, incluindo um importante distúrbio no padrão de fluxo[6]. Observamos aumentos significativos nas taxas de cisalhamento anterógrado e retrógrado, os quais estão associados a um prejuízo na função endotelial[7].

Outro estudo que reforça esses achados mostra uma redução importante na FMD endotélio-dependente, enquanto a função endotélio-independente (avaliada pela administração de dinitrato de isossorbida sublingual) parece não se modificar entre usuários e não usuários de EAA[8].

Essas alterações da função endotelial podem ser explicadas pelo aumento da produção de epinefrina, serotonina e endotelina-1 pelo uso exacerbado de doses de EAA[9], além, é claro, de uma redução significativa da biodisponibilidade do óxido nítrico (NO) (principal vasodilatador liberado pelo endotélio) por meio da inibição da guanilato ciclase, um segundo mensageiro responsável pelo relaxamento do músculo liso[1].

As alterações vasculares observadas em jovens usuários de EAA também podem ser explicadas por alterações autonômicas e modificações estruturais elásticas de grandes artérias. Kasikcioglu et al. mostraram redução significativa da distensibilidade da aorta descendente avaliada pela ecocardiografia em usuários de EAA quando comparados a um grupo controle[10]. Utilizando uma técnica indireta de análise de onda de pulso na artéria radial, Lane et al. observaram um aumento significativo na rigidez arterial em usuários de EAA, principalmente quando associado à função endotelial independente (após o uso de nitroglicerina)[11].

Nesse mesmo sentido, nosso grupo mostrou aumento importante na velocidade de onda de pulso em usuários de EAA avaliada na artéria carótida comum e na artéria femoral usando um transdutor sensível à pressão[12]. Esse aumento da velocidade de onda de pulso sugere um aumento exagerado na rigidez arterial de grandes vasos, o que pode colaborar com o prejuízo da vasodilatação observada nessa população.

Alterações autonômicas como o aumento do tônus simpático cardíaco e muscular periférico também colaboram para a redução da função vasomotora[12-14]. Nosso grupo mostrou que o aumento da atividade nervosa simpática muscular (ANSM) está associado a uma redução significativa da velocidade do fluxo sanguíneo periférico espontâneo medido pela técnica de pletismografia de oclusão venosa[13]. Essa alteração vasodilatadora também foi observada quando usuários de EAA foram submetidos a teste de estresse mental[14]. Utilizando o *Stroop color word test*, nós evidenciamos que o aumento da ANSM acompanhou a atenuada resposta vasodilatadora em jovens usuários de EAA quando comparados ao grupo controle.

O que podemos notar na literatura científica até o momento é que o uso exacerbado de EAA leva a mecanismos diferentes que interferem na função vascular. Esses mecanismos estão sumarizados na Figura 2. Podemos concluir que a principal alteração observada está associada ao prejuízo na função endotelial e ao aumento da rigidez arterial. Esse fenômeno pode explicar, em parte, o achado precoce de doença arterial coronariana em jovens aparentemente saudáveis e também o aumento da pressão arterial, como evidenciado em estudos do nosso grupo[13,15]. Ainda, alguns estudos sugerem que o aumento do perfil inflamatório, por exemplo, pelo aumento da proteína C reativa (PCR) de alta sensibilidade[8,16] e das citocinas inflamatórias[17], influencia diretamente a disfunção endotelial.

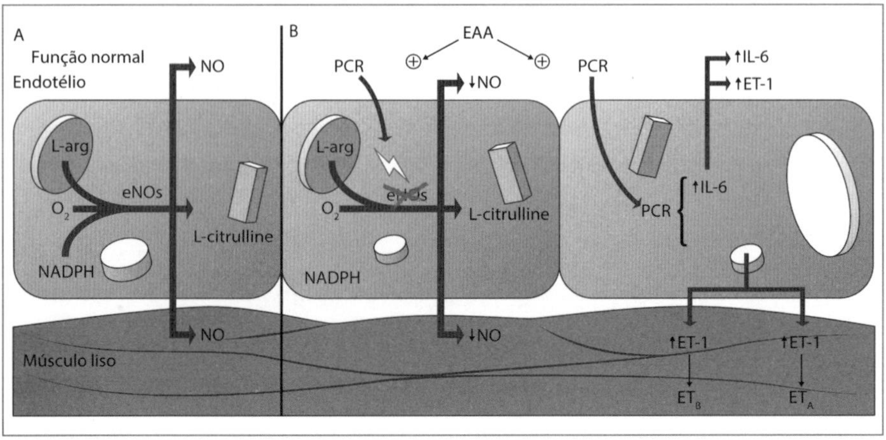

FIGURA 2 A: função normal do endotélio, com produção de óxido nítrico (NO) favorecendo a vasodilatação. B: o uso de EAA aumenta o processo inflamatório (PCR), que pode inibir a óxido nítrico sintase endotelial (eNOS), levando à menor produção e biodisponibilidade de NO, resultando em menor efeito vasodilatador. O aumento de citocinas inflamatórias também colabora com o processo de disfunção endotelial, além do aumento da endotelina (ET-1), responsável por aumentar a vasoconstrição quando ligada a seu receptor ET_A e ET_B no músculo liso.

EAA: esteroides androgênicos anabolizantes; IL-6: interleucina 6; PCR: proteína C reativa.
Fonte: elaborada pelo autor.

REFERÊNCIAS BIBLIOGRÁFICAS

1. Angell P, Chester N, Green D, Somauroo J, Whyte G, George K. Anabolic steroids and cardiovascular risk. Sports Med. 2012;42:119-34.
2. McCrohon JA, Jessup W, Handelsman DJ, Celermajer DS. Androgen exposure increases human monocyte adhesion to vascular endothelium and endothelial cell expression of vascular cell adhesion molecule-1. Circulation. 1999;99:2317-22.
3. D'Ascenzo S, Millimaggi D, Di Massimo C, Saccani-Jotti G, Botré F, Carta G, et al. Detrimental effects of anabolic steroids on human endothelial cells. Toxicol Lett. 2007;169:129-36.
4. Ebenbichler CF, Grace F, Smith JC, Morris K, Cockcroft J, Scanlon MF, et al. Flow-mediated, endothelium-dependent vasodilatation is impaired in male body builders taking anabolic-androgenic steroids. Atherosclerosis. 2001;58:483-90.
5. Sader MA, Griffiths KA, McCredie RJ, Handelsman, DJ, Celermajer DS. Androgenic anabolic steroids and arterial structure and function in male bodybuilders. J Am Coll Cardiol. 2001;37:224-30.
6. De Souza FR, Sales ARK, Dos Santos MR, Porello RA, Fonseca GWP, Sayegh ALC, et al. Retrograde and oscillatory shear rate in young anabolic androgenic steroid users. Scand J Med Sci Sports. 2019;29:422-9.
7. Thijssen DHJ, Dawson EA, Tinken TM, Cable NT, Green DJ. Retrograde flow and shear rate acutely impair endothelial function in humans. Hypertension. 2009;53:986-92.

8. Severo CB, Ribeiro JP, Umpierre D, Da Silveira AD, Padilha MC, Aquino Neto FR, et al. Increased atherothrombotic markers and endothelial dysfunction in steroid users. Eur J Prev Cardiol. 2013;20:195-201.
9. Ammar EM, Said SA, Hassan MS. Enhanced vasoconstriction and reduced vasorelaxation induced by testosterone and nandrolone in hypercholesterolemic rabbits. Pharmacol Res. 2004;50:253-9.
10. Kasikcioglu E, Oflaz H, Arslan A, Topcu B, Kasikcioglu HA, Umman B, et al. Aortic elastic properties in athletes using anabolic-androgenic steroids. Int J Cardiol. 2007;114:132-4.
11. Lane HA, Grace F, Smith JC, Morris K, Cockcroft J, Scanlon MF, et al. Impaired vasoreactivity in bodybuilders using androgenic anabolic steroids. Eur J Clin Invest. 2006;36:483-8.
12. Santos M, Sayeg ALC, Armani R, Costa-Hong V, De Souza FR, Toschi-Dias E, et al. Resting spontaneous baroreflex sensitivity and cardiac autonomic control in anabolic androgenic steroid users. Clinics. 2018;73.
13. Alves MJNN, Santos MR, Dias RG, Akiho CA, Laterza MC, Rondon MUPB, et al. Abnormal neurovascular control in anabolic androgenic steroids users. Med Sci Sports Exerc. 2010;42:865-71.
14. Porello RA, Santos MR, De Souza FR, Fonseca GWP, Sayegh ALC, Oliveira TF, et al. Neurovascular response during exercise and mental stress in anabolic steroid users. Med Sci Sports Exerc. 2018;50:596-602.
15. De Souza FR, Santos MR, Porello RA, Fonseca GWP, Sayegh ALC, Lima TP, et al. Diminished cholesterol efflux mediated by HDL and coronary artery disease in young male anabolic androgenic steroid users. Atherosclerosis. 2019;283:100-5.
16. Grace FM, Davies B. Raised concentrations of C reactive protein in anabolic steroid using bodybuilders. Br J Sports Med. 2004;38:97-8.
17. McCullough D, Webb R, Enright KJ, Lane KE, McVeigh J, Stewart CE, et al. How the love of muscle can break a heart: impact of anabolic androgenic steroids on skeletal muscle hypertrophy, metabolic and cardiovascular health. Rev Endocr Metab Disord. 2021;22:389-405.

20

Efeitos adversos do uso suprafisiológico de anabolizantes nas alterações eletrocardiográficas

Marcel J. A. da Costa

Os esteroides androgênicos anabolizantes (EAA) são derivados sintéticos da testosterona, eles são desenvolvidos para maximizar a atividade anabólica e minimizar a atividade androgênica. O uso abusivo de EAA é considerado generalizado entre atletas e não atletas em academias de ginástica, tornando-se um problema de saúde pública. Além de seus efeitos aterogênicos, trombogênicos e espásticos, os EAAs têm efeitos cardiotóxicos diretos, o que causa hipertrofia, remodelação elétrica e estrutural, disfunção contrátil e aumenta a suscetibilidade a lesões isquêmicas. Todos esses fatores contribuem para um risco maior de arritmias ventriculares e morte cardíaca súbita[1].

Os hormônios sexuais influenciam no controle autonômico e suas ações repercutem eletrocardiograficamente de várias formas. Estudos experimentais em ratos observaram que a reposição de hormônios sexuais aumentou a frequência cardíaca, diminuiu a duração do intervalo PR (que representa a duração da condução atrioventricular), reduziu a amplitude da onda S e a redução do intervalo QT (iQT)[2].

Resultados semelhantes foram observados em homens adultos usuários de EAA, em que houve a diminuição do intervalo PR e do intervalo QT corrigido (iQTc)[3].

Vários fatores influenciam a duração do iQT. Para uma melhor avaliação do intervalo foram elaboradas várias fórmulas que visam corrigir o iQT, levando em consideração a idade, o sexo e a frequência cardíaca no momento do registro eletrocardiográfico[4]. O uso de testosterona atenua o aumento do iQT decorrente da idade[4].

As alterações induzidas pelos EAA no coração parecem ocorrer precocemente, como demonstrado no estudo experimental com ratos, em que a administração de nandrolona induziu o aumento da duração do QRS, do iQTc e da frequência cardíaca após apenas três semanas de tratamento[5].

A duração do iQTc varia entre homens e mulheres. Dados *in vitro*, em humanos antes e depois da puberdade, e da menopausa, no caso das mulheres, sugerem que os hormônios sexuais desempenham o papel de induzir iQTc mais longos em mulheres e, inversamente, mais curtos nos homens[6].

A repolarização cardíaca é mais curta e consequentemente mais rápida nos homens em comparação com as mulheres (Figura 1). No estudo que comparou a repolarização ventricular entre homens, mulheres com virilização e indivíduos controle, os homens castrados apresentavam repolarização mais lenta do que a de homens normais. Mulheres com virilização exibiram repolarização mais rápida do que mulheres normais e homens castrados. Essas diferenças são opostas às encontradas na população normal. Finalmente, observaram-se que as alterações em homens castrados podem ser revertidas pela reposição de testosterona[7]. Já estrógenos não influenciam significativamente a duração da repolarização ventricular[8,9].

Grandes estudos demonstraram a associação entre níveis fisiológicos de hormônios sexuais e duração do iQT em humanos. O estudo Third National Health and Nutrition Examination Survey (NHAES III) avaliou dados de 727 homens, e o Multi-Ethnic Study of Atherosclerosis (MESA) de 2.942 homens e 1.885 mulheres após a menopausa. Em conclusão, os dados das duas grandes coortes populacionais mostraram uma associação inversa entre a duração do iQT e os níveis de testosterona. A testosterona pode ser um determinante primário da duração do iQT em homens, o que pode ter implicações importantes no que se refere à compreensão das diferenças entre a repolarização ventricular entre os sexos, bem como as mudanças relacionadas à idade na suscetibilidade à arritmia[10].

O aumento do iQT esperado com a idade geralmente é induzido por hipogonadismo. A administração de testosterona reduziu os iQT e iQTc tanto em homens quanto em mulheres, sem induzir alterações da frequência cardíaca[6].

A modulação autonômica também é afetada pela ação dos hormônios sexuais. No estudo experimental em ratos, a administração de EAA na fase pré-puberal demonstrou aumento do tônus simpático através da análise da Variabilidade da Frequência Cardíaca (VFC)[11]. Em outro estudo experimental, mostrou-se que o uso de altas doses de EAA acarretou a redução do tônus parassimpático com tendência à elevação do índice simpático, prejudicando a regulação autonômica cardíaca tônica, que pode desencadear um mecanismo essencial para indução de arritmia e morte súbita cardíaca[12].

Estudos em humanos também demonstram alterações autonômicas. No estudo que comparou indivíduos do sexo masculino, entre fisiculturistas que usavam ativamente EAA, fisiculturistas que nunca usaram e controles sedentários saudáveis pareados por idade, os que eram usuários de EAA apresentaram pressão arterial média mais alta do que os do grupo de não usuários e o de controles sedentários. A modulação simpática cardíaca foi maior nos usuários de EAA do que nos não usuários e no de controles sedentários, e a modulação parassimpática foi menor nos usuários de EAA do que nos demais grupos. O iQTc e a dispersão do QT (QTd) foram maiores nos usuários de EAA do que no grupo de controles sedentários. Essa associação pode constituir um importante mecanismo que liga o abuso de EAA ao aumento do risco cardiovascular, como desenvolvimento de doença arterial coronariana (Figuras 2, 3 e 4)[13].

Mesmo em indivíduos treinados não fisiculturistas praticantes de exercícios resistidos, o uso de EAA pode induzir disfunção autonômica cardíaca, observada tanto em repouso quanto em esforço[12].

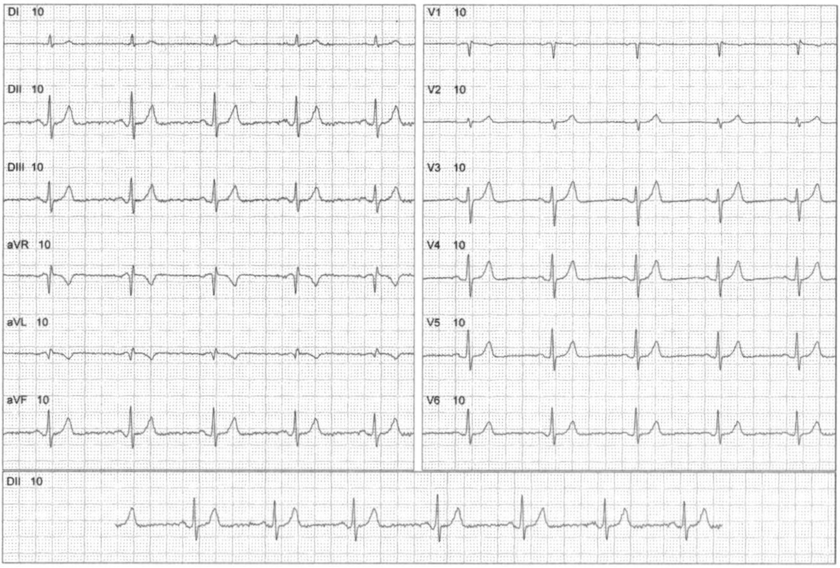

FIGURA 1 Eletrocardiograma de 12 derivações evidenciando menor duração do intervalo QT (iQT) em homem usuário de EAA.

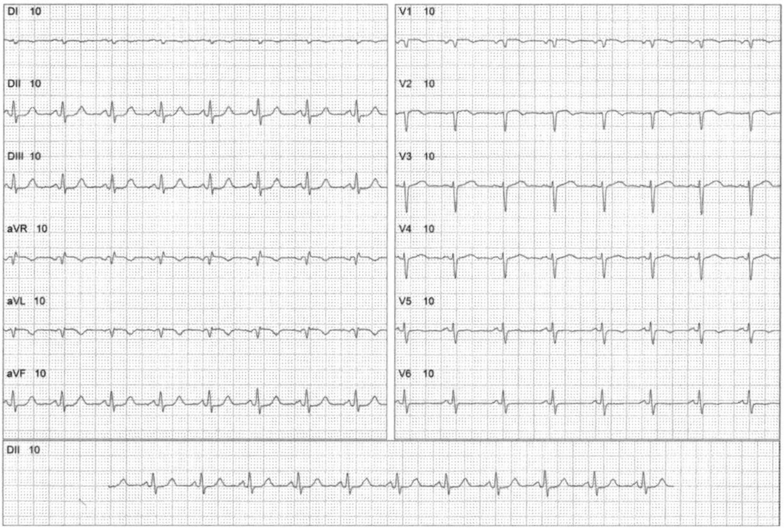

FIGURA 2 Eletrocardiograma pré-esforço em paciente do sexo masculino de 54 anos usuário de EAA.

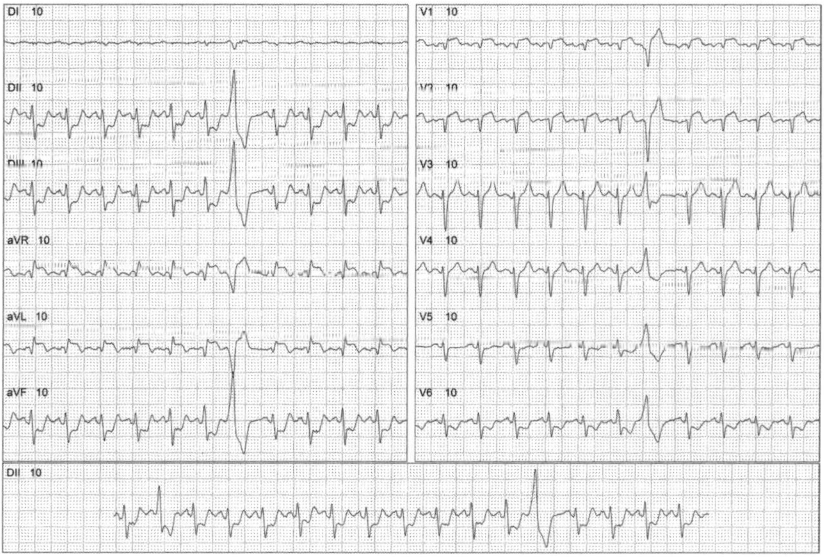

FIGURA 3 Eletrocardiograma durante esforço em paciente do sexo masculino de 54 anos usuário de EAA evidenciando infradesnível do segmento ST e extrassístole ventricular isolada, compatível com isquemia miocárdica.

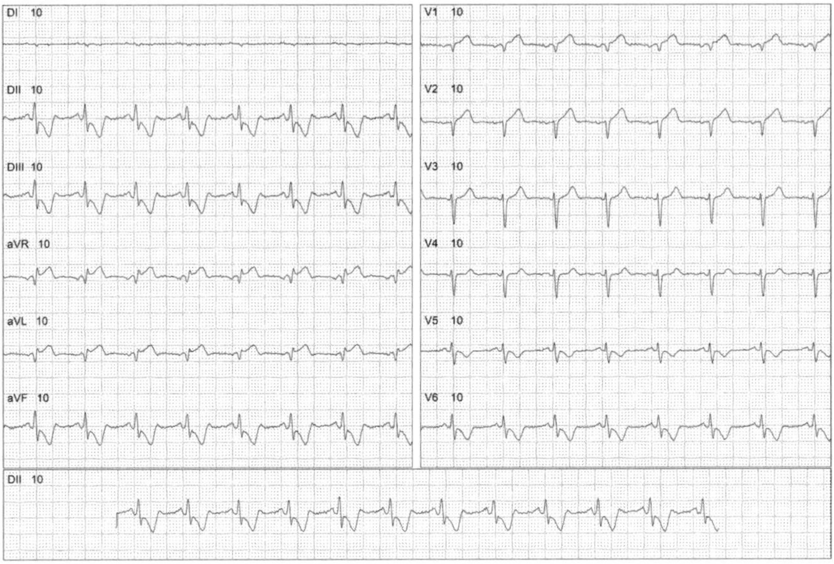

FIGURA 4 Eletrocardiograma durante a fase de recuperação em paciente do sexo masculino de 54 anos usuário de EAA evidenciando infradesnível do segmento ST, compatível com isquemia miocárdica.

A síndrome da deficiência de testosterona (SDT), caracterizada por sinais clínicos de hipogonadismo, leva à disfunção endotelial, que, além da disfunção erétil, acelera a progressão da aterosclerose. Pacientes com síndrome metabólica e SDT apresentam menor VFC, em comparação com os controles com alterações autonômicas significativas. A suplementação de testosterona resulta em melhora significativa, podendo reduzir o risco cardiovascular, embora não atinjam os valores observados em homens saudáveis[14].

Vários estudos tentam relacionar o abuso de EAA com morte cardíaca súbita e diversos mecanismos arritmogênicos possíveis. A presença de potenciais tardios, preditor de arritmias ventriculares, pode ser um desses mecanismos envolvidos, como verificado no estudo que demonstrou a presença de maior intensidade de potenciais tardios nos indivíduos usuários de EAA, principalmente após a realização de esforços físicos[15].

O papel específico dos hormônios sexuais na modulação dos parâmetros eletrofisiológicos cardíacos e na vulnerabilidade à arritmia foi avaliado experimentalmente através de modelagem computacional para incorporar os efeitos de concentrações fisiológicas de testosterona, estrogênio e progesterona nos alvos dos canais iônicos cardíacos; em seguida, foram estudados seus efeitos na dinâmica das células e dos tecidos ventriculares. O modelo "feminino" prevê alterações na duração do potencial de ação em diferentes estágios do ciclo menstrual, que são consistentes com as flutuações do iQT observadas clinicamente. O modelo "masculino" prediz encurtamento da duração do potencial de ação e iQT em concentrações fisiológicas de testosterona. Os resultados sugerem que os efeitos agudos dos hormônios esteroides sexuais nos canais iônicos cardíacos são suficientes para explicar alguns aspectos da suscetibilidade específica de gênero às arritmias relacionadas ao iQT longo[16].

As ações eletrofisiológicas dos EAA podem proporcionar aumento do risco de instabilidade eletrofisiológica cardíaca[9]. O uso ilícito em doses suprafisiológicas de EAA tem sido sugerido como a causa de arritmia em atletas. O uso de EAA aumenta a duração do potencial de ação das células do ventrículo em ratos, com redução da densidade da corrente. Alterações nas expressões genéticas de canais iônicos foram demonstradas com o uso de EAA, o que sugere fortemente que doses suprafisiológicas de EAA induzem o remodelamento elétrico, principalmente no ventrículo esquerdo[17].

Alterações iônicas também foram demonstradas em outros estudos experimentais com ratos e coelhos, nos quais a administração de EAA induziu anormalidades rítmicas e mecânicas cardíacas que podem estar associadas a desequilíbrio autonômico, alterações na regulação dos canais iônicos, tanto de sódio e potássio quanto de cálcio, aumentando assim a sensibilidade contrátil do coração[18, 19, 20].

A privação de hormônios sexuais em cães machos e fêmeas (orquiectomia ou ovarectomia) resultou em diminuição da frequência cardíaca e aumento do intervalo PQ, enquanto a reposição hormonal restaurou os valores de controle. A orquiectomia aumentou significativamente a duração dos iQT e QTc, além da QTd, enquanto o tratamento com testosterona em fêmeas castradas teve efeitos opostos. Ovarectomia ou tratamento com estrogênio em machos castrados falharam em alterar significativamente esses parâmetros. A expressão de proteínas dos canais iônicos responsáveis pela mediação das correntes IK1 e Ito (Kir2.1 e Kv4.3, respectivamente) foi significativamente maior nas fêmeas castradas tratadas com testosterona e nos machos normais do que nos machos castrados e nas fêmeas normais tratadas com estrogênio, reforçando a corrente de que a repolarização ventricular é significativamente modificada pela testosterona, mas não pelo estrogênio, em ambos os sexos. Este efeito é provavelmente devido ao aumento da expressão de proteínas do canal K^+ [21].

O aumento da expressão dos receptores β1- e β2-adrenérgicos no átrio direito também foi demonstrado em estudo experimental com ratos, potencializando respostas adrenérgicas, como o aumento da frequência cardíaca e pressão arterial, os gatilhos reconhecidos para indução de arritmias cardíacas e o aumento de eventos cardiovasculares[22].

O aumento da atividade adrenérgica foi demonstrado em usuários de EAA praticantes de musculação, com menor recuperação da frequência cardíaca após exercício durante teste de esforço, e respostas hemodinâmicas mais exacerbadas com menores cargas de trabalho, em comparação com o grupo controle. No mesmo estudo, os usuários de EAA apresentaram maior QTd em repouso e no período pós-exercício, sugerindo a presença de anormalidades de repolarização ventricular que podem potencialmente aumentar o risco de arritmias e morte súbita cardíaca[23].

Apesar das evidências em animais e humanos de que a testosterona pode afetar a repolarização ventricular com encurtamento do iQT, a utilização dessa medida não se sustenta para fins *antidoping*[24].

O consumo crônico de EAA aumentou o risco de arritmias ventriculares complexas em ratos submetidos a exercícios de resistência de alta intensidade[25] e aeróbio de baixa intensidade[26]. Houve maior incidência de fibrilação ventricular (FV) e redução da latência da FV[25,26].

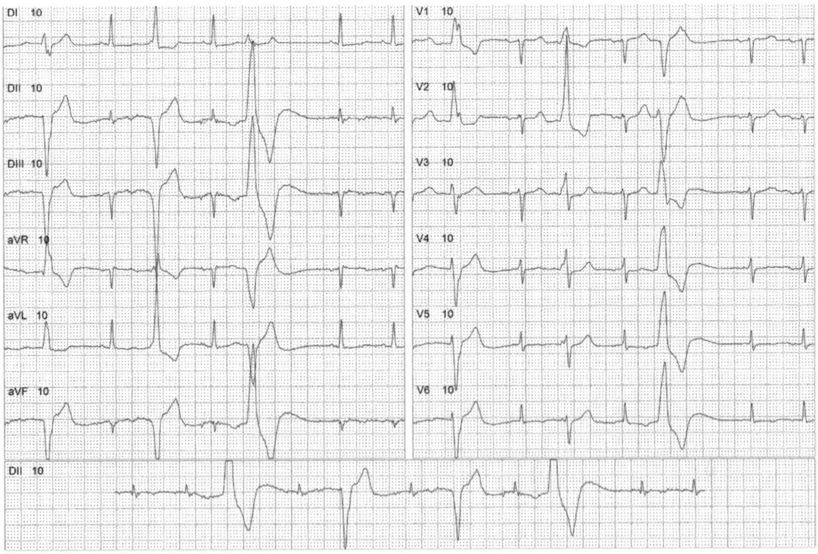

FIGURA 5 Eletrocardiograma de esforço em paciente do sexo masculino de 62 anos usuário de EAA evidenciando extrassístoles ventriculares bigeminadas.

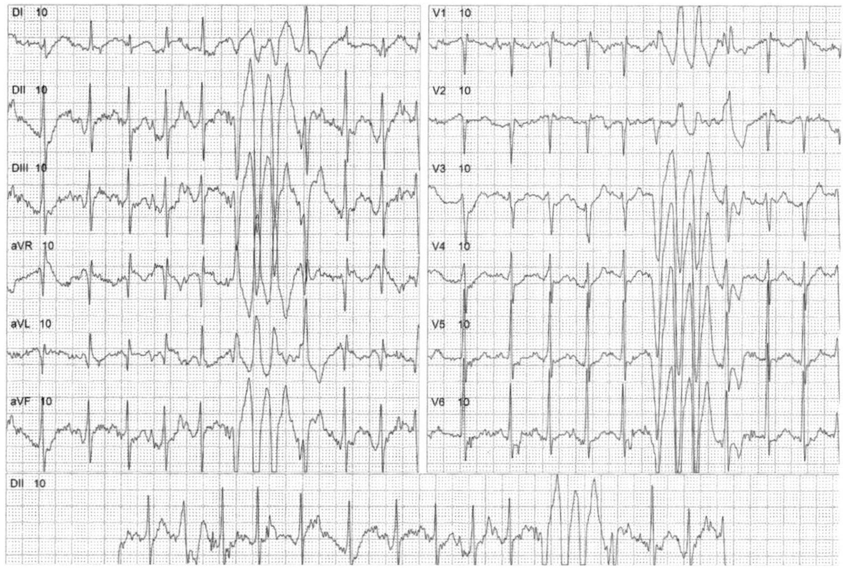

FIGURA 6 Eletrocardiograma de esforço em paciente do sexo masculino de 62 anos usuário de EAA evidenciando taquicardia ventricular não sustentada.

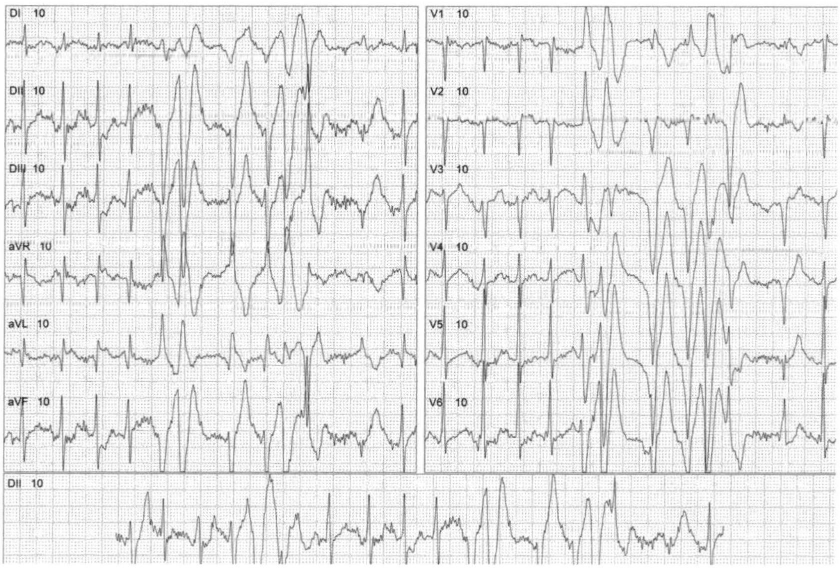

FIGURA 7 Eletrocardiograma de esforço em paciente do sexo masculino de 62 anos usuário de EAA evidenciando taquicardia ventricular polimórfica não sustentada.

A expressão e corrente do canal de potássio do mRNA de Kv7.1 (KCNQ1) foi significativamente aumentada pela testosterona em cardiomiócitos de ratos machos e fêmeas. Os inibidores seletivos de genes do fator de transcrição SP1, a mitramicina, aboliram os efeitos da testosterona no Kv7.1, sugerindo um efeito genômico da testosterona como fator ativo da excitabilidade cardíaca.[27]

A elevação do segmento ST em um coração estruturalmente normal é observada na síndrome de Brugada e na repolarização precoce. A incidência de ambas as síndromes é muito maior nos homens do que nas mulheres. A testosterona desempenha um papel importante na repolarização ventricular[28].

A incidência de repolarização precoce é maior em homens, aumentando na puberdade. Após esse período, os homens manifestam uma redução gradual na elevação do segmento ST. A terapia de privação androgênica diminui significativamente esse segmento, sugerindo que a testosterona modula a fase inicial da repolarização ventricular e justifica as diferenças no segmento ST com a idade e sexo em adultos saudáveis[28].

Nos indivíduos portadores da síndrome de Brugada, o fenótipo clínico com elevação do segmento ST nas derivações precordiais direita é 8 a 10 vezes mais

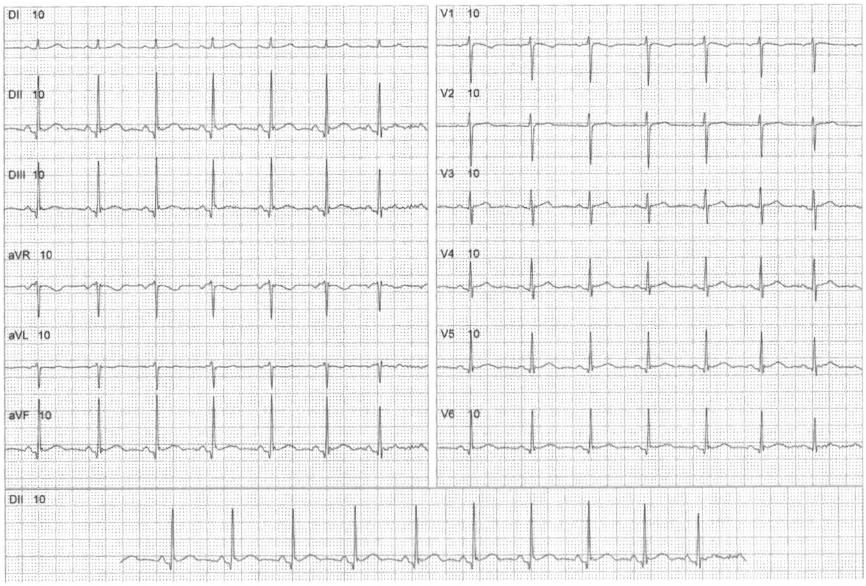

FIGURA 8 Eletrocardiograma de esforço em paciente do sexo masculino de 57 anos usuário de EAA evidenciando elevação do segmento ST na parede inferior com padrão de repolarização precoce.

prevalente em homens do que em mulheres. Níveis significativamente mais elevados de testosterona são encontrados em homens com fenótipo da síndrome de Brugada quando comparados com indivíduos saudáveis, mesmo após ajuste para idade, exercício, estresse, tabagismo e medicação para hipertensão, diabetes e dislipidemia[29].

O padrão eletrocardiográfico de repolarização precoce inferolateral tem sido associado a um risco aumentado de morte súbita cardíaca[30, 31, 32, 33]. O Estudo Health 2000 analisou a relação entre os níveis de testosterona e elevação do segmento ST de 2755 de indivíduos do sexo masculino com idade média de 53 ± 15 anos. A prevalência de repolarização precoce foi de 3,0%, sendo 0,7% nas derivações inferiores, 1,9% nas derivações laterais e 0,4% em ambas. Os níveis de testosterona foram significativamente maiores em homens com um padrão de repolarização precoce nas paredes inferiores e/ou laterais em comparação com aqueles sem a alteração. Houve um "efeito de dose" entre o nível de testosterona e a prevalência do padrão eletrocardiográfico de repolarização precoce porque a prevalência aumentou quase duas vezes entre o primeiro e o segundo tercis da testosterona e entre o segundo e o terceiro tercis. Houve maior prevalência em adultos jovens, diminuindo em homens de meia idade e idosos, o que pode ser explicado pela diminuição gradual dos níveis de testosterona de acordo com a idade[34].

As alterações eletrocardiográficas induzidas pela testosterona podem predispor a desenvolvimento de arritmias, tanto atriais como ventriculares. O estudo populacional longitudinal *Atherosclerosis Risk in Communities* (ARIC) avaliou a associação entre as concentrações plasmáticas de testosterona e incidência de fibrilação atrial (FA). Durante uma média de 13,7 anos de acompanhamento, foram identificados 1664 casos de FA. Comparando aqueles no quartil mais alto da concentração total de testosterona no plasma com aqueles no quartil mais baixo e após o ajuste para possíveis variáveis de confusão, houve uma associação positiva entre testosterona total no plasma e incidência de FA em homens (HR 1,33, IC 95% 1,07, 1,66), mas não existiu essa associação em mulheres (HR 0,99, IC 95% 0,80, 1,22)[35].

A FA é a arritmia mais frequentemente observada em fisiculturistas que estão em uso de EAA[36]. Além disso, vários relatos de casos de FA entre usuários de EAA sugerem uma relação causal entre o uso de EAA e FA em atletas de força[36, 37, 38, 39]. Os mecanismos subjacentes a tais predisposições são pouco compreendidos. Atraso na condução intra-atrial e interatrial e a propagação heterogênea dos impulsos sinusais são características eletrofisiológicas típicas do átrio, que é propenso a fibrilar[40, 41]. Além disso, pacientes portadores de FA paroxística apresentam atraso eletromecânico atrial (AEMA), medido por imagem Doppler tecidual[41, 42]. Outro ponto importante é que o AEMA também pode prever o desenvolvimento de FA já no seu início[43]. Alterações estruturais atriais e ventriculares, aumento do estiramento atrial, desequilíbrio autonômico, fibrose intersticial atrial, inflamação e isquemia podem atuar nesse aspecto como um fator de modulação da refratariedade atrial através de ambos os átrios e modificando a condução intra-atrial[44, 45, 46]. Esses fatores são afetados pelo uso crônico de doses suprafisiológicas de EAA[38, 47, 48], o que está associado a valores mais altos de AEMA em fisiculturistas jovens e saudáveis, sugerindo uma ligação entre o uso de EAA e desenvolvimento de FA[49].

Pode-se concluir então que as alterações eletrocardiográficas induzidas pelo uso de anabolizantes são pouco específicas, sendo decorrentes principalmente de alterações na repolarização ventricular, que encurtam o iQT, QTc e QTd e modificam o padrão eletrocardigráfico por vários mecanismos, o que pode gerar instabilidade elétrica no coração e induzir arritmias potencialmente graves, além de risco de morte cardíaca súbita.

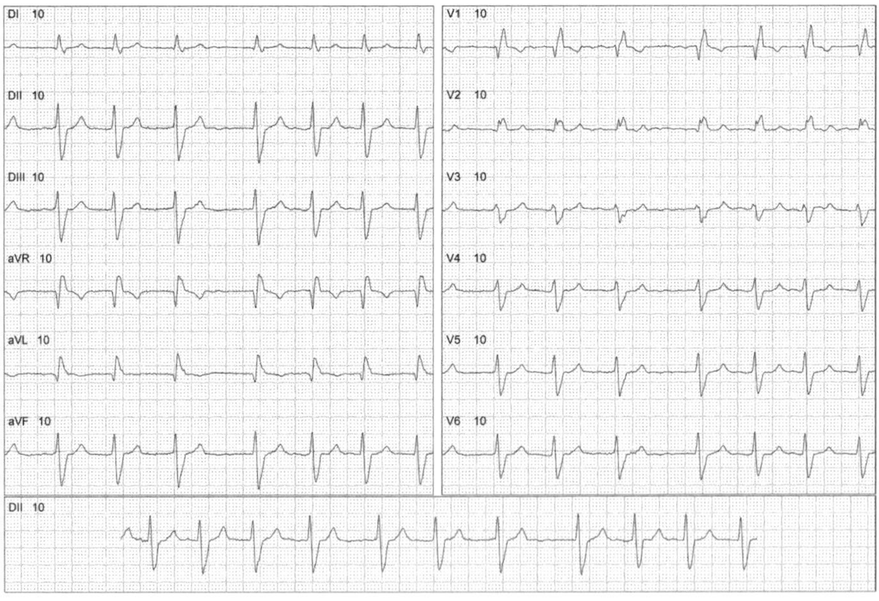

FIGURA 9 Eletrocardiograma de esforço em paciente do sexo masculino de 63 anos usuário de EAA evidenciando ritmo de fibrilação atrial, bloqueio de ramo direito, bloqueio divisional anterossuperior esquerdo.

REFERÊNCIAS BIBLIOGRÁFICAS

1. Nascimento JHM, et al. Cardiac Effects of Anabolic Steroids: Hypertrophy, Ischemia and Electrical Remodelling as Potential Triggers of Sudden Death. Mini-Reviews in Medicinal Chemistry. 2011;11:425-429.
2. Belloto PCP, et al. Early changes in the electrocardiographic pattern in methandrostenolone treated rats. SR. 2018;18(48):59-67.
3. Chung T, et al. Effects of testosterone and nandrolone on cardiac function: a randomized, placebo-controlled study. Clinical Endocrinology. 2007;66:235-245.
4. Gagliano-Jucá T, Betül Içli T, et al. Effects of Testosterone Replacement on Electrocardiographic Parameters in Men: Findings From Two Randomized Trials. J Clin Endocrinol Metab. May 2017;102(5):1478-1485.
5. Silva CA, Rocco Pardi AC, et al. Perfil Eletrocardiográfico e Conteúdo Glicogênico Muscular de Ratos Tratados com Nandrolona. Arq Bras Cardiol. 2010;95(6):720-725.
6. Schwartz JB, Volterrani M, et al. Effects of testosterone on the Q-T Interval in older men and older women with chronic heart failure. International Journal of Andrology. 2011;European Academy of Andrology(34):e415-e421.
7. Bidoggia H, Maciel JP, et al. Sex differences on the electrocardiographic pattern of cardiac repolarization: Possible role of testosterone. American Heart Journal. 2000;140:678-83.
8. Charbit B, Christin-Maître S, et al. Effects of Testosterone on Ventricular Repolarization in Hypogonadic Men. Am J Cardiol. 2009;103:887-890.
9. Sculthorpe N, Taylorb L, et al. Prolonged androgenic anabolic steroid (AAS) induced QT interval shortening: a suitable screening tool. Drug Test. Analysis. 2016;8:120-122.
10. Zhang Y, Ouyang P, et al. Sex-Steroid Hormones and Electrocardiographic QT-Interval Duration: Findings From the Third National Health and Nutrition Examination Survey and the Multi-Ethnic Study of Atherosclerosis. Am J Epidemiol. 2011;174(4):403–411.
11. Olivares EL, Silveira ALB, et al. Administration of an anabolic steroid during the adolescent phase changes the behavior, cardiac autonomic balance and fluid intake in male adult rats. Physiology & Behavior. 2014;126:15-24.
12. Maior AS, Carvalho AR, et al. Cardiac autonomic dysfunction in anabolic steroid users. Scand J Med Sci Sports. 2013;23:548-555.
13. Barbosa Neto O, Mota GR, et al. Long-term anabolic steroids in male bodybuilders induce cardiovascular structural and autonomic abnormalities. Clin Auton Res. 2018;28:231-244.
14. Poliwczak AR, Tylińska M, et al. Effect of short-term testosterone replacement therapy on heart rate variability in men with hypoandrogen-metabolic syndrome. Polskie Archiwum Medycyny Wewnetrznej. 2013;123(9).
15. Sculthorpe N, Grace F, et al. Evidence of Altered Cardiac Electrophysiology Following Prolonged Androgenic Anabolic Steroid Use. Cardiovasc Toxicol. 2010;10:239-243.
16. Yang P-C, Kurokawa J, Furukawa T, Clancy CE. Acute Effects of Sex Steroid Hormones on Susceptibility to Cardiac Arrhythmias: A Simulation Study. PLoS Comput Biol. 2010;6(1):e1000658.
17. Medei E, Marocolo M, et al. Chronic treatment with anabolic steroids induces ventricular repolarization disturbances: Cellular, ionic and molecular mechanism. Journal of Molecular and Cellular Cardiology. 2010;49:165-175.
18. Searaa FAC, Arantesa PC, et al. Cardiac electrical and contractile disorders promoted by anabolic steroid overdose are associated with late autonomic imbalance and impaired Ca2+ handling. Steroids. 2019;148:1-10.
19. Liu X-K, Katchman A, et al. In vivo androgen treatment shortens the QT interval and increases the densities of inward and delayed rectifier potassium currents in orchiectomized male rabbits. Cardiovascular Research. 2003;57:28-36.

20. Eleawa SM, Sakr HF, et al. Effect of testosterone replacement therapy on cardiac performance and oxidative stress in orchidectomized rats. Acta Physiol. 2013;209:136-147.
21. Fülöp L, Bányász T, et al. Effects of sex hormones on ECG parameters and expression of cardiac ion channels in dogs. Acta Physiol. 2006;188:163-171.
22. Neves VJ, Tanno AP, et al. Effects of nandrolone and resistance training on the blood pressure, cardiac electrophysiology, and expression of atrial β-adrenergic receptors. Life Sciences. 2013;92:1029-1035.
23. Maior AS, Menezes P, et al. Abnormal cardiac repolarization in anabolic androgenic steroid users carrying out submaximal exercise testing. Clinical and Experimental Pharmacology and Physiology. 2010;37:1129-1133.
24. Djordjević V, Stanković I, et al. Short QT Interval is Unreliable Marker of Anabolic Androgenic Steroid Abuse in Competitive Athletes. Srp Arh Celok Lek. Nov./Dec. 2012;140(11-12):711-716.
25. Abdollahi F, Joukar S, et al. The risk of life-threatening ventricular arrhythmias in presence of high-intensity endurance exercise along with chronic administration of nandrolone decanoate. Steroids. 2016;105:106-112.
26. Binayi F, Joukar S, et al. The Effects of Nandrolone Decanoate Along with Prolonged Low-Intensity Exercise on Susceptibility to Ventricular Arrhythmias. Cardiovasc Toxicol. 2016;16:23–33.
27. Masuda K, Takanari H, et al. Testosterone-mediated upregulation of delayed rectifer potassium channel in cardiomyocytes causes abbreviation of QT intervals in rats. The Journal of Physiological Sciences. 2018;68:759-767.
28. Ezaki K, Nakagawa M, et al. Gender Differences in the ST Segment – Effect of Androgen-Deprivation Therapy and Possible Role of Testosterone. Circ J. 2010;74:2448-2454.
29. Shimizu W, Matsuo K, et al. Sex Hormone and Gender Difference—Role of Testosterone on Male Predominance in Brugada Syndrome. J Cardiovasc Electrophysiol. April 2007;18:415-421.
30. Haïssaguerre M, Derval N, Sacher F, et al. Sudden cardiac arrest associated with early repolarization. N Engl J Med. 2008;358:2016-23.
31. Tikkanen JT, Anttonen O, Junttila MJ, et al. Long-term outcome associated with early repolarization on electrocardiography. N Engl J Med. 2009;361:2529-37.
32. Noseworthy PA, Tikkanen JT, Porthan K, et al. The early repolarization pattern in the general population: clinical correlates and heritability. J Am Coll Cardiol. 2011;57:2284-9.
33. Tikkanen JT, Junttila MJ, Anttonen O, et al. Early repolarization: electrocardiographic phenotypes associated with favorable long-term outcome. Circulation. 2011;123:2666-73.
34. Junttila MJ, Tikkanen JT, et al. Relationship Between Testosterone Level and Early Repolarization on 12-Lead Electrocardiograms in Men. JACC. Oct. 22, 2013;62(17):1633-7.
35. Bergera D, Folsoma AR, et al. Plasma total testosterone and risk of incident atrial fibrillation: The Atherosclerosis Risk in Communities (ARIC) study. Maturitas. 2019;125:5-10.
36. Carmo EC Do, Rosa KT, Koike DC, Fernandes T, da Silva ND, Mattos KC, et al. Association between anabolic steroids and aerobic physical training leads to cardiac morphological alterations and loss of ventricular function in rats, Rev. Bras. Med. Esporte. 2011;17(2):137-141.
37. Marques-Neto SR, Ferraz EB, Rodrigues DC, Njaine B, Rondinelli E, Campos de Carvalho AC, et al. AT1 and aldosterone receptors blockade prevents the chronic effect of nandrolone on the exercise-induced cardioprotection in perfused rat heart subjected to ischemia and reperfusion, Cardiovasc. Drugs Ther. 2014;28(2)125-135.
38. Cunha TS, Moura MJCS, Bernardes CF, Tanno AP, Marcondes FK. Vascular sensitivity to phenylephrine in rats submitted to anaerobic training and nandrolone treatment, Hypertension. 2005;46(4):1010-1015.
39. Luke JL, Farb A, Virmani R, Sample RH, Sudden cardiac death during exercise in a weightlifter using anabolic androgenic steroids: pathological and toxicological findings, J. Forensic Sci. 1990;35(6):14411447.

40. Fineschi V, Riezzo I, Centini F, Silingardi E, Licata M, Beduschi G, et al. Sudden cardiac death during anabolic steroid abuse: morphologic and toxicologic findings in two fatal cases of bodybuilders, Int. J. Legal Med. 2007;121(1):48-53.
41. Montisci M, El Mazloum R, Cecchetto G, Terranova C, Ferrara SD, Thiene G, et al. Anabolic androgenic steroids abuse and cardiac death in athletes: morphological and toxicological findings in four fatal cases, Forensic Sci. Int. 2012;217:1-3.
42. F. Binayi, S. Joukar, H. Najafipour, A. Karimi, F. Abdollahi, Y. Masumi, The effects of nandrolone decanoate along with prolonged low-intensity exercise on susceptibility to ventricular arrhythmias, Cardiovasc. Toxicol. (2015).
43. H. Ghorbani Baravati, S. Joukar, H. Fathpour, Z. Kordestani, Nandrolone plus moderate exercise increases the susceptibility to lethal arrhythmias, Res. Cardiovasc. Med. 4 (2) (2015) 26233.
44. A. Medeiros, E.M. Oliveira, R. Gianolla, D.E. Casarini, C.E. Negrão, P.C. Brum, Swimming training increases cardiac vagal activity and induces cardiac hypertrophy in rats, Braz. J. Med. Biol. Res. 37 (12) (2004) 1909–1917.
45. P.W. Endlich, L.B. Firmes, W.L.S. Gonçalves, S.A. Gouvea, M.R. Moysés, N.S. Bissoli, et al., Involvement of the atrial natriuretic peptide in the reduction of arterial pressure induced by swimming but not by running training in hypertensive rats, Peptides 32 (8) (2011) 1706–1712.
46. S. Joukar, S. Ghorbani-Shahrbabaki, V. Hajali, V. Sheibani, N. Naghsh, Susceptibility to life-threatening ventricular arrhythmias in an animal model of paradoxical sleep deprivation, Sleep Med. 14 (12) (2013) 1277–1282.
47. S. Joukar, H. Asadipour, Evaluation of Melissa officinalis (lemon balm) effects on heart electrical system, Res. Cardiovasc. Med. 4 (2) (2015) e27013.
48. S. Joukar, E. Ghasemipour-Afshar, M. Sheibani, N. Naghsh, A. Bashiri, Protective effects of saffron (Crocus sativus) against lethal ventricular arrhythmias induced by heart reperfusion in rat: a potential anti-arrhythmic agent, Pharm. Biol. 51 (7) (2013 Jul) 836–843.

21

Efeitos adversos do uso suprafisiológico de anabolizantes e interações medicamentosas – polifarmácia

Marcelo Rodrigues dos Santos

O uso crônico de esteroides androgênicos anabolizantes (EAA) muitas vezes é acompanhado de uma série de outras substâncias farmacológicas que também podem estar associadas ao risco para a saúde[1]. Esse comportamento é conhecido como polifarmácia. A Organização Mundial de Saúde (OMS) define polifarmácia como a situação em que um indivíduo faz o uso de cinco ou mais medicamentos ao mesmo tempo[2]. Porém, o termo continua carente de uma definição universal clara. Além disso, ainda há inconsistências quanto ao tempo de uso e duração de uma terapia; e se devemos incluir medicamentos que são vendidos sem a necessidade de prescrição médica (*over-the-counter*).

A OMS considera uma polifarmácia adequada quando:

1. Todos os medicamentos são prescritos com a finalidade de atingir objetivos terapêuticos específicos acordados com o paciente.
2. Os objetivos terapêuticos estão realmente sendo alcançados ou há uma chance razoável de serem alcançados no futuro.
3. A terapia medicamentosa foi otimizada para minimizar o risco de reações adversas a medicamentos.
4. O paciente está motivado e apto a tomar todos os medicamentos, conforme previsto.

A polifarmácia inapropriada está presente quando:

1. Não há indicação baseada em evidências, a indicação está vencida ou a dose é desnecessariamente alta.
2. Um ou mais medicamentos não atingem os objetivos terapêuticos a que se destinam.
3. Um medicamento, ou a combinação de vários deles, causam reações adversas ou colocam o paciente em alto risco de reações adversas.
4. O paciente não está disposto ou não é capaz de tomar um ou mais medicamentos, conforme pretendido.

Infelizmente, dentro da realidade do uso indiscriminado de EAA com finalidade esportiva ou estética, a polifarmácia acaba se enquadrando como inapropriada. Em 2006, Parkinson e Evans publicaram uma pesquisa com 500 usuários de EAA, dos quais 78,4% (392/500) eram fisiculturistas não competitivos e não atletas; 59,6% (298/500) dos entrevistados relataram usar pelo menos 1.000 mg de testosterona ou seu equivalente por semana. A maioria dos usuários de EAA (99,2%) autoadministrava formulações injetáveis dessas substâncias, e 13% (65/500) relataram práticas inseguras, como reutilização de agulhas, compartilhamento de agulhas e de frascos. Além do uso de EAA, 25% dos usuários admitiram o uso adjuvante de hormônio de crescimento e insulina para efeito anabólico, e 99,2% relataram efeitos colaterais subjetivos do uso de EAA[3]. Na tentativa de aliviar os sintomas indesejados do EAA, os participantes ainda relataram o uso de medicamentos como tamoxifeno (para evitar a ginecomastia), antiaromatases (como anastrazol e letrozol, para reduzir a retenção líquida/ginecomastia), clomifeno e gonadotrofina coriônica humana (para restauração do eixo hipotálamo-hipofisário-gonadal) e finasterida (para tratar alopecia/hipertrofia prostática). A pesquisa mostrou o uso de outras substâncias, como anfetaminas e clembuterol (uma substância simpaticomimética que atua principalmente em receptores beta-adrenérgicos). O Quadro 1 mostra os principais medicamentos e as razões de uso relatadas pelos participantes.

QUADRO 1 Medicamentos e razões para o uso

Nome das drogas	Razões para uso
Agentes anabolizantes:	
• Hormônio do crescimento • Insulina • Fator de crescimento semelhante à insulina-1	• Agente anabólico • Agente anabólico • Agente anabólico

(Continua)

QUADRO 1 Medicamentos e razões para o uso (*continuação*)

Nome das drogas	Razões para uso
Estimulantes/perda de gordura:	
• Efedrina • Anfetamina • Tireoide (T3/T4) • Clembuterol • Cafeína • Ioimbina* • Dinitrofenol*	• Estimulante/supressor de apetite • Estimulante/supressor de apetite • Estimulante metabólico • Perda de gordura • Estimulante/perda de gordura • Perda de gordura • Agente de desacoplamento metabólico
Sedativos:	
• Benzodiazepínicos • Gama-hidroxibutirato	• Sono • Sono/liberação do hormônio de crescimento
Diversos:	
Diuréticos	Retenção de líquidos/perda de peso
Alívio dos efeitos adversos:	
• Tamoxifeno • Antiaromatases (anastrazol, letrozol) • Clomifeno • Finasterida • Gonadotrofina coriônica humana	• Ginecomastia • Retenção de líquidos/ginecomastia • Supressão do eixo HHG/atrofia testicular • Alopecia/hipertrofia prostática • Supressão do eixo HHG/atrofia testicular

* O uso de ioimbina e de dinitrofenol não foi previamente documentado em usuários de EAA. A ioimbina é um bloqueador de receptores alfa-2-adrenérgicos que aumenta indiretamente os níveis de adrenalina e a noradrenalina e funciona como um agente de perda de gordura. O dinitrofenol é um poderoso agente de desacoplamento do metabolismo oxidativo que funciona inibindo a produção oxidativa de adenosina trifosfato (ATP), causando um aumento substancial na atividade metabólica e na produção de calor. Esse aumento drástico na atividade metabólica e a produção de calor podem levar à hipertermia e à morte com overdose de dinitrofenol.
EAA: esteroides androgênicos anabolizantes; HHG: hipotálamo-hipofisário-gonadal.
Fonte: adaptado de Parkinson e Evans[3].

Em um estudo comparando homens e mulheres, Ip e colaboradores demostraram comportamentos distintos entre gêneros quanto ao uso de EAA e outras substâncias[4]. Tanto mulheres quanto homens usuários de EAA praticavam polifarmácia. As substâncias mais comuns entre as mulheres eram: proteínas em pó, óleo de peixe, cafeína, clembuterol, efedrina, multivitaminas, creatina, aminoácidos, liotironina (T3), hormônio de crescimento humano, tamoxifeno, desidroepiandrosterona (DHEA), ioimbina e ácido gama-hidroxibutírico. Em média, as mulheres incorporaram 8,8 tipos de substâncias (entre EAA e não EAA) a sua rotina, enquanto os homens incorporaram 11,1 tipos de substâncias. As mulheres usuárias de EAA usaram uma média de 1,2 tipo de EAA (que normalmente são dados em ciclos) e 7,7 agentes não EAA por ano. Quanto às mulheres usuárias de EAA, dois dados chamam a atenção nesse estudo. Entre elas, 50% relataram problemas psiquiátricos, em comparação com 17,4% dos homens usuários de EAA e 22,2% das mulheres não usuárias de EAA. O diagnóstico psiquiátrico mais comum entre as usuárias de EAA incluiu bulimia nervosa e transtorno de déficit de atenção e hiperatividade. Além disso, as usuárias de EAA eram mais propensas a descrever uma história de abuso sexual do que os homens usuários de EAA (41,7 *vs.* 6,1%) e as mulheres não usuárias de EAA (41,7 *vs.* 15,3%).

Além das substâncias citadas nos estudos anteriores, uma revisão da literatura mostra o uso frequente de outras drogas, como álcool, tabaco e maconha[5]. Um total de 13 estudos relataram relações bivariadas entre o uso de álcool e o uso de EAA. Onze dos estudos relataram relações positivas entre as duas substâncias. Os estudos indicam que o uso de EAA está positivamente associado ao uso recente de álcool, uso de álcool ao longo da vida, embriaguez, quantidade de álcool consumida nas últimas 4 semanas e consumo nocivo/problemático. Por outro lado, a relação entre EAA e o uso de tabaco e maconha é mais contraditória. Os resultados das análises bivariadas mostram que os usuários de EAA são mais propensos a usar tabaco e maconha do que os não usuários. No entanto, as análises multivariadas não mostram uma relação direta. Após o controle de outros preditores de uso de EAA, o uso de tabaco e maconha permaneceu um preditor positivo estatisticamente significativo em menos da metade dos estudos.

Em um estudo com usuários de EAA com média de idade de 29 anos, a maioria dos participantes se classificou como praticante de exercícios recreativos e relatou maior frequência de transtorno de dependência de substâncias, transtorno de ansiedade, uso recente de cocaína e ter histórico de abuso sexual[6]. Além das substâncias citadas nos estudos anteriores, o uso de agentes comumente usados para tratar disfunção erétil, tais como tadalafila e sildenafila, foi reportado entre os jovens usuários de EAA. Quando comparados ao grupo controle, 13% (*vs.* 0,4%) e 9,5% (*vs.* 0,8%) dos usuários de EAA reportaram o uso de tadalafila e sildenafila, respectivamente. Não foram observadas diferenças significativas entre usuários de EAA e não usuários em relação ao consumo excessivo de álcool, tabagismo e ao uso de maconha ou heroína. No entanto, os usuários de EAA foram duas vezes mais propensos do que os não usuários a usar cocaína nos últimos 12 meses.

O uso frequente de polifarmácia e outras drogas ilícitas também é bastante comum entre usuários de EAA com mais de 40 anos. Em um estudo publicado em 2015 com homens usuários de EAA, com média de idade de 47,3 (40 a 73) anos, os autores observaram o uso frequente de tamoxifeno, clomifeno, anastrozol, hormônio do crescimento, desidroepiandrosterona, gonadotrofina coriônica humana, efedrina, clembuterol, levotiroxina, tadalafila, sildenafila, androstenediona, letrozol, ioimbina, insulina, fatores de crescimento semelhantes à insulina e ácido gama-hidroxibutírico[7].

Estudos do nosso e de outros grupos comprovam o uso de outras drogas ilícitas associadas ao EAA por meio de análises toxicológicas incluindo testes em urina e cabelo[8-10]. Por meio da cromatografia gasosa-espectrometria de massa (GC-MS), encontramos o uso de metilenodioximetanfetamina (MDMA, *ecstasy*) e anfetamina em um participante do grupo EAA; e cocaína em um participante do grupo não usuário de EAA[9]. Em estudo maior, com 86 usuários de EAA e 54 não usuários, ficou demonstrado o uso de cocaína em 15 e 9%; o uso de álcool em 14 e 13%; e o uso de tabaco em 31 e 35% nos usuários de EAA e não usuários, respectivamente (sem diferença estatística entre os grupos)[11].

A polifarmácia associada ao uso de EAA pode ser potencialmente perigosa devido a sua relação com comportamentos violentos e criminosos, bem como ao desenvolvimento de doenças crônicas e mortalidade precoce[12]. Portanto, conhecer os principais efeitos do uso combinado dessas substâncias pode ajudar profissionais de saúde e autoridades de saúde pública a intervir de forma mais consciente e com foco em redução de danos.

Outro ponto de atenção importante para a comunidade médica é o consumo inadvertido de medicamentos para usuários de polifarmácia que usam EAA. Por isso, é importante o conhecimento das interações químicas adversas não intencionais que podem ser prejudiciais aos pacientes que usam EAA[12]. Conhecer o histórico de uso de substâncias lícitas e ilícitas em usuários de EAA é importante no tratamento farmacológico e psicológico para essa população, tornando seguros o diagnóstico e a prescrição de medicamentos durante o tratamento[12].

REFERÊNCIAS BIBLIOGRÁFICAS

1. Ip EJ, Doroudgar S, Lau B, Barnett MJ. Anabolic steroid users' misuse of non-traditional prescription drugs. Res Social Adm Pharm. 2019 Aug;15(8):949-52.
2. Medication safety in polypharmacy. Geneva: World Health Organization; 2019 (WHO/UHC/SDS/2019.11). Licence: CC BY-NC-SA 3.0 IGO.

3. Parkinson AB, Evans NA. Anabolic androgenic steroids: a survey of 500 users. Med Sci Sports Exerc. 2006 Apr;38(4):644-51.
4. Ip EJ, Barnett MJ, Tenerowicz MJ, Kim JA, Wei H, Perry PJ. Women and anabolic steroids: an analysis of a dozen users. Clin J Sport Med. 2010 Nov;20(6):475-81.
5. Dodge T, Hoagland MF. The use of anabolic androgenic steroids and polypharmacy: a review of the literature. Drug Alcohol Depend. 2011 Apr 1;114(2-3):100-9.
6. Ip EJ, Barnett MJ, Tenerowicz MJ, Perry PJ. The Anabolic 500 survey: characteristics of male users versus nonusers of anabolic-androgenic steroids for strength training. Pharmacotherapy. 2011 Aug;31(8):757-66.
7. Ip EJ, Trinh K, Tenerowicz MJ, Pal J, Lindfelt TA, Perry PJ. Characteristics and behaviors of older male anabolic steroid users. J Pharm Pract. 2015 Oct;28(5):450-6.
8. Baggish AL, Weiner RB, Kanayama G, Hudson JI, Lu MT, Hoffmann U, et al. Cardiovascular toxicity of illicit anabolic-androgenic steroid use. Circulation. 2017 May; 23;135(21):1991-2002.
9. de Souza FR, Sales ARK, Dos Santos MR, Porello RA, Fonseca GWP da, Sayegh ALC, et al. Retrograde and oscillatory shear rate in young anabolic androgenic steroid users. Scand J Med Sci Sports. 2019 Mar;29(3):422-9.
10. de Souza FR, Dos Santos MR, Rochitte CE, Dos Santos RP, Jordão CP, Leite IS, et al. Decreased native T1 values and impaired myocardial contractility in anabolic steroid users. Int J Sports Med. 2022 Feb;43(2):183-91.
11. Baggish AL, Weiner RB, Kanayama G, Hudson JI, Lu MT, Hoffmann U, et al. Cardiovascular toxicity of illicit anabolic-androgenic steroid use: clinical perspective. Circulation. 2017;135(21):1991–2002.
12. Sagoe D, McVeigh J, Bjørnebekk A, Essilfie MS, Andreassen CS, Pallesen S. Polypharmacy among anabolic-androgenic steroid users: a descriptive metasynthesis. Subst Abuse Treat Prev Policy. 2015 Mar;15;10:12.

22

Suplementos nutricionais associados ao uso de anabolizantes: efeitos sobre a hipertrofia muscular

Glauce Lamoglie de Carvalho Sanches
Juliana Vieira Meireles

INTRODUÇÃO

O uso de suplemento alimentar é considerado parte fundamental da dieta dos atletas, independentemente do nível e da modalidade esportiva, como estratégia para melhorar a *performance* no esporte de alto rendimento.

Estudos apontam que o uso de suplementos alimentares vem aumentando ao longo dos anos, inclusive na população em geral. De acordo com o centro de pesquisa nacional dos Estados Unidos, 40% da população adulta usava suplemento alimentar no período de 1988-1994, passando para 50% da população entre 2003-2006 (Centers for Disease Control and Prevention, 2011)[1]. Dados de 2015 são ainda mais impressionantes, demonstrando que 68% da população adulta fazia uso desses produtos (CRN Consumer Survey on Dietary Supplements, 2015)[2].

Entre atletas, o consumo de suplementos é ainda mais elevado. Lun et al. (2012) notificaram o uso de 81-100% de suplementos em uma amostra coletada de 440 atletas de elite canadense, observando que, quanto maior tempo de treino, maior era a utilização dos suplementos esportivos[3].

Evidências apontam que a utilização dos suplementos inicia-se na infância. Estudo alemão verificou uma prevalência de 80% de uso de suplementos em crianças e jovens atletas (entre 10-25 anos)[4].

As razões para o uso de suplementos na prática esportiva incluem a crença de que o estresse intenso do treinamento não pode ser recuperado apenas pelos alimentos e que o ganho de massa muscular apenas com dieta é lento e insuficiente, em vista disso, os suplementos podem oferecer uma vantagem específica no treinamento, na competição, no desempenho e no físico. Para os atletas, existe a ideia de que os concorrentes bem-sucedidos estão usando suplementos, e esse uso geralmente é endossado ou incentivado por indivíduos influentes no círculo do atleta, incluindo os treinadores e os colegas. Outros motivos podem ser justificados pelo uso: melhora do desempenho, recuperação muscular após o treino, melhora da resposta imunológica do organismo, melhora ou tratamento de uma deficiência ou doença[5].

Os suplementos ergogênicos, nomeados esteroides androgênicos anabolizantes (EAA), são utilizados cada vez mais por atletas não profissionais com a crença em sua capacidade de os tornarem mais fortes, musculosos e de melhorar seu desempenho, na ausência completa do conhecimento dos seus reais benefícios e potenciais efeitos adversos. Quando conhecedores destes últimos, os usuários os consideram negligenciáveis.

A grande prevalência de consumo de suplementos alimentares se manifesta entre os praticantes de musculação e treinamento de força que não visam ao esporte de alto rendimento, o que geralmente coincide com a mesma população que utiliza anabolizante. Isso ocorre devido às diferentes possibilidades oferecidas pela musculação, tanto objetivando o desenvolvimento da força muscular como buscando finalidades estéticas e de hipertrofia[6]. A hipertrofia muscular é definida como um aumento da massa muscular[6-7].

A musculação realizada dentro dos princípios do treinamento de força (volume, intensidade, intervalo de recuperação entre as séries, ordem dos exercícios, entre outros) pode ocasionar ganhos substanciais na força e na hipertrofia muscular[7], entretanto os indivíduos imaginam que esses ganhos podem ser otimizados e conquistados mais rapidamente com a utilização dos suplementos esportivos e hormônios.

Além disso, caso haja falhas na alimentação, o uso de suplemento esportivo pode ser considerado uma maneira prática, simples e eficiente de suprir o organismo com todos os macronutrientes (carboidratos, lipídios e proteínas) e micronutrientes (vitaminas e minerais) necessários para um bom funcionamento fisiológico.

Os suplementos esportivos podem ser definidos e categorizados de várias formas, e nenhuma delas é totalmente satisfatória. Em geral, as categorias incluem alimentos esportivos (gel, barras, bebidas e proteínas em pó), vitaminas e minerais, ervas e suplementos ergogênicos (Tabela 1).

TABELA 1 Categorização de suplementos pelo uso/uso de suplementos por categorias

Categorias por uso	Exemplos	Comentários: *risk-assessments*
Alimentos esportivos: produtos especializados usados para promover adequada fonte de nutrientes na prática do dia a dia	Bebidas esportivas, gel, barras, refeições em forma de bebidas (*shakes*) e proteínas em pó	A maioria desses produtos tem baixo risco de contaminação por substâncias ilícitas durante o preparo na indústria alimentícia.
Suplementos médicos: usados para tratar necessidades diagnósticas clinicamente	Suplementos polivitamínicos e minerais, ferro, cálcio, vitamina D e probióticos	A maioria é produzida com adequado controle farmacêutico.
Suplementos ergogênicos: suplementos com o objetivo de melhorar a performance física	Cafeína, beta-alanina, bicarbonato de sódio, nitrato (suco da beterraba), creatina	Esse grupo de suplementos não se encontra na lista da WADA. Entretanto, devem ser usados com cautela e com ciência de sua origem, pois existe risco de contaminação cruzada com substâncias ilegais.
Alimentos funcionais e *superfoods*: objetivo de promover a saúde e a performance	Ervas, *seaweed*, spirulina, alimentos orgânicos, fibras, sementes (chia) e berries (açaí, goji)	Devido à heterogeneidade dos produtos, não existe garantia da quantidade de substâncias biologicamente ativas. A regulamentação desses produtos difere entre os países.
Outros suplementos: uma gama de suplementos com extratos botânicos e ervas concentradas	Suplementos para perda de peso (*shakes*, pastilhas, comprimidos), aumento de gasto energético, aumento da libido, prevenção de queda do cabelo, melhora da qualidade da pele e das unhas	• Podem conter estimulantes do sistema nervoso central (epinefrina), hormônios e percursores hormonais (norandrostenediol e norandrostenediona). • Podem apresentar risco de adulteração em sua fórmula, pois para atingir os resultados prometidos necessitam de potentes produtos farmacêuticos.

Wada: World Anti-Doping Agency.
Fonte: adaptada de Garthe e Maughan, 2018[8].

As diretrizes que avaliam a quantidade e o tipo de macronutrientes necessários devem ser baseadas no entendimento de como ocorrem as interações entre os nutrientes e o exercício e de seus impactos no sistema energético, na disponibilidade de substratos e nas adequações ao treinamento.

O exercício é alimentado por uma série integrada de sistemas de energia que incluem vias não oxidativas (fosfágeno e glicolítico) e aeróbias (oxidação de gorduras e hidratos de carboidratos), usando substratos endógenos e exógenos de origem. A adenosina trifosfato (ATP) e a fosfocreatina (sistema fosfágeno) fornecem uma fonte de energia rapidamente disponível para a contração muscular, porém por um curto período de tempo (±10 segundos). Já a via anaeróbia glicolítica metaboliza rapidamente a glicose muscular e o glicogênio através da cascata glicolítica, e é a via primária que suporta exercícios de alta intensidade com duração entre 10-180 segundos. Como nem a via fosfogênica nem a via glicolítica podem manter a energia necessária para permitir que os músculos se contraiam em uma taxa muito alta por eventos duradouros, as vias oxidativas fornecem os combustíveis primários para eventos que duram mais de 2 minutos.

Os principais substratos incluem glicogênio muscular e hepático, lipídio intramuscular, triglicerídeos do tecido adiposo e aminoácidos do músculo, sangue, fígado e intestino. À medida que o oxigênio se torna mais acessível para o músculo que trabalha, o corpo utiliza mais as vias aeróbias (oxidativas) e menos as vias anaeróbias (fosfágeno e glicolítico). A maior dependência das vias aeróbias não ocorre abruptamente, e não somente por uma via. A intensidade, duração, frequência, tipo de treinamento, sexo e nível de treinamento do indivíduo, assim como a ingestão prévia de nutrientes e a disponibilidade de substrato, determinam a contribuição relativa das vias de energia e quando ocorre o cruzamento entre as vias[9].

O músculo esquelético de um atleta tem uma plasticidade notável para responder rapidamente à carga mecânica e à disponibilidade de nutrientes, resultando em adaptações metabólicas e funcionais específicas de cada condição. As adaptações incluem aumento das moléculas transportadoras de nutrientes através das membranas ou para o local de seu uso na célula muscular, além do aumento das enzimas que ativam ou regulam as vias metabólicas, do aumento da capacidade de tolerar os produtos colaterais do metabolismo e do aumento na capacidade de estoque energético muscular. Apesar de alguns substratos musculares estarem presentes em boa quantidade (p. ex., gordura corporal), outros podem precisar ser manipulados de acordo com necessidades específicas (p. ex., suplementação de carboidratos para substituir as reservas de glicogênio muscular)[9].

Diante desse cenário, vamos descrever alguns suplementos esportivos, suas características, benefícios, malefícios e nível de segurança em relação à promoção de massa muscular, força e melhora da composição corporal, objetivos principais entre os usuários de anabolizantes.

PROTEÍNAS

As proteínas atuam na formação e reparação dos tecidos, e contribuem para o metabolismo energético, todos extremamente importantes na nutrição do atleta. As melhores fontes alimentares de proteína são: frango sem pele, peixe, clara de ovo, carne bovina e leite de vaca (caseína e soro de leite). Por motivos sociais, emocionais, psicológicos e nutricionais, é preferível que a maioria das proteínas consumidas diariamente pelos atletas seja proveniente de um alimento ou refeição. Entretanto, por praticidade ou dificuldade em consumir todos os nutrientes necessários por meio de alimentos, um atleta pode optar por consumir suplementos proteicos. Eles representam fontes importantes de soro de leite, caseína, leite e proteína do ovo[10-11].

A proteína alimentar interage com o exercício, fornecendo um gatilho e um substrato para a síntese de proteínas contráteis e metabólicas, além de melhorar as mudanças estruturais nos tecidos não musculares, como tendões e ossos. Acredita-se que as adaptações ocorram pelo estímulo da sintética proteica em resposta a um aumento nas concentrações de leucina e de aminoácidos exógenos[9]. Estudos sobre a resposta ao treinamento resistido mostram a regulação positiva da síntese proteica muscular após exercícios resistidos, com aumento da ingestão de proteína durante esse período, levando ao aumento da massa muscular e da força em jovens, adultos e idosos[12-13]. Entretanto, outras metanálises não apresentaram efeitos benéficos da suplementação proteica isolada ou combinada com exercício resistido na massa muscular em indivíduos idosos[14-15].

As proteínas diferem com base em sua fonte, tipo de aminoácidos presentes e métodos de processamento ou isolamento proteico. Essas diferenças influenciam a biodisponibilidade de aminoácidos e peptídeos, por exemplo, alfa-lactalbumina, beta-lactoglobulina, glicomacropeptídeos, imunoglobulinas, lactoperoxidases e lactoferrina. Além disso, a taxa de digestão e/ou absorção e a atividade metabólica da proteína também são considerações importantes[16].

Fatores como o estado nutricional, a capacidade de digestão proteica, a absorção de aminoácidos, a sensibilidade de anabolismo muscular e as características dos programas de exercícios resistidos podem influenciar os efeitos da suplementação proteica na massa muscular e na força[17].

Caso a ingestão proteica não seja adequada, o atleta poderá estar em balanço nitrogenado negativo, com aumento do catabolismo proteico, o que pode levar à perda de massa muscular, lesões, doenças e intolerância ao treinamento[18]. Segundo a Sociedade Internacional de Nutrição Esportiva, indivíduos envolvidos em treinamento podem se beneficiar da ingestão de 1,4-2 g por quilo de peso por dia, para manter um balanço proteico adequado e o ganho de massa muscular[19].

Morton et al. (2018) realizaram uma metarrevisão e metarregressão envolvendo 49 estudos e 1.863 participantes, concluindo que a suplementação de proteína aumenta significativamente a força e o tamanho das fibras musculares. Uma ingestão diária de proteína de 1,62 g por quilo de peso pode ser adequada para o ajuste proteico no planejamento alimentar, e ingestões superiores a esse valor não demonstraram melhorar o ganho de massa magra (Figura 1). Ingestões superiores (2,3-3,1 g/kg/dia) podem minimizar a perda de massa magra em indivíduos com dietas hipocalóricas em treinamentos resistidos. O im-

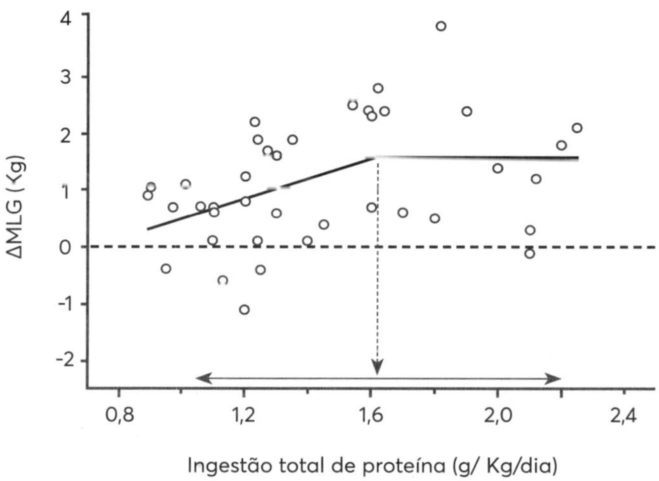

FIGURA 1 Regressão linear entre ingestão proteica relativa (g/kg de massa corporal/dia) e a mudança na massa livre de gordura (ΔMLG) medida por absorciometria de raios x de dupla energia. Cada círculo representa um único grupo de um estudo. A seta tracejada indica o ponto de interrupção = 1,62 g de proteína/kg de peso/dia, p = 0,079. A seta sólida indica 95% CI (1,03-2,20)[13].
Fonte: Morton RW et al., 2018.

pacto da suplementação de proteína nos ganhos de massa magra foi reduzido com a idade e mais eficaz em indivíduos realizando treinos de resistência[13].

Com relação ao tipo de treinamento, recomenda-se que os atletas envolvidos em treinamento intenso com volume moderado sigam a recomendação descrita anteriormente, enquanto atletas envolvidos em treinamentos de alto volume e intensidade consumam 1,7-2,2 g por quilo de peso por dia de proteína. Quantidades proteicas maiores podem ser indicadas por períodos curtos em que o atleta está em treinamento intenso ou em dieta com redução da ingestão energética[9,20].

A orientação nutricional individualizada é de fundamental importância para os atletas e praticantes de atividade física em geral. As necessidades nutricionais, o volume e a quantidade alimentar dependem do peso, modalidade, intensidade e volume de treino. Deve-se compreender a ingestão e definir a quantidade, qualidade e tempo de absorção das proteínas, bem como a combinação com os demais macronutrientes da composição da dieta, para melhora da massa magra e do desempenho do atleta[21].

Whey protein

A proteína de soro de leite ou *whey protein* é uma das proteínas de mais alta qualidade, devido ao seu teor de aminoácidos (alto teor de aminoácidos essenciais, de cadeia ramificada e leucina) e rápida digestibilidade. É responsável por estimular a síntese de proteína muscular em maior grau do que outras proteínas, como caseína e soja[22], tanto em indivíduos jovens treinados como em sedentários[23] e idosos[24]. Por esses motivos, é considerada o padrão ouro na suplementação proteica[25].

O suplemento de *whey protein* é classificado de acordo com sua concentração e filtragem, podendo ser concentrado, isolado ou hidrolisado. A tabela 2 apresenta algumas diferenças entre esses tipos.

Manter uma boa quantidade, qualidade e distribuição proteica ao longo do dia é um ponto fundamental para a hipertrofia, e a suplementação com *whey protein* pode trazer praticidade e segurança para o consumo, uma vez que deve fazer parte do cálculo da ingestão proteica diária. As doses da suplementação podem variar entre 20-40 g de proteína de alta qualidade (~0,3 g/kg/refeição), doses suficientes para estimular ao máximo a síntese de proteína muscular após uma única refeição e quando mantida de forma fracionada durante o dia. Essa dose pode ser aumentada quando um treino mais intenso é realizado ou em atletas com grande massa muscular[26].

TABELA 2 Principais diferenças entre os tipos de proteína

	Tipo de *whey protein*		
	Concentrado	Isolado	Hidrolisado
Velocidade de absorção	Lenta	Rápida	Muito rápida
Concentração de proteína	70-80%	90-95%	99%
Outras observações	É indicado para pessoas que não têm intolerância à lactose. Isso porque tem maior quantidade de lactose, gorduras, sais minerais e outros nutrientes.	Pode ser utilizado por pessoas sensíveis à lactose, pois a quantidade de lactose e gordura é baixíssima.	Fácil digestão.

Creatina

A creatina é um composto orgânico nitrogenado encontrado no músculo e presente na alimentação por intermédio do consumo de leite, carnes vermelha, branca e de peixes. Em geral, uma dieta incluindo carnes nas refeições principais entrega 1-2 g de creatina por dia, levando-se em consideração que o tempo de cozimento, a forma de preparo e o tipo da carne influenciam nos valores de creatina após a ingestão[27].

Além das fontes exógenas, a creatina pode ser produzida endogenamente pelo pâncreas, fígado e rins por meio dos aminoácidos glicina, arginina e metionina[28]. A maior parte da creatina (95%) é armazenada na musculatura esquelética (de contração rápida, tipo II), 2/3 na forma fosforilada e 1/3 como creatina livre. A creatina é utilizada como substrato para a contração muscular, sendo uma molécula essencial para a síntese da ATP[29].

A suplementação de creatina aumenta as reservas de creatina e fosfocreatina nos músculos, sustentando exercícios que são limitados pela incapacidade da ressíntese de fosfocreatina para acompanhar as demandas de combustível do exercício, por exemplo, exercícios de alta intensidade por repetidos períodos (duração < 150 segundos), com efeitos mais evidentes durante atividades < 30 segundos. Apesar de não exercer efeitos na síntese de massa muscular, estudos referem que a creatina monoidratada pode levar ao aumento da força muscular e da *performance* em resposta a exercícios de explosão e duração menor do que 3 minutos, independentemente da dose ou duração da suplementação[30].

Menos comumente, também foram observadas melhorias na *performance* de atletas de alta resistência, devido à melhora no armazenamento do glicogênio e na termorregulação secundária às alterações no ambiente celular associada ao armazenamento adicional de creatina e água[31].

Em uma dieta normal, os estoques de creatina muscular são aproximadamente 60-80% saturados, e a suplementação dietética de creatina pode contribuir para aumentar a creatina muscular e a fosfocreatina em 20-40% (Figura 2)[32].

As recomendações em relação à dose de suplementação de creatina como suplemento ergogênico são variadas[31]. Protocolos de suplementação eficazes geralmente abrangem uma "fase de carregamento" de aproximadamente 20-25 g/dia, divididas em 4-5 doses iguais de 5 g/dia, por 4-6 dias, seguidos por uma "fase de manutenção", geralmente envolvendo uma única dose diária de 3-5 g durante o período de suplementação[31,33]. Abordagens alternativas propõem doses mais baixas de creatina monoidratada de 2-5 g/dia, consumidas por aproximadamente 4 semanas, com base no conceito de que baixas doses fornecidas durante um período de tempo adequado podem aumentar os níveis de creatina muscular[34]. Outra metanálise que avaliou resultados favoráveis no ganho de massa muscular em treinamento resistido observou que as doses suplementadas de creatina podem variar de 0,07 g por quilo de peso corporal por dia a 5 g / dia[35-36].

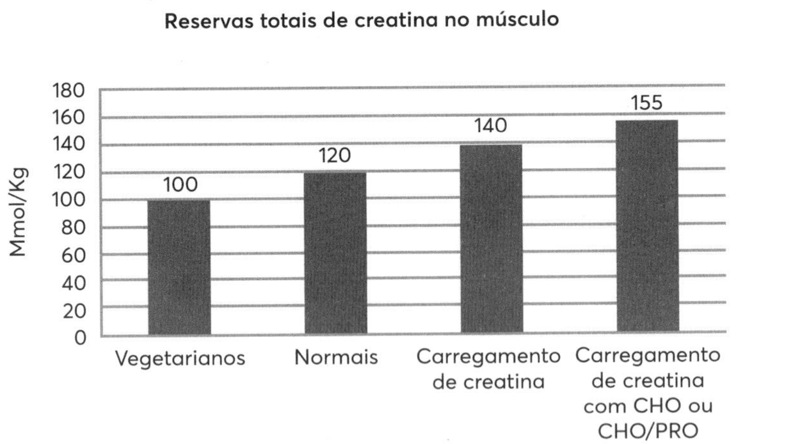

FIGURA 2 Níveis aproximados de creatina na massa muscular seca (mmol/kg) em vegetarianos, indivíduos seguindo dieta normal e em resposta a carga de creatina com ou sem carboidrato (CHO) ou CHO e proteína (PRO).
Fonte: Kreider et al., 2017[32].

É importante ressaltar que consumir creatina simultaneamente com uma fonte mista de proteína/carboidrato (aproximadamente 50 g de proteína e carboidrato) pode aumentar a captação de creatina muscular por estímulo à insulina, enquanto leva 4-6 semanas após a interrupção da suplementação para que as reservas musculares retornem aos níveis basais. Verificamos que estudo realizado com suplementação de creatina em atletas por 6 semanas, sendo 20 g nos primeiros 6 dias, seguido de 2 g até o final do protocolo, apresentou melhora na força muscular e reduziu a perda muscular durante o treinamento[37].

Não foram observados efeitos negativos na saúde em longo prazo com o uso da suplementação de creatina quando seguidos os protocolos de carregamento apropriados. Portanto, a suplementação de creatina consumida de acordo com os protocolos mencionados mostra segurança e é bem tolerada em indivíduos saudáveis tanto jovens quanto idosos, além de demonstrar forte eficácia para ambos os ganhos de desempenho agudos e crônicos, com melhoria na potência e na força em sessões de exercícios de curtas repetições e de alta intensidade[32].

Beta-hidroxi-beta-metilbutirato

O beta-hidroxi-beta-metilbutirato (HMB) é um metabólito natural da leucina, um dos aminoácidos essenciais, responsável por desempenhar um importante papel no metabolismo de proteínas, na atividade da insulina e na hipertrofia muscular[38].

A suplementação de HMB foi estudada com diversos grupos de atletas, tendo demonstrado resultados positivos em treinamento de resistência. Foram observadas alterações na força, gordura corporal e massa muscular, bem como no desempenho anaeróbio e na potência[39].

Os possíveis efeitos ergogênicos da suplementação de HMB estão relacionados ao aumento da integridade do sarcolema, inibição da degradação proteica (via da ubiquitina), diminuição do apoptose celular, aumento da síntese proteica (via mTOR), estimulação do hormônio do crescimento/fator de crescimento semelhante à insulina-1 (GH/IGF-1) e aumento da proliferação e diferenciação de células-tronco musculares[40].

A suplementação de HMB reduz o dano muscular pós-exercício e, portanto, acelera a recuperação, permitindo aumento da massa corporal e da força. Com base nos dados científicos, observou-se que a dose mais eficaz de suplementação em atletas competitivos que desejam potencializar a recuperação muscular é de 3 g/dia. Quanto ao protocolo de suplementação mais utilizado, inclui a administração fracionada de 1 g, 3 vezes ao dia, com as refeições (café da manhã, almoço e jantar)[38].

Mais recentemente, Maughan et al. (2018), por meio de um consenso, trazem a mesma dose de 3 g/dia, porém com uso potencial da suplementação para fins clínicos de recuperação muscular em adultos mais velhos durante extrema inatividade/desuso e após 10 dias de repouso no leito. As evidências mostram que os mesmos benefícios da suplementação de HMB podem ser obtidos por meio de uma alimentação que atenda às necessidades proteicas ou da suplementação com proteínas intactas, não sendo mais eficaz do que os ajustes dietéticos[41].

CARBOIDRATOS

É comumente aceito que uma dieta adequada em carboidratos é necessária para a execução do treinamento resistido (ou treinamento de força), tanto para o desempenho quanto para a recuperação. No entanto, protocolos de exercícios resistidos variados, como diferenças de intensidade e volume, entre os objetivos de treinamento, provocam diferentes respostas metabólicas, que podem exigir diferentes necessidades de carboidratos[42].

A ingestão diária recomendada de carboidratos é comumente relatada como sendo de 5-12 g por quilo de peso corporal, a depender da intensidade do exercício e na ausência de dano muscular considerável. Esse nível de ingestão de carboidratos demonstra maximizar o armazenamento de glicogênio e garantir boa parte do aporte calórico recomendado. A Academy of Nutrition and Dietetics, DC – Dietitians of Canadá e o American College of Sports Medicine (ACSM) recomendam a ingestão de 5-7 g de carboidrato por quilo de peso corporal por dia para exercícios de intensidade moderada com duração de 1 hora, enquanto o exercício de intensidade moderada a alta com duração de 1-3 horas exige 6-10 g de carboidrato por quilo de peso corporal por dia. Já o exercício de ultrarresistência com duração de 4-5 horas pode requerer 8-12 g de carboidrato por quilo de peso corporal por dia[43].

A recuperação do glicogênio perdido durante o exercício é uma recomendação nutricional para a hipertrofia muscular, e a ingestão de carboidratos pós-exercício continua a ser uma estratégia eficiente para maximizar a reposição do glicogênio muscular perdido e garantir uma recuperação rápida. Uma ingestão de carboidratos de aproximadamente 1-1,5 g por quilo de peso corporal durante os primeiros 30 minutos e considerando uma distribuição fracionada por 4-6 horas após o treino é considerada adequada para repor os estoques de glicogênio. A proteína consumida após o exercício fornecerá aminoácidos para a construção e a reparação do tecido muscular, levando ao processo de síntese proteica e posterior hipertrofia[44].

CONSIDERAÇÕES FINAIS

Como conclusão, existem evidências científicas de que as estratégias dietéticas podem contribuir para a melhora da composição corporal, diminuindo a porcentagem de gordura corporal e aumentando a massa magra. No que diz respeito à hipertrofia muscular, o treinamento deve estar associado ao aporte calórico da dieta, com destaque para as quantidades adequadas de carboidratos e proteínas, podendo-se utilizar os suplementos alimentares como estratégias secundárias e individualizadas para cada indivíduo.

Para pessoas que fazem uso de anabolizantes, maior atenção deve ser dada à adequação das necessidades energéticas, de carboidratos e proteínas, por terem uma demanda metabólica maior quando comparadas aos indivíduos que não utilizam hormônios.

O panorama apresentado mostra a importância do uso de suplementos esportivos com prescrição adequada tanto para usuários de anabolizantes, praticantes de musculação e atletas, quanto para a população em geral. Dessa forma, minimiza-se o risco de comprometimento do estado geral de saúde, otimizando os resultados desejados.

REFERÊNCIAS BIBLIOGRÁFICAS

1. Centers for Disease Control and Prevention. 2011. Disponível em: https://www.cdc.gov/nchs/data/hus/hus 11.pdf.
2. CRn Consumer Survey on Dietary Supplements. 2015. Disponível em: https://www.crnusa.org/CRNconsumersurvey/2015/.
3. Lun V, Erdman KA, Fung TS, Reimer RA.. Dietary supplementation practices in Canada high-performance athletes. International Journal of Sports Nutrition and Exercise Metabolism. 2012;22(1):31-7.
4. Braun H, Koehler K, Geyer H, Kleiner J, Mester J, Schanzer W. Dietary supplement use among elite young German athletes. Int J Sport Nutr Exerc Metab. 2009, Feb;19(1):97-109.
5. Maughan RJ, Depiesse F, Geyer H. The use of dietary supplements by athletes. Journal of Sports Science. 2007;25:S103-S113.

6. Lollo PCB, Tavares MCGCF. Perfil dos consumidores de suplementos dietéticos nas academias de ginástica de Campinas, SP. Revista Digital [Buenos Aires]. 2004(ano 10);76.
7. Fleck SJ, Kraemer WJ. Fundamentos do treinamento de força muscular. 3.ed. Porto Alegre: Artmed; 2006.
8. Garthe I, Maughan RJ. Athletes and supplements: prevalence and perspectives. Int J Sport Nutr Exerc Metab. 2018, Mar;1;28(2):126-38.
9. Thomas DT, Erdman KA, Burke LM. Position of the Academy of Nutrition and Dietetics, Dietitians of Canada, and the American College of Sports Medicine: nutrition and athletic performance. J Acad Nutr Diet. 2017;117(1):146.
10. Valenzuela PL, Morales JS, Emanuele E, Pareja-Galeano H, Lucia A. Supplements with purported effects on muscle mass and strength. European Journal of Nutrition. 2019;58:2983-3008.
11. Oliveira AM de, Tavares AMV, Bosco SM. Nutrição e atividade física: do adulto saudável às doenças crônicas. São Paulo: Editora Atheneu, 2015.
12. Burd NA, West DW, Moore DR, Atherton PJ, Staples AW, Prior T, et al. Enhanced amino acid sensitivity of myofibrillar protein synthesis persists for up to 24 h after resistance exercise in young men. J Nutr. 2011;141(4):568-73.
13. Morton RW, Murphy KT, Mckellar SR, Schoenfeld BJ, Henselmans M, Helms E, et al. A systematic review, meta-analysis and meta-regression of the effect of protein supplementation on resistance training-induced gains in muscle mass and strength in healthy adults. Br J Sports Med. 2017;52(6):376-84.
14. Finger D, Goltz FR, Umpierre D, Meyer E, Rosa LH, Schneider CD. Effects of protein supplementation in older adults undergoing resistance training: a systematic review and meta-analysis. Sports Med. 2015;45(2):245-55.
15. Thomas DK, Quinn MA, Saunders DH, Greig CA. Protein supplementation does not significantly augment the effects of resistance exercise training in older adults: a systematic review. J Am Med Dir Assoc. 2016;17(10):959.
16. Bucci L, Lm U. Proteins and amino acid supplements in exercise and sport. In: Driskell J, Wolinsky I, editors. Energy-yield macronutrients and energy metabolism in sports nutrition. Boca Raton: CRC Press; 2000. p.191-212.
17. Xu ZR, Tan ZJ, Zhang Q, Gui QF, Yang YM. Clinical effectiveness of protein and amino acid supplementation on building muscle mass in elderly people: a meta-analysis. PLoS One. 2014;9(9):e109141.
18. Tipton KD. Nutritional support for exercise-induced injuries. Sports Med. 2015;45(Suppl 1):S93-104.
19. Jager R, Kerksick CM, Campbell BI, Cribb PJ, Wells SD, Skwiat TM, et al. International Society of Sports Nutrition position stand: protein and exercise. J Int Soc Sports Nutr. 2017;14:20.
20. Phillips SM, Van Loon LJ. Dietary protein for athletes: from requirements to optimum adaptation. J Sports Sci. 2011;29(Suppl 1):S29-S38.
21. Manore MM. Weight management for athletes and active individuals: a brief review. Sports Med. 2015;45(Suppl 1):S83-92.
22. Devries MC, Phillips SM. Supplemental protein in support of muscle mass and health: advantage whey. J Food Sci. 2015 Mar;80(Suppl 1):A8-A15. doi:10.1111/1750-3841.12802. PMID:25757896.
23. Tang JE, Moore DR, Kujbida GW, Tarnopolsky MA, Phillips SM. Ingestion of whey hydrolysate, casein, or soy protein isolate: effects on mixed muscle protein synthesis at rest and following resistance exercise in young men. J Appl Physiol. 2009;107(3):987-92
24. Yang Y, Churchward-Venne TA, Burd NA, Breen L, Tarnopolsky MA, Phillips SM. Myofibrillar protein synthesis following ingestion of soy protein isolate at rest and after resistance exercise in elderly men. Nutr Metab(Lond). 2012;9(1):57
25. Galvan E, Arentson-Lantz E, Lamon S, Paddon-Jones D. Protecting skeletal muscle with protein and amino acid during periods of disuse. Nutrients. 2016;8(7).

26. Stokes T, Hector AJ, Morton RW, McGlory C, Phillips SM. Recent perspectives regarding the role of dietary protein for the promotion of muscle hypertrophy with resistance exercise training. Nutrients. 2018;10:180. doi:10.3390/nu10020180.
27. Jayasena DD, Jung S, Bae YS, Kim SH, Lee SK, Lee JH, et al. Changes in endogenous bioactive compounds of Korean native chicken meat at different ages and during cooking. Poult Sci. 2014;93:1842-9.
28. Valenzuela PL, Morales JS, Emanuele E, Pareja-Galeano H, Lucia A. Supplements with purported effects on muscle mass and strength. European Journal of Nutrition. 2019;58:2983-3008.
29. Butts J, Jacobs B, Silvis M. Creatine use in sports. Sports Health. 2018 Jan/Feb;10(1):31-4.
30. Lanhers C, Pereira B, Naughton G, Trousserlard M, Lesage FX, Dutheil F. Creatine supplementation and upper limb strength performance: a systematic review and meta-analysis. Sports Med. 2017;47(1):163-73.
31. Cooper R, Naclerio F, Allgrove J, Jimenez A. Creatine supplementation with specific view to exercise/sports performance: an update. J Int Soc Sports Nutr. 2012;9(1):33.
32. Kreider RB, Kalman DS, Antonio J, Ziegenfuss TN, Wildman R, Collins R, et al. International Society of Sports Nutrition position stand: safety and efficacy of creatine supplementation in exercise, sport, and medicine. J Int Soc Sports Nutr. 2017;14(18).
33. Kim J, Lee J, Kim S, Yoon D, Kim J, Sung DJ. Role of creatine supplementation in exercise-induced muscle damage: a mini review. J Exerc Rehabil. 2015;11:244-50.
34. Hultman E, Soderlund K, Timmons JA, Cederblad G, Greenhaff PL. Muscle creatine loading in men. Journal of Applied Physiology. 1996;81(1):232-7.
35. Devries M, Phillips S. Creatine supplementation during resistance training in older adults: a meta--analysis. Med Sci Sports Exerc. 2014;46:1194-203.
36. Butts J, Jacobs B, Silvis M. Creatine use in sports. Sports Health. 2018;10(1):31-4.
37. Wang CC, Fang CC, Lee YH, Yang MT, Chan KH. Effects of 4-week creatine supplementation combined with complex training on muscle damage and sport performance. Nutrientes. 2018;10;1640.
38. Kaczka P, Michalczyk MM, Jastrząb R, Gawelczyk M, Kubicka K. Mechanism of action and the effect of beta-hydroxy-beta-methylbutyrate (HMB) supplementation on different types of physical performance - a systematic review. J Hum Kinet. 2019;68:211-22.
39. Wilson JM, Stout JR, Duncan N, Lowery RP, Wilson SMC, Baier SM, et al. The effects of 12 weeks of beta-hydroxy-beta-methylbutyrate free acid supplementation on muscle mass, strength, and power in resistance-trained individuals: a randomized, double-blind, placebo-controlled study. Eur J App Phisiol. 2014;114(6):1217-27.
40. Asadi A, Arazi H, Suzuki K. Effects of β-hydroxy-β-methylbutyrate-free acid supplementation on strength, power and hormonal adaptations following resistance training. Nutrients. 2017;9(12).
41. Maughan RJ, Burke LM, Dvorak J, Larson-Meyer DE, Peeling P, Phillips SM, et al. IOC consensus statement: dietary supplements and the high-performance athlete. International Journal of Sport Nutrition and Exercise Metabolism. 2018;28(2):104-25. doi:10.1123/ijsnem.2018-0020.
42. Cholewa JM, Newmire DE, Zanchi NE. Carbohydrate restriction: friend or foe of resistance-based exercise performance? Nutrition. 2019 Apr;60:136-46. doi:10.1016/j.nut.2018.09.026. Epub 2018 Oct;6. PMID:30586657.
43. Thomas DT, Erdman KA, Burke LM. American College of Sports Medicine joint position statement: nutrition and athletic performance. Medicine & Science in Sports & Exercise. 2016;48(3):543-68.
44. Kerksick CM, Arent S, Schoenfeld BJ, Stout JR, Campbell B, Wilborn CD, et al. International Society of Sports Nutrition position stand: nutrient timing. J Int Soc Sports Nutr. 2017 Aug;29;14:33. doi:10.1186/s12970-017-0189-4. PMID:28919842;PMCID:PMC5596471.
45. Trexler ET, Smith-Ryan AE, Stout JR, Hoffman JR, Wilborn CD, Sale C, et al. International Society of Sports Nutrition position stand: beta alanine. J Int Soc Sports Nutr. 2015;12:30.

23

Aspectos, sintomas e características psicológicas do uso suprafisiológico de anabolizantes

Daniela Vieira

A imagem corporal tem grande importância para a saúde psicológica, e isso pode ocorrer devido às apresentações corporais comumente utilizadas na mídia e na moda. Essa exposição pode afetar e influenciar o desejo de homens e mulheres em relação à forma corporal ideal. Um estudo, com delineamento transversal, que avaliou 348 alunos de nível superior no Brasil, com idade entre 18-23 anos, concluiu que mais de 50% dos entrevistados, de ambos os gêneros, apresentavam insatisfação com sua imagem corporal. Nota-se que a percepção corporal equivocada e a insatisfação com o peso, seja ele alto ou baixo, é um assunto muito atual[1].

A relação entre atividade física e o desejo de conquistar o corpo ideal sugere que ser fisicamente ativo está associado à melhor autoestima. Entretanto, a busca por um corpo "sarado" e pelo desempenho atlético superior pode causar danos à saúde quando associada ao uso de esteroides androgênicos anabolizantes (EAA), em função do senso de urgência e de seus danos. Esses malefícios, embora parcialmente conhecidos e geradores de certa preocupação para usuários regulares, não são suficientemente intimidadores para impedir o uso[2]. Já os usuários ocasionais são aqueles que não têm amplo conhecimento de marcas e tipos de EAA, toxicidade, ciclos de uso e efeitos adversos[3].

A utilização de EAA mostrou um grande aumento, não apenas entre os atletas competitivos e os praticantes de musculação, mas abrangendo a população em geral, como adolescentes, mulheres e pessoas não atletas[4]. Cabe ressaltar que, apesar de ser uma prática comumente associada à figura masculina, as mulheres e os adolescentes têm buscado esse uso, reforçando a ideia do corpo ideal promovida pela sociedade.

A melhora da aparência ou um aspecto mais saudável, conquistas esportivas, o aumento da força e da musculatura e a suposição de que obter um corpo cheio de músculos gera respeito, proteção e admiração, suscitando autoconfiança, também são fatores motivacionais para o uso. Mesmo com o consumo de EAA, muitos usuários ainda demonstram desconforto em mostrar o corpo ou em participar de comparações físicas[5].

O que conhecemos, por meio de estudos, sobre o perfil psicossocial do consumidor de EAA é que esses indivíduos geralmente apresentam poucas habilidades sociais, têm o juízo crítico prejudicado e mantiveram uma relação conflituosa com os pais durante a infância. Além disso, podem apresentar altos níveis de transtornos comportamentais infantis e baixa autoestima em relação à própria aparência física. Esses traços de personalidade mostram predisposição a serem mais facilmente manipuláveis, além de características de individualismo, narcisismo, perfeccionismo, imediatismo, hedonismo, agressividade ou cultura de viver o momento[6].

Sujeitos deprimidos, com baixa autoestima e com rede de apoio fragilizada podem estar mais predispostos a experimentar e fazer uso de EAA, dadas suas percepções de menor risco[7]. Existe também diferença nas motivações para o uso de EAA de acordo com a faixa etária: para os mais jovens, relaciona-se com o poder de escolha, o controle da imagem corporal, a melhora da autoestima, a popularidade, o reconhecimento social e o narcisismo[2,8], enquanto os mais velhos relacionam o uso com a melhora no desempenho físico e o rejuvenescimento. Ambos os grupos entendem que, como benefício do uso, ganham autoconfiança e senso de superioridade[8].

Os dados clínicos associados ao uso de EAA, a prevalência do consumo e o perfil dos usuários podem ser comumente encontrados na literatura científica. Entretanto, as alterações psicológicas e psiquiátricas relacionadas ao uso não terapêutico de EAA ainda são pouco estudadas. Entre as principais alteraçoes estão transtornos de humor, sintomas depressivos, de ansiedade, hipomania ou mania, delírio, paranoia, irritabilidade, comportamento violento e sintomas psicóticos, além de síndrome de dependência, síndrome de abstinência, comportamentos antissociais, de distorção de imagem e distúrbios na alimentação. Dependendo da intensidade do uso dos EAA, o usuário pode também preencher critérios para dependência química. A literatura aponta, em geral, como principais fatores de risco psicológicos para o uso de EAA os transtornos alimentares, de conduta e a preocupação com a imagem corporal[9].

Os transtornos alimentares são caracterizados por dificuldades constantes na forma de se alimentar ou nos comportamentos relacionados à alimentação, fator que pode comprometer significativamente a saúde física e/ou o funcionamento psicossocial. Já o sujeito que apresenta transtorno de conduta tem um comportamento repetitivo e persistente no qual são violados direitos básicos, normas ou regras sociais relevantes e apropriadas. O transtorno dismórfico corporal é caracterizado pela percepção distorcida sobre a imagem corporal, associada à preocupação com falhas ou defeitos percebidos na aparência física que não são notados por outras pessoas[10].

O sujeito que sofre do transtorno dismórfico corporal pode submeter-se a rotinas excessivas de exercício, a comportamentos inadequados e rigorosos de alimentação e ao uso de EAA. Esses aspectos podem afetar questões psicológicas e consequentemente a vida social e a qualidade de vida[11]. Considerando ainda as alterações na vida cotidiana, dados de uma pesquisa demonstram que o círculo social de amizades de usuários de anabolizantes também é alterado e diminuído. Esses sujeitos vinculam-se mais às pessoas que compartilham interesses similares, como a prática excessiva de atividade física, a alimentação rigorosa e o uso de esteroides anabolizantes, favorecendo assim o abuso dessas substâncias. É comum ocorrer o afastamento de pessoas que demonstram insegurança com o uso[12].

Pode-se pensar também que o ambiente de academia, em que geralmente estão os usuários de EAA, é percebido pela sociedade como um estilo de vida saudável, somado ao exercício físico e à alimentação regrada, em comparação com pessoas com quadro de obesidade, fumantes, não frequentadoras de academias e que fazem uso de outras substâncias psicoativas. Assim, acaba-se por diferenciar a gravidade do uso de EAA de outras drogas, fato esse que é uma contradição[13]. Outro ponto importante, considerado a partir de um estudo realizado na Suécia, com uma amostra de 58 mil pessoas da população em geral, é o fato de haver uma relação significativa entre o consumo de EAA e outros tipos de drogas[14].

O uso de EAA pode levar a uma síndrome de dependência de origem psicológica e fisiológica. No primeiro estágio o sujeito preocupa-se em desenvolver o tamanho do músculo e em melhorar sua imagem corporal ou seu desempenho atlético, podendo apresentar traços obsessivos nessa etapa. Já no segundo estágio demonstra utilizar anabolizantes tanto pelas propriedades mioativas quanto pelas psicoativas[15]. Não se encontra referência na literatura de casos de pacientes com dependência que fizeram uso de EAA em doses terapêuticas e com indicação médica, então o vício é possivelmente relacionado com o uso de doses suprafisiológicas[16].

A síndrome de dependência caracteriza-se por aspectos comportamentais, cognitivos e fisiológicos que se desenvolvem a partir do uso frequente de alguma substância psicoativa. Para caracterizar o diagnóstico dessa síndrome é necessária a presença, nos últimos 12 meses, de:

- Desejo ou compulsão pelo uso intenso da droga.
- Dificuldade em controlar a exposição à droga, apesar de conhecer suas consequências nocivas.
- Prioridade para o uso em comparação com outras atividades e obrigações.
- Aumento da tolerância à quantidade de droga utilizada.
- Estado de abstinência física (alteração no humor, fissura, insônia, diminuição da libido, fadiga e cansaço)[10].

A dependência também pode estar associada ao uso dos EAA e aos efeitos alcançados na imagem corporal, ou seja, uma dependência que não tem natureza meramente física, mas sim psicológica. Assim, o usuário é dependente e necessita continuar experimentando os avaliados ganhos em sua imagem física[6]. Com mais tempo de uso, pode-se passar a ter uma dependência clássica de consumo de substâncias, bem definida na literatura[17].

Um estudo da Universidade de Valência teve como objetivo principal coletar informações publicadas, nas bases de dados mais relevantes nos últimos 15 anos, sobre questões psicológicas relacionadas ao uso de EAA. As variáveis mais estudadas nesse quesito são relacionadas à imagem corporal alterada, distúrbios alimentares, depressão, autoestima, perfeccionismo e relaçoes familiares. Além disso, o estudo citou dois casos de usuários de anabolizantes:

1. O primeiro caso é de um homem de 50 anos, que pratica musculação há mais de duas décadas e compete como fisiculturista bianualmente. Quanto ao uso de EAA, fazia o consumo todos os anos em que competia, para aumentar sua massa muscular e "secar", acreditando assim *estar limpo* no ano em que não os utilizava; assegurava não ter efeitos adversos. Conta que seus amigos e conhecidos que fazem uso sem pausas apresentam como efeito colateral emocional, principal o aumento da agressividade. Quando questionado sobre a motivação, afirma que "para competir no fisiculturismo é necessário o uso de anabolizantes. Se não consome você não chega, nem você nem eu". Refere ainda que a motivação se deu a partir da conversa com amigos que já faziam uso, e então iniciou o desejo

por aquele tipo de corpo. Competir e ganhar troféus foram considerados uma grande satisfação pessoal para esse usuário. Nega o consumo ou associação de qualquer outro tipo de substância psicoativa ou álcool durante o uso dos EAA.

2. O segundo caso é de uma figura masculina, de 44 anos, usuário com fins recreativos, que iniciou sua rotina na academia com treinos aeróbios e musculação. Com o tempo, a musculação passou a ser sua prioridade de vida, antes mesmo da família e do trabalho. Associado a isso, fazia uso de EAA. Como efeitos adversos afirma, principalmente, a diminuição da libido. Compreende os malefícios do uso dos anabolizantes, mas acredita que os ganhos na aparência deixam os riscos do uso exagerados. Relata que a motivação para o consumo de EAA se deu a partir de sua rotina de vida e de sua condição sexual, acreditando que "apenas o corpo é necessário". No momento da entrevista não fazia uso, pois se encontrava em um relacionamento estável e não precisava mais estar fisicamente bem para ir às festas. O usuário afirma que, caso fique solteiro, possivelmente voltará ao uso[18].

Podemos considerar que ambos os usuários fazem planos e projetos para suas vidas e se esforçam para obtê-los. Contam com uma rede de apoio, cercados de pessoas com características semelhantes, corroborando a literatura e demonstrando que o círculo social pode ser um fator de risco. Quando avaliada a escala de autoestima utilizada na pesquisa, ambos apresentam pontuação baixa. Pode-se perceber que os fatores motivacionais são diferentes considerando os tipos de usuários. Um aspecto importante do segundo caso, e que vai de encontro ao que a literatura aponta como hipótese, é que praticantes de musculação, nos meses iniciais da prática, não fazem uso de EAA[5,19]. Além disso, demonstram desqualificar a gravidade dos efeitos adversos, reforçando a importância da conscientização nesse sentido[18].

Refletindo sobre todos os aspectos e características psicológicas discutidos no capítulo, sugere-se que é importante pensar na prevenção, na orientação, na informação e na identificação dos sintomas psicológicos, das crenças e motivações dos usuários, para assim desenvolver programas de intervenção e tratamento (com suporte e acompanhamento psicológico e psiquiátrico) especificamente voltados para esses sujeitos. A busca pelo auxílio emocional, nesses casos, é praticamente nula, pois comumente os usuários não se percebem adoecidos emocionalmente.

Para que o tratamento seja efetivo, o ambiente precisa contar com uma atmosfera empática e sem julgamento. O desencorajamento do uso deve ser acompanhado por profissional da saúde mental, pois existe associação entre a cessação do uso e sintomas depressivos, lembrando-se da importância de atentar para o risco de suicídio nos casos em que a sintomatologia depressiva é acentuada[20].

Também se deve considerar que os programas de intervenção psicológica contem com o apoio das academias para serem eficazes. Na avaliação e no tratamento psicológico, é preciso analisar os sintomas de abstinência e trabalhar a prevenção contra a recaída (em grupo ou individual), considerando comorbidades psiquiátricas associadas. Entender os danos psiquiátricos a longo prazo é uma necessidade para estudos futuros. Além disso, sabe-se do grande desafio atual: desconstruir valores associados ao corpo na sociedade e seus danos à saúde, tanto física quanto mental.

REFERÊNCIAS BIBLIOGRÁFICAS

1. Silva L, Tucan A, Rodrigues EL, Del Ré PV, Sanches P, Bresan D. Dissatisfaction about body image and associated factors: a study of young undergraduate students. Einstein. 2019;17(4):eAO4642.
2. Carregosa MS, Faro. The meaning of the steroids anabolics for teenagers. Temas em Psicologia. 2016;24(2):519-32
3. Antonopoulos GA, Hall A. "Gain with no pain": anabolic-androgenic steroids trafficking in the UK. European Journal of Criminology. 2016;13(6):696-713.
4. Razavi Z, Moeini B, Shafiei Y, Bazmamoun H. Prevalence of anabolic steroid use and associated factors among bodybuilders in Hamadan, Western province of Iran. Journal of Research in Health Sciences. 2014;14(2):163-6.
5. De Oliveira LL, Cavalcante Neto JL. Fatores sociodemográficos, perfil dos usuários e motivação para o uso de esteroides anabolizantes entre jovens adultos. Revista Brasileira de Ciências do Esporte. 2018;40(3):309-17.
6. Agulló V, Aguilar J, Vidal AM Valderrama, JC, Aleixandre R. El consum recreatiu d'esteroides anabolitzants entre els joves valencians. TSnova, Trabajo Social y Servicios Sociales. 2012;6:19-33.
7. Denham BE. Determinants of anabolic-androgenic steroid risk perceptions in youth populations: a multivariate analysis. Journal of Health and Social Behavior. 2009;50(3):277-92.
8. Leone JE, Fetro JV. Perceptions and attitudes toward androgenic-anabolic steroid use among two age categories: a qualitative inquiry. Journal of Strength and Conditioning Research. 2007;21(2):532-7.
9. Lima PSDO, De Souza JHK, Mafra RSCP. Uso de esteroides androgênicos anabolizantes e outros suplementos ergogênicos. Urominas. v.3, fasc.5. [Internet]. [Acesso em: 2022 maio 15]. Disponível em: http://urominas.com/uso-de-esteroides-androgenicos-anabolizantes-e-outros-suplementos-ergogenicos/.
10. American Psychiatric Association. Diagnostic and statistical manual of mental disorders, 5th ed. (DSM-V). Arlington: American Psychiatric Association; 2013.
11. Pope CG, Pope HG, Menard W, Fay C, Olivardia R, Phillips KA. Clinical features of muscle dysmorphia among males with body dysmorphic disorder. Body Image. 2005;2(4):395-400.
12. Arbinaga F, Cantón E. Psicología del deporte y la salud: una relación compleja. Madrid: EOS; 2013.

13. Kimergard A. A qualitative study of anabolic steroid use amongst gym users in the United Kingdom: motives, beliefs and experiences. Journal of Substance Use. 2015;20(4):288:94.
14. Hakansson A, Mickelsson K, Wallin C, Berglund M. Anabolic androgenic steroids in the general population: user characteristics and associations with substance use. European Addiction Research. 2012;18(2):83-90.
15. Pope Jr. HG, Kean J, Nash A, Kanayama G, Samuel DB, Bickel WK, et al. diagnostic interview module for anabolic-androgenic steroid dependence: preliminary evidence of reliability and validity. Experimental and Clinical Psychopharmacology. 2010;18(3):203.
16. Brower KJ. Anabolic steroid abuse and dependence in clinical practice. Physician and Sportsmedicine. 2009;37(4):131-40.
17. Kanayama G, Brower KJ, Wood RI, Hudson JI, Pope HG. Treatment of anabolic-androgenic steroid dependence: emerging evidence and its implications. Drug and Alcohol Dependence. 2010;109(1):6-13.
18. Abella MÁSR. Aproximación al perfil psicológico del usuario de esteroides anabolizantes no indicados. [Doctoral dissertation]. Universitat de València, 2019.
19. De Siqueira Nogueira FR, De Freitas Brito A, Vieira TI, De Oliveira CVC, Gouveia RLB. Prevalência de uso de recursos ergogênicos em praticantes de musculação na cidade de João Pessoa, Paraíba. Revista Brasileira de Ciências do Esporte. 2015;37(1):56-64.
20. Papazisis G, Kouvelas D, Mastrogianni A, Karastergiou A. Abuso de esteroides anabolizantes androgênicos e transtorno de humor: relato de caso. Revista internacional de Neuropsicofarmacologia. 2007;10(2):291-3.

24

Efeitos adversos do uso suprafisiológico de anabolizantes na função hepática

Paulo Kron Psanquevich
Adriana Kanarik Psanquevich
Ben-Hur Ferraz Neto

CONSIDERAÇÕES INICIAIS

A testosterona é o principal hormônio androgênico no homem. O papel dos andrógenos no metabolismo masculino é vasto, incluindo o desenvolvimento da genitália externa e características sexuais secundárias em homens pré-pubescentes, manutenção de características sexuais secundárias, iniciação/manutenção da espermatogênese e manutenção da função sexual em homens pós-pubescentes. Além disso, a testosterona aumenta a produção de glóbulos vermelhos, a densidade óssea, a massa corporal e promove o bem-estar geral[1].

Um dos maiores problemas atuais associados aos esteroides androgênicos anabolizantes (EAA) é o de que tem havido um número crescente de relatos de abuso desses medicamentos por atletas não profissionais, principalmente jovens que buscam melhorar o desempenho, aumentar músculos e resistência e ter um corpo de ótima aparência[2-3].

A testosterona é um hormônio sexual masculino endógeno com efeitos anabólicos e androgênicos. Os efeitos anabólicos dizem respeito ao aumento da massa e força muscular por meio do incremento da síntese proteica e da fixação de nitrogênio, enquanto o desenvolvimento das características sexuais secundárias masculinas é decorrente dos efeitos androgênicos[4-5,6]. A testosterona está implicada na regulação das funções metabólicas, manutenção do músculo e osso e inibição da adipogênese[7]. A testosterona endógena é de suma importância para a adaptação ao treinamento de força[8].

Os EAA são derivados sintéticos da testosterona. Eles são usados para melhorar o desempenho e a aparência atlética[9].

Doses suprafisiológicas de testosterona, especialmente quando combinadas com treinamento de força, aumentam a massa livre de gordura, o tamanho e a força muscular em homens normais[10]. Em estudo de homens eugonádicos saudáveis tratados com doses graduadas de testosterona, o aumento no volume muscular está associado a aumentos dependentes da concentração nas áreas transversais das fibras musculares do tipo I e do tipo II e do número de mionucleares, tendo sido concluído que o aumento do volume muscular induzido pela testosterona é devido à hipertrofia das fibras musculares[11]. O mecanismo de ação do EAA pode diferir entre os compostos devido a variações na molécula de esteroide e afinidade com os receptores de andrógenos[12].

Caracteristicamente, seus efeitos têm duração ampliada, sendo mais biodisponíveis, maximizando os efeitos anabólicos e minimizando os efeitos androgênicos da testosterona nos músculos e outros tecidos[7]. Os EAA orais mais utilizados são etilestrenol, fluoximesterona, mesterolona, metandienona, metenolona, metandrostenolona, metiltestosterona, acetato de metenolona, mibolerona, noretandrolona, oxandrolona, oximetolona e estanozolol. As formas orais são resistentes à degradação imediata e mais hepatotóxicas, mas a administração parenteral também pode levar à disfunção hepática. Os EAA injetáveis são undecilenato de boldenona, clostebol, propionato de drostanolona, enantato de metenolona, decanoato de nandrolona, fenpropionato de nandrolona, undecanoato de nandrolona, cipionato de testosterona, misturas de ésteres de testosterona, enantato de testosterona, testosterona propionato, trembolona, acetato de trembolona, hexa-hidrobencilcarbonato de trembolona, testosterona undecanoato e estanozolol. Os agentes injetáveis sofreram esterificação do grupo 17-beta hidroxila para se tornarem mais solúveis em lipídeos, levando a uma liberação mais lenta do esteroide em circulação[13].

Os EAA sintéticos foram desenvolvidos com o propósito de obter fármacos capazes de produzir aumento na síntese proteica, associados a menor grau de virilização. Seu uso é comum entre praticantes de musculação que visam ao aumento da força física e da massa muscular em curto prazo. Contudo, eles geram efeitos adversos, o que restringe seu uso terapêutico[14-15]. Embora modificações na estrutura sejam feitas nos compostos esteroides sintéticos para enfatizar as propriedades anabólicas, todos têm efeitos androgênicos e anabólicos[5,9].

Desde a década de 1970, os EAA têm sido abusados em taxas cada vez maiores no atletismo competitivo, nos esportes recreativos e no fisiculturismo. Doses altas são frequentemente consumidas por longos períodos, principalmente por fisiculturistas, ocasionando efeitos colaterais adversos agudos ou crônicos, frequentemente complicados por medicamentos adicionais[16].

O abuso comum de EAA não está mais restrito a atletas de alto desempenho, pois se disseminou junto à população em geral. Dados epidemiológicos sobre o uso abusivo dessas substâncias mostram que é uma prática comum em populações jovens. Seu uso é baseado no desejo de aumentar a massa e a força muscular, além de melhorar o desempenho físico[17].

Uma revisão da literatura revelou que a maioria dos estudos de laboratório não investigou as doses reais de esteroides anabolizantes atualmente abusadas pelas pessoas. Portanto, esses estudos podem não refletir os efeitos adversos reais dos EAA[12].

Na literatura científica, tem sido dada maior ênfase à detecção de *doping*, enquanto os efeitos prejudiciais desses fármacos na saúde dos atletas raramente são discutidos. Porém, a maioria desses medicamentos exerce efeitos adversos graves, principalmente quando utilizados em combinação, em altas doses e por longo tempo. As consequências para a saúde, a longo prazo, são difíceis de prever, porém provavelmente serão substanciais, especialmente quando o *doping* genético é considerado[5].

Apesar dos efeitos colaterais conhecidos associados às doses suprafisiológicas dos EAA, seus efeitos anabólicos levaram ao uso e abuso generalizado por fisiculturistas, levantadores de peso e atletas, buscando a melhora do desempenho e o aumento de massa muscular. No atletismo competitivo, na musculação e em esportes recreativos, eles continuam sendo as substâncias de maior abuso, considerando ainda que o uso envolve vários EAA e agentes suplementares dietéticos adicionais[18-20].

Foi demonstrado que doses suprafisiológicas de etantato de testosterona aumentam a massa livre de gordura, o tamanho muscular e a força em homens normais com ou sem exercícios. Os efeitos anabólicos são mais significativos quando o exercício de resistência é adicionado[0,10-11].

Os EAA são clinicamente indicados para hipogonadismo masculino primário ou secundário, anemia aplástica, insuficiência da medula óssea, retardo constitucional do crescimento em crianças, angioedema hereditário e tratamento de pacientes com infecção pelo vírus da imunodeficiência humana (HIV) ou perda muscular associada à síndrome da imunodeficiência adquirida (Aids), além de outras condições catabólicas, como doença pulmonar obstrutiva crônica, queimaduras graves e hepatite alcoólica. A testosterona combinada com o estrogênio pode melhorar a função sexual e a densidade óssea em mulheres, embora não seja aprovada pelo Food and Drug Administration (FDA) para esse fim[4,21-22].

Por ocasionar o aumento da agressividade, os EAA possibilitam a intensificação do treinamento, o que pode refletir no aumento do tamanho e da força muscular, e em maior eficiência durante a competição[23-24].

Os derivados dos EAA são sintetizados por substituições químicas na formulação da molécula de testosterona. Uma delas é a esterificação do grupo 17-beta-hidroxila, ocasionando significativo aumento na potência e no tempo da ação, além de maior durabilidade dos efeitos. A outra é resultante da 17-alfa-alquilação, reduzindo o metabolismo hepático e permitindo a administração da droga por via oral[13]. Quando de uso oral, os esteroides apresentam maior resistência à degradação imediata, ocasionando metabolização mais lentificada no fígado e vindo a ocasionar graus variáveis de hepatotoxicidade[4,25].

A frequência e a gravidade dos efeitos adversos se devem a vários fatores, como a formulação do fármaco, a via de administração, a dosagem, o tempo de utilização, além da sensibilidade individual[25]. Fator agravante, frequentemente observado, é que os usuários de EAA tendem a fazer uso de doses suprafisiológicas ou, ainda, por vários tipos de EAA, além de outros suplementos e medicamentos, de forma simultânea, o que pode aumentar o risco de efeitos colaterais[20,26-27].

Também há disponível relatos de casos em humanos e estudos prospectivos em animais utilizando EAA em dosagem padronizada[28-30]. É importante notar que existem diferenças nos efeitos adversos associados ao uso de EAA sob supervisão médica em relação ao uso não supervisionado e simultaneamente ao uso de vários medicamentos em altas doses[26].

Os EAA, por outro lado, demostraram benefícios em uma variedade de patologias, além das mencionadas, e têm sido usados para tratar diversas outras condições clínicas, incluindo síndromes de falência da medula óssea, retardo constitucional do crescimento em crianças e angioedema hereditário[4]. Uma revisão sistemática por meio de metanálise recente sobre os eventos adversos de terapia de reposição de testosterona em homens com hipogonadismo não mencionou alterações hepáticas na seção de efeitos adversos[31].

HEPATOTOXICIDADE

Os EAA podem causar uma série de efeitos negativos no fígado[25]. Os efeitos hepatotóxicos por uso crônico de EAA vêm sendo aventados pela comunidade médica há vários anos, uma vez que o fígado é o principal órgão responsável pela eliminação de esteroides[13,16]. Até o momento, os EAA estão associados a quatro mecanismos distintos de lesão hepática[13,16,25]: aumento do volume hepático, elevações transitórias das enzimas séricas[32-34], síndrome colestática aguda[35-36], lesão vascular hepática crônica – peliose hepática[37-39] – e tumores hepáticos, sobretudo adenoma hepático e carcinoma hepatocelular[37,40-41]. Algumas dessas condições podem ter consequências fatais. Os EAA injetáveis esterificados, incluindo cipionato e enantato de testosterona, parecem promover menos efeitos hepatotóxicos, sendo raramente associados com colestase[25], mas o uso prolongado dessas drogas pode aumentar o risco de tumores hepáticos e de transformação nodular[40-43].

Embora os esteroides administrados por via oral tenham sido exaustivamente avaliados, conforme já relatado, e sejam de modo geral, bem tolerados pelos usuários, resultando em aumento do ganho de peso com melhora significativa no desenvolvimento muscular, bem como no desempenho esportivo[44], os efeitos adversos no fígado são maiores em comparação com a administração parenteral de testosterona esterificada. Usuários com doença hepática preexistente têm maior probabilidade de risco de lesão hepática devido ao uso de esteroides anabolizantes[25].

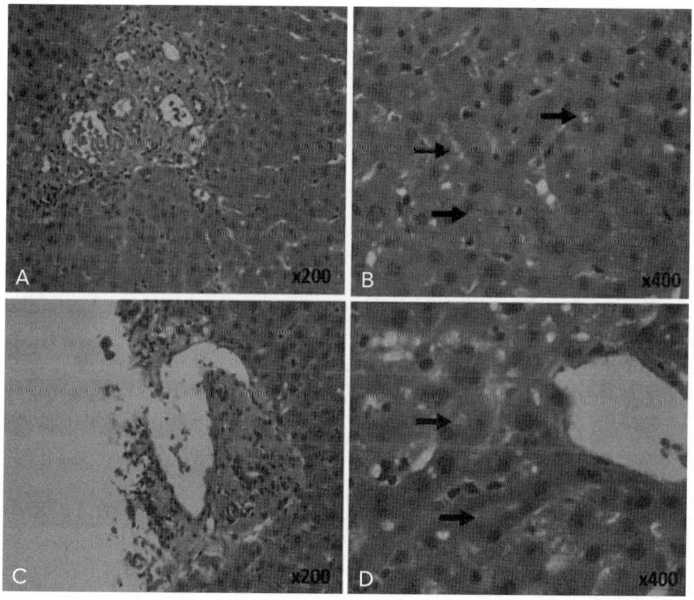

Imagem colorida no final do livro

FIGURA 1 Biópsias hepáticas do paciente 1 (A, B) e do paciente 2 (C, D). As biópsias não mostram inflamação significativa (A, C). Na ampliação de maior aumento, observa-se colestase canalicular com tampões biliares (setas)[35].
Fonte: Abeles RD, Foxton M, Khan S, Goldin R, Smith B, Thursz MR, et al.[35].

AUMENTO DO VOLUME HEPÁTICO

Os EAA, da mesma forma que a testosterona, podem promover aumento relacionado à dose no volume hepático. Tal fato está de acordo com pesquisa realizada em animais e o fato de o fígado masculino ser estatisticamente maior que o feminino[34].

ELEVAÇÕES TRANSITÓRIAS DE ENZIMAS HEPÁTICAS

O uso de EAA tem sido associado a um aumento na atividade plasmática das transaminases hepáticas (AST), alanina aminotransferase (ALT)[44] e enzimas canaliculares fosfatase alcalina (AP), e gama glutamiltranspeptidase (GGT), além da desidrogenase láctica (LDH). Geralmente os níveis de AST e ALT não excedem 2-3 vezes o limite superior normal, sendo situações assintomáticas e autolimitadas. Enzimas hepáticas elevadas são típicas do abuso de danazol e oximetolona. Os níveis de aminotransferases normalizam após algumas semanas, com a retirada dos EAA. O treinamento intensivo pode ocasionar aumento dos níveis plasmáticos de creatinaquinase (CK) e da AST, porém não ocasiona elevação do nível de GGT. Mesmo entre pessoas que não fazem uso de EAA, uma elevação dos níveis de AST e ALT pode significar um sinal de rabdomiólise, notadamente quando a CK se encontra aumentada[34].

De modo geral, fisiculturistas que se utilizam de EAA, desenvolvendo tamanho e força muscular, e que se exercitam com maior intensidade em comparação com os não usuários, seguindo intensos regimes de treinamento resistido para maximização de seus efeitos, têm elevações plasmáticas de AST e ALT, podendo simplesmente apresentar rabdomiólise leve, conforme relatado, em vez de hepatotoxicidade induzida por esteroides[34]; portanto, o treinamento intenso leva a danos musculares e ao extravasamento de enzimas, que podem ser confundidos com danos hepáticos[34,45], ou seja, elevações de AST e ALT na presença de elevação de CK e ausência do aumento de GGT não guardam correspondência com a lesão hepática por EAA[32,34]. Em decorrência dessas características bioquímicas, pode ter havido uma supernotificação de doenças hepáticas decorrentes do uso de EAA com base apenas nas elevações das transaminases, que podem ser simplesmente decorrentes de exercícios vigorosos[25].

SÍNDROME COLESTÁTICA AGUDA

Esteroides anabolizantes podem induzir à colestase aguda, muitas vezes de forma grave, a necessitar de hospitalização[28,33,37,46-48]. Os esteroides 17-alfa-alquilados, diminuindo o metabolismo hepático e permitindo a administração da droga por via oral, ocasionam colestase intra-hepática por meio de seus efeitos tóxicos diretos[13,47-48]. O paciente apresenta náuseas, fadiga e prurido, seguidos de colúria e icterícia cutânea, com curso geralmente insidioso[47-48]. Observa-se lesão hepática geralmente entre 1-4 meses após o início do uso de EAA, podendo se estender até 24 meses[30,44].

Estudo recente revelou que 4 indivíduos, após o consumo de epistane (derivado de testosterona 17-alfa-alquilado administrado por via oral), desenvolveram colestase de longa duração. O perfil de ácidos biliares de 3 pacientes aumentou de 14 para 61 vezes, causando colestase[49].

A lesão colestática é caracterizada pela elevação significativa de bilirrubinas e fosfatase alcalina e apenas leve aumento de aminotransferases, indicando haver dano hepatocelular mínimo[47], apesar da presença de icterícia. O estudo anatomopatológico do fígado revela, com frequência, pequena colestase com indicadores inflamatórios mínimos, ausência de necrose hepatocelular ou dano leve, ou ainda lesão de ducto biliar[33,46,49].

A maioria dos efeitos adversos pelo uso de esteroides eventualmente melhora ou reverte com a interrupção do uso[47,50-51], mas os sintomas clínicos, como a icterícia e o prurido, podem se prolongar, mesmo após a suspensão dos esteroides anabolizantes[4].

O uso de múltiplas drogas por usuários de EAA também pode contribuir para a causa de doença hepática grave. A 17-alfa-alquilação de esteroides (p. ex., metiltestosterona, metandrostenolona, oximetolona, oxandrolona e stanozolol) com o objetivo de aumentar a biodisponibilidade oral retarda seu metabolismo no fígado, o que resulta na exposição prolongada de hepatócitos e colangiócitos à droga por períodos mais longos, e, em consequência, no aumento da toxicidade. Os EAA injetáveis ainda podem causar alterações na estrutura e função do fígado quando consumidos em altas doses e por períodos mais longos[30].

Nesse esteio, o uso de EAA 17-alfa-alquilados tem sido associado a uma forma específica de lesão hepática marcada por icterícia intensa e prolongada. Em vários relatos de casos, a lesão ocorre, geralmente, em homens jovens ou de meia-idade interessados em musculação ou no aumento de desempenho que desenvolvem icterícia e prurido de 1-6 meses após o início de regime de suplemento que inclui um EAA. Testes laboratoriais demonstraram hiperbilirrubinemia, com elevações mínimas nas enzimas séricas. Os níveis de AST e ALT séricos podem se elevar inicialmente, mas logo caem, enquanto os níveis de fosfatase alcalina são normais ou minimamente elevados na apresentação, mas aumentam gradualmente durante o curso da lesão. A histologia do fígado revela colestase canalicular marcada com inflamação e necrose mínimas, um padrão referido como "colestase branda", semelhante ao observado com esteroides estrogênicos. Embora a icterícia possa ser grave e prolongada, com níveis de bilirrubina atingindo 40-50 mg/dL e icterícia persistindo por 2-4 meses, a morte por insuficiência hepática é incomum.

O mecanismo da colestase causada por EAA permanece desconhecido. O padrão de icterícia canalicular com necrose hepatocítica mínima sugere comprometimento seletivo da função canalicular em vez de dano hepatocelular e colangiocítico[33]. Foi relatada melhora da icterícia à medida que o nível de testosterona esteja se normalizando, sugerindo que os efeitos potenciais de abuso de EAA terão continuidade por 2-3 meses, mesmo após a suspensão dos EAA[29].

Uma série de casos recentes demonstrou a evolução da colestase 2 semanas após a interrupção da ingestão de EAA. Todos os pacientes se recuperaram completamente após a interrupção do EAA. O mecanismo preciso causador da toxicidade ainda não está claro, mas dados experimentais indicam toxicidade hepatocelular direta de esteroides por meio do aumento do estresse oxidativo e subsequente comprometimento da função da bomba canalicular de transporte de sais biliares[52].

O diagnóstico de colestase leve é característico do uso de EAA, mesmo que o paciente afirme não estar fazendo uso de esteroides ou esteja utilizando fórmula de suplementos ou ervas que contenha um EAA não usual[46-53]. Os suplementos disponíveis são frequentemente utilizados pela população atlética e, devido à falta de regulamentação, podem estar contaminados com substâncias não listadas no rótulo, que podem incluir os EAA[25].

O tratamento do quadro colestático induzido por anabolizantes dirige-se à descontinuação da droga, aos cuidados de suporte e tratamento sintomático do prurido com anti-histamínicos. O ácido ursodesoxicólico tem sido utilizado para a colestase, mas a eficácia desse medicamento ainda permanece não comprovada[4,47,54], relatado ainda o uso de colestiramina com eficácia apenas modesta para a mesma finalidade. Os corticosteroides não parecem melhorar a lesão hepática ou acelerar a recuperação, porém há relato de caso de paciente de 19 anos de idade, em uso de estanozolol intramuscular, no qual baixas doses de hidrocortisona guardaram relação com a redução mais rápida dos níveis de bilirrubina[29,54].

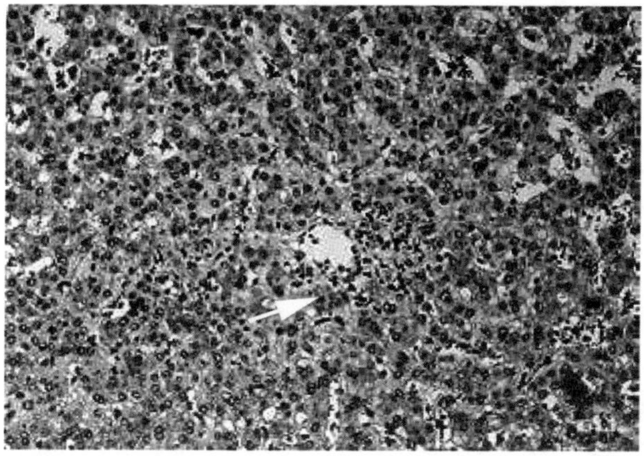

FIGURA 2 Hepatite colestática induzida por estanozolol com bile hepatocanalicular (seta) na área centrolobular (coloração de hematoxilina e eosina, x 200)[54].
Fonte: Stępień PM, Reczko K, Wieczorek A, Zarębska-Michaluk D, Pabjan P, Król T, et al.[54].

ESTEATO-HEPATITE

Os EAA podem ser um fator de risco para esteatose hepática, com usuários apresentando taxa de mais de 12%, com aumento de 6 vezes no risco, embora fossem mais jovens e não mostrassem sinais de resistência à insulina. O mecanismo de desenvolvimento de esteato-hepatite não é claro, embora existam várias possibilidades, incluindo toxicidade direta de EAA com uso em longo prazo[55-56]. As hepatites infecciosas podem se desenvolver em razão do uso parenteral de EAA e da possibilidade de compartilhamento de agulhas, seringas e outras práticas.

Os fatores de risco mais frequentes para esteato-hepatite não alcoólica são obesidade, diabetes tipo 2 e dislipidemia. No entanto, essas condições também podem estar associadas ao uso de alguns medicamentos, EAA, toxinas ambientais e outras doenças, como apneia do sono, hipertireoidismo e síndrome dos ovários policísticos[57].

LESÃO VASCULAR CRÔNICA (PELIOSE HEPÁTICA)

A peliose hepática é uma lesão vascular no fígado, definida como uma condição assemelhada a um tumor hepático em que múltiplas cavidades cheias de sangue são formadas no parênquima hepático, devido à dilatação sinusoidal.

A etiologia exata ainda é desconhecida. Uma causa aventada é a obstrução do fluxo hepático em nível sinusoidal, com ruptura das bordas sinusoidais, dilatação do sistema venoso central hepático ou ainda necrose do fígado, resultando na formação da cavidade. Por essas razões, há forte semelhança entre peliose hepática e hemangiomas hepáticos, além de outras situações, que incluem carcinoma hepatocelular, abscessos hepáticos ou metástases. O uso de EAA tem sido associado à peliose hepática[13,16,37,39-41,58-59].

A dilatação sinusoidal associada à perda da barreira endotelial normal resulta em sinusoides aumentados cheios de sangue, além da presença de cistos focalmente ou em todo o fígado[39,58-61].

Os pacientes apresentam-se, geralmente, assintomáticos, ou com leve desconforto no quadrante superior direito, ou raramente com dor abdominal súbita e choque hemorrágico devido à ruptura hepática e hemoperitônio. A hepatomegalia, por vezes, é observada, ao exame físico[38-39,58,62]. Em razão do quadro clínico frequentemente silente, a peliose hepática pode ser observada em exames de imagem do fígado, durante cirurgia abdominal ou mesmo na autópsia, de forma incidental, sendo verificados hepatomegalia e fígado de cor avermelhada intensa e friável[13].

O diagnóstico diferencial inclui: doença hepática policística, fibrose hepática congênita, cistos congênitos solitários, cisto hidático, complexos de Von Meyenburg, doença de Caroli (cisto de colédoco tipo V) e cistos de colédoco tipo IV[63].

A causa mais comum de hemorragia hepática ocorre em decorrência de carcinoma hepatocelular, em torno de 10% dos casos. Outras causas são benignas e malignas, como tumores hepáticos de diversas naturezas, amiloidose, lúpus eritematoso sistêmico, poliarterite nodosa, síndrome Hellp (hemólise, enzimas hepáticas elevadas, baixa contagem de plaquetas) e esteato-hepatite aguda da gravidez.

Os sinais e sintomas de sangramento hepático são muitas vezes sutis e inespecíficos. De modo geral, o paciente relata dor abdominal, mal-estar e vômitos. A avaliação inicial deve incluir uma avaliação da função hepática, estado de coagulação e marcadores tumorais. A tomografia computadorizada continua sendo o procedimento diagnóstico padrão ouro, e o achado de extravasamento de contraste ativo confirma o diagnóstico. Não há tratamento específico para peliose hepática relacionada ao uso de esteroides, apenas cuidados de suporte e a suspensão do uso de EAA, uma vez que a condição pode ser revertida, ao menos parcialmente, caso haja suspensão do uso dos medicamentos. Caso haja complicação hemorrágica, o tratamento dirigido deve ser implementado com urgência[39,63]. A hemostasia durável é o objetivo principal do tratamento e geralmente é alcançada por terapia conservadora ou embolização transarterial, embora 20% dos pacientes necessitem de intervenção cirúrgica. Este último inclui tamponamento peri-hepático, plicatura de sutura, ligadura da artéria hepática ou ressecção hepática aguda. Tratamento definitivo e prognóstico varia dependendo da patologia hepática subjacente[38].

TUMORES HEPÁTICOS

Na literatura médica, têm surgido relatos de casos que estabeleceram relação entre o abuso crônico de EAA e o carcinoma hepatocelular não cirrótico em jovens fisiculturistas profissionais. Essa complicação, pelo uso de esteroides anabolizantes e o consequente desenvolvimento de tumores hepáticos, seja adenoma hepático (benigno) ou carcinoma hepatocelular (maligno), é potencialmente grave. Adenomas hepáticos se desenvolvem em pacientes que fazem uso de EAA por longo prazo e são geralmente descobertos após o uso crônico de esteroides[40-41,64-67].

Na origem dos carcinomas, são aventados "sequência adenoma-carcinoma" ou "desenvolvimento de novo carcinoma" como os dois mecanismos propostos para a carcinogênese. Tanto os esteroides anabolizantes quanto os estrogênios são submetidos à significativa circulação entero-hepática, com excreção biliar lenta e elevação das concentrações intra-hepáticas, ocasionado toxicidade direta. Além do uso de EAA, adenoma e câncer hepático podem também surgir no contexto do uso de anticoncepcionais orais estrogênicos[68]. Em razão do metabolismo hepático, tanto os esteroides parenterais como os orais guardam relação com neoplasias hepáticas, porém há fortes indícios de que a maioria dos tumores do fígado está relacionada aos EAA contendo o grupo 17-alfa-alquilado[69], havendo inclusive a notificação de os eventos adversos estarem vinculados às testosteronas 17-alfa-alquiladas, embora os tumores também tenham raramente sido associados a preparações de testosterona esterificada e não modificada[25].

O estudo anatomopatológico dos tumores pode revelar adenoma hepático, carcinoma hepatocelular bem diferenciado ou adenoma hepático com áreas de transformação maligna em cerca de 4,5% em peças pós-operatórias. A transformação maligna pode ocorrer na média de 4,2% dos casos dos adenomas hepáticos benignos[65]. Raramente, angiossarcoma foi encontrado em pacientes sob uso de EAA[70-71].

Adenomas hepáticos são neoplasias benignas infrequentes, geralmente encontradas em mulheres jovens que fazem uso de anticoncepcionais orais[68]. Conforme mencionado, a correlação do uso de EAA e adenomas hepáticos guarda relação cada vez mais fundamentada[40-41,72].

A proporção de mulheres para homens que desenvolvem esses tumores é de 4 para 1. Essa proporção parece estar se modificando em razão do uso generalizado de EAA nos esportes[73].

Tumores hepáticos, tais como adenoma hepático e carcinoma hepatocelular, foram relatados em pacientes sob uso de EAA, sem evidências de outra doença hepática[40-41,72]. Em estudo pregresso, foi relatado que os carcinomas hepatocelulares foram mais frequentemente associados à oximetolona e à metiltestosterona, enquanto os adenomas estavam relacionados ao danazol[69]. O adenoma hepático com a mutação beta-catenina, encontrado geralmente em homens, parece ter maior probabilidade de se transformar em carcinoma hepatocelular maligno[65,74]. Tumores de dimensões maiores guardam maior relação de probabilidade com a transformação maligna[65].

A presença de dor abdominal, história de uso prolongado de EAA, a localização subcapsular e o tamanho de adenoma maior ou igual a 3,5 cm são características associadas a um risco aumentado de sangramento intra-abdominal. Quanto ao exame físico do adenoma hepático, pode ser identificado nódulo abdominal em até 30% dos pacientes, enquanto a hepatomegalia está presente em aproximadamente 25%. Também foi descrita icterícia durante a apresentação que, presumivelmente, sugere compressão dos ductos biliares intra-hepáticos pelo efeito de massa do tumor[41].

O tratamento conservador, que envolve as opções não cirúrgicas, deve ser considerado para os adenomas benignos, pois estes podem apresentar regressão espontânea da massa tumoral quando os EAA são suspensos, especialmente se o diagnóstico do adenoma hepático se der de forma precoce[40]. Embora não seja maligno, a intervenção cirúrgica pode ser necessária devido à ruptura súbita e sangramento, levando a hemoperitônio com risco de vida, ou mesmo à chance de evolução para carcinoma hepatocelular. Embora a maioria dos tumores que se desenvolvem pelo uso de anticoncepcionais orais ou EAA seja benigna, a detecção precoce do adenoma hepático e o monitoramento com exames de imagem são importantes para evitar o risco associado de possível transformação maligna e hemorragias com risco de vida[40-41]. Aumento de tamanho e recorrência de tumores foram relatados nos casos em que o uso de esteroides permaneça continuado ou, se suspenso, reiniciado. O risco de tumores hepáticos associados a andrógenos parece correlacionar-se com a dose cumulativa de EAA e a potência do esteroide utilizado[75].

Um pequeno número de usuários de EAA pode desenvolver câncer hepático dentro de uma população relativamente grande, sem necessariamente seguir a via de transformação adenoma-carcinoma. Casos de câncer hepático associados a receptor de testosterona foram relatados, portanto tal fato pode fazer parte do mecanismo de desenvolvimento e crescimento desses tumores[76].

Com a maior incidência de doença hepática crônica e de cirrose em todo o mundo, o carcinoma hepatocelular permanece como um dos tumores malignos mais comuns, abrangendo cerca de 90% dos carcinomas de células hepáticas malignas primárias[68,77].

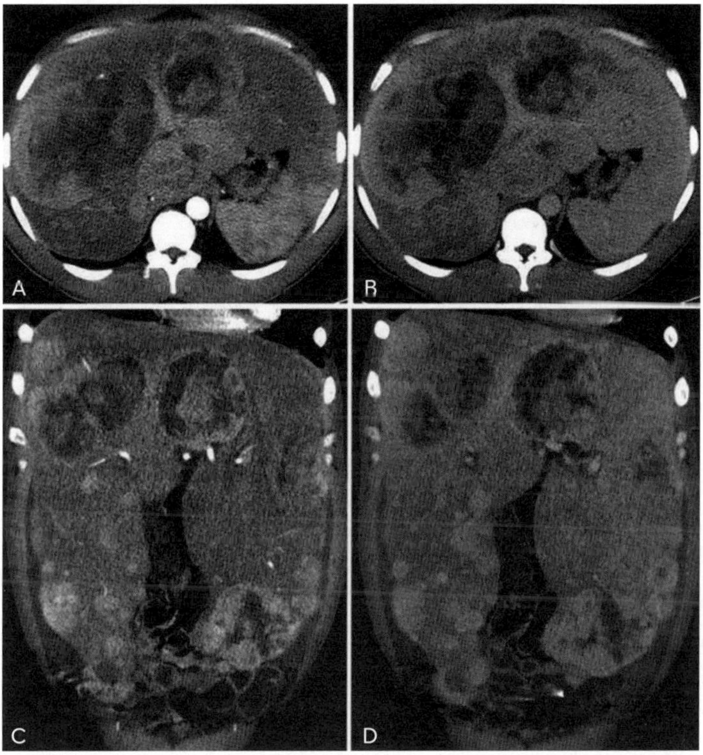

Imagem no final do livro

FIGURA 3 Carcinoma hepatocelular positivo para receptor de testosterona em um fisiculturista de 29 anos com histórico de abuso de esteroides anabólicos androgênicos: relato de caso[74].

Fonte: Solbach P, Potthoff A, Raatschen HJ, Soudah B, Lehmann U, Schneider A, et al.[74].

Dado que a maioria dos casos de carcinoma hepatocelular ocorre em uma população de pacientes identificável, ou seja, naqueles com doença hepática prévia ou cirrose, muitos são diagnosticados com o tumor por meio de exames de imagem. No entanto, dadas as diretrizes de triagem em algumas práticas clínicas, uma proporção de pacientes com carcinoma hepatocelular pode ser diagnosticada incidentalmente com uma massa hepática, identificada em imagens de corte transversal, realizadas por outros motivos ou devido ao câncer hepático sintomático em estágio avançado, apresentando dor abdominal no quadrante superior direito, perda de peso ou agravamento da função hepática. Estima-se que esse diagnóstico incidental ocorra em 50% dos casos em todo o mundo. Os exames hepáticos de rotina costumam ser pouco alterados, a menos que haja disseminação extensa, ruptura ou uma doença hepática associada[40-41,78].

O arsenal terapêutico para tratamento do carcinoma hepatocelular vem crescendo, incluindo melhorias nas técnicas de ablação, terapias loco-regionais e terapias sistêmicas. Vale ressaltar a necessidade de acompanhamento rotineiro com dosagem de alfa-fetoproteína, ultrassonografia e exames de função hepática em todos os pacientes portadores de doenças hepáticas crônicas, devido ao risco aumentado de desenvolvimento do carcinoma hepatocelular[78].

Estudo na China demonstrou que a sobrevida livre de doença em longo prazo (acima de 5 anos) após a ressecção do câncer hepático pode ser alcançada em pacientes com características tumorais favoráveis. O estágio inicial da escala de Classificação de Tumores Malignos (TNM) foi o preditor mais confiável de sobreviventes livres de doença a longo prazo[79].

SUPLEMENTOS E TOXICIDADE HEPÁTICA

Nos últimos anos, tem havido um número crescente de relatos de casos de lesão hepática devido a suplementos de musculação contendo EAA orais. Com base em várias publicações, diferentes suplementos foram identificados como relacionados à hepatotoxicidade, extratos de chá-verde, ácido linoleico, ácido úsnico, vitamina A, Garcinia Cambogia, Ma Huang, 1,3-DMAA e produtos multi-ingredientes, como os da Herbalife, Hydroxycut, LipoKinetix, Oxy Elite Pro, UCP-1 além de EAA vendidos ilegalmente como suplementos para musculação.

Os EAA podem ser divididos em dois grupos: EAA legais com prescrição médica para uma condição médica e esteroides que não são utilizados clinicamente e são totalmente ilegais. Embora literalmente nenhum EAA seja suplemento, muitos deles são vendidos sob o rótulo de "suplemento", mas na realidade são esteroides. Os consumidores podem não perceber que estão utilizando um esteroide oral, o que pode levar a mais efeitos colaterais e toxicidade devido ao uso de esteroides a longo prazo[80].

Revisão recente de alguns estudos revelou "taxa de contaminação" em suplementos ergonutricionais variando entre 12-58% em amostras analisadas entre 2002-2005, e em 216 casos foram encontrados hormônios em suplementos alimentares que não deveriam contê-los[81].

As reais consequências para a saúde de suplementos adulterados são desconhecidas porque os efeitos adversos são provavelmente subestimados e subnotificados. Além disso, alguns efeitos adversos não são eventos agudos, mas podem resultar em problemas crônicos de saúde, que podem não ser atribuídos ao suplemento[82].

REFERÊNCIAS BIBLIOGRÁFICAS

1. Cunha IVN. Uma revisão dos principais sistemas transdérmicos de testosterona utilizados em terapias de reposição hormonal. [TCC – graduação]. Universidade Federal de Santa Catarina, Centro de Ciências da Saúde. Farmácia. 2020 Jul. [Internet]. [Acesso em: 15 abr. 2022]. Disponível em: https://repositorio.ufsc.br/handle/123456789/209575.
2. Parkinson AB, Evans NA. Anabolic androgenic steroids. Medicine & Science in Sports & Exercise. 2006 Apr;38(Issue 4):644-51. doi:10.1249/01.mss.0000210194.56834.5d.
3. De Ronde W, Smit DL. Anabolic androgenic steroid abuse in young males. Endocr Connect. 2020;9:R102-R111. doi:10.1530/EC-19-0557.
4. Shahidi NT. A review of the chemistry, biological action, and clinical applications of anabolic androgenic steroids. Clin Ther. 2001 Sep;23(9):1355-90. doi:10.1016/s0149-2918(01)80114-4. PMID: 11589254.
5. Birzniece V. Doping in sport: effects, harm and misconceptions. Intern Med J. 2015 Mar;45(3):239-48. doi:10.1111/imj.12629. PMID: 25369881.
6. Modlinski R, Fields KB. The effect of anabolic steroids on the gastrointestinal system, kidneys, and adrenal glands. Curr Sports Med Rep. 2006 Apr;5(2):104-9. doi:10.1097/01.csmr.0000306529.74500.f6. PMID: 16529682.
7. Saad F, Röhrig G, von Haehling S, Traish A. Testosterone deficiency and testosterone treatment in older men. Gerontology. 2017;63(2):144-56. doi:10.1159/000452499. Epub 2016 Nov;18. PMID: 27855417.
8. Kvorning T, Andersen M, Brixen K, Madsen K. Suppression of endogenous testosterone production attenuates the response to strength training: a randomized, placebo-controlled, and blinded intervention study. Am J Physiol Endocrinol Metab. 2006 Dec;291(6):E1325-32. doi:10.1152/ajpendo.00143.2006. Epub 2006 Jul;25. PMID: 16868226.
9. Bahrke MS, Yesalis CE. Abuse of anabolic androgenic steroids and related substances in sport and exercise. Curr Opin Pharmacol. 2004 Dec;4(6):614-20. doi:10.1016/j.coph.2004.05.006. PMID: 15525553.
10. Bhasin S, Storer TW, Berman N, Callegari C, Clevenger B, Phillips J, et al. The effects of supraphysiologic doses of testosterone on muscle size and strength in normal men. N Engl J Med. 1996 Jul; 4;335(1):1-7. doi:10.1056/NEJM199607043350101. PMID: 8637535.

11. Sinha-Hikim I, Artaza J, Woodhouse L, Gonzalez-Cadavid N, Singh AB, Lee MI, et al. Testosterone-induced increase in muscle size in healthy young men is associated with muscle fiber hypertrophy. Am J Physiol Endocrinol Metab. 2002 Jul;283(1):E154-64. doi:10.1152/ajpendo.00502.2001. PMID: 12067856.
12. Hartgens F, Kuipers H. Effects of androgenic-anabolic steroids in athletes. Sports Med. 2004;34(8):513-54. doi:10.2165/00007256-200434080-00003. PMID: 15248788.
13. Solimini R, Rotolo MC, Mastrobattista L, Mortali C, Minutillo A, et al. Hepatotoxicity associated with illicit use of anabolic androgenic steroids in doping. Eur Rev Med Pharmacol Sci. 2017 Mar;21(1 Suppl):7-16. PMID: 28379599.
14. Leite DC, et al. Factors associated with anabolic steroid use by exercise enthusiasts. Revista Brasileira de Medicina do Esporte [online]. 2020;26(4);294-7. [Internet]. [Acesso em: 2022 jan. 23]. Disponível em: https://doi.org/10.1590/1517-869220202604178249. Epub 29 July;2020. https://doi.org/10.1590/1517-869220202604178249.
15. NIDA. 2018, August 12. Anabolic steroids drug facts. [Internet]. [Acesso em: 2022 jan. 22]. Disponível em: https://www.drugabuse.gov/publications/drugfacts/anabolic-steroids.
16. Nieschlag E, Vorona E. Doping with anabolic androgenic steroids (AAS): adverse effects on non-reproductive organs and functions. Rev Endocr Metab Disord. 2015 Sep;16(3):199-211. doi:10.1007/s11154-015-9320-5. PMID: 26373946.
17. Reyes-Vallejo L. Current use and abuse of anabolic steroids. Actas Urol Esp (Engl Ed). 2020 Jun;44(5):309-313. English, Spanish. doi:10.1016/j.acuro.2019.10.011. Epub 2020 Feb;26. PMID: 32113828.
18. Fink J, Schoenfeld BJ, Nakazato K. The role of hormones in muscle hypertrophy. Phys Sportsmed. 2018 Feb;46(1):129-34. doi:10.1080/00913847.2018.1406778. Epub 2017 Nov ;25. PMID: 29172848.
19. Vorona E, Nieschlag E. Adverse effects of doping with anabolic androgenic steroids in competitive athletics, recreational sports and bodybuilding. Minerva Endocrinol. 2018 Dec;43(4):476-88. doi:10.23736/S0391-1977.18.02810-9. Epub 2018 Feb;19. PMID: 29463075.
20. Perry PJ, Lund BC, Deninger MJ, Kutscher EC, Schneider J. Anabolic steroid use in weightlifters and bodybuilders: an internet survey of drug utilization. Clin J Sport Med. 2005 Sep;15(5):326-30. doi:10.1097/01.jsm.0000180872.22426.bb. PMID: 16162991.
21. Margo K, Winn R. Testosterone treatments: why, when, and how? Am Fam Physician. 2006 May; 1;73(9):1591-8. PMID: 16719252.
22. Swerdloff RS, Wang C. Three-year follow-up of androgen treatment in hypogonadal men: preliminary report with testosterone gel. Aging Male. 2003 Sep;6(3):207-11. PMID: 14628501.
23. 23. Yabluchanskiy A, Tsitouras PD. Is testosterone replacement therapy in older men effective and safe? Drugs Aging. 2019 Nov;36(11):981-9. doi:10.1007/s40266-019-00716-2. PMID: 31595418; PMCID: PMC8596965.
24. Cunningham RL, Lumia AR, McGinnis MY. Androgen receptors, sex behavior, and aggression. Neuroendocrinology. 2012;96(2):131-40. doi:10.1159/000337663. Epub 2012 Sep; 14. PMID: 22414851; PMCID: PMC3474193.
25. Niedfeldt MW. Anabolic steroid effect on the liver. Curr Sports Med Rep. 2018 Mar;17(3):97-102. doi:10.1249/JSR.0000000000000467. PMID: 29521706. 14. Kutscher EC, Lund BC, Perry PJ. Anabolic steroids: a review for the clinician. Sports Med. 2002;32(5):285-96. doi:10.2165/00007256-200232050-00001. PMID: 11929356.
26. Ding JB, Ng MZ, Huang SS, Ding M, Hu K. Anabolic-androgenic steroid misuse: mechanisms, patterns of misuse, user typology, and adverse effects. J Sports Med (Hindawi Publ Corp). 2021 Dec; 10;2021:7497346. doi:10.1155/2021/7497346. PMID: 34926695; PMCID: PMC8683244.
27. Stimac D, Milić S, Dintinjana RD, Kovac D, Ristić S. Androgenic/anabolic steroid-induced toxic hepatitis. J Clin Gastroenterol. 2002 Oct;35(4):350-2. doi:10.1097/00004836-200210000-00013. PMID: 12352300.

28. Medina-Caliz I, Garcia-Cortes M, Gonzalez-Jimenez A, Cabello MR, Robles-Diaz M, Sanabria--Cabrera J, et al.; Spanish DILI Registry. Herbal and dietary supplement-induced liver injuries in the Spanish DILI Registry. Clin Gastroenterol Hepatol. 2018 Sep;16(9):1495-502. doi:10.1016/j.cgh.2017.12.051. Epub 2018 Jan;4. PMID: 29307848.
29. Goh HG, Lee YJ, Kim TH. Severe persistent jaundice after the abuse of an anabolic androgenic steroid analogue. Korean J Gastroenterol. 2020 Sep;25;76(3):167-70. doi:10.4166/kjg.2020.76.3.167. PMID: 32969366.
30. Mullen C, Whalley BJ, Schifano F, Baker JS. Anabolic androgenic steroid abuse in the United Kingdom: an update. Br J Pharmacol. 2020 May;177(10):2180-98. doi:10.1111/bph.14995. Epub 2020 Mar;3. PMID: 31989581; PMCID: PMC7174889.
31. Ponce OJ, Spencer-Bonilla G, Alvarez-Villalobos N, Serrano V, Singh-Ospina N, Rodriguez-Gutierrez R, et al. The efficacy and adverse events of testosterone replacement therapy in hypogonadal men: a systematic review and meta-analysis of randomized, placebo-controlled trials. J Clin Endocrinol Metab. 2018 Mar;17. doi:10.1210/jc.2018-00404. Epub ahead of print. PMID: 29562341.
32. Pertusi R, Dickerman RD, McConathy WJ. Evaluation of aminotransferase elevations in a bodybuilder using anabolic steroids: hepatitis or rhabdomyolysis? J Am Osteopath Assoc. 2001 Jul;101(7):391-4. PMID: 11476029.
33. Navarro VJ, Khan I, Björnsson E, Seeff LB, Serrano J, Hoofnagle JH. Liver injury from herbal and dietary supplements. Hepatology. 2017 Jan;65(1):363-73. doi:10.1002/hep.28813. Epub 2016 Nov; 17. PMID: 27677775; PMCID: PMC5502701.
34. Sekuła MJ, Świerczyńska B, Smoluchowski K, Undziakiewicz A, Piecewicz-Szczęsna H. Hepatotoxicity of anabolic androgenic steroids in sport. J Educ Health Sport. 2020 Sep;15;10(9):349-56. [Internet]. [Acesso em: 2022 jan. 23]. Disponível em: https://apcz.umk.pl/JEHS/article/view/JEHS.2020.10.09.040.
35. Abeles RD, Foxton M, Khan S, Goldin R, Smith B, Thursz MR, et al. Androgenic anabolic steroid-induced liver injury: two case reports assessed for causality by the updated Roussel Uclaf Causality Assessment Method (Rucam) score and a comprehensive review of the literature. BMJ Open Gastroenterol. 2020 Nov;7(1):e000549. doi:10.1136/bmjgast-2020-000549. PMID: 33214235; PMCID. PMC7678230.
36. Albano GD, Amico F, Cocimano G, Liberto A, Maglietta F, Esposito M, et al. Adverse effects of anabolic-androgenic steroids: a literature review. Healthcare (Basel). 2021 Jan;19;9(1):97. doi:10.3390/healthcare9010097. PMID: 33477800; PMCID: PMC7832337.
37. Bond P, Llewellyn W, Van Mol P. Anabolic androgenic steroid-induced hepatotoxicity. Med Hypotheses. 2016 Aug;93:150-3. doi:10.1016/j.mehy.2016.06.004. Epub 2016 Jun;5. PMID: 27372877.
38. Mascagni P, Melandro F, Larghi Laureiro Z, Mennini G, Rossi M. Spontaneous hepatic rupture in a bodybuilder: a case report and review of the literature. Rev Esp Enferm Dig. 2018 Apr;110(4):254-6. doi: 0.17235/reed.2017.5103/2017. PMID: 29313696.
39. Tsirigotis P, Sella T, Shapira MY, Bitan M, Bloom A, Kiselgoff D, et al. Peliosis hepatis following treatment with androgen-steroids in patients with bone marrow failure syndromes. Haematologica. 2007; Nov;92(11):e106-10. doi:10.3324/haematol.11343. PMID: 18024386.
40. Socas L, Zumbado M, Pérez-Luzardo O, Ramos A, Pérez C, Hernández JR, et al. Hepatocellular adenomas associated with anabolic androgenic steroid abuse in bodybuilders: a report of two cases and a review of the literature. Br J Sports Med. 2005 May;39(5):e27. doi:10.1136/bjsm.2004.013599. PMID: 15849280; PMCID: PMC1725213.
41. Wang L, Wang C, Li W, Meng F, Li Y, Fan H, et al. Multiple hepatocellular adenomas associated with long-term administration of androgenic steroids for aplastic anemia: a case report and literature review. Medicine (Baltimore). 2020 Jul;10;99(28):e20829. doi:10.1097/MD.0000000000020829. PMID: 32664077; PMCID: PMC7360229.
42. Chitturi S, Farrell G. Chapter 33: Adverse effects of hormones and hormone antagonists on the liver. 2013. 10.1016/B978-0-12-387817-5.00033-9.

43. Strauss E, et al. Diagnosis and treatment of benign liver nodules: Brazilian Society of Hepatology (SBH) recommendations. Arquivos de Gastroenterologia. 2015;52(Suppl 1):47-54. [Internet]. [Acesso em: 2022 jan. 24]. Disponível em: https://doi.org/10.1590/S0004-28032015000500003. https://doi.org/10.1590/S0004-28032015000500003.
44. Andrews MA, Magee CD, Combest TM, Allard RJ, Douglas KM. Physical effects of anabolic-androgenic steroids in healthy exercising adults: a systematic review and meta-analysis. Curr Sports Med Rep. 2018 Jul;17(7):232-41. doi:10.1249/JSR.0000000000000500. PMID: 29994823.
45. Moghadam-Kia S, Oddis CV, Aggarwal R. Approach to asymptomatic creatine kinase elevation. Cleve Clin J Med. 2016 Jan;83(1):37-42. doi:10.3949/ccjm.83a.14120. PMID: 26760521; PMCID: PMC4871266.
46. Díaz FC, Sáez-González E, Benlloch S, Álvarez-Sotomayor D, Conde I, Polo B, et al. Albumin dialysis with Mars for the treatment of anabolic steroid-induced cholestasis. Ann Hepatol. 2016 Nov-Dec 2016;15(6):939-43. doi:10.5604/16652681.1222114. PMID: 27740530.
47. Hymel BM, Victor DW, Alvarez L, Shores NJ, Balart LA. Mastabol induced acute cholestasis: a case report. World J Hepatol. 2013 Mar;27;5(3):133-6. doi:10.4254/wjh.v5.i3.133. PMID: 23556046; PMCID: PMC3612572.
48. Silva Ruiz MDP, Giráldez Gallego Á, Serrano Jiménez M. Canalicular cholestasis induced by anabolic steroids. Rev Esp Enferm Dig. 2017 Oct;109(10):735-6. doi:10.17235/reed.2017.4781/2016. PMID: 28929774.
49. Petrov PD, Fernández-Murga L, Conde I, Martínez-Sena T, Guzmán C, Castell JV, et al. Epistane, an anabolic steroid used for recreational purposes, causes cholestasis with elevated levels of cholic acid conjugates, by upregulating bile acid synthesis (CYP8B1) and cross-talking with nuclear receptors in human hepatocytes. Arch Toxicol. 2020 Feb;94(2):589-607. doi:10.1007/s00204-019-02643-y. Epub 2020 Jan;1. PMID: 31894354.
50. Kafrouni MI, Anders RA, Verma S. Hepatotoxicity associated with dietary supplements containing anabolic steroids. Clin Gastroenterol Hepatol. 2007 Jul;5(7):809-12. doi:10.1016/j.cgh.2007.02.036. Epub 2007 May;16. PMID: 17509944.
51. Andrade RJ, Aitha GP, Karlsen TH, et al. EASL clinical practice guidelines: drug-induced liver injury. Journal of Hepatology. v.70, Issue 6, p.1222-61.
52. Stickel F, Kessebohm K, Weimann R, Seitz HK. Review of liver injury associated with dietary supplements. Liver Int. 2011 May;31(5):595-605. doi:10.1111/j.1478-3231.2010.02439.x. Epub 2011 Jan;11. PMID: 21457433.
53. Chahla E, Hammami M, Befeler A. Hepatotoxicity associated with anabolic androgenic steroids present in over-the-counter supplements: a case series: 420. American Journal of Gastroenterology. 2014;109. S126. 10.14309/00000434-201410002-00420.
54. Stępień PM, Reczko K, Wieczorek A, Zarębska-Michaluk D, Pabjan P, Król T, et al. Severe intrahepatic cholestasis and liver failure after stanozolol usage: case report and review of the literature. Clin Exp Hepatol. 2015 May;1(1):30-3. doi:10.5114/ceh.2015.51376. Epub 2015 Apr;30. PMID: 28856252; PMCID: PMC5421162.
55. Schwingel PA, Cotrim HP, Salles BR, Almeida CE, Dos Santos CR Jr, Nachef B, et al. Anabolic-androgenic steroids: a possible new risk factor of toxicant-associated fatty liver disease. Liver Int. 2011 Mar;31(3):348-53. doi:10.1111/j.1478-3231.2010.02346.x. Epub 2010 Oct 11. PMID: 21040407.
56. Schwingel PA, Cotrim HP, Santos CR Jr, Santos AO, Andrade AR, Carruego MV, et al. Recreational anabolic-androgenic steroid use associated with liver injuries among Brazilian young men. Subst Use Misuse. 2015;50(11):1490-8. doi:10.3109/10826084.2015.1018550. Epub 2015 Nov 7. PMID: 26549387.
57. Cotrim HP, Parise ER, Figueiredo-Mendes C, Galizzi-Filho J, Porta G, Oliveira CP. Nonalcoholic fatty liver disease Brazilian Society of Hepatology consensus. Arq Gastroenterol. 2016 Apr--Jun;53(2):118-22. doi:10.1590/S0004-28032016000200013. PMID: 27305420.
58. Cordeiro RA, Hoff LS, Garcia MVF, Leão Filho HM, Borba EF. Peliosis hepatis and systemic lupus erythematosus: a rare condition identified by magnetic resonance imaging. Rev Assoc Med Bras (1992). 2018 Jan;64(1):19-21. doi:10.1590/1806-9282.64.01.19. PMID: 29561938.

59. Qureshi A, Gul S. Hepatic peliosis with extra-hepatic manifestations. J Dow Univ Health Sci. 2021 Aug.;16;15(2):110-2. [Internet]. [Acesso em: 2022 jan. 24]. Disponível em: https://www.jduhs.com/index.php/jduhs/article/view/1051.
60. Caremani M, Tacconi D, Lapini L. Acute nontraumatic liver lesions. J Ultrasound. 2013 Nov;26;16(4):179-86. doi:10.1007/s40477-013-0049-2. PMID: 24432172; PMCID: PMC3846952.
61. Cimbanassi S, Aseni P, Mariani A, Sammartano F, Bonacina E, Chiara O. Spontaneous hepatic rupture during pregnancy in a patient with peliosis hepatis. Ann Hepatol. 2015 Jul-Aug;14(4):553-8. PMID: 26019044.
62. Kim SB, Kim DK, Byun SJ, Park JH, Choi JY, Park YN, et al. Peliosis hepatis presenting with massive hepatomegaly in a patient with idiopathic thrombocytopenic purpura. Clin Mol Hepatol. 2015 Dec;21(4):387-92. doi:10.3350/cmh.2015.21.4.387. Epub 2015 Dec 24. PMID: 26770928; PMCID: PMC4712167.
63. Siddiqi I, Gupta N. Peliosis hepatis. 2021 Jul 26. StatPearls [Internet]. Treasure Island (FL): StatPearls Publishing; 2022 Jan. PMID: 32119357.
64. Nakao A, Sakagami K, Nakata Y, Komazawa K, Amimoto T, Nakashima K, et al. Multiple hepatic adenomas caused by long-term administration of androgenic steroids for aplastic anemia in association with familial adenomatous polyposis. J Gastroenterol. 2000;35(7):557-62. doi:10.1007/s005350070081. PMID: 10905366.
65. Stoot JH, Coelen RJ, De Jong MC, Dejong CH. Malignant transformation of hepatocellular adenomas into hepatocellular carcinomas: a systematic review including more than 1600 adenoma cases. HPB (Oxford). 2010 Oct;12(8):509-22. doi:10.1111/j.1477-2574.2010.00222.x. PMID: 20887318; PMCID: PMC2997656.
66. Ozenne V, Paradis V, Vullierme M-P, Vilgrain V, Leblanc T, Belghiti J, et al. Liver tumours in patients with Fanconi anaemia: a report of three cases. European Journal of Gastroenterology & Hepatology. 2008 Oct;20(Issue 10):1036-9. doi:10.1097/MEG.0b013e3282f824e9.
67. Szor D, Ursoline M, Herman P. Hepatic adenoma. Arquivos Brasileiros de Cirurgia Digestiva – ABCD = Brazilian Archives of Digestive Surgery. 2013;26:219-22. 10.1590/S0102-67202013000300012.
68. Desai A, Sandhu S, Lai JP, Sandhu DS. Hepatocellular carcinoma in non-cirrhotic liver: a comprehensive review. World J Hepatol. 2019 Jan;27;11(1):1-18. doi:10.4254/wjh.v11.i1.1. PMID: 30705715; PMCID: PMC6354117.
69. Velazquez I, Alter BP. Androgens and liver tumors: Fanconi's anemia and non-Fanconi's conditions. Am J Hematol. 2004 Nov;77(3):257-67. doi:10.1002/ajh.20183. PMID: 15495253.
70. Zhu YP, Chen YM, Matro E, Chen RB, Jiang ZN, Mou YP, et al. Primary hepatic angiosarcoma: a report of two cases and literature review. World J Gastroenterol. 2015 May;21;21(19):6088-96. doi:10.3748/wjg.v21.i19.6088. PMID: 26019478; PMCID: PMC4438048.
71. Rujeerapaiboon N, Wetwittayakhlang P. Primary hepatic angiosarcoma: a rare liver malignancy: varying manifestations but grave prognosis. Case Rep Gastroenterol. 2020 Apr;8;14(1):137-49. doi:10.1159/000506928. PMID: 32355483; PMCID: PMC7184854.
72. Gorayski P, Thompson CH, Subhash HS, Thomas AC. Hepatocellular carcinoma associated with recreational anabolic steroid use. Br J Sports Med. 2008 Jan;42(1):74-5; discussion 75. doi:10.1136/bjsm.2007.03932. Erratum in: Br J Sports Med. 2009 Oct 1;43(10):764. Erratum in: Br J Sports Med. 2010 Oct;44(13):e5. PMID: 18178686.
73. Shreenath AP, Kahloon A. Hepatic adenoma. 2021 Jan;28. In: StatPearls [Internet]. Treasure Island (FL): StatPearls Publishing; 2022 Jan. PMID: 30020636.
74. Solbach P, Potthoff A, Raatschen HJ, Soudah B, Lehmann U, Schneider A, et al. Testosterone-receptor positive hepatocellular carcinoma in a 29-year old bodybuilder with a history of anabolic androgenic steroid abuse: a case report. BMC Gastroenterol. 2015 May;20;15:60. doi:10.1186/s12876-015-0288-0. PMID: 25986067; PMCID: PMC4461943.
75. Martin NM, Abu Dayyeh BK, Chung RT. Anabolic steroid abuse causing recurrent hepatic adenomas and hemorrhage. World J Gastroenterol. 2008 Jul;28;14(28):4573-5. doi:10.3748/wjg.14.4573. PMID: 18680242; PMCID: PMC2731289.

76. Woodward C, Smith J, Acreman D, Kumar N. Hepatocellular carcinoma in body builders; an emerging rare but serious complication of androgenic anabolic steroid use. Ann Hepatobiliary Pancreat Surg. 2019 May;23(2):174-7. doi:10.14701/ahbps.2019.23.2.174. Epub 2019 May;31. PMID: 31225420; PMCID: PMC6558130.
77. Craig AJ, von Felden J, Garcia-Lezana T, Sarcognato S, Villanueva A. Tumour evolution in hepatocellular carcinoma. Nat Rev Gastroenterol Hepatol. 2020 Mar;17(3):139-52. doi:10.1038/s41575-019-0229-4. Epub 2019 Dec 2. PMID: 31792430.
78. Llovet JM, Kelley RK, Villanueva A, Singal AG, Pikarsky E, Roayaie S, et al. Hepatocellular carcinoma. Nat Rev Dis Primers. 2012;7:6. [Internet]. [Acesso em: 2022 maio 15]. Disponível em: https://doi.org/10.1038/s41572-020-00240-3.
79. Poon RT, Ng IO, Fan ST, Lai EC, Lo CM, Liu CL, et al. Clinicopathologic features of long-term survivors and disease-free survivors after resection of hepatocellular carcinoma: a study of a prospective cohort. J Clin Oncol. 2001 Jun;15;19(12):3037-44. doi:10.1200/JCO.2001.19.12.3037. PMID: 11408499.
80. García-Cortés M, Robles-Díaz M, Ortega-Alonso A, Medina-Caliz I, Andrade RJ. Hepatotoxicity by dietary supplements: a tabular listing and clinical characteristics. Int J Mol Sci. 2016 Apr; 9;17(4):537. doi:10.3390/ijms17040537. PMID: 27070596; PMCID: PMC4848993.
81. Martínez-Sanz JM, Sospedra I, Ortiz CM, Baladía E, Gil-Izquierdo A, Ortiz-Moncada R. Intended or unintended doping? A review of the presence of doping substances in dietary supplements used in sports. Nutrients. 2017 Oct;4;9(10):1093. doi:10.3390/nu9101093. PMID: 28976928; PMCID: PMC5691710.
82. Cellini M, Attipoe S, Seales P, Gray R, Ward A, Stephens M, et al. Dietary supplements: physician knowledge and adverse event reporting. Med Sci Sports Exerc. 2013 Jan;45(1):23-8. doi:10.1249/MSS.0b013e318269904f. PMID: 22811037.

25

Efeitos adversos do uso suprafisiológico de anabolizantes na função renal

Jose Jayme Galvão de Lima

INTRODUÇÃO

Os esteroides androgênicos anabolizantes (EAA) são derivados sintéticos do hormônio sexual masculino testosterona. Essas substâncias têm sido utilizadas como terapêutica substitutiva no hipogonadismo há muitos anos com segurança. Em épocas mais recentes, os EAA passaram a ser usados por atletas e fisiculturistas com a finalidade de melhorar o desempenho e promover aumento da musculatura. A exata prevalência do consumo dos EAA nesse grupo de indivíduos não é conhecida. Nesse cenário, as doses costumam ser muito acima daquelas prescritas com finalidade terapêutica e, na maioria dos casos, sem supervisão médica. Assim, não é surpreendente que efeitos adversos, alguns bastante sérios, tenham sido observados em associação com supradosagens desses anabolizantes.

Os andrógenos mais utilizados por atletas são nandrolona, testosterona, estanozolol, metandienona e metenolona. Em geral esses produtos são usados em combinação. Os efeitos colaterais do abuso dos EAA são bem conhecidos e incluem hipertensão arterial, dislipidemia, aterosclerose, hepatoxicidade, atrofia testicular, ginecomastia, distúrbios neuropsiquiátricos e várias manifestações de disfunção renal.

Existem, no entanto, dificuldades para determinar se existe uma relação causa-efeito entre doses elevadas dos EAAs e complicações renais em seres humanos por diferentes motivos. Em primeiro lugar, devido ao uso concomitante de outras sustâncias e hábitos alimentares com efeitos potenciais ou reais sobre os rins, como o hormônio de crescimento, dietas hiperproteicas, carnitina, creatina, mistura de aminoácidos e vitamina D, todos ou quase todos também consumidos em quantidades acima do recomendável. Além disso, são poucos os estudos prospectivos aleatorizados sobre o assunto em humanos. Assim, nosso conhecimento baseia-se em evidências obtidas em animais e em trabalhos observacionais retrospectivos ou relatos de casos, usualmente em um número pequeno de indivíduos. Nestes, o tipo de EAA consumido, o uso de outras drogas e a grande variabilidade das doses utilizadas complicam a interpretação dos resultados. Naqueles, as diferenças entre espécies não permitem que os achados sejam automaticamente transferidos para seres humanos.

ESTUDOS EM ANIMAIS

A maior parte dos estudos em animais foi realizada em ratos ou camundongos. Nesses modelos, a administração prolongada de testosterona ou análogos resultou em perda progressiva da função renal, proteinúria e hipertensão arterial. Receptores para testosterona e análogos e enzimas envolvidas na síntese de andrógenos estão presentes no tecido renal, tanto nos glomérulos como em células mesangiais cultivadas. Em ratos, andrógenos estimulam a liberação de renina e endotelina, favorecendo a retenção de sal e água. Esses efeitos são provavelmente relevantes no aumento da pressão arterial observada nos animais tratados. Em camundongos, a administração da testosterona promoveu a ocorrência de apoptose de podócitos, esclerose glomerular e fibrose intersticial, alterações ocasionalmente observadas em usuários de EAA. Andrógenos também induzem estresse oxidativo, aumento da matriz mesangial e apoptose em células tubulares e estimulam a produção de citocinas inflamatórias e pró-fibróticas. No modelo de nefropatia induzida por adriamicina, glomeruloesclerose foi observada mais frequentemente em machos do que em fêmeas. Essas observações sugerem a existência de efeitos nefrotóxicos diretos dos EAAs nesses modelos experimentais.

ESTUDOS CLÍNICOS

Nesta seção, salvo quando especificado, estaremos nos referindo ao uso de uma mistura de substâncias que afetam os rins, e não aos anabolizantes isoladamente, uma vez ser essa a situação prevalente em usuários. São escassos os trabalhos prospectivos aleatorizados avaliando os efeitos indesejáveis de doses suprafisiológicas dos EAAs. Por razões éticas, não é justificável submeter voluntários saudáveis a tratamentos potencialmente nocivos. Portanto, ainda não é possível assegurar se existe uma relação causa-efeito entre o uso dos EAAs e as alterações renais, embora tal possibilidade pareça provável e não possa ser descartada. Tudo que podemos afirmar é que existe uma associação.

Antes de discutir os efeitos renais dos EAAs, é necessário fazer uma breve revisão das complicações sistêmicas dessas drogas que indiretamente podem afetar os rins. O efeito dos EAA na pressão arterial é controverso. Alguns estudos indicam que o uso de doses elevadas de EAA aumenta tanto a pressão sistólica como a diastólica. Esse efeito é observado após algumas semanas de uso e regride após a suspensão da droga. Os níveis de pressão alcançados são, em geral, modestos. Teoricamente, a elevação persistente da pressão arterial pode causar danos estruturais renais, como ocorre em outros tipos de hipertensão, mas isso ainda não foi demonstrado no caso dos EAAs. O que parece certo é que, em pacientes que desenvolvem insuficiência renal, hipertensão é frequente.

Está bem demonstrado que doses suprafisiológicas de EAA podem se associar com efeitos negativos tanto na estrutura como na função renal. Na maioria dos indivíduos, as alterações resumem-se à elevação moderada da creatinina e da proteinúria não nefrótica, que tendem a regredir com a suspensão da droga. Essas anormalidades, cuja exata incidência se ignora, são em geral subclínicas e não são detectadas habitualmente.

Um estudo em uma coorte de mais de mil ex-atletas de futebol americano que usaram EAA e outras substâncias por períodos prolongados não documentou a existência de problemas renais significativos comparados à população geral. Por outro lado, embora menos frequente, alguns indivíduos desenvolvem complicações mais graves, com progressão da doença renal e necessidade de terapia renal substitutiva. Uma vez que não existem meios de discriminar os indivíduos mais vulneráveis, é aconselhável realizar avaliação periódica da função renal nos usuários.

A alteração renal mais bem estudada em consumidores de EAA é a esclerose glomerular segmentar e focal (EGSF). O número de casos de EGSF publicados é reduzido, mas é provavelmente subestimado, porque somente os mais graves, com claras manifestações clínicas, são descritos. De fato, em alguns estudos, o aumento de biomarcadores de lesão renal incipiente foi mais frequente em atletas automedicados com EAA do que nos abstêmios.

A EGSF em atletas e fisiculturistas resulta primariamente da resposta adaptativa da função renal ao aumento da massa corpórea (MC), e é semelhante àquela observada em obesos. Aumento da MC resulta em elevação do fluxo sanguíneo, da pressão hidrostática capilar e da filtração glomerular, que se manifestam morfologicamente por hipertrofia dos glomérulos. Com o tempo, a elevação da pressão hidrostática capilar e do fluxo sanguíneo afetam o epitélio visceral da cápsula de Bowmann (podócitos), causando esclerose glomerular. Clinicamente, os indivíduos podem desenvolver proteinúria, redução da função renal e hipertensão arterial. Embora o simples aumento da MC possa determinar a EGSF, o dano renal parece ser mais acentuado e o prognóstico, mais reservado pelo uso concomitante dos EAAs, sugerindo que os EAAs exercem efeitos nefrotóxicos independentes, possivelmente via aumento da geração de radicais livres, de citocinas inflamatórias e pró-apoptóticas e estimulação do sistema renina-angiotensina (Figura 1). Existem evidências indicando que a suspensão dos EAAs e de outras drogas potencialmente nefrotóxicas e a redução da massa corpórea são capazes de estabilizar ou melhorar a função renal e a proteinúria dos indivíduos afetados.

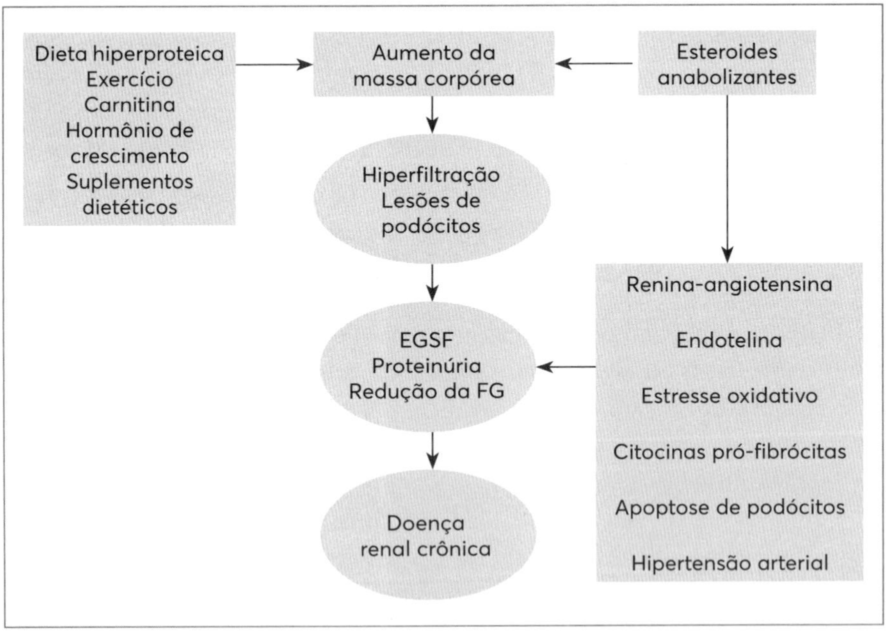

FIGURA 1 Fatores que influenciam o desenvolvimento de esclerose glomerular segmentar e focal (EGSF) em usuários de supradosagens de EAA.
EA: esteroides anabolizantes; FG: função glomerular.

O diagnóstico da EGSF requer a realização de biópsia renal. Se confirmado, é ainda necessário excluir outras doenças que exibem as mesmas alterações anatomopatológicas, como as doenças autoimunes, algumas infecções (como a causada pelo vírus da imunodeficiência humana – HIV) e as formas idiopáticas.

Uma miscelânea de outras alterações renais foi descrita em conexão com o consumo de EAA. Hipertensão maligna acompanhada de anemia microangiopática e lesão renal aguda foram documentadas em um paciente que também usava hormônio de crescimento, carnitina e dieta hiperproteica. Pesquisadores brasileiros publicaram uma série de pacientes com lesão renal aguda atribuída ao EAA e à vitamina D de uso veterinário. Lesão renal aguda também ocorreu em atletas associada a colestase ou a rabdomiólise. Nos casos em que a biópsia renal foi realizada, os achados mais frequentes foram necrose tubular aguda, nefrite intersticial e nefrocalcinose (em usuários de vitamina D). Em todos esses casos, a participação dos EAAs em tais eventos não pode ser separada das de outros fatores.

As opções terapêuticas para lesões associadas ao abuso de EAA são limitadas. Um levantamento dos dados da literatura mostra que a suspensão de anabolizantes e de outros fatores que afetam os rins resulta na reversão completa ou parcial das alterações renais em muitos casos. Essa é a conduta indicada no momento. No entanto, muitos indivíduos resistem a modificar seus estilos de vida, e, nesses casos, a doença renal tende a progredir. Inibidores do sistema renina-angiotensina são indicados nos casos de EGSF.

CONCLUSÕES

Devido ao elevado consumo de superdoses de EAA, seus efeitos negativos na saúde são motivos de justa preocupação. O uso dessas drogas e de outras substâncias e dietas com potencial de afetar os rins está associado a maior incidência de redução da filtração glomerular, proteinúria e hipertensão arterial. Embora relativamente raros, há casos bem documentados de progressão da doença renal, levando à necessidade de diálise ou transplante renal e episódios, alguns fatais, de lesão renal aguda. Uma vez que não é possível discriminar os indivíduos mais vulneráveis, é aconselhável realizar avaliação periódica da função renal e da proteinúria em todos os usuários. Os indivíduos afetados devem suspender as práticas potencialmente nocivas. Campanhas de esclarecimento são necessárias.

Existem limitações éticas para a realização de trabalhos prospectivos aleatorizados comparando os efeitos renais dos EAAs em usuários e não usuários. Alternativamente, estudos observacionais prospectivos de longa duração, com rigoroso controle do uso de outras drogas, comparando usuários e não usuários de EAA, podem ser úteis como meios de esclarecer a possível relação causa-efeito entre EAA e disfunção renal.

REFERÊNCIAS BIBLIOGRÁFICAS

1. Cho E, Choi SJ, Kang DH, Kalantar-Zadeh K, Ko GJ. Revisiting glomerular hyperfiltration and examining the concept of high dietary protein-related nephropathy in athletes and bodybuilders. Curr Opin Nephrol Hypertens. 2022;31:18-25. doi:10.1097/MNH.0000000000000755.
2. Daher EF, Fernandes PHPD, Meneses GC, Bezerra GF, Ferreira LSL, de Almeida Viana G, et al. Novel kidney injury biomarkers among anabolic androgenic steroids users: evidence of subclinical kidney disease. Asian J Sports Med. 2018;9:e65540. doi:10.5812/asjsm.65540.
3. Davani-Davari D, Karimzadeh I, Khalili H. The potential effects of anabolic-androgenic steroids and growth hormone as commonly used sport supplements on the kidney: a systematic review. BMC Nephrol. 2019;20:198. doi:10.1186/s12882-019-1384-0.
4. Doublier S, Lupia E, Catanuto P, Periera-Simon S, Xia X, Korach K, et al. Testosterone and 17β-estradiol have opposite effects on podocyte apoptosis that precedes glomerulosclerosis in female estrogen receptor knockout mice. Kidney Int. 2011;79:404-13. doi: 0.1038/ki.2010.398.
5. Grace F, Sculthorpe N, Baker J, Davies B. Blood pressure and rate pressure product response in males using high-dose anabolic androgenic steroids (AAS). J Sci Med Sport. 2003;6:307-12. doi:10.1016/s1440-2440(03)80024-5.
6. Hartgens F, Cheriex EC, Kuipers H. Prospective echocardiographic assessment of androgenic-anabolic steroids effects on cardiac structure and function in strength athletes. Int J Sports Med. 2003;24:344-51. doi:10.1055/s-2003-40705.
7. Hartgens F, Kuipers H. Effects of androgenic-anabolic steroids in athletes. Sports Med. 2004;34:513-54. doi:10.2165/00007256-200434080-00003.
8. Herlitz LC, Markowitz GS, Farris AB, Schwimmer JA, Stokes MB, Kunis C, et al. Development of focal segmental glomerulosclerosis after anabolic steroid abuse. J Am Soc Nephrol. 2010; 21:163-72. doi:10.1681/ASN.2009040450.
9. Hudson JI, Kanayama G, Pope HG Jr, Muse S, Kaufman MJ, et al. Glomerular filtration rate and supraphysiologic-dose anabolic-adrogenic steroid use: a cross-sectional cohort study. Am J Kidney Dis. 2020;76:152-5. doi:10.1053/j.ajkd.2020.01.012.
10. Kambham N, Markowitz GS, Valeri AM, Lin J, D'Agati VD. Obesity-related glomerulopathy: an emerging epidemic. Kidney Int. 2001;59:1498-509. doi:10.1046/j.1523-1755.2001.0590041498.x.
11. Parkinson AB, Evans NA. Anabolic androgenic steroids: survey of 500 users. Medicine & Science in Sports & Exercise. 2006; doi:10.1249/01.mss.0000210194.56834.5d.
12. Quinkler M, Bujalska IJ, Kaur K, Onyimba CU, Buhner S, Allolio B, et al. Androgen receptor-mediated regulation of the alpha-subunit of the epithelial sodium channel in human kidney. Hypertension. 2005;46:787-98.

13. Sakemi T, Ohtsuka N, Tomiyoshi Y, Morito F. The ovaries attenuate the aggravating effect of testosterone on glomerular injury in Adriamycin-induced nephropathy of female rats. Kidney Blood Press Res. 1997;20:44-50. doi:10.1159/000174110.
14. Sessa F, Salerno M, Di Mizio G, Bertozzi G, Messina G, Tomaiuolo B, et al. Anabolic androgenic steroids: searching new molecular biomarkers. Front Pharmacol. 2020 Sep;16. [Internet]. [Acesso em: 15 abr. 2022]. Disponível em: https://doi.org/10.3389/fphar.2020.563756.
15. Sjöqvist F, Garle M, Rane A. Use of doping agents, particularly anabolic steroids, in sports and society. Lancet. 2008;371(9627):1872-82. doi:10.1016/S0140-6736(08)60801-6.

26

Efeitos adversos do uso suprafisiológico de anabolizantes nas alterações hematológicas e trombogênicas

Letícia Horta Guimarães
Maria Janieire de Nazaré Nunes Alves

INTRODUÇÃO

Esteroides androgênicos anabolizantes (EAA) são derivados sintéticos da testosterona desenvolvidos para ter, simultaneamente, uma maior atividade anabólica e uma menor atividade androgênica quando comparados ao hormônio original. O efeito anabólico é baseado na sua habilidade de estimular a síntese proteica, a hipertrofia muscular e a eritropoiese[1].

Essas substâncias apresentam-se em uma variedade de formulações, que podem ser administradas via oral, intramuscular, subcutânea ou tópica (gel).

O tratamento com esses anabolizantes está indicado em diversas condições clínicas, como hipogonadismo, as anemias secundárias à insuficiência da medula óssea e à doença renal crônica, angioedema hereditário, osteoporose, estados catabólicos associados ao HIV, câncer, queimaduras, doença pulmonar obstrutiva crônica, hepatite alcoólica ou doenças neuromusculares. O uso abusivo é definido como uso ilícito de EAA com objetivo recreacional ou competitivo, particularmente no ganho de massa muscular e aumento da capacidade aeróbica, e compreende uma variedade de esquemas posológicos. A automedicação com EAA é errática e completamente diferente de outras medicações associadas a eventos trombóticos, como contraceptivos oral e drogas antipsicóticas.

O abuso de EAA tem sido recorrentemente associado ao aumento do risco de trombose. No entanto, os trabalhos publicados são inconclusivos até o momento, haja vista que os resultados são referentes a relatos de casos, poucos estudos epidemiológicos e estudos observacionais transversais com número reduzido de indivíduos, sem avaliação de possíveis mecanismos envolvidos. Porém, sabemos que seu uso é prejudicial à saúde cardiovascular[2].

COAGULAÇÃO E FIBRINÓLISE

A dose, a formulação e a via de administração podem alterar o impacto do anabolizante no sistema hemostático. Os estudos clínicos controlados que mostraram os efeitos hemostáticos do uso de anabolizantes foram realizados com doses definidas e controladas, então os efeitos do uso de coquetéis compostos de diferentes esteroides em doses elevadas podem ser bem diferentes, além do uso associado com outras drogas que podem afetar o sistema hemostático[2].

Os EAA potencializam a ativação e a regulação da hemostasia, porém seu efeito a longo prazo, que podem resultar em desfechos clínicos (trombose ou sangramento), ainda não foram completamente esclarecidos.

Neste capítulo, iremos descrever o conhecimento que temos atualmente sobre os efeitos dos EAA sobre a concentração plaquetária e a função de proteínas envolvidas no processo hemostático.

Ativação da coagulação

Estudos com diferentes formulações de anabolizantes já foram realizados para investigar o efeito dos EAA sobre os fatores envolvidos na ativação plaquetária e seus resultados são discordantes.

Foram observados aumento significativo do fator XII e redução significativa da pré-calicreína em indivíduos saudáveis após uso de estanozolol. Em relação aos fatores VIII e IX, a administração de danazol (hormônio sintético inibidor da gonadotrofina) em pacientes com hemofilia mostrou aumento dos níveis plasmáticos desses fatores, no entanto, com a administração de estanozolol o mesmo não acontece[3, 4, 5, 6, 7, 8]. Outros estudos avaliaram os efeitos da administração de oxandrolona e estanozol em pacientes saudáveis ou portadores de deficiência da proteína C, nos quais foi verificado que o uso de EAA não altera os níveis plasmáticos dos fatores VIII. Em relação ao fator IX, os estudos com estanozol em indivíduos com deficiência de proteína C são discordantes[9,10,11,12,13,14].

Diante disso, podemos concluir que os efeitos dos EAA nos níveis plasmáticos dos fatores VIII e IX dependem da formulação do anabolizante.

Fator de ativação tecidual

Estudos intervencionais e transversais com diferentes composições de anabolizantes reforçam que eles não afetam a concentração plasmática do fator VII. Ainda não existem estudos mostrando efeito direto das drogas sobre o fator VII[3,11,12,13,14,15].

Alguns estudos com indivíduos saudáveis recebendo estanozolol mostraram aumento significativo na concentração plasmática dos fatores X, V e protrombina[3,11,13,14]. Outro estudo mais recente, mostrou que altas doses de oxandrolona podem estar associadas com esse efeito, além de mostrar que o aumento da protrombina pode persistir por até 4 semanas após a cessação do uso[15]. Em relação aos níveis de fibrinogênio plasmático, ficou demonstrado que o seu efeito depende da formulação da droga administrada[16].

Em um estudo transversal sobre a influência dos anabolizantes no *turnover* da protrombina, verificou-se que usuários abusivos de EAA apresentavam níveis plasmáticos mais elevados de fragmentos de protrombina e complexo trombina-antitrombina[17]. Na mesma linha, foi demonstrado por Chang et al. um aumento significativo na geração da trombina (medido como potencial endógeno da trombina) em usuários e ex-usuários de anabolizantes[15]. Dessa forma, esses achados sugerem que o uso abusivo de EAA promove um efeito persistente no *turnover* da protrombina (Figura 1).

Em relação aos efeitos dos anabolizantes sobre a concentração plasmática do fator XII, poucos estudos foram realizados, e os que foram não mostraram alteração desse marcador[3]. Entretanto, a função do fator XIII como um estabilizador da fibrina aumenta devido ao uso de EAA, indicando que podem ocorrer alterações nas propriedades enzimáticas do fator XIII. A seguir será demonstrada a hipótese fisiopatológica de ativação exacerbada das vias de ativação da trombina com o abuso de EAA.

Regulação da coagulação

Poucos estudos com foco nos efeitos dos EAA na regulação da coagulação foram realizados. A maioria concentra-se nos efeitos em relação a antitrombina, proteína C e proteína S livre[2].

A esterase inibidora do complemento C1 é o maior regulador do sistema de contato ao inibir o fator XII ativado e a calicreína[18]. A administração de danazol induz um aumento de mais de 80% na concentração plasmática dessa esterase e, dessa forma, a droga é usada no tratamento do angioedema causado pela deficiência da esterase[3,19]. Também já foi mostrado que a concentração de α-2-macroglobulina, que inibe várias proteases que participam da ativação por contato e da fibrinólise, é significativamente reduzida por alguns EAAs, mas inalterada por outros[10,20]. Assim, esses estudos podem indicar que a iniciação e a propagação da ativação por contato são atenuadas pelos efeitos dos EAAs nos inibidores da via, no entanto ainda são necessários mais estudos para confirmar essa hipótese.

Os hormônios andrógenos promovem a síntese dos fatores inibidores da coagulação, proteína C e antitrombina, por isso são usados de forma terapêutica quando há deficiência desses fatores. Muitos estudos de intervenção e transversais demonstraram que as concentrações plasmáticas e os níveis funcionais das proteínas C, antitrombina, cofator II da heparina e proteína S são aumentados pelo uso de anabolizantes, indicando que a síntese hepática dessas proteínas é afetada pelos EAA[3,4,11,12,13,14,15,17,21,22]. Em relação à proteína S total, a maioria dos estudos mostrou redução com uso de EAA, porém um estudo com uso de danazolol mostrou aumento da proteína S total e livre[4,11,12,23,24]. Dessa forma, sugere-se que o balanço entre as proteínas S total e livre é afetado pelos esteroides.

O inibidor da via do fator tecidual é produzido pelas células do endotélio vascular, e em estudos com cultura de células foi demonstrado aumento da síntese com estímulo de testosterona[25,26].

Em resumo, o EAA tem impacto significativo na regulação da coagulação ao aumentar a concentração plasmática de antitrombina, proteína C, proteína S livre, cofator II da heparina e do inibidor da via do fator tecidual.

Coagulação

O efeito integrado do abuso de EAA na coagulação sanguínea avaliado pela formação da trombina demonstrou que ocorre um prolongamento do tempo de coagulação e do tempo para atingir o pico de concentração da trombina. Esse efeito estaria relacionado ao aumento da inibição da coagulação. Porém, ocorre também aumento do potencial endógeno da trombina, que reflete em uma medida do potencial de coagulação plasmática; além disso, esse efeito parece ser persistente mesmo após 2 anos da cessação[15].

FIBRINÓLISE

Os efeitos dos EAA na fibrinólise foram inicialmente estudados em animais e humanos usando a determinação do tempo de quebra da euglobulina[10,12,27]. A fração de euglobulina plasmática facilita a precipitação de ativadores do plasminogênio, enquanto baixas concentrações de inibidores fibrinolíticos estão presentes[28]. Portanto, o efeito dos EAA na fibrinólise, determinado pelo tempo de lise da euglobulina, favorece a ativação do plasminogênio, sem levar em consideração os efeitos dos inibidores fibrinolíticos. Por outro lado, um estudo mostrou que a propriedade fibrinolítica da fibrina está alterada em indivíduos com uso excessivo de EAA. Dessa forma, concluímos que ainda são necessários mais estudos para melhor caracterizar a ação dos EAA sobre a fibrina.

Desse modo, já foi consistentemente relatado que o uso abusivo de anabolizantes eleva os níveis de plasminogênio[3,9,10,11,27]. Esse aumento do plasminogênio plasmático livre possibilita sua ligação com a fibrina, sendo essa uma via pela qual os EAA estimulam a fibrinólise[3,11].

A atividade do fator ativador de plasminogênio tecidual (t-PA) está aumentada, e a correspondente atividade do inibidor 1 do ativador de plasminogênio está reduzida em indivíduos usuários de EAA, o que sugere um efeito profibrinolítico dessas drogas[3,9,11,17,23,24]. O tratamento com doses suprafisiológicas de EAA, no entanto, não altera a atividade do t-PA, o que indica um efeito dose-dependente[24] (Figura 1).

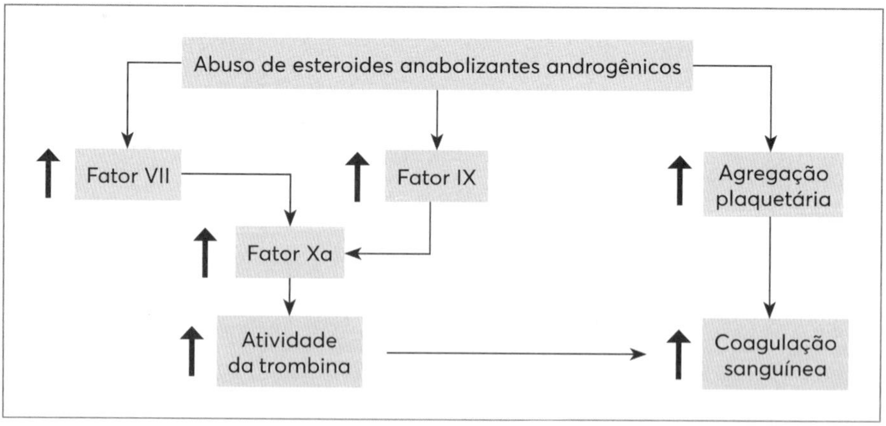

FIGURA 1 Esquema hipotético dos mecanismo trombogênico no abuso de anabolizantes.

Os dados disponíveis até o momento sobre a função dos ativadores e inibidores da fibrinólise sugerem um efeito pró-fibrinolítico em relação ao uso abusivo de EAA, enquanto o efeito sobre a concentração plasmática de proteínas fibrinolíticas permanece desconhecido[2].

Plaquetas

Johnson e seus colaboradores foram os primeiros a publicar um estudo *in vitro* em humanos, em 1975, que testava a agregação plaquetária[29]. Nesse estudo, os autores demonstraram que houve aumento da agregação plaquetária quando se adicionou testosterona (1 micrograma/mL) ao plasma humano, rico em plaquetas. Em 1922, Ferenchick e seus colaboradores conduziram o primeiro estudo transversal em 28 homens levantadores de peso, usuários de EAA, observando a resposta da função plaquetária[30], sendo demonstrado uma tendência, estatisticamente não significativa, no aumento da contagem de plaquetas e na agregação plaquetária induzidas por adenosina difosfato (ADP).

Até o momento, há uma ação sugestiva de que o abuso de esteroides anabolizantes possa gerar um estado pro-trombótico, principalmente pelo aumento na concentração de plaquetas no sangue periférico. Por outro lado, o aumento na formação de plaquetas imaturas e na ativação plaquetária, que pode propiciar uma elevação da ativação da trombina, ainda não está esclarecido[1].

RISCO DE TROMBOSE

A relação entre o uso abusivo de EAA e trombose ainda não foi adequadamente esclarecida pelos estudos já realizados. Poucos estudos com boa qualidade foram publicados na literatura e são caracterizados por grande heterogeneidade, cobrindo um largo espectro de substâncias, dosagens e participantes. O uso abusivo de EAA muitas vezes não é revelado e registrado sistematicamente, o que dificulta estudos em larga escala. Além disso, seria antiético realizar um estudo randomizado com doses elevadas de EAA, pois identificar e incluir muitos indivíduos em início de uso para realizar um estudo prospectivo parece ser impossível[2]. Apesar disso, esses estudos são necessários para explorar e/ou confirmar os mecanismos que levam a um aumento do risco trombótico.

As evidências disponíveis são relatos de casos, estudos de autópsia e estudos epidemiológicos, as quais parecem indicar que o uso abusivo de EAA está associado a um aumento do risco de eventos trombóticos. Como o uso na maioria das vezes não é relatado pelo indivíduo, nem é realizado nenhum exame para rastreio do uso, os possíveis eventos relacionados ao abuso de anabolizantes podem estar subdiagnosticados.

CONCLUSÃO

A evidência clínica atualmente disponível relacionando o uso abusivo de EAA e o risco de trombose apresenta limitações metodológicas, mas, em geral, parece provável que o abuso de esteroides anabolizantes afete a hemostasia e altere a distribuição de fatores de risco cardiovasculares em direção à ação pró-coagulante dessa substância, quando em altas doses. Outro ponto diz respeito a alterações vasculares endoteliais, que, na presença de hiperativação de plaquetas, favorecem tromboses e infarto agudo do miocárdio. Entretanto, são necessários estudos clínicos e epidemiológicos para esclarecer se existe uma relação direta entre o abuso de EAA e trombose.

REFERÊNCIAS BIBLIOGRÁFICAS

1. Roşca AE, Vlădăreanu AM, Mititelu A, Popescu BO, Badiu C, Căruntu C, et al. Effects of Exogenous Androgens on Platelet Activity and Their Thrombogenic Potential in Supraphysiological Administration: A Literature Review. J Clin Med. 2021;10(1).
2. Chang S, Münster AB, Gram J, Sidelmann JJ. Anabolic Androgenic Steroid Abuse: The Effects on Thrombosis Risk, Coagulation, and Fibrinolysis. Semin Thromb Hemost. nov.2018;44(8):734-746.
3. Kluft C, Preston FE, Malia RG, Bertina RM, Wijngaards G, Greaves M, et al. Stanozolol-induced changes in fibrinolysis and coagulation in healthy adults. Thromb Haemost. 1984;51(2):157-164.
4. Thorisdottir H, Evans JA, Schwartz HJ, Comp P, Haluschak J, Ratnoff OD. Some clotting factors in plasma during danazol therapy: free and total protein S, but not C4b-binding protein, are elevated by danazol therapy. J Lab Clin Med. 1992;119(6):698-701.
5. Gralnick HR, Maisonneuve P, Sultan Y, Rick ME. Benefits of danazol treatment in patients with hemophilia A (classic hemophilia). JAMA. 1985;253(8):1151-1153.
6. Gralnick HR, Rick ME. Danazol increases factor VIII and factor IX in classic hemophilia and Christmas disease. N Engl J Med. 1983;308(23):1393-1395.
7. Saidi P, Lega BZ, Kim HC, Raska K Jr. Effect of danazol on clotting factor levels, bleeding incidence, factor infusion requirements, and immune parameters in hemophilia. Blood. 1986;68(3):673-679.
8. Greer IA, Greaves M, Madhok R, et al. Effect of stanozolol on factors VIII and IX and serumaminotransferases in haemophilia. Thromb Haemost. 1985;53(3):386-389.
9. Kahn NN, Sinha AK, Spungen AM, Bauman WA. Effects of oxandrolone, an anabolic steroid, on hemostasis. Am J Hematol 2006;81(2):95-100.

10. Small M, McArdle BM, Lowe GD, Forbes CD, Prentice CR. The effect of intramuscular stanozolol on fibrinolysis and blood lipids. Thromb Res. 1982;28(1):27-36.
11. Broekmans AW, Conard J, vanWeyenberg RG, Horellou MH, Kluft C, Bertina RM. Treatment of hereditary protein C deficiency with stanozolol. Thromb Haemost. 1987;57(1):20-24.
12. Ansell JE, Tiarks C, Fairchild VK. Coagulation abnormalities associated with the use of anabolic steroids. Am Heart J. 1993;125(2,Pt1):367-371.
13. Kluft C, Bertina RM, Preston FE, Malia RG, Blamey SL, Lowe GD, et al. Protein C, an anticoagulante protein, is increased in healthy volunteers and surgical patients after treatmentwith stanozolol. Thromb Res. 1984;33(3):297-304.
14. Preston FE, Malia RG, Greaves M, Kluft C, Bertina RM, Segal DS. Effect of stanozolol on antithrombin III and protein C. Lancet 1983;2(8348):517–518
15. Chang S, Rasmussen JJ, Frandsen MN, et al. Procoagulant state in current and former anabolic androgenic steroid abusers. Thromb Haemost 2018;118(4):647-653.
16. Barbosa J, Seal US, Doe RP. Effects of anabolic steroids on haptoglobin, orosomucoid, plasminogen, fibrinogen, transferrin, ceruloplasmin, alpha-1-antitrypsin, beta-glucuronidase and total serum proteins. J Clin Endocrinol Metab. 1971;33(3):388-398.
17. Ferenchick GS, Hirokawa S,Mammen EF, Schwartz KA. Anabolicandrogenic steroid abuse in weight lifters: evidence for activation of the hemostatic system. Am J Hematol. 1995;49(4):282-288.
18. Davis AE III, Lu F, Mejia P. C1 inhibitor, a multi-functional serine protease inhibitor. Thromb Haemost. 2010;104(5):886-893.
19. Laurell CB, Rannevik G. A comparison of plasma protein changes induced by danazol, pregnancy, and estrogens. J Clin Endocrinol Metab.1979;49(5):719-725.
20. Walker ID, Davidson JF, Young P, Conkie JA. Effect of anabolic steroids on plasma antithrombin III. alpha2 macroglobulin and alpha1 antitrypsin levels. Thromb Diath Haemorrh. 1975;34(1):106-114.
21. Gonzalez R, Alberca I, Sala N, Vicente V. Protein C deficiency–response to danazol and DDAVP. Thromb Haemost. 1985;53(3):320-322.
22. Mannucci PM, Bottasso B, Sharon C, Tripodi A. Treatment with stanozolol of type I protein C deficiency in an Italian family. Ric Clin Lab. 1984;14(4):673-80.
23. Ledford MR, Horton A, Wang G, Brito M, Delgado L. Efficacy of danazol in a patient with con genital protein-S deficiency: paradoxical evidence for decreased platelet activation with increased thrombin generation. Thromb Res. 1997;87(5):473-482.
24. Anderson RA, Ludlam CA, Wu FC. Haemostatic effects of supraphysiological levels of testosterone in normal men. Thromb Haemost. 1995;74(2):693-697.
25. Maroney SA, Mast AE. New insights into the biology of tissue factor pathway inhibitor. J Thromb Haemost. 2015;13(1):S200-S207.
26. Jin H, Lin J, Fu L, et al. Physiological testosterone stimulates tissue plasminogen activator and tissue factor pathway inhibitor and inhibits plasminogen activator inhibitor type 1 release in endothelial cells. Biochem Cell Biol. 2007;85(2):246-251.
27. Davidson JF, Lochhead M,McDonald GA,McNicol GP. Fibrinolytic enhancement by stanozolol: a double blind trial. Br J Haematol. 1972;22(5):543-559.
28. Sidelmann J. Contact Activation of the Fibrinolytic System in Human Blood. PhD dissertation. Esbjerg: Odense University. 1997:83.
29. Johnson M, Ramey E, Ramwell PW. Sex and age differences in human platelet aggregation. Nature. 1975;253(5490):355-7.
30. Ferenchick G, Schwartz D, Ball M, Schwartz K. Androgenic-anabolic steroid abuse and platelet aggregation: a pilot study in weight lifters. Am J Med Sci. 1992;303(2):78-82.

Índice remissivo

A

B

C

D

Q

R

S

T

W

Imagens

CAPÍTULO 16 Efeitos adversos do uso suprafisiológico de anabolizantes na doença arterial coronariana e no infarto

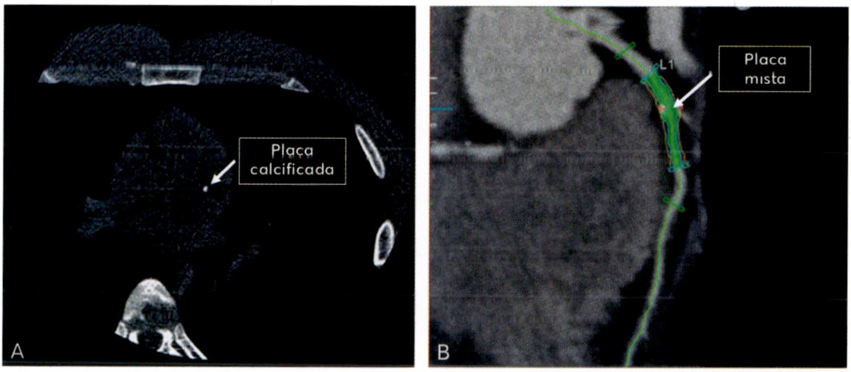

FIGURA 2 Exame de angiotomografia de coronárias. A: imagem representativa de placa calcificada na artéria descendente anterior (DA) em um homem de 27 anos com histórico de 3 anos de uso acumulativo de esteroides androgênicos anabolizantes. B: imagem representativa de placa aterosclerótica mista na artéria descendente anterior (DA) em um homem de 43 anos com histórico de 11 anos de uso acumulativo de esteroides androgênicos anabolizantes.
Fonte: adaptada de De Souza et al., 2019[15].

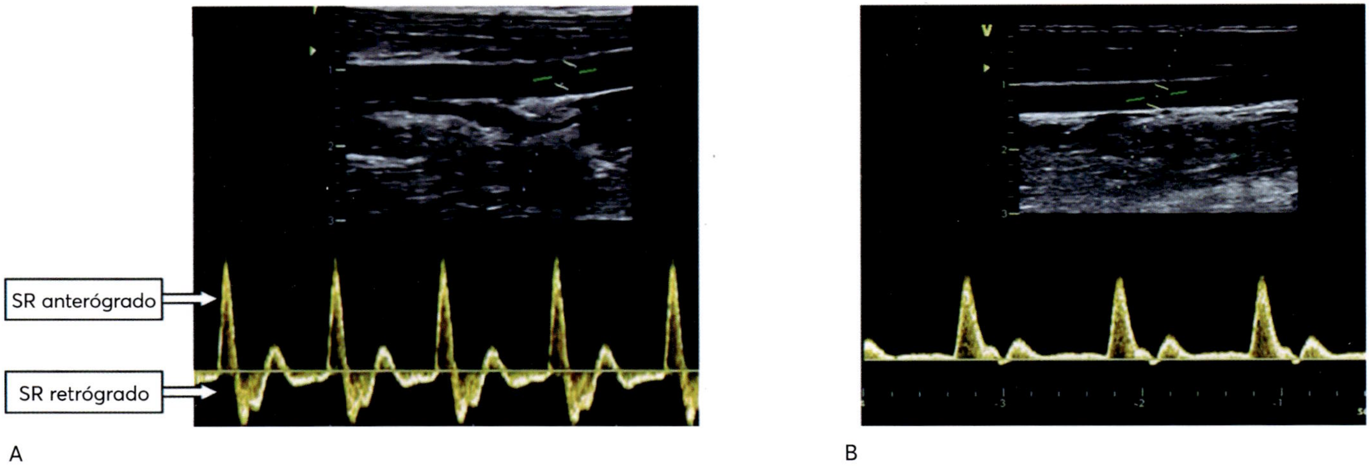

FIGURA 3 Imagem ilustrativa do comportamento do SR da artéria braquial. A: comportamento do SR anterógrado e do SR retrógrado de um participante usuário de EAA. B: comportamento do SR anterógrado e do SR retrógrado de um participante não usuário de EAA.

EAA: esteroides androgênicos anabolizantes; SR: *shear rates*.
Fonte: adaptada de De Souza et al., 2019[16].

CAPÍTULO 24 Efeitos adversos do uso suprafisiológico de anabolizantes na função hepática

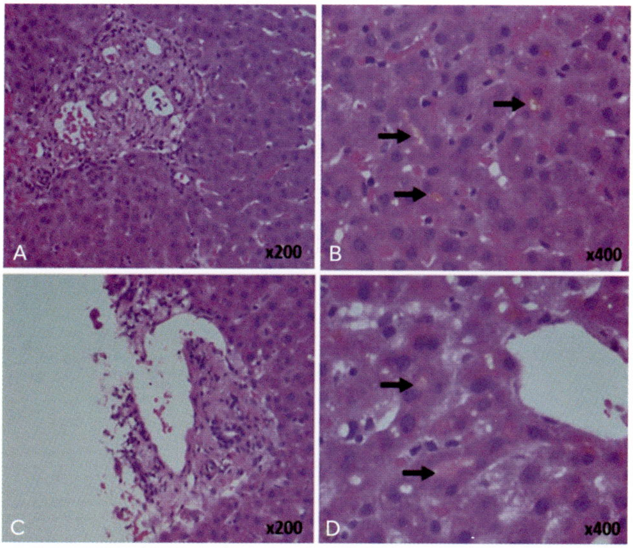

FIGURA 1 Biópsias hepáticas do paciente 1 (A, B) e do paciente 2 (C, D). As biópsias não mostram inflamação significativa (A, C). Na ampliação de maior aumento, observa-se colestase canalicular com tampões biliares (setas)[35].
Fonte: Abeles RD, Foxton M, Khan S, Goldin R, Smith B, Thursz MR, et al.[35].

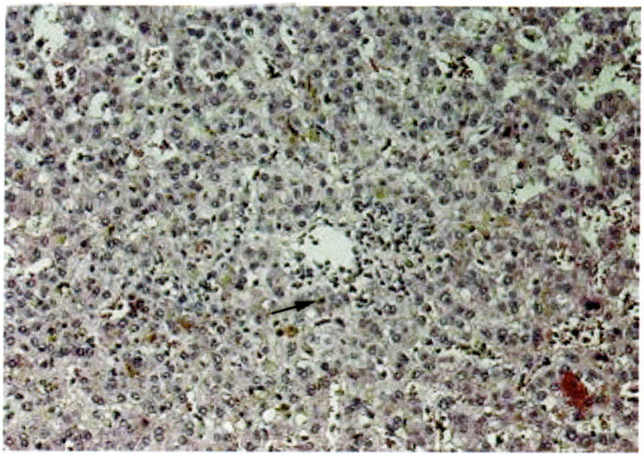

FIGURA 2 Hepatite colestática induzida por estanozolol com bile hepatocanalicular (seta) na área centrolobular (coloração de hematoxilina e eosina, x 200)[54].
Fonte: Stępień PM, Reczko K, Wieczorek A, Zarębska-Michaluk D, Pabjan P, Król T, et al.[54].

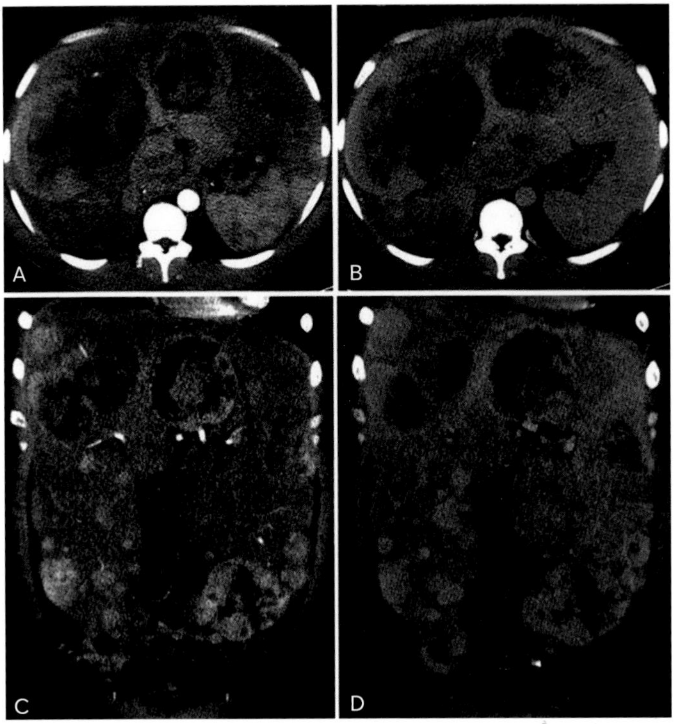

FIGURA 3 Carcinoma hepatocelular positivo para receptor de testosterona em um fisiculturista de 29 anos com histórico de abuso de esteroides anabólicos androgênicos: relato de caso[74].

Fonte: Solbach P, Potthoff A, Raatschen HJ, Soudah B, Lehmann U, Schneider A, et al.[74].